走向世界的中国职业教育

——共建"一带一路"十年来职业教育合作案例集

（第一辑）

主编 中华职业教育社

西安交通大學出版社
XI'AN JIAOTONG UNIVERSITY PRESS

图书在版编目(CIP)数据

走向世界的中国职业教育 : 共建“一带一路”十年来职业教育合作案例集. 第一辑 / 中华职业教育社主编. —西安 : 西安交通大学出版社, 2023.12
ISBN 978-7-5693-3613-9

Ⅰ. ①走… Ⅱ. ①中… Ⅲ. ①职业教育—国际合作—案例—中国 Ⅳ. ①G719.2

中国国家版本馆 CIP 数据核字(2023)第 243482 号

ZOUXIANGSHIJIE DE ZHONGGUO ZHIYE JIAOYU
——GONGJIAN“YIDAIYILU”SHINIAN LAI ZHIYE JIAOYU HEZUO ANLI JI(DI-YI JI)

书　　名 走向世界的中国职业教育——共建“一带一路”十年来职业教育合作案例集(第一辑)
主　　编 中华职业教育社
策划编辑 曹　昳　杨　璠
责任编辑 曹　昳　杨　璠　张　欣
责任校对 柳　晨
装帧设计 伍　胜

出版发行 西安交通大学出版社
(西安市兴庆南路 1 号　邮政编码 710048)
网　　址 http://www.xjtupress.com
电　　话 (029)82668357　82667874(市场营销中心)
(029)82668315(总编办)
传　　真 (029)82668280
印　　刷 陕西天意印务有限责任公司

开　　本 720 mm×1000 mm　1/16　**印张** 29.5　**字数** 400 千字
版次印次 2023 年 12 月第 1 版　2023 年 12 月第 1 次印刷
书　　号 ISBN 978-7-5693-3613-9
定　　价 138.00 元

如发现印装质量问题，请与本社市场营销中心联系。
订购热线：(029)82665248　(029)82667874
投稿热线：(029)82668804
读者信箱：phoe@qq.com

编委会

序

2013年，中国国家主席习近平提出共建“一带一路”倡议，为世界描绘了一幅互联互通、合作共赢的宏伟蓝图。十年来，“一带一路”合作从亚欧大陆延伸到非洲和拉美，从“大写意”进入“工笔画”，从硬联通扩展到软联通，为全球经济增长注入新动能，“和平合作、开放包容、互学互鉴、互利共赢”的丝路精神深入人心，共建“一带一路”已经成为广受赞誉的重要国际公共产品和合作平台。

在此壮阔的历史进程中，中国职业教育顺势而为、借力生长，迎来了开展国际合作的新契机。中国的广大职业教育界人士本着相互尊重、互相支持、相互成就的美好意愿，同世界各国紧密互动、务实切磋，已经结出累累硕果。如以“鲁班工坊”为代表的一批惠民生的“小而美”项目，成为“一带一路”上的技术驿站和亮丽风景，为相关国家提供了重要的人才支撑，是中国职业教育品牌服务国际社会的生动写照。数据显示，十年来，中国有400余所高职院校和国外办学机构开展合作办学，在40多个国家和地区开展“中文＋职业教育”特色项目，职业教育已经成为共建“一带一路”的一支蓬勃力量。

中华职业教育社作为中国共产党领导下的群众团体，近年来充分发挥自身优势，广泛联系港澳台和海外职业教育界人士，在推动中外职业教育交流方面发挥了积极作用。为梳理总结好职业教育服务共建“一带一路”的成果，

2023年中华职业教育社牵头征集并主编了《走向世界的中国职业教育——共建“一带一路”十年来职业教育合作案例集》（第一至三辑）和《民心相通——丝路职教故事》（上、下辑）。案例集全面展示了中国职业院校创办海外分校和实训基地、开发教材与标准、改善和发展当地民生等方面的典型经验成果，故事从多个维度反映了院校师生和企业职工在职教丝路上结下的真挚友情。本书编写组衷心希望这些案例和故事能够成为国内外读者了解中国职业教育的重要窗口，能够为有志于投身职业教育的海内外各界人士提供有益参考和借鉴。

各位朋友，随着“一带一路”进入高质量发展新阶段，职业教育中外交流合作也已经驶入“快车道”，前途广阔、大有作为。“其作始也简，其将毕也必巨”，相信十年只是开始，未来的职教丝路一定会行稳致远、枝繁叶茂。让我们一起携手奋进，让职业教育共建成果闪耀“一带一路”。

本书编写组

2023年12月

写于“一带一路”职业教育国际论坛开幕之际

综述

职业教育国际交流合作是我国扩大教育对外开放，推进教育强国建设的重要内容，为"一带一路"共建国家稳定繁荣发展提供了重要公共产品，为推动我国产能和技术标准"走出去"提供了重要人才保障。

习近平总书记高度重视职业教育工作。在第三届"一带一路"国际合作高峰论坛开幕式上，习近平总书记强调："共建'一带一路'注重的是众人拾柴火焰高、互帮互助走得远，崇尚的是自己过得好、也让别人过得好，践行的是互联互通、互利互惠，谋求的是共同发展、合作共赢。"他宣布，中国将通过建设"鲁班工坊"等方式推进中外职业教育合作。这一指示为我国未来开展职业教育国际合作指明方向。

为庆祝习近平总书记提出构建"人类命运共同体"和共建"一带一路"倡议十周年，充分发挥"一带一路"共建国家教育资源互补的积极作用，进一步推动我国职业教育国际合作高质量发展，中华职业教育社组织开展了"共建'一带一路'十年来职业教育合作成果集"优秀案例征集活动，将评选出的优秀案例集结出版为《走向世界的中国职业教育——共建"一带一路"十年来职业教育合作案例集》(第一至三辑)。

本系列书中收录的100个职业院校的优秀案例讲述

了我国共建“一带一路”十年来在职业教育国际交流合作领域的积极探索和创新实践。案例围绕共建“一带一路”倡议和区域经济发展、提升学校内涵建设和育人水平等主题，展示了职业教育学校在“职教出海”、留学生培养、援外培训、中外合作办学、“中文＋职业技能”项目等方面的先进经验和前瞻做法，具有典型性、创新性和示范性，为我国在新时期开展职业教育国际交流合作提供了重要参考。

一、锻造大国工匠精神　职教国际合作厚积薄发

职业院校内化“大国工匠”精神内核，大力发展现代职业教育，形成具有中国特色的职业教育体系，为中国职业教育走出国门、深入开展职业教育国际合作奠定了坚实基础。

（一）锻造工匠精神文化内核，“职教出海”百花齐放

中国职业教育“走出去”与中华传统文化紧密结合，弘扬工匠精神、褒扬工匠情怀、涵养工匠文化，体现了中国劳动光荣的社会风尚和精益求精的敬业风气。

以天津首创的“鲁班工坊”为代表，该项目以全国职业院校技能大赛所选用的优秀教学装备为基础，以校企合作开发“四位一体”的立体化教学资源为内容，以海外职业院校本土师资系统化、标准化培养培训为根本，以规划化、制度化的监管机制保障“鲁班工坊”的可持续发展，使“鲁班工坊”成为中国职业教育的国际品牌。根据合作国产业需求，“鲁班工坊”通过合作开设专业、培训师资、提供教学实训设备、出版教材等形式，采取“学历教育＋职业培训”的方式，为合作国培养经济社会发展急需的技术技能人才。作为“一带一路”上的技术驿站，“鲁班工坊”让中国优质的

职业教育模式、标准、装备、资源走出国门，成为助力“一带一路”共建国家民心相通的重大行动。

在工匠精神的引领下，职教出海多种形式“百花齐放”。既有由教育部主导的“中文工坊”“经世学堂”等项目和由浙江、江苏等地方教育部门主导的“丝路学院”“郑和学院”等项目，也有由职业教育行业指导委员会主导的中国-赞比亚职业技术学院、“电商谷”项目和职业院校自发实施的“海丝学院”等项目。

（二）引进优质资源、积极合作办学

作为职业教育引进优质资源、开展国际化人才培养的重要渠道，职业院校积极与新加坡、俄罗斯等“一带一路”共建国家的优质院校开展中外合作办学，培养了一大批具有国际视野的技术技能人才。

海南经贸职业技术学院服务海南自贸港建设，与俄罗斯乌拉尔联邦大学合作共建乌拉尔学院，为海南岛自贸港培养国际化人才。乌鲁木齐职业大学与新加坡 PSB 学院合作举办酒店管理与数字化运营、现代物流管理、机械制造及自动化、电气自动化技术中外合作办学项目，累计培养了 2000 余名国际化人才。

（三）产教融合、教随产出，支撑中资企业海外发展

践行教随产出、校企同行原则，职业院校充分发挥职业教育专业水平高、实践能力强的优势，通过校企合作、订单培养、联合培养等形式，紧贴企业实际，打造特色人才培养方案，为企业提供本土员工技能培训，服务企业员工的技能水平提升，有力支撑中资企业海外发展。

陕西工业职业技术学院通过参与在赞比亚建设中国-

赞比亚职业技术学院，为当地中资企业培养培训了近 1000 名本土员工。陕西铁路工程职业技术学院随中国铁路“走出去”，先后承担了肯尼亚蒙内铁路工务、电务、信号、通信等 8 个岗位的技术培训任务，累计派出教师 47 人次，完成 22 个班次、700 余名技术技能人才的培训任务，为肯尼亚蒙内铁路的建设与运营提供了一线技术技能人才。福建水利电力职业技术学院积极服务中国电力“走出去”，联合马来西亚城市大学，为中国建筑工程（马来西亚）有限公司 50 名员工开展电力专业技能培训，完成“安全用电”“电气试验”2 门双语课程教学，有效服务了企业的海外发展。

二、开展对外务实合作　讲好中国职教故事

入选本书的职业院校国际教育合作案例覆盖全球 130 余个“一带一路”共建国家和地区，其中与中国产业“走出去”密切相关的亚洲、非洲、欧洲等地区中国职教院校服务国家数量占全部“一带一路”共建国家的 85.5%（图 1）。泰国、柬埔寨、老挝、坦桑尼亚、印尼、埃及、赞比亚等国家有多个我国职业院校与企业、当地院校合作举办的“职教出海”项目。

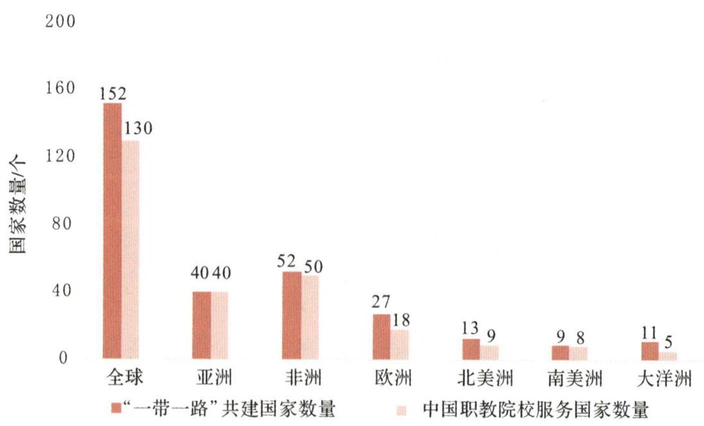

图 1　本书中收录的 100 个职业院校服务“一带一路”共建国家数量

助力世界读懂中国式现代化。职业院校积极参与教育部中外语言交流合作中心设立的“中文+职业技能”项目，与孔子学院、外方院校及企业合作，为“一带一路”共建国家培养“懂汉语、通文化、精技能”的复合型人才。

武汉铁路职业技术学院与泰国当地孔子学院、班派工业社区教育学院合作，分段式培养留学生。三方共同培养了5批由泰国教育部职教委选派的129名铁路专业学生，为中泰铁路开通提供人力资源支撑。西安航空职业技术学院承办教育部中外语言交流合作中心“汉语桥”线上团组项目，通过整合国内优质职业教育与汉语教学资源，以“中文+职业技能”面向“一带一路”共建国家相关专业的从业人员开展焊接技术等职业素养提升与文化交流活动，推动中国优质职教资源“走出去”。

中国职业院校采取区别于普通本科院校的留学生培养模式，通过开展“中文+职业技能”、留学生订单培养、语言文化交流等项目，为“一带一路”共建国家培养本土技术技能人才。图2所示为本书中收录的100个职业院校服务“一带一路”共建国家留学生培养情况。

10916 人　　**61850** 项

来华留学生　　来华短期培训

图2　本书中收录的100个职业院校服务“一带一路”共建国家留学生培养情况

芜湖职业技术学院与安徽海螺集团合作，成立“国际订单班”，结合企业实际、学生情况制订人才培养方案，培养学生汉语交际、专业技术、中华文化认知，以及专业实践应用四个方面的能力，为企业培养高素质技术技能型国际人才。四川航天职业技术学院与新加坡义安理工学院合作开设新加坡留学生“中华文化之旅”项目，每年招收新加坡义安理工学院春、秋季两批次留学生，在校交流学习5周。由中、新双方学校共同制订教学计划、开展教学，学习期间两国学生开展多项文娱交流活动。

职业院校承担商务、教育等政府援外培训项目，为国外政府部门开展大量的能力培训项目。宁波职业技术学院承担商务部、外交部和中联部委托的185期援外培训项目，为126个发展中国家教育及各产业领域4200余名高级官员、专家及技术人员开展能力培训。安徽国际商务职业学院承办商务部援外培训项目46期，累计为85个发展中国家和地区的1160名政府官员、技术人员开展了能力培训。

三、落实全球发展倡议　携手各国共建共享

习近平总书记指出，职业教育与经济社会发展紧密相连，对促进就业创业、助力经济社会发展、增进人民福祉具有重要意义。中国职业院校坚持职业教育类型定位，为“一带一路”共建国家培养本土技术技能人才。

中外职教合作重在“授人以渔”。职业院校积极开展对外职教师资培训项目，助力“一带一路”共建国家发展职业教育。泉州轻工职业学院与中国航空技术国际控股有限公司在非洲国家实施“TOT”项目，为肯尼亚13所大中专院校的24名教师开展为期2个月的酒店管理专业培训，为加纳26所大中专院校的72名教师开展为期6个月的电子电工专业培训，为加蓬新建3所职业教育中心的15名教师开展为期3个月的木工加工技术专业培训。重庆

城市管理职业学院依托牵头成立的澜湄区域职业教育合作联盟，面向泰国12所学校的60余名物流管理专业教师开展能力培训。

服务共建国家提升本地就业。职业院校为“一带一路”共建国家当地经济社会发展培养大量急需的技术技能人才，服务当地5.6万人就业。十年来，本书中收录的100个职业教育院校在海外开办的学校覆盖了46个“一带一路”共建国家（图3）。

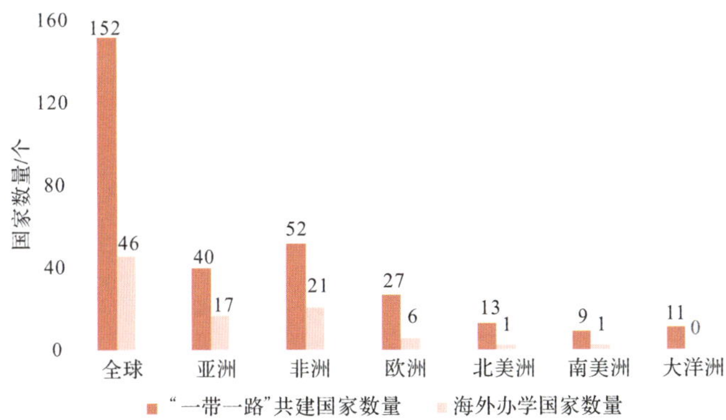

图3　本书中收录的100个职业院校海外办学覆盖“一带一路”共建国家情况

图4所示为本书中收录的100个职业院校海外开办学校地域分布情况。海外开办学校数量达到158所，专业涵盖制造业、建筑业、交通业、水利电力、农业、信息技术等；累计招生约4.3万名，为“一带一路”共建国家约26.7万人提供海外人才培训，为约37万人提供线上培训（图5）。

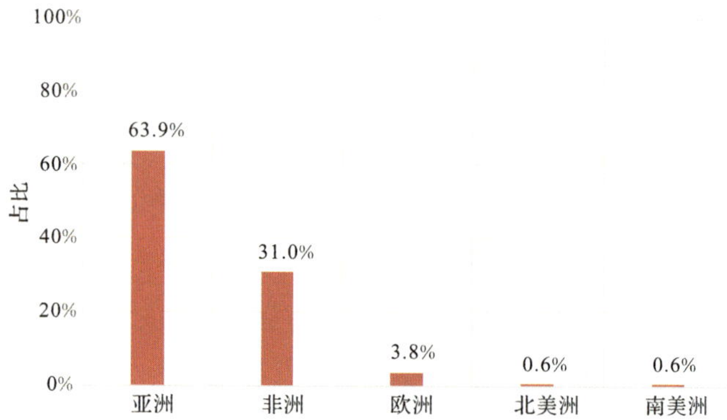

图 4　本书中收录的 100 个职业院校
海外开办学校地域分布情况

266 585
共建国家人才培训

370 175
线上培训

43 347
共建国家办学招生

55 573
服务当地直接就业

图 5　本书中收录的 100 个职业院校服务
"一带一路"共建国家人才培养情况

天津铁道职业技术学院通过在吉布提建设鲁班工坊，为亚吉铁路培训本土铁路技术技能人才，解决了当地铁路运营人员匮乏的问题，带动了当地人员就业。昆明铁路职业技术学院选派教师赴肯尼亚、埃塞俄比亚等国，在当地为蒙内铁路和亚吉铁路培养 180 余名火车司机和机车检修工；承办"东南亚铁路技术人才培养国际合作技术官员研修班"等，为"一带一路"共建国家累计培训 100 余名铁路专业和技术管理人才。

推动职业教育标准海外落地。职业院校紧贴当地实际，与企业联合开发国际化教学标准和资源，推出一批国际化专业教学标准、双语教材和数字化教学资源，为“出海”项目提供教学基本支撑。本书中收录的100个职业院校已在全球40多个国家和地区开展“中文+职业教育”特色项目；累计制定各类教学标准项目3236项，编写双语教材303种、讲义837种，共建教学平台279个、海外实训室1121个；服务学生220 443名（图6）。

220 443 服务学生人次	3236 各类教学标准项目
303 出版教材项目	837 自编讲义种类
279 共建教学平台	1121 共建实训室

图6　本书中收录的100个职业院校服务“一带一路”倡议资源共建情况

金华职业技术学院依托建设的卢旺达穆桑泽国际学院开发的电子商务和电气自动化技术专业教学标准纳入卢旺达教育资格框架体系。北京工业职业技术学院为参与建设的中国-赞比亚职业技术学院打造了“中文+职业技能”课程资源体系，开发了17本英文专业教材、9本工业汉语教材和27门中英双语课程。

文明因多样而交流，因交流而互鉴，因互鉴而发展。这套案例集展示了共建“一带一路”倡议提出十年来，我国职业院校主动作为，积极投入“一带一路”建设的生动画卷，谱写了“一带一路”上的中国职教赞歌。

希望案例集的出版为政府部门决策、职业教育组织、院校和企业开展国际交流合作提供有益参考，为中国职业教育站在新的历史起点上，更好地参与“一带一路”共建和国际产能合作，服务人类命运共同体建设贡献力量。

目录

面向“一带一路”，走出国门，打造海外分校的成功范例

——北京信息职业技术学院埃及分校成长纪实

摘　要　北京信息职业技术学院为主动服务“一带一路”建设、助力中国企业“走出去”，积极探索创办海外分校。2016 年，在中埃两国政府支持下，北京信息职业技术学院联合埃及苏伊士运河大学和 MEK 慈善基金会共同创建北京信息职业技术学院埃及分校——埃中应用技术学院。

北京信息职业技术学院埃及分校从筹建到办学，在可行性研究、实体校园建设、高教跨境办学许可、教学仪器设备援助、师资队伍组建、中国教育标准实施、教育质量监控等方面，也曾遭遇种种困难，面临诸多挑战。多年来，北京信息职业技术学院直面挑战，坚持实践探索与理论研究并重，围绕海外分校建设的关键环节，研究并形成了以政策法规研究、教育标准确立、治理结构搭建、投融资机制创新、师资队伍建设、教育质量监管等为基本架构的海外分校建设全要素解决方案，推动埃及分校跨越了初创期，步入成长期和平稳发展阶段，促进中国高等职业教育标准在埃及落地生根。

一、合作背景

长期以来，北京信息职业技术学院（以下简称北信）大力推动职业教育国际化进程。1998 年开始探索中外合作办学项目，引进国际优质教育资源促进职业教育改革发展。2010 年开始举办来华留学生教育，先后有来自法国、德国、韩国、俄罗斯、哈萨克斯坦、马来西亚、埃及等国家的留学生进校学习。

埃及地处亚欧非三大洲交界处，位于“一带一路”交汇点，苏伊士运河走廊是埃及的经济特区，中埃两国政府在此建有“中埃苏伊士经贸合作

区”，聚集了华为、泰达、巨石、宏华、中纺机、兴达、志高、维柯等众多中资企业和跨国公司，具有独特的区位优势。

为主动服务“一带一路”建设，2014 年，学校与埃及 MEK 慈善基金会签订留学生教育合作协议，MEK 慈善基金会每年选派一批埃及优秀高中毕业生来北京信息职业技术学院留学，学制 4 年，第一年学习汉语，后三年学习专业课程，该项目一直延续至今，已有五届毕业生获得学校高职教育毕业证书。

改革开放以来，中国的职业教育为中国经济腾飞提供了强有力的人才支撑，形成了教育与产业协同发展的良好态势。为推动苏伊士运河走廊经济带的建设与发展，埃及政府主动借鉴中国改革发展成功经验，积极促进埃中职业教育合作。鉴于北京信息职业技术学院与埃及 MEK 慈善基金会在来华留学生教育的成功合作，埃及政府联合 MEK 慈善基金会和有关高校，积极向中国政府建言献策，力促北京信息职业技术学院在埃及举办分校。

2014 年 4 月，学校代表团应邀访问埃及，在中国驻埃及大使馆、埃及高等教育与科学研究部等两国政府部门支持下，联合了埃及知名高校、埃及行业组织，以及中国在埃及的中资企业与商会组织，召开了一场“政行企校”专题研讨会议，会上学校与埃及方面达成创办埃及分校的意向。2015 年 4 月，学校与埃及苏伊士运河大学、埃及 MEK 慈善基金会联合签署谅解备忘录。2016 年 11 月，学校与苏伊士运河大学、埃及 MEK 慈善基金会签署合作协议，北京信息职业技术学院埃及分校“埃中应用技术学院”正式成立。

二、工作目标

近年来，中国职业院校的海外办学步伐明显加快，尤其是海外分校建设成为热点话题。但进一步分析表明，国内职业院校的海外办学尽管多冠之以海外分校之名，但多数为合作办学项目，甚至有些属于职业培训等非学历教育项目，而并非真正意义上的海外分校。究其原因，是国内职教领域对于海外分校定义及内涵，尚未形成准确辨识和深入理解。至于海外分校建设中的教育标准、法律环境、投融资机制、治理结构、师资聘任、质量管理、学历认证等，系统性研究与实践尚属空白。为此，学校埃及分校的办学实践，主要设定了以下工作目标：

一是要明确海外分校的基本概念，界定海外分校的基本内涵，建设一所符合国际惯例与通行准则的真正意义上的海外分校。

二是要科学确立海外分校的教育标准，形成包含实体校园标准、师资队伍标准、教学质量标准等在内的系统性教育标准与学术标准方案。

三是要建立协同高效的海外分校治理结构，实现主办校与合作方协商共治，统筹推动学术事务管理与行政事务管理。

四是要探索形成有效的海外分校投融资机制，不仅要支撑校园基本建设以及实验实训硬件建设，还要维持日常教学经费基本来源。

五是要建立一支质量可控的稳定的教师队伍，平衡好主办校派遣与当地聘任两者的关系，持续开展中国特色职教理念和教学方法培训。

六是要建立完善的海外分校办学质量保证体系，兼顾主办校与东道国的双重教育质量要求，维护中国职业教育的良好声誉。

三、项目过程

学校埃及分校从筹建到办学，在可行性研究、实体校园建设、高教跨境办学许可、教学仪器设备援助、师资队伍组建、中国教育标准实施、教育质量监控等方面，也曾遭遇种种困难，面临诸多挑战。多年来，学校坚持问题导向，直面挑战，锐意改革，不断研究新情况、新问题，提出新思路、新对策，加强系统性的理论研究与实践创新，持续推出海外分校建设的重大举措，逐步形成全要素解决方案，并在埃及分校的实践探索中不断改进和完善。

1. 构建海外分校全要素解决方案

学校埃及分校重点围绕海外分校建设的关键环节与核心要素，构建以海外政策法规研究、海外教育标准确立、治理结构搭建、投融资机制创新、师资队伍建设、教育质量保障等为基本框架的全要素解决方案。

2. 厘清海外分校概念与内涵

海外办学是教育国际化的重要组成部分，它是指国内高校独立或者与境外具有法人资格并且为所在国家政府认可的高校或社会组织合作，举办以境外公民为主要招生对象的高等学历教育或非学历高等教育。海外办学的主要形式包括海外分校办学、联合课程项目等。

海外分校属于海外办学中门槛较高的一种特定形式。海外分校具备三个特征：第一，海外分校是一所高校在海外建立的实体机构，拥有实体校园，既可由主办校独立运营，也可与他方合作经营；第二，海外分校执行主办校教育标准，教学形式须包含面授，而不能仅开展在线教育；第三，海外分校应授予主办校学历学位。

3.研判海外国家法律政策环境

法律法规与政策环境研究是海外分校风险防范的重要环节。从法律意义上看，开展海外分校涉及国际服务贸易要素的跨境流动，以及相关法律的适用问题。

一是研究海外国家选择的准则，借鉴发达国家的经验，重点考虑海外国家语言环境、海外国家市场成熟度，以及跨境教育前景等。二是研究海外国家的国际法领域的法律环境，主要研究世贸组织系列协定，以及世贸组织成员开放本国高等教育服务市场的相关承诺。三是研究海外国家的国内法领域，重点研究教育服务市场开放准入门槛，特别关注境外办学者在主体资格、治理结构、投资设限、财产处置、学历认证等的限制性条款和政策情况。

4.确立海外分校教育标准

确立教育标准是海外分校顶层设计的首要任务。海外分校本质上是在跨境办学的背景下，由主办校对海外国家实施教育标准许可与授权。

一是准确把握海外办学目标，对于高职院校而言，绝不是为建分校而建分校，而是主动服务“一带一路”建设，助力中国企业“走出去”。二是根据海外办学目标，将教育标准与海外国家国情相结合，科学制定专业教学标准和人才培养方案，尤其要贯彻产教融合、校企合作的办学理念，将具有中国特色的工学结合人才培养模式推向海外。三是依据人才培养方案，明确海外分校的校园基础设施要求，确定实验实训及教学仪器设备等硬件条件，明确办学经费基本要求。四是完善招生录取与学籍管理制度，结合海外国家实际情况，研究制定招生竞争策略，同时加强海外分校的学籍管理，明确海外分校学历学位颁发规范与认证要求。

5. 建立健全海外分校治理结构

完善的治理结构是海外分校持续发展的制度保障。海外分校治理主要涉及海外教育市场准入、与海外国家政府关系、学术发展业务管理，以及校园行政管理等。

一是坚持以主办校治理体系为重要基础，构建以理事会、学术评议会、校务管委会为主要架构的治理体系。二是以章程为引领，制定理事会、学术评议会、校务管委会的议事规则与决策程序。三是推动协商共治，主办校侧重学术事务管理，包括专业发展、课程设置、师资聘用、质量监管、学业评价等；东道国合作方侧重行政事务管理，包括校园设施运行、投资运营管理、校园师生服务等。

6. 创新海外分校投融资模式

投融资机制是海外分校顶层设计的重大事项，它是海外分校实现可持续发展的前提条件。有效的投融资机制不仅能够支撑校园基本建设，以及教室、实验室、实训室等硬件建设，而且能够保障日常教学经费来源。

需要指出的是，对于中国职业院校而言，全资投融资模式可能性不大，大多采用外部资助模式，或东道国提供办学设施模式。埃及分校采用东道国提供办学设施模式，由苏伊士运河大学保障校园基本建设，MEK 资助日常运作经费，借助中国政府国际援助项目提供现代化实验实训装备。此外，学校埃及分校通过市场化运作，可将学费、住宿费、餐饮费、会议费等合法经营收入，作为筹集办学经费的重要渠道。

7. 保障海外分校教师队伍

数量充足、质量上乘的教师队伍，是海外分校运行的重要资源条件。海外分校普遍采取专任教师与兼职教师相结合的师资配备策略，教师的来源渠道包括主办校派遣教师、聘用当地教师，以及主办校派遣教师与聘请当地教师相结合等。2018 年学校埃及分校师资培训班开班仪式如图 1-1 所示。

图 1-1　2018 年北京信息职业技术学院埃及分校师资培训班开班仪式

北京信息职业技术学院埃及分校依托北京信息职业技术学院和苏伊士运河大学等教师资源，组建稳定的教师队伍。办学初期多由主办校派遣教师，随着办学经验积累，逐渐以聘用当地教师为主。为了推广中国高职教育办学模式，学校注重教师培训，定期安排埃方教师来华培训，使产教融合、校企合作、工学结合、知行合一等中国特色的职教理念深入人心，使双元育人、双师队伍、顶岗实习、订单培养等中国特色的人才培养模式落实到位，提高课程实施、教学管理、质量控制等项目执行力。

8. 构建海外分校质量管理体系

海外分校的教育质量既涉及学生个人权益，更事关学校社会声誉。一般而言，海外分校教育质量受到主办校和东道国两个国家法律法规乃至国际通行规则的共同监督。此外，主办校还须对其颁发学历证书的学术声誉负责。

北京信息职业技术学院埃及分校探索建立“内审＋外审”质量保障机制，内部管理与外部监督形成合力。内审为内部质量保障机制，分校建立内部质量保障工作机构，对课程教学各项工作和各个环节定期开展内部审查，形成内审工作报告并提交学校。外审为外部质量保障机制，依据教育质量外审制度要求，学校成立专门外审工作组，每年定期赴学校埃及分校开展外审活动，重点审查分校内审机制的有效性，形成外审工作报告，并及时反馈外审结果，推动北京信息职业技术学院埃及分校持续改进教学质量。

四、合作成效

北京信息职业技术学院埃及分校执行北京信息职业技术学院提供的中国高职教育标准，举办四年制职业技术教育，凸显“专业技术＋中文能力”办学特色，开设电子技术、通信技术、机电技术等专业，毕业生可获得北京信息职业技术学院高职学历证书以及苏伊士运河大学学士学位。

2017 年，苏伊士运河大学为北京信息职业技术学院埃及分校提供了实体校园，建筑面积达 12000 平方米；MEK 慈善基金会承诺无限期资助日常运行经费；我国商务部启动中国政府国际援助计划，为埃及分校提供价值 6600 万元的现代化教学仪器设备。2018 年 2 月，埃及分校获得埃及政府设置审批，同年 7 月获批招生开学。

2018 年 6 月 21 日，埃及分校举行隆重的成立大会。北京市教育委员会副主任、中国驻埃及使馆教育参赞、埃及伊斯梅利亚省省长、埃及高等教育部副部长、苏伊士运河大学校长、MEK 慈善基金会经理等莅临祝贺，埃及国家电视台、《共和国报》《国家报》《运河报》等主流媒体做了全面报道。

2018 年 7 月 13 日，中国教育部领导率团考察了北京信息职业技术学院埃及分校，对北信服务“一带一路”建设的实践探索给予高度评价。

2018 年 10 月 28 日，北京信息职业技术学院埃及分校隆重举行首批新生开学典礼。校长率代表团出席开学典礼，中国驻埃及使馆教育参赞、埃及苏伊士运河大学校长、MEK 基金会官员，以及来自华为、泰达等中资企业代表莅临开学典礼。埃及多家重要媒体报道了开学典礼盛况。

2018 年以来，北京信息职业技术学院埃及分校连续五年实现招生办学，在校生规模达到 430 人。2019 年北京信息职业技术学院埃及分校开学典礼如图 1－2 所示。埃及分校的治理体系、招生录取、经费投入、师资队伍、质量保障等逐渐步入良性发展阶段。埃及分校积极开展校企合作，华为在埃及分校建立 ICT 学院，泰达、巨石等与埃及分校签订学生实习协议，彰显了中国高职教育的鲜明特色。

图 1-2　2019 年北京信息职业技术学院埃及分校开学典礼

2022 年 8 月 15 日，埃及分校隆重举行首届毕业典礼。中国教育部职业教育与成人教育司、北京市教育委员会等部门领导发表视频致辞，中国驻埃及使馆公使衔参赞莅临现场致辞，埃及国家人民代表大会教育委员会主席、苏伊士运河大学校长、MEK 主任等出席并致辞，73 名首届毕业生（图 1-3）获得北京信息职业技术学院毕业证书和苏伊士运河大学学士学位。

图 1-3　2022 年北京信息职业技术学院埃及分校首届毕业生合影

五、总结反思

1.海外分校建设旨在响应国家倡议

埃及地处亚欧非三大洲的交界处，位于“一带一路”的交汇点，苏伊士运河走廊是埃及的经济特区，建有中埃苏伊士经贸合作区，吸引了众多中资企业和跨国公司。在这里创建埃及分校，是北京信息职业技术学院主动响应国家倡议、推动国际化进程的重大举措，肩负着服务“一带一路”建设、助力中国企业“走出去”的重大使命。经过不懈努力，北京信息职业技术学院埃及分校已经突破瓶颈期，步入良性发展阶段，在中埃两国高职教育领域产生了广泛的影响。

2.海外分校建设重在加强理论创新

为破解海外分校发展难题，北京信息职业技术学院坚持理论创新与实践探索并重，加强理论创新，重点围绕海外分校建设的关键环节与核心要素，探索形成了海外分校建设全要素解决方案，构建起海外分校发展的基本框架，在海外分校的教育标准开发、政策法规研究、治理结构完善、投融资模式创新、师资队伍建设，以及教育质量管理等方面，产生了一批理论研究成果。

六、结束语

北京信息职业技术学院埃及分校是北京信息职业技术学院主动服务“一带一路”建设的重大举措，它将中国高职教育标准与埃及国情相结合，主动融入苏伊士经贸合作区建设，对接华为、泰达、巨石等龙头企业，助力中国企业“走出去”倡议，推动北京信息职业技术学院埃及分校不断发展壮大。目前，北京信息职业技术学院埃及分校体制机制逐步完善，内涵建设取得丰硕成果。

埃及分校的发展壮大得到中埃两国政府大力支持。教育部、商务部与国家国际发展合作署等全力推动中国政府国际援助项目。中国驻埃及大使馆积极联络在埃中资企业和中国商会，促进产教融合校企合作。埃及高等教育与科学研究部、伊斯梅利亚省政府等为埃及分校建设提供政策支持。北京信息职业技术学院埃及分校的办学成果与成功经验，见诸国内重要媒体与官方平台，也得到埃及重要媒体的广泛报道，在中国、埃及以及海湾国家产生了积极影响，成为埃及引进中国职业教育的成功案例，成为中国职业院校服务“一带一路”建设的成功范例。

中泰智慧城市轨道交通技术发展的推进者

——北京交通运输职业学院“一带一路”交流合作案例

摘　要　当前我国正全面推动现代职业教育高质量发展，国际交流与合作作为其中重要内容，赋予新时代高等职业院校国际化办学新内涵和新要求。伴随着“一带一路”倡议与“双高”建设的实施，高职院校国际化办学成为高职教育高质量发展的关键一环。中国企业积极参与海外重大基础设施建设，先后参与承建海外轨道交通项目 86 个，覆盖 6 大洲 47 个国家和地区，总里程达 3.6 万多公里。北京交通运输职业学院在专业共建、海外教育培训、教学资源输出、开展中外人文交流等方面不断创新交流与合作模式，推进学院办学国际化进程，形成全方位、多模式的国际合作与交流格局，全方位打造国际化交通院校，培育具有国际化视野的交通人才。

一、合作背景

北京交通运输职业学院（以下简称“北京交院”）是北京市交通委直属公办高职学院，是北京交通职业教育集团核心校、全国城市轨道交通职业教育集团理事长单位、全国城市轨道交通专业教学指导委员会主任单位；现为北京市特色高水平职业院校，中国首批高水平高职学校城市轨道交通专业群建设单位。学校立足交通、融通行业、服务社会、着眼未来、放眼世界，主动融入和服务国家“一带一路”倡议，积极贯彻落实《关于做好新时期教育对外开放工作的若干意见》《推进共建“一带一路”教育行动》等系列重要文件精神，努力把学校建设成为业内都认同、国际可交流的新时代中国特色高水平高职学校。学校充分发挥背靠交通行业、产教深度融合，培养交通类高素质技术技能型创新人才的特色和优势（图 2－1）。

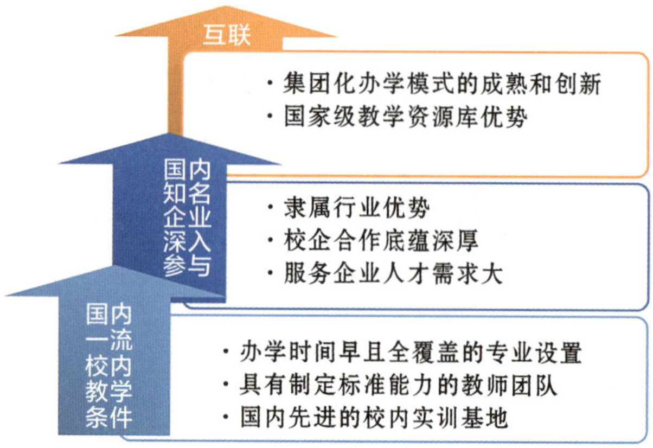

图 2-1　北京交院的优势

二、工作目标

(1)以智慧城轨技术技能培训为引领，弘扬中华文化，培育国际友好人才。

(2)发挥城轨专业技能培训领先优势，成果分享世界，培育技能工匠。

(3)利用互联网交流平台，促进文明交流互鉴。

三、项目过程

泰国纳瓦明塔提腊大学(原曼谷大都市大学)于 2011 年 6 月 3 日由泰国国王钦赐更名，是泰国唯一一所地方大学，是一所旨在分享城市发展、社会可持续发展和城市居民福祉相关知识与研究的高等教育机构。目前，泰国纳瓦明塔提腊大学由 7 个部门及院系组成，即理事会办公室、校长办公室、维吉拉医院医学院、库卡伦护理学院、卫生科学技术学院、都市发展学院和城市发展学院。城市发展学院开设 3 个本科学士学位专业，包括轨道维修技术、艺术、管理学，其中与中方学院合作的为轨道维修技术专业。

(一)建立国际资源共享机制

根据泰国合作方要求，北京交院派出工作人员参与前期调研，建立或参与国际化校企合作项目(图 2－2)。北京交院以城轨交通教学资源库为基础,联合国内资源平台,依托全国城轨交通职教集团,校企合作制定国际资源共享机制。北京交院向泰方提供城轨交通国际资源库服务,并联合企业对资源库进行完善,支持在泰境内的资源库使用。为进一步服务"一带一路"共建国家,北京交院联合集团内企业共同向共建国家推广城轨教学资源库。

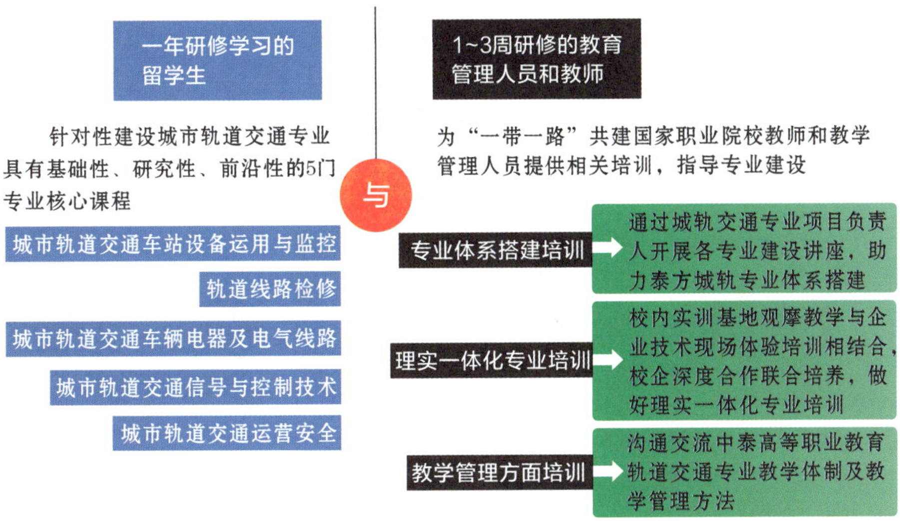

图 2－2　项目基本情况

(二)建立双导师制度

采取企业导师和校内导师同时授课的双导师制度,通过不同专业不同侧重点的授课,让学员从不同角度了解轨道交通行业,有助于提升学生的适应能力。

(三)理论实践相结合,建立工学一体教育模式

前期通过在学校进行理论授课,借助学校现有的实训环境,让学生最大限度地了解行业知识;随后进企业实习(图 2－3),参与实际建设项目,充分体会如何将所学知识应用到企业实际工作中,建立工学一体教育模式,有助于提高学生的应用能力。

图 2-3　实训案例

安排学员分别到不同类型的企业进行实习，从软件研发、运营管理到正线施工、设备检修，结合各个类型企业的优势，向学员展示轨道交通行业各类型企业的特色，有助于学员发现自身兴趣点，提高学习效率。

北京大象交通科技有限公司是共同实施培训企业。实训以北京地铁燕房线培训中心和实际地铁线路为例并作为载体，企业与学校共同实施工学交替培训过程，企业专家和学校教师代表企业和学校实施双元制对外技术技能培训。

（四）建立城轨交通国际资源库

与中国有色集团合作完成海外职教项目，完成工业汉语教材《工业汉语——土木建设（道路与桥梁工程和建筑工程）（基础篇）》的编写及《工业汉语——汽车底盘构造与维修（基础篇）》教材的起草工作。依托全国城轨交通职教集团已建成城轨交通国际资源库。

（五）开展中资企业海外员工培训

加入中国有色集团“中国海外职业技术学院建设项目”，按照国家相关标准及合作方要求，助力海外职业院校建设并为“走出去”中资企业提供员工培训服务。推进与中国有色集团沟通、联系，争取完成合作协议的签约，根据协议要求开展相应工作。建章立制，设计培训项目，联系有关企业，找到合作环节点，推动服务工作落实。开展“一带一路”共建国家需求调研，为“走出去”中资企业提供员工教育培训。

四、合作成效

学校建设北京市“一带一路”轨道交通技术技能人才培训基地，坚持开放共享，完成泰国纳瓦明塔提腊大学两期教师骨干及学员技能培训；加入“丝路工匠”职业院校国际合作联盟；完成国际化专业教学标准建设，编制一套城轨专业技能培训双语国际标准，贯彻教学标准于中泰合作培训“一带一路”技术技能交流；参加第六届“一带一路”青少年创客营与教师研讨活动可持续交通主题活动，制订科普课程标准及课程内容。

1.培养交通领域行业的优秀人才

完成泰国纳瓦明塔提腊大学两期教师骨干及学员技能培训，先后在京培养泰国留学生两期近2880人天。

2.创新校企合作培养留学生模式

企业专家团队作为学员们的师傅团队，根据企业标准提炼培训标准，为泰方来华人员实施“中国特色学徒制”模式培训，校企双元，工学交替。

国际化双语授课得到了提升，两批泰方师生从知识薄弱到具备一定技能，加深了对中国的了解，与中方人员建立了深厚友谊。校企合作模式奠定了城轨专业境外办学基础。学校形成了服务国际培训的校企专兼职教学团队，教师团队的协同合作能力得到了锻炼。

3. 深耕“一带一路”轨道交通职业教育

作为北京市“一带一路”技能培训项目，中泰技能培训涉及城轨行业设计、建设、运营、装备企业，覆盖城轨行业，拥有先进城轨实训基地，双语培训标准在实践中完善，孵化高端国际技能人才。

4. 完成课程资源的国际推广

学校凭借城市轨道交通专业教学资源库构建了 28 门专业课，开放共享，满足国际远程教学需求。线下教学充分利用国家级城轨实训基地和企业岗位实践，通过技能培训落实理论实践一体化。

学校深度践行校企合作，通过“互联网＋”和集团化办学的优势，汇聚丰富教育资源和大型国有企业多方力量，拥有国家级城轨资源库的 28 门课程 MOOC 的优势，为国际推广提供了技术保障。

5. 奠定中泰师生情谊

以传统文化交流为纽带，中泰师生之间建立了深厚的情谊，奠定了良好的合作基础。泰方学员在北京学习期间，由老师带领着起中国名字、包中国饺子、登中国长城、学中国古建，有效促进了中泰文化交流、文明互鉴。

五、保障机制

（一）组织保障

学校已设立以党委书记为组长的外事工作小组，职能部门有专人牵头做外事工作。建立了因公出国（境）审批、留学生管理等教育和对外开放领域的规章制度。严格按照规定招收、管理短期留学生，按需规划短期留学生课程。先后设立《北京交通运输职业学院留学生（短期）招生录取流程》《北京交通运输职业学院留学生（短期）管理机制》《北京交通运输职业学院留学生突发事件应急机制》等规章制度。

（二）建立“双语教师团队”机制

遴选优秀专业教师和英语教师组成“双语教师团队”，建立“双语教师团队”机制，通过定期召开教学内容研发会议、开展专业能力提升培训，保证教学内容质量及完成情况。组织专业教师和英语教师一起开发双语教学内容，不断完善、固化“双语教师团队”机制，提高专业课双语教学课程比例。

（三）人才培养及课程建设的遴选制度

首先由泰国合作方泰国纳瓦明塔提腊大学提出了泰国短期来华教师骨干和学员的培训需求——城市轨道交通类的核心技术需求，其次由中方北京交通运输职业学院根据技术需求进行调研，从技术活动开始到专业能力分析再到构建课程体系。在此基础上，经过中泰双方两轮的研讨和优化，确定教师骨干培训的基本内容和学员培训的课程体系，主要课程包括：城市轨道交通车辆电器及电气线路检修、城市轨道交通运营安全、轨道线路检修、城市轨道交通车站设备运用及监控、城市轨道交通信号及控制技术。

1.人才培养和课程建设的基本原则

培训课程内容涉及轨道交通行业技术培训，落实民心相通的倡议，促进文明交流、文明互鉴、文明共存，相互理解、相互尊重、相互信任，多层次人文合作、教育合作；利用学校轨道交通专业类职业教育优势，选择优秀师资承担培训服务任务。发挥国家级城市轨道交通专业教学资源库建设优势；发挥学校全国交通运输职业教育教学指导委员会副主任单位、中国职业技术教育学会职业教育装备专业委员会副主任单位、全国交通运输职业教育教学指导委员会城市轨道交通委员会主任单位作用，依托全国城市轨道交通职教集团、北京交通职业教育集团，在集团内建立城市轨道交通应用技术研发中心和城市轨道交通国际标准研发中心，在教育部、交通运输部领导下开展城市轨道交通运营技术标准、人才培养标准、实训设备标准、专业标准、课程标准研发，推进企业标准转化成行业标准，国内标准转化成国际标准。

2. 人才培养及课程建设的程序

人才培养及课程建设的程序如图 2－4 所示。

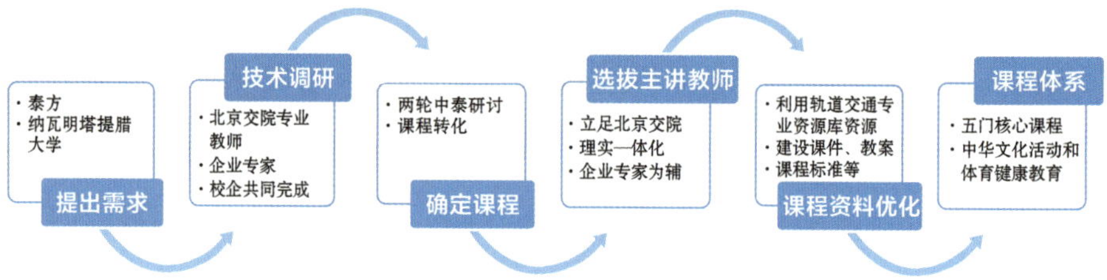

图 2－4　人才培养及课程建设的程序

（四）资金分配方案

在项目执行过程中，严格按照预算范围控制支出。2018 年短期培训在 12 月发生，经费支出在 2019 年支出。2019 年经费于 2020 年 3 月拨付到位，部分 2019 年未支付款项在 2020 年进行了支付。

六、总结反思

以“城市轨道交通职业教育国际标准”的制订为契机，依托北京市“一带一路”人才培养基地平台，整合资源建成城市轨道交通国际学院，完成职业教育国际标准向世界推广，使得人才培养模式兼具中国特色，并对泰方人员培训更贴近企业需求，持续助力中国企业国际化。

1. 积极加入优质联盟

为了加强高职教育境外合作交流，学校积极加入鲁班工坊建设联盟、“丝路工匠”职业院校国际合作联盟，提高学校争取国内外资源和整合国际资源的能力，推动国内外院校、企业共同发展。

2. 打造专业化团队

开展管理人员的专业化培训，对“一带一路”所在教育机构及其相关职能部门负责人，如高校领导以及财务处、教务处、学生处、人事处等人员进行培训。

3.携手“走出去”企业开展培训

学校积极与专业匹配的大型“走出去”企业进行合作，在“一带一路”共建国家合作开展培训活动，依据境外国际企业培养人才标准，将企业的技术标准转化成课程标准，既能够提高海外企业的综合竞争力，也能够促进高职院校国际化办学水平的提高。

4.提升服务“一带一路”建设实践能力

通过校企合作“走出去”模式，境外合作项目，围绕学校专业优势和特色对接人才需求，输出国际共享专业标准体系，完善高水平国际化产教融合基地建设，不断提升服务“一带一路”建设实践能力。

校企合作共育

心心相印的“一带一路”建设者

——北京工业职业技术学院海外办学纪实

摘　要　发挥职业教育海外办学服务民生、争取民心的作用，培养心心相印的本土技能人才，是职业教育服务“一带一路”建设的重要举措，是以人才链拉紧国际产业链，增强我国“软实力”、扩大“朋友圈”的重要基础。

2016年，北京工业职业技术学院被教育部确定为首批“走出去”试点院校，伴随中国有色金属行业赴赞比亚海外办学，积极服务“一带一路”倡议和国际产能合作，在赞比亚建设了全国首所开展学历教育的海外职业院校（中国-赞比亚职业技术学院），建设了全国高职院校首家职业教育型孔子课堂，探索出政企行校四方联动、专业标准国际引领、中文教育和职业技能融合发展的职业院校“走出去”人才培养模式。

一、合作背景

在“一带一路”建设持续推动下，我国企业加快走出国门，参与国际产能合作，取得举世瞩目的成就。然而，“一带一路”共建国家职业教育发展滞后，难以支撑产业一线对高素质高技能人才的需求，教育基础薄弱，众多“走出去”企业都面临着本土员工中文能力有限，与中国企业文化融合困难等问题。“一带一路”共建国家青年也希望有更多机会接受职业教育，学到一技之长并获得就业机会。

然而，职业教育“走出去”是新生事物，无先例可循；合作国工业体系相对不健全，无专业标准可依；合作国职业教育落后，配套教学资源短缺；职业教育国际化起步较晚，中外师资储备不足。为了解决以上问题，有色金属行业和北京工业职业技术学院(简述北工院)均进行了有益探索。2009年中国有色集团收购赞比亚卢安夏技工学校,启动对本土员工的技能培训。2016年学校被确定为教育部有色金属行业职业教育“走出去”项目首批试点院校,赴赞比亚办学。

经过几年的实践,北工院、有色金属工业人才中心、中国有色集团按照“产教融合、共生共长”原则,探索出“政府主导、行业指导、校企协同”的职教“走出去”模式,解决了中国职业教育海外开展学历教育无先例可循、无标准可依、教学资源短缺、师资储备不足等问题,形成了海外人才长效培养机制,构建了新型校企合作、产教融合发展模式,走出了一条职业院校海外办学人才培养成功之路。

二、工作目标

学校聚焦海外人才培养,建成中国-赞比亚职业技术学院(图3-1)和孔子课堂,形成了海外人才培养的长效机制,为职业教育培养心心相印的“一带一路”建设者树立了“北京样板”。如图3-2所示为北工院外派教师赴赞比亚教学。

图3-1 中国-赞比亚职业技术学院揭牌仪式

图 3－2　北工院外派教师赴赞比亚教学

（一）树立职教“走出去”新典范

学校着眼于长远发展，聚焦职业教育“走出去”的可持续性，积极探索职业教育“走出去”长效机制。长效机制包括可复制推广的“走出去”模式、学校运行模式、专业标准、教学资源、师资培养等。

北京工业职业技术学院协同国内八所职业院校，在赞比亚卢安夏技工学校基础上进行校舍改造，于 2019 年在赞比亚铜带省卢安夏市建成了首所开展职业教育的职业院校（中国-赞比亚职业技术学院）。

（二）构建“中文＋职业技能”海外职教体系

北京工业职业技术学院以职业教育为切入点开展中文教育，经教育部中外语言交流合作中心批准创办了全国首家“中文＋职业技能”型孔子课堂，在阿根廷建立了美洲首个中文工坊，着力培养能讲中文、懂得技术、了解中国文化的本土复合型人才，探索出了国际中文教育与职业教育同步发展的新模式，构建了“中文＋职业技能”双轨发展的海外职教新体系，未来北工院将以孔子课堂和中文工坊为依托，探索以班组长为核心的工业汉语教学，探索车间工业汉语教学，继续推动“中文＋职业技能”的实践和理论研究深度发展。

（三）助力北京职教走向世界

培养心心相印的“一带一路”建设者是海外职业教育者的终极目标，北京工业职业技术学院积极扩大影响力，从探路者积极向组织者转变，与教育部中外语言合作交流中心共建了“中文＋职业技能”教育实践与研究基地，与北京语言大学、北京师范大学、首都师范大学、北京外国语大学等高校合作，整合教育资源，建立“中文＋职业技能”教育北方校企协作机制，按照强强联合、优势互补原则，吸引政校行企等相关机构积极参与，共同开展“中文＋职业技能”教育领域的交流合作，积极开展“中文＋职业技能”培训，开发“中文＋职业技能”教学资源，探索依托海外中资企业及外方相关机构，开展“中文＋职业技能”教育理论研究和区域国别调查研究，发挥“中文＋职业技能”教育智库作用。

2022 年，北京工业职业技术学院以《四方联动、标准引领、语技融合——职业院校“走出去”人才培养模式探索与实践》为题申报了北京市教学成果奖并荣获特等奖，促进了我国职业教育海外教育提质培优，助力北京职教走向世界。

三、项目过程

校企协同“走出去”面临难题及做法如图 3－3 所示。

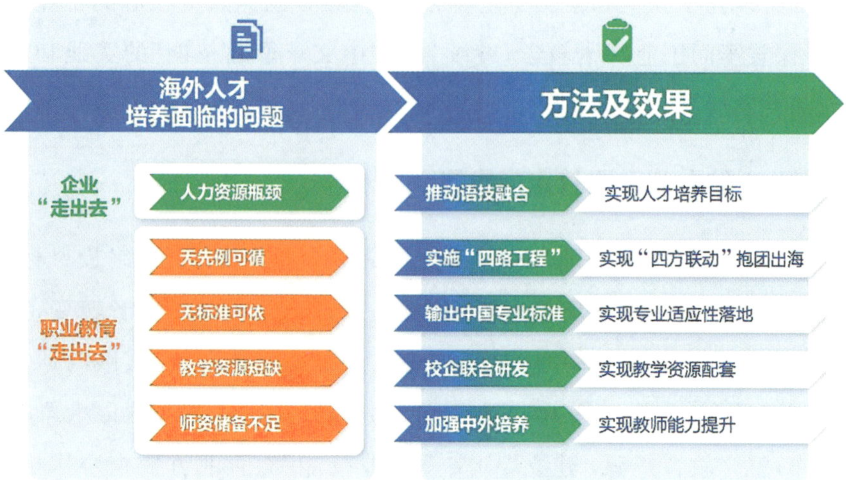

图 3-3　校企协同“走出去”面临难题及做法

（一）实施“四路工程”，实现“四方联动”抱团出海

发挥政企行校四方优势，实施“政府引路，企业探路，行业铺路，学校创路”的“四路工程”。其中，政府负责顶层设计，提供政策支持；企业提供人才需求和综合保障，奠定办学基础；行业负责组织协调，整合多方资源；学校提供教学资源，组织具体实施，形成了可复制推广的职业教育“走出去”长效机制（图 3-4）。

2019 年北工院与全国兄弟院校共同建立了全国首所开展学历教育的海外职业院校（中国-赞比亚职业技术学院），依托中国-赞比亚职业技术学院独立建设了全国首家职业教育型孔子课堂。同时，完善了学院和课堂的管理机制，构建了“一校建一分院”（图 3-5）“一校管一处室”（图 3-6）的中赞职院运行模式，风险共担，资源共享，形成了长效办学机制，解决了学校自发型、校际合作松散型等海外办学模式存在的水土不服、与企业人才需求脱节、难以持续等问题。形成中赞职院、孔子课堂、中国有色集团赞比亚培训中心、国家开放大学赞比亚学习中心“四位一体”的教育架构，开展学历教育、中文教学、技能培训，培养知华友华爱华的本土技能人才，为驻赞企业高质量发展，为提升赞比亚职业教育水平，实现非洲工业化发展提供了中国方案，为促进人文交流，构建中非命运共同体提供了有效途径。

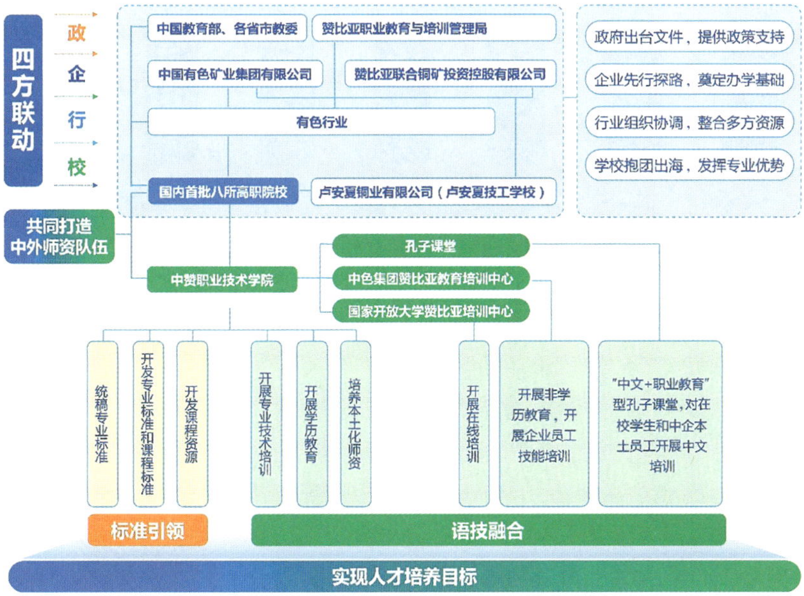

图 3－4　四方联动、标准引领、语技融合

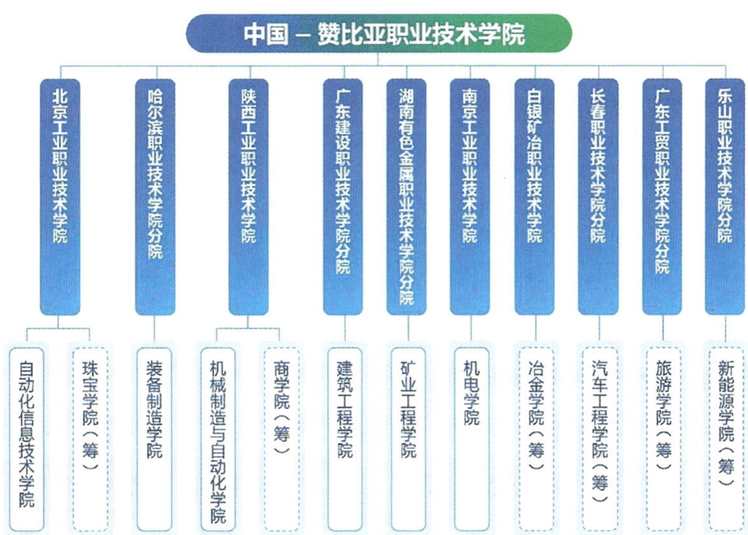

图 3－5　中赞职院“一校建一分院”

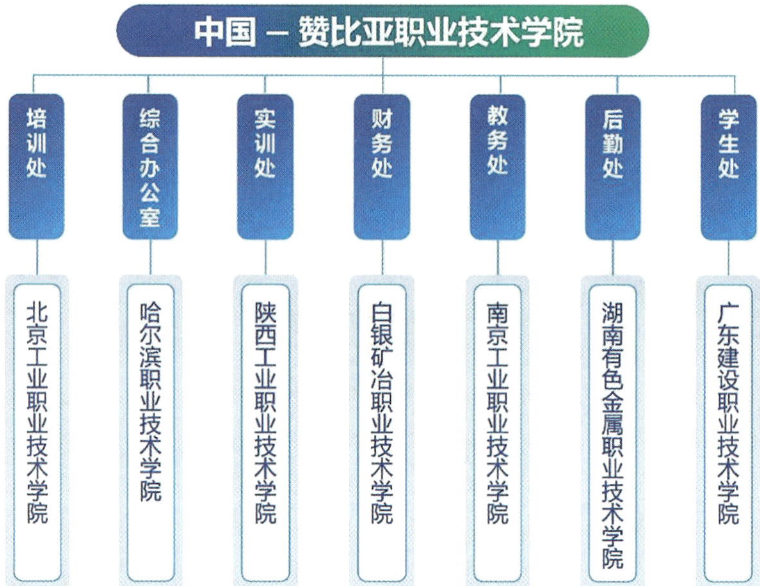

图 3－6　中赞职院“一校管一处室”

（二）输出中国专业标准，实现专业适应性落地

北京工业职业技术学院深刻把握海外开展职业教育的教学规律，在建校之初便秉持海外办学标准先行的理念，依据中国教育理念和教学模式，结合赞比亚教学实际，提前着手研发制定适合赞比亚国情的专业标准，根据标准开发教材，部署教学，解决了海外职业教育缺乏专业标准的困难。

2019 年赞比亚共和国职业教育与培训管理局正式批准了中国职业教育五大专业标准，这是我国首批职业教育专业标准走出国门并被纳入主权国家国民教育体系，具有划时代意义。

北京工业职业技术学院参与制定并统稿了五大专业标准，分别是自动化与信息技术专业标准、机械制造及自动化专业标准、机械电子专业标准、机电设备维修及管理专业标准、金属与非金属技术专业标准。专业标准的批复与实施，为赞比亚培养高质量工业化人才，营造良好投资环境提供有力保障，也将为驻赞中资企业提供有力的人才支撑。

2021 年第二批三个专业标准：珠宝设计与加工、储能材料技术、导游专业标准再获赞比亚职业教育与培训管理局批复，截至目前，共有八个中国职业教育教学标准进入赞比亚国民教育体系。其中，首批获批的自动化与信息技术专业标准和第二批获批的珠宝设计与加工专业标准由北京工业职业技术学院独立完成。

通过组建由赞比亚职业教育训练管理局、“走出去”院校、驻赞企业、中赞职院专家构成的中赞研发团队，在赞比亚职业教育训练管理局指导下，驻赞企业提出行业人才需求，“走出去”院校和中赞职院联合研发设计，形成与非洲国家共同开发专业标准的新范式。

研发团队对接现有国际规范，基于中国职教标准，结合海外国情和学情，依据生源素质、企业需求、培养模式等要素，开发本土化专业标准，构建基于专业岗位分类、职业素养、核心能力的课程体系，形成完整的教学理念、课程设置、教材编写、授课设计、学生管理和评价体系，北工院研制了自动化与信息技术、珠宝设计与加工 2 项专业标准和 37 项课程标准，并纳入了赞比亚国民教育体系，填补了赞比亚相关专业国家标准空白。

（三）校企联合研发，实现教学资源配套

以“企业需求、行业牵头、院校研发”为原则，成立校企研发团队，依据专业标准开发教学资源，明确岗位需求、能力要素、课程目标，编写中国职业教育“走出去”系列专业教材和工业汉语丛书，在语言和技能教学中融入中国文化要素，为培养“精技术、通语言、融文化”的本土员工队伍提供教学资源保障。北工院打造了“中文＋职业技能”课程资源体系，开发了《AutoCAD 制图》等英文专业教材 17 本、《珠宝设计与加工》等工业汉语教材 9 本和中英双语课程 27 门。

（四）加强中外培养，实现教师能力提升

组织国内教师参加国内外专业培训、企业实践锻炼、国际中文教学能

力培训，选派骨干教师参与“走出去”试点，赴海外为企业开展中文和技能培训，提高教师专业、语言教学及跨文化交际等能力，培育“能上讲台、能下车间、会教中文”，兼备“专业讲师、工程师、国际中文讲师”多重教学身份的“双师＋”型师资队伍（图3－7）。北工院131名教师参与“走出去”试点，36名教师取得国际中文教师资格证书，实现了中外教师专业水平与语言教学能力双提升。

图3－7 “双师＋”型师资队伍

（五）推动语技融合，实现人才培养目标

构建中文推广和职业教育融合发展模式，围绕企业生产实际、中国装备使用，以技能培训为切入点发展国际中文教育。对接主流生产技术和相关语种，开发多工种、多语言教学资源库、专业语料库、工业汉语系列教材。由专业教师、班组长组成一线教学团队，以班组为单位开展“中文＋职业技能”培训，实现企业本土员工语言能力和技能水平同步提升。

四、合作成效

（一）促成了职业教育“走出去”工作试验田变“示范田”

北京工业职业技术学院积极服务“一带一路”倡议和国际产能合作，2016年学校被教育部确定为首批“走出去”试点院校，与中国有色金属行业赴赞比亚海外办学，成功建设了中赞职院和孔子课堂，推动专业标准、教材、教学设备、教师“走出去”，逐渐完善教学实践，加强校校、校企之间的合作，构建了“一校建一分院”“一校管一处室”的中赞职院运行模式，教育部批复“走出去”试点院校由首批 8 所扩大到 13 所，“走出去”的专业标准由首批 5 个扩大到 9 个，中赞职院模式被推广至中哈、中缅，塔中系列海外职院，促成了职业教育“走出去”工作试验田变“示范田”，在高职院校中起到了示范引领作用，推进了中国职业教育走向世界。

（二）获得政府行业高度肯定

2021 年中赞职业技术学院案例入选教育部组织编写的《习近平新时代中国特色社会主义思想学生读本（小学高年级）》。

2020 年教育部在介绍“十三五”职教改革发展时指出“中赞职院是职业教育改革发展最大亮点之一”；2022 年教育部在“教育这十年”发布会上将中赞职院列为党的十八大以来职教改革发展成效之一。

2022 年赞比亚总统希奇莱马表示，政府相关部门要积极支持中赞职院的建设和发展，加大对人才培养的力度，财政部、教育部要将其纳入国家计划。

中国有色集团致函教育部感谢“走出去”试点院校，认为成果给赞比亚中资企业带来了实在的帮助和支持，效果远超预期。

（三）培养人才成效显著

试点至今，通过开展学历教育和 21 个专业工种、近 50 期“中文＋职业技能”培训，培养了一批互信互鉴的技术技能人才，企业运营环境显著改善。带动国内职业院校教师参与“走出去”项目，实现了专业水平与语言教学能力双提升，搭建国际教学互动平台，提升了国内学生国际化素养和国际就业能力。

（四）试点经验为国家职教政策提供了参考

2020 年有色人才中心代表试点项目组参加国务院办公厅“职业教育‘走出去’专题会议”汇报工作成果。

北工院受教育部委托开展“职业教育协同企业‘走出去’”和“深入推进

职业教育‘走出去’专项工作”，完成相关报告，为统筹职业教育国际化发展提供了参考。试点成果为推动现代职业教育高质量发展提供了实践经验。

（五）取得媒体广泛赞誉

《人民日报》在“中非职业教育——为中非友好合作增添新的内涵”版块介绍了中赞职院。《光明日报》介绍了北工院教师在赞比亚教书育人事迹，中国教育电视台专访报道“校企协同‘走出去’探寻职教国际化发展之路”，北京电视台、《中国教育报》《北京日报》等多家媒体均报道了学校海外办学成果。

五、保障机制

（一）学校的大力支持是职业教育“走出去”的重要保障

学校在“走出去”办学之初，在面临资金缺乏和经验不足等问题时，敢于面对困难，毅然决定踏出“走出去”的第一步，拉开了“走出去”的序幕。学校党委将国际化办学纳入学校整体的发展规划中，将“走出去”工作作为学校国际化的重要考核内容，有力地推动了职业教育“走出去”。

（二）注重协同创新

中赞职院成功的关键在于政府支持，行业引导，校企协同。中国有色集团在当地深耕多年，积累了丰富的政商资源，了解当地情况，并已建立起完备的工作、生活设施，这为职业教育“走出去”奠定了现实基础。

中国职业教育院校之间也共享资源，均摊风险，中赞职院已由原来的8所职业院校扩展为现在的11所职业院校，中赞职业技术学院得以持续运行。

（三）把握“中文＋职业技能”的时代机遇，谋划发展

中国海外企业对海外员工日益增长的海外用工需求决定了中文教育

与职业教育协同“走出去”正当其时。开展“中文＋职业技能”是时代赋予的重大机遇，我们一直都在积极行动，步履铿锵助力“一带一路”大发展。

六、总结反思

（一）职业教育“走出去”是推进“一带一路”建设的必然结果

中国提出的“一带一路”倡议赢得了国际社会广泛认同和积极响应。根据商务部、国家统计局和国家外汇管理局联合发布的《2020年度中国对外直接投资统计公报》，截至2020年，中国在“一带一路”共建国家设立企业1.1万家，中资企业雇佣外方员工人数占企业员工总数的60%。在“一带一路”建设背景下，培养“走出去”企业在海外生产经营急需、具有国际视野、通晓国际规则的本土技术技能人才，是对中国职业教育的时代要求。中国职业教育迎来走向世界的历史机遇。

（二）政企行校抱团出海是职业教育“走出去”的有效路径

当前，我国职业教育“走出去”包括行业企业主导的校企合作、政府统筹主导学校企业参与、高职院校主导的跨境教育等几种类型，以上几种“走出去”模式存在可持续不强、资金设备不足、不易推广等问题，而“政府、企业、行业、学校”四方抱团出海，通过“校校－校企”合作，风险共担，资源共享，有效规避现有“走出去”模式的不足，已成为职业教育“走出去”的有效路径。

打造服务澜湄国家技能驿站 助力提升中国职业教育国际影响力

——天津中德应用技术大学建设澜湄职业教育培训中心暨柬埔寨鲁班工坊建设纪实

摘　要　澜湄职业教育培训中心暨柬埔寨鲁班工坊作为"一带一路"倡议和澜湄国家合作背景下一项重要人文交流和人力资源建设合作项目，立足柬埔寨，主动对接澜湄五国产业发展和人才需求，通过在体制机制、教学资源、师资能力、人才培养、课程体系、科学研究等方面深耕内涵建设，成为服务澜湄国家技能人才培养驿站，惠及澜湄国家师生两千余人，形成丰富阶段性建设成效，获得合作国院校和政府广泛认可与高度评价。

项目围绕4个专业已建成23个实训室。面向机电一体化(专科)和通信工程(本科)两个专业开发立体化教学资源133套。专业人才培养方案获得"柬埔寨资格认证体系"认证。项目累计为柬埔寨、越南、泰国、缅甸4个澜湄国家18所学校培训骨干教师70人，培养学历教育学生两千余人。学校领导获柬埔寨王国政府前首相洪森签发的授予为柬埔寨发展做出重要贡献外国友人的萨哈梅特里勋章。项目建设成果在首届世界职业技术教育发展大会、外交部澜湄合作启动五周年暨2021年"澜湄周"招待会、中国-东盟教育交流周、澜湄民族地区社会创业与减贫合作国际会议、澜湄职业教育联盟圆桌会议等国际高级别会议上进行了经验分享，被国内外多家权威媒体报道100余篇，有效助力提升中国职业教育国际影响力。

一、合作背景

2013年，习近平先后提出共同建设"丝绸之路经济带"和"21世纪海上丝绸之路”的“一带一路”倡议，为我国与澜湄国家进一步开展合作、共谋发展指明了方向，擘画了蓝图。澜湄国家作为“一带一路”倡议的重要节点地区，有着历史文化悠久、人力资源充足等重要优势，但也存在产业结构单一、工业及高端产业发展相对滞后、高素质技术技能人才短缺等需要在“一带一路”合作框架下破解的社会经济问题。

2016 年，时任国务院总理李克强同志在澜沧江-湄公河合作首次领导人会议上提出“愿探讨在湄公河国家设立职业教育培训中心”，成为中国和澜湄国家构筑人文交流桥梁的重要建议。2017 年，澜湄合作第二次外长会议宣布了包括由天津中德应用技术大学建设的澜湄职业教育培训中心项目在内的一系列项目。2018 年，在澜沧江-湄公河合作第二次领导人会议中，李克强同志提出“支持在湄公河国家设立澜湄职业教育中心”，作为中国和澜湄国家提升人力资源合作的重要举措。会议后，该项目被正式列入《澜沧江-湄公河合作五年行动计划(2018—2022)》。

2018 年，天津市政府确定由天津中德应用技术大学承担外交部、教育部项目建设任务，并借助项目在柬埔寨建立鲁班工坊，即澜湄职业教育培训中心暨柬埔寨鲁班工坊(以下简称“澜湄中心”)，实现两个项目共建共享。

二、工作目标

澜湄中心(图 4 - 1)作为我国与澜湄国家在职业教育领域开展交流与合作的重要内容之一，应“一带一路”倡议而生，秉持“共研、共建、共享、共用、共赢”的建设思路，以持续服务澜湄国家经济建设对应用型、技术技能型人才需求为导向，打造立足柬埔寨、服务澜湄国家、辐射东盟十国，集职业培训、职业教育、科学研究、文化传承、创新创业“五位一体”的国际化职业教育培训中心，成为澜湄国家技术技能人才培训基地、中外企业人才支撑基地、职业教育师资培养基地、技术研发推广示范基地和科学教育领域宣传基地，彰显中国在职业教育领域的大国担当和风范。

图 4-1　澜湄中心实景图

三、项目过程

（一）体制机制规范化，创建全过程管理规章制度

中柬双方院校立足共商、共建、共享的澜湄合作精神，针对跨国项目管理难题，注重顶层设计、统筹规划，不断形成全过程管理规章制度。一是双方协商共制章程。制定包含项目内容、双方责权、管理体制、运行模式、资金投入、经费管理等12个方面内容的《澜湄职业教育培训中心（柬埔寨鲁班工坊）章程》，明确项目运行整体框架。二是形成以理事会为核心的组织架构。建立由双方学校人员、企业人员共同构成的理事会，负责项目经费管理、人员管理、发展规划。构建以理事会为核心的"理事会领导下的中柬方主任负责制"的三层级管理组织架构，实施独立核算、自主管理的运行模式，具体实施教育教学管理、质量管理、教职工教育培训管理及学生招生就业管理等工作。三是以章程为基础，不断完善制度体系建设。项目围绕工作人员管理、设备管理、资金使用、实训室管理、留学生管理等内容制定相关管理规章制度30余项，有效保障项目科学、规范、有序、高效运行。

（二）教学资源系统化，开发高标准软件硬件资源

学校以工程实践创新项目教学模式为重点，发挥自身在国际化专业建

设上的优势，结合柬埔寨当地企业对人才工程实践能力的需求，开发了“软硬件相结合的”系统化教学资源。一是构建综合化“硬性”实验实训平台。秉持“讲练一体化、管理一体化、布局一体化”原则，构建了覆盖“前端基础实训、中端专业实训、后端综合实训”的三层级实验实训平台，满足了当地不同层次的学历教育需求及企业员工职业技术培训的需求；建设了机械加工技术、机电一体化技术、通信技术 3 个实训中心共 18 个实训室；配备了体现职业性、综合性、先进性、系统性、趣味性的中国制造教学实训装备 1600 台套，实训设备与教学环境按照“实训岛式”布局，突出小班教学、项目化教学、讲练结合的教学特色，实训室管理执行规范化、标准化的“5S”实训室管理模式并出台配套实训室管理制度汇编。二是开发立体化“软性”配套教学资源。面向机电一体化（专科）和通信工程（本科）两个专业涉及的 6 个职业工种，按照初、中、高三层级开发双语培训教材 38 本、培训标准 19 套、教学计划 19 份、培训教案 19 套、实训报告 19 套、试题库 19 套，增强了教学资源的适配性。

（三）师资培训递进化，培育多梯队澜湄种子教师

坚持师资培训先行，将企业实践与评价作为重要部分纳入教师实践能力培养全过程，突出模块化和理实一体化培养，形成了“系统、长效、融合、小班”的培训方式。一是逐层递进开展培训。学校首先对本校参建教师进行为期半年的英语培训。其次，对柬方参建教师开展为期八个月的技术技能系统培训，培养项目运营师资。再次，柬方运营教师在我校教师指导下独立开展面向澜湄国家的师资、学生、社会民众和企业员工培训，形成“以点带面，由点及面”的逐层递进效果。二是科学设计培训内容。柬方合作院校教师接受培训共 5 期，历时 8 个月 33 周 1320 学时，采用“一对一、一对二或一对三”的小班形式；通过“国外国内相结合、学校企业相结合”的融合方式；既有理论知识又有实践操作，既有专业素养又有学习方法，既有理论测试又有动手考核；提升了教师从初级技能到中级再到高级，从简单到复杂，从指导教学基本功到开展科学研究的能力，深切感受“理实结合、理

实并重”的中国职教特色。面向柬埔寨、泰国、缅甸、越南 4 国教师技术技能培训结业式如图 4-2 所示。

图 4-2 面向柬埔寨、泰国、缅甸、越南 4 国教师技术技能培训结业式

（四）人才培养贯通化，探索高本硕衔接全新模式

学校满足企业对多层级人才的不同需求，自 2013 年开始招收澜湄国家留学生，并逐步扩大澜湄国家留学生培养规格和培养层次。学校现有澜湄国家留学生 130 人，涉及高职、本科、硕士三个学历层次 11 个专业，实现高职、本科、研究生的有序衔接。留学生培养以实践应用中的工程技术“真题”为衔接主线，形成了“基于五原则的一聚焦两服务三贯通四保障”的留学生人才培养模式（图 4-3）。一是打通了留学生人才培养通道。明确了贯通培养的专业体系为“高职机电一体化专业、本科机械电子工程专业、硕士机械类（能源工程方向）专业”，贯通了高职、本科、研究生三个层次。二是制定了国际化人才培养方案。根据贯通专业的层次，以国际化专业标准为依据，编写各层次人才培养方案，增强培养目标的层次性、能力培养的贯通性、职业素养的一致性和培养模式的整体性，提升人才培养质量。

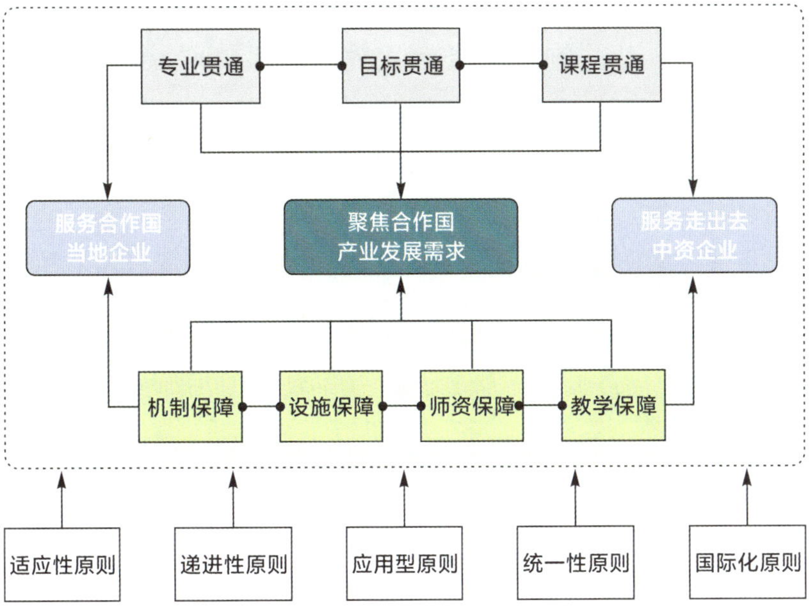

图 4－3 “基于五原则的一聚焦两服务三贯通四保障”
澜湄中心留学生培养模式图

（五）课程体系融通化，推动多类别课程深度融合

学校对标企业对高素质技术技能人才需求，结合柬埔寨当地人才培养现状，以提升学生工程创新和综合实践能力为目标，传承学校基于创新思维的工作过程系统化课程建设模式，编写双语特色教材，构建“三课融通”的课程体系。一是实施国际化专业课程嵌入。以柬方院校人才培养方案的课程体系架构为基础，嵌入学校国际化专业标准中的核心课程和关键专业必修课程，以及系统化实训体系的初、中、高三个等级职业培训模块课程，实现了本土化学历教育课程、新开发职业培训课程以及国际化专业核心课程三课融合（图 4－4）。二是实现一体化课程设计。基于系统化实训体系，将 6 个职业工种中的初、中、高三个等级职业培训模块与学历教育课程体系互融互通，实现职业培训与学历教育的一体化设计，职业培训与实训体系的一体化设计和学历教学与实训体系的一体化设计。澜湄中心机

电一体化（专科）和通信工程（本科）专业人才培养方案获得“柬埔寨资格认证体系”认证。

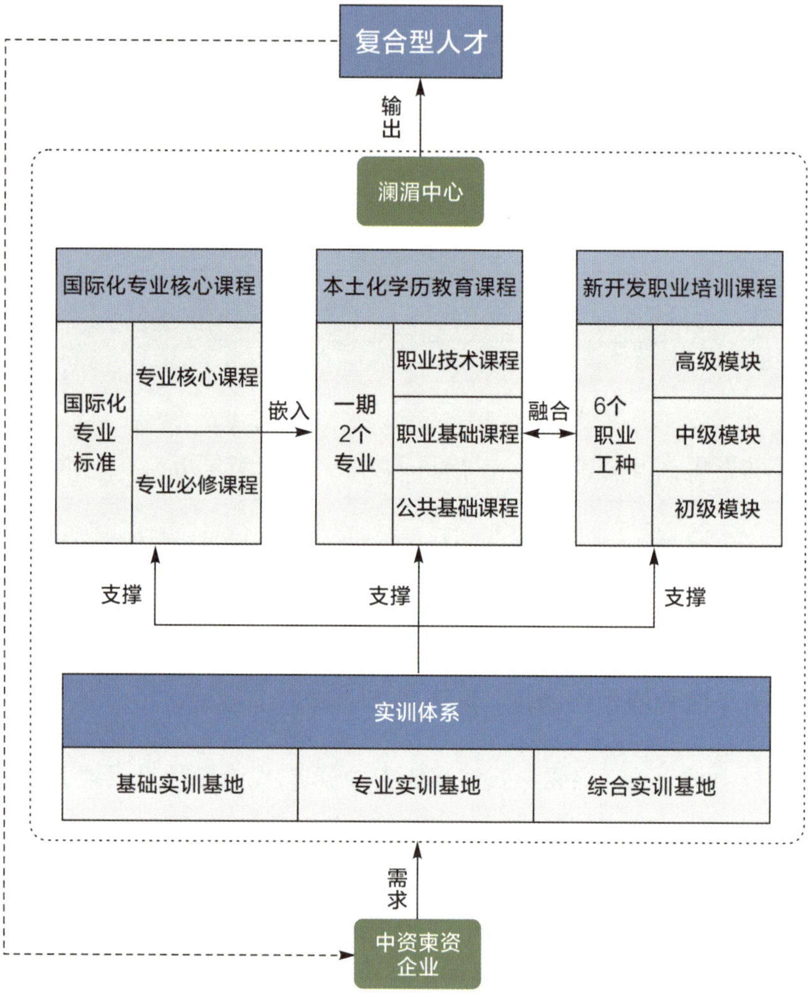

图 4-4 “三课融通”课程体系

（六）科学研究应用化，开展适用性需求导向研究

学校以合作国当地企业及“走出去”中资企业真实问题为指引，中柬师生跨领域、跨专业联合组队，开展工程技术在建设国的“适应性、适用性”研

究，帮助企业解决相关技术难题。一是开展科学研究。中柬师生团队聚焦企业实际需求，突出应用导向，积极开展纵向课题、横向课题研究，并依托课题研究成果申请各类知识产权，其中，发明专利“可移动式光伏光热一体化实验实训系统”分别获得中国政府和柬埔寨政府发明专利授权，与企业合作开发智慧能源教育装备，实现自主知识产权科技成果转化，形成多能源互补发电技术在教育装备领域技术创新，填补该领域技术空白。二是共建研究平台。由中柬双方院校共同申报的天津中德柬埔寨智能运动装置与互联通信技术推广中心获批天津市“一带一路”联合实验室，该实验室帮助柬埔寨解决了太阳能热发电和建筑节能改造问题。校企共同研发中国-东盟技能大赛装备。

四、合作成效

（一）人才培养成效突出，为“澜湄五国”提供人力资源保障

项目建设实践以来，师资能力与学生培养均取得了良好成效。师资能力建设上，11 名柬方合作院校专业教师全部通过培训获得了学校和企业颁发的能力认证证书，累计为柬埔寨、越南、泰国、缅甸 4 个澜湄国家 18 所学校培训骨干教师 51 名，面向柬埔寨社会培训 794 人，培养学历教育学生 2272 人。柬埔寨国立理工学院校长本费林评价：该校柬方教师已经成为柬埔寨技术技能水平最高的教师。学生能力培养上，探索出以培养高技能为核心，中、英文与本国语三语并重，理论实践相结合的国际化人才培养模式，留学生毕业后得到了当地企业与走出去“中资企业”的认可与好评。以 2022 届柬埔寨籍毕业生为例，平均月薪达到 395 美元，远高于柬埔寨当地平均薪资水平；优秀留学生陈美琳（Heng Seyha）同学，毕业后被柬埔寨国立理工学院录用为澜湄中心机电一体化专业教师，现在已成为柬方项目建设团队骨干成员，经她指导过的多名澜湄国家学生被“走出去”的中资企业录用。项目建设以来，中柬师生在国内外、各级别技术技能、创新创业比赛中获奖共计 49 项。其中在 2021 年“澜湄民族地区社会创业国际大赛”总决赛中，中柬师生团队在 27 个本科决赛参赛队中斩获两项国际大奖，获得

二等奖1项、三等奖1项，参赛项目“基于流场优化的人体舒适度智能调控式防护服”获得评委评价“到目前为止看到的实用性最强的项目”。澜湄中心已成为辐射周边国家的专业化师资培训基地，通过国际产能合作，为中外企业提供本土化人才储备与支撑。

（二）应用研究成果丰硕，为区域企业发展提供技术服务支撑

学校依托澜湄中心平台开展我国自有技术在合作的适应性、适用性研究，对标合作现实需求，解决相关技术难题。中柬师生团队自制研发教学设备4套。共立项天津市教委、市教科院、市科技局专项研究课题12项。依托课题已获得授权专利18项。其中，发明专利3个，发明专利中的“可移动式光伏光热一体化实验实训系统”获得中国政府和柬埔寨政府授权。获得来自企业的委托课题24项，到账经费近405万元。其中，由中柬双方院校共同申报的天津中德柬埔寨智能运动装置与互联通信技术推广中心获批天津市“一带一路”联合实验室，该实验室基于柬埔寨电力资源匮乏问题，研究太阳能热发电和建筑节能改造，为柬埔寨“双碳”工作做贡献；与亚龙智能装备集团股份有限公司联合开发的智慧能源方向国际化技能大赛装备，已完成了产品样机的组建，拟用于东盟国家师生技能大赛。

（三）社会认可广泛好评，为职业教育“走出去”提供模式借鉴

澜湄中心建设以来得到了社会广泛关注，获得了海内外多项荣誉和表彰。学校党委书记获柬埔寨首相亲笔签名的、柬埔寨王国政府颁发的萨哈梅特里军官头衔勋章，学校校长、主管副校长获柬埔寨王国政府颁发的萨哈梅特里骑士头衔勋章（图4-5），11位参建教师获柬埔寨劳工部颁发的“突出贡献奖”荣誉证书与奖章。入选中国教育国际交流协会“中国-东盟双百职校强强合作旗舰计划”；获得澜湄职业教育联盟（外交部支持和批准成立的开放性国际教育组织）2021年度“特别贡献奖”。项目建设成果作为6个重点工坊之一在首届世界职业技术教育发展大会进行展示。学校党委书记受邀出席外交部部长王毅主持召开的澜湄合作启动五周年暨2021年“澜湄周”招待会，项目建设成果在会上展示分享。主管校领导在

首届世界职业技术教育发展大会"一带一路"合作与鲁班工坊建设发展论坛、中国-东盟教育交流周、澜湄民族地区社会创业与减贫合作国际会议、澜湄职业教育联盟圆桌会议等国际高级别会议做了主旨发言,介绍建设成果。项目成果被国内外多家权威媒体报道100余篇。天津电视台《党的生活》栏目《扛着红旗远航》对项目进行了两期专题报道——高棉"授渔记"。学校负责人做客津云新媒体《新闻会客厅》节目,分享澜湄中心建设经验。

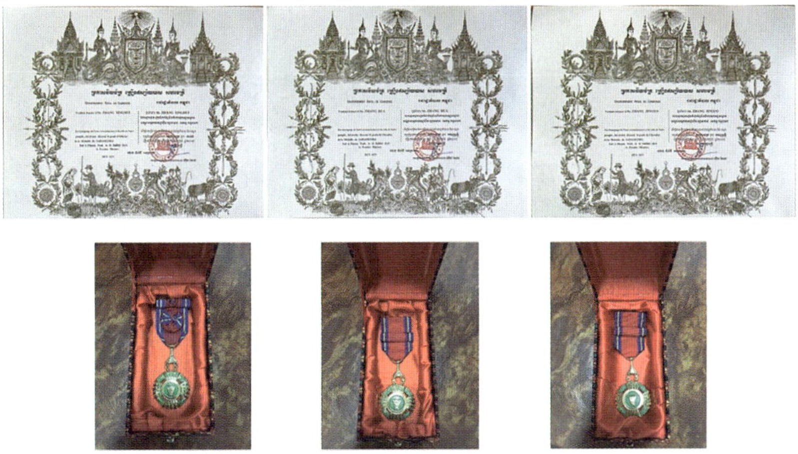

图4-5　柬埔寨王国政府分别授予学校党委书记、校长、主管副校长由柬埔寨首相签署的萨哈梅特里军官头衔勋章和萨哈梅特里骑士头衔勋章

五、总结反思

澜湄中心作为"一带一路"倡议和澜湄国家人力资源合作背景下的一项重要项目,自建设运行以来,始终秉持"共研、共建、共享、共用、共赢"的建设思路,中柬双方院校深入合作,以当地产业和经济社会发展的人才需求为导向,以建立技术技能人才培养培训国际化机构为载体,在体制机制、教学资源、师资能力、人才培养、课程体系、科学研究等方面下力量、做文章,实施丰富内涵建设,形成阶段显著成效。澜湄中心如何作为澜湄国家技能驿站继续更广泛和深入地服务国际产能合作,参与人才链建设将是本项目的长期核心课题,也是项目保持生命力的关键所在。

鲁班工坊新时代中国职业教育服务“一带一路”的实践探索

——天津职业技术师范大学

摘　要　天津职业院校传承黄炎培“建教合作”“大职业教育”思想精髓，通过创建和推广中国本土化的工程实践创新项目教学模式、研制和应用国际化专业教学标准、开发和使用教学资源、培养和培训中外师资，在境外创设鲁班工坊，为合作国培养熟悉中国技术、了解中国工艺、认知中国产品的当地技术技能人才，与世界分享中国职业教育的教学模式、标准体系、资源体系与话语体系，形成全球技术技能服务的公共产品和中国职业教育“走向世界”的中国方案。截至 2022 年 12 月，天津在 20 个国家高标准建设了 21 个鲁班工坊，遍及亚欧非三大洲。鲁班工坊已经成为中国职业教育的国际品牌。

天津职业院校响应“一带一路”倡议精神，在教育部、市委市政府领导下，基于国家职教示范区成果，原创并率先在境外实施“鲁班工坊”项目建设，创建了与世界系统性分享中国职业教育教学模式、标准体系、资源体系与话语体系的国际品牌。

一、合作背景

探索如何走出单纯借鉴国外理念、直接模仿国外模式、简单套用国外经验的初级阶段，如何开启基于中国国情与文化传统，创建本土化教学模式、研制国际化标准、开发通用性装备、编写中外适用资源的新阶段，构建新时代中国职业教育的国际话语体系、国际标准体系和国际资源体系，迈上与世界分享中国创新成果的高级阶段，形成让世界信服的产教融合、服务发展的整体解决方案，是中国职业教育实现“走出去”“走进去”关键问题。

工程实践创新项目(EPIP)教学模式是鲁班工坊建设主线、核心内涵。

1917年，黄炎培联合教育界、实业界知名人士在上海发起创立了中华职业教育社，提出职业教育的目的是“某个性之发展，为个人谋生之准备，为个人服务社会之准备，为国家及世界增进生产力之准备”。黄炎培推崇的职业教育，要手脑并用、做学合一、理论与实际并行、知识与技能并重。黄炎培教育思想的一个突出特点，就是认定沟通教育与职业是当时教育改革的关键；黄炎培职教思想归其一、归其要是“建教合作”，是“大职业教育主义”，是职业教育要与社会、生活结合。

2012年，传承黄炎培职教思想精髓，在长期开展中德、中西(西班牙)、中日、中加(加拿大)等合作项目的教学实践基础上，鲁班工坊首倡者和品牌主要创立者吕景泉教授开展“创造性转化、创新性发展”实践与研究，将古今中外的相关教育理念、模式、经验在中国大地“耦”合，创建了“工程实践创新项目(EPIP)教学模式”。2012年11月，出版《工程实践创新项目教程》(国家职业教育“十二五”规划教材)；2013年6月，出版英文版，推广EPIP教学模式应用。2014年，系统提出“五业联动”产教融合机理，完善了EPIP的应用层级。同年，在中华职业教育社和中国职业技术教育学会共同举办的第四届黄炎培职业教育奖颁奖大会上，吕景泉教授获得“黄炎培优秀理论研究奖”。2020年，国务院办公厅《关于推广第三批支持创新相关改革举措的通知》中明确，推进“五业联动”职业教育产教融合发展的新机制。“推广EPIP教学模式应用”，2020年，写入《天津市教育现代化“十四五”规划》，2021年，纳入部市共建《深化产教城融合，打造新时代职业教育创新发展标杆的意见》，2022年，载入《中国职业教育发展报告(白皮书)2012—2022年》。

EPIP，是以实际工程为背景和基础，以工程实践为导向和贯穿，以工程实践创新能力培养为目标和归依，以真实工程项目为统领的适合技术技能人才培养的教学模式。EPIP 的核心要义是“54321”。“5”是应用层级，包括扎根本土、院校办学、专业建设、课程改革、“知技素点”五个层级；“4”是四个核心要素，即工程化、实践性、创新型、项目式；“3”是三种认知境界，即“名”境界、“实”境界、“合”境界；“2”是核心点，即真实、完整；“1”是宗旨，即知行合一。《墨经》写道：“名实耦，合也”。EPIP 的本质，是让“产教融合、工学结合、校企合作、知行合一”真实“落地”。

已出版《EPIP 职业教育教学模式——改造我们的学习》《EPIP 教学模式——中国职业教育的话语体系》《鲁班工坊核心要义——中国职业教育的国际品牌》等 8 部中外文系列专著，60 余篇 EPIP 专题研究论文（中外文）。以葡萄牙卢卡斯、泰国哲仁为代表的一批 EPIP 专家教师在世界各地开展了卓有成效的应用推广。2017 年，EPIP 国际教育联盟成立。2022 年，天津中华职教社和天津职业技术师范大学共建“黄炎培思想研究与推广中心”和“工程实践创新项目（EPIP）教学研究中心”。“发挥已建立的泰国、葡萄牙、埃塞俄比亚等国 EPIP 教学研究中心作用，给更多境外合作伙伴带去先进的教学模式……”，载入《中国职业教育发展报告（白皮书）2012—2022 年》。在首届“鲁班工坊”与“产教融合”国际论坛、世界职业技术教育发展大会上，来自 10 余个国家的 20 余名学者完美演绎了 EPIP 应用成果。EPIP 有力推动了海外的中国职业教育研究，提升了中国职业教育的国际影响力，是新时代中国职业教育的重大教学理论创新。

二、项目过程

天津职业院校按照平等合作、优质优先、强能重技、产教融合、因地制宜建设原则推动项目，以中国本土化的工程实践创新项目（EPIP）为教学模式，以天津职业院校主导开发的国际化专业教学标准为基本依据，以全国职业院校技能大赛的优质赛项装备为主要载体，以中外合作院校师资培养培训先行及教材、教学资源开发为必要保障。天津职业院校依托院校间紧密的国际合作、国际化企业的校企合作、国家政府间的项目合作，在合作国实施技术技能人才培养的学历教育，为当地企业员工、社会人员开展围绕技术技能的专业培训，创建了中国职业教育国际合作和中国对外人文交流国际知名品牌。

2016 年 3 月 8 日，世界上第一个鲁班工坊——泰国鲁班工坊在大城技术学院揭牌启运。泰国鲁班工坊确立了“鲁班工坊”品牌内涵，验证了鲁班工坊核心要义、建设方案、实施策略的可行性，树立了鲁班工坊从理论到实践的建设标杆。

2017 年 12 月 8 日，印度鲁班工坊在金奈理工学院揭牌启运。这是在“金砖”国家设立的首个鲁班工坊，也是在技术大学实施的项目建设，是两个人口最多发展中国家在职业教育领域的优质合作项目。

2017 年 12 月 12 日，印尼鲁班工坊在波诺罗戈市第二职业技术学校揭牌启运。印度尼西亚总统考察项目时，给予高度肯定，受到当地院校师生、企业员工的“热捧”。

2018 年 7 月 22 日，巴基斯坦鲁班工坊在旁遮普省技术教育与职业培训局揭牌启运。这是“中巴经济走廊”的重大成果，在巴基斯坦职业教育领域和工商企业界形成强大的服务力与影响力，为中巴工业园区建设提供了雄厚的人力资源支撑。

2018 年 10 月 28 日，柬埔寨鲁班工坊在柬埔寨国立理工学院揭牌启运。该项目服务澜湄五国，汇集职业教育与培训、科学研究与创新等多种功能，项目总面积达 6800 平方米。

2018 年 12 月 5 日，习近平主席与葡萄牙总理科斯塔在里斯本共同见证鲁班工坊项目建设协议签约。同日，葡萄牙鲁班工坊在塞图巴尔理工学院揭牌启运。这是在欧洲建设的鲁班工坊“标杆项目”，项目合作层次为工程本科和工程硕士。

2019 年 3 月 28 日，非洲第一个鲁班工坊——吉布提鲁班工坊揭牌启运，吉布提总统出席揭牌启运仪式。吉布提鲁班工坊是习近平主席提出在非洲建设10个鲁班工坊的“标杆项目”，直接服务“亚吉铁路”重大项目和泰达产业园建设。

2019年12月14日，肯尼亚鲁班工坊在马查科斯大学揭牌启运。该项目致力于为肯尼亚经济社会发展培养急需的ICT领域高端技术技能人才。

2019年12月16日，南非鲁班工坊在德班理工大学揭牌启运。南非鲁班工坊是中国继印度之后带给“金砖五国”伙伴的又一丰硕合作成果。该项目用不到一年的时间高水平建设、高质量实施，展现了中国速度和中南友谊。

2019年12月20日，马里鲁班工坊在马里巴马科科技大学、巴马科人文大学揭牌启运。该项目为马里培养卫生医疗领域技术技能人才，助力中医技术和中国优秀传统文化传播，推动中医药技术惠及马里和非洲人民。

2020年11月27日，尼日利亚鲁班工坊在阿布贾大学揭牌启运。该项目集应用型教育、科学研究、创新创业等功能于一体，建有通信工程、电力系统自动化、车辆工程、交通运输、铁道工程等专业方向。

2020年11月30日，埃及鲁班工坊揭牌启运。这是习近平主席会见埃及总统塞西时提出的教育合作项目，首开“一国两坊”(即在一个国家建设两个鲁班工坊)先河。两个鲁班工坊分别位于素有埃及“清华大学”之称的艾因夏姆斯大学、埃及教育与技术教育部直属的开罗高级维修技术学校，实施职业教育与应用本科衔接培养。

2020年12月，科特迪瓦鲁班工坊、乌干达鲁班工坊、马达加斯加鲁班工坊相继揭牌启运。

2021年4月28日，埃塞鲁班工坊在埃塞技术大学揭牌启运。该项目位于非洲联盟(非盟)总部所在地亚的斯亚贝巴，被非盟总部确立为面向整个非洲高端技术技能人才培训中心，与东非EASTRIP世行项目签约，运用EPIP为东非国家培养“工程化”职教师资。

2021年10月以来，保加利亚鲁班工坊、摩洛哥鲁班工坊、塔吉克斯坦鲁班工坊相继揭牌启运。

截至 2022 年 12 月，天津院校在 20 个国家高标准建设了 21 个鲁班工坊，遍及亚、欧、非三大洲。

三、合作成效

从 2018 年中非合作论坛北京峰会，到 2021 年上海合作组织成员国元首理事会；从 2018 年在里斯本见证葡萄牙鲁班工坊协议签署，再到 2022 年中阿峰会，习近平主席先后 15 次在重大外交场合就“鲁班工坊”做出重要论述。鲁班工坊已经成为中国职业教育的国际品牌。

(1)EPIP 是鲁班工坊建设主线。天津鲁班工坊建设院校编制了服务中外教师的“工程实践创新项目(中英葡泰俄)”系列教程，建设了“EPIP 教学体验中心”“鲁班工坊建设 · 体验馆”，中外访客达 6 万人次。举办了五届 EPIP 国际教育联盟年会，参会中心已成为推广中国模式的“中转站”，涌现出以卢卡斯、哲仁为代表的一批推广应用专家。在首届世界职业技术教育发展大会上(图 5 - 1)，22 位中外嘉宾发表演讲，向全球 123 个国家呈现了鲁班工坊、EPIP 在不同国度和领域的运用成效；应用 EPIP 开发的 13 个“鲁班工坊赛道”，成为首届世界职业院校技能大赛的主力赛项。

图 5 - 1　首届世界职业技术教育发展大会

(2)服务大局，优化布局。亚洲项目落户泰国、印度、印度尼西亚、巴基斯坦、柬埔寨，直接服务中国第一大贸易伙伴(东盟)，服务中巴经济走廊和中印“金砖”项目。英国、葡萄牙、保加利亚、俄罗斯形成了“东西南北”布局；在葡萄牙、俄罗斯建设的智能制造、信息通信专业群，彰显中国产业技术优势，服务中国企业“深耕欧洲”。在非洲已建成 12 个鲁班工坊，布局东部埃塞俄比亚、西部尼日利亚、南部南非、北部埃及等国，对接中非产能合作，服务非洲 2063 年愿景。

(3)优质优先，强能重技。天津鲁班工坊建设院校遴选了大城技术学院、奇切斯特学院、塞图巴尔理工学院、艾因夏姆斯大学、阿布贾大学等一批优秀合作院校，联动了中土、中材、中联重科、华为、海尔等一批优质合作企业，鲁班工坊“落地”专业聚焦铁道交通(高铁)、机械电气、智能制造、新能源汽车、信息通信、冶金建筑、中医中餐等领域，构建了国际化“中高本硕”现代职教体系。中外院校合作开发了《工业机械手与智能视觉系统》等百余部(套)双语教学资源；输出设备 5800 余台(套)，配置实训工位 1600 余个，培养当地学生 9800 余人，技术培训 13400 余人，惠及中外企业、院校 1300 余家。2022 年 8 月，世界职业技术教育发展大会期间，首届世界职业院校技能大赛(图 5 - 2)在天津和江西举行，来自亚洲、非洲、欧洲、南美洲、北美洲等五大洲 107 个国家和地区的 293 所院校、988 名选手和 489 名指导教师参加了大赛，在总计 15 个竞赛类赛项中，13 个是成果团队利用 EPIP 开发和承办的“鲁班工坊赛道”赛项，鲁班工坊师生联队参赛，获得 15 枚金牌中的 9 枚。

图 5-2　首届世界职业院校技能大赛

(4)中外高度赞誉。鲁班工坊获得多项大奖,如“诗琳通公主奖”“国王奖”“撒哈拉大骑士勋章”等。

四、保障机制

1.专业标准研制与实施

2012 年 11 月,天津职业院校专业骨干教师主持或参与开发的机械、自动化、信息、交通、铁道等类 32 个专业教学标准由教育部组织出版。同年,天津职业院校借鉴国外经验,结合中国实际,开展了 50 个国际化专业教学标准试点工作。吕景泉教授主持开发了首批 27 个专业标准,市教委组织了 243 个专业标准试验班。2015 年,市教委对 50 个专业标准进行完善,并集册出版。自此,在全国职业院校技能大赛(简称大赛)同期活动中,每年列定必选项目——“国际化专业教学竞赛”“国际化专业说课观摩”。2016 年以来,天津职业院校实施“四递进”,联动产业、行业、企业、职业要素,联合研制国际化专业教学标准(一递进);组织专业教学实验班,开展国际化教学观摩与成果验收(二递进);通过鲁班工坊,中外双方院校合作开发国别性教学标准（三递进）；试验并在境外“落地”专业教学标准，纳入合作国的国民教育体系（四递进）。会同中外企业，结合合作国当地实际，融汇产业、行业、企业、职业要素，将13类49个专业“落地”到20个鲁班工坊，纳入合作国的国民教育体系，为鲁班工坊项目实施奠定了标准基础。截至2022年，天津职业院校已经完成105个国际化专业教学标准建设，并集册出版。

作为天津职业教育标准体系的研究成果标度，《高等职业教育国际化专业教学标准开发与实践》《鲁班工坊建设标准研究》《引领与示范——天津职业教育国际化专业教学标准建设》，已经成为中外职业教育开展深度国际交流与合作的内涵性依托。

2. 赛项资源开发与运用

截至2022年，天津作为主赛场举办了全部十二届全国职业院校技能大赛（国赛）。伴随着赛项设置升级，先进技术融入，天津职业院校主动开展了竞赛资源转化工作，成立了大赛成果转化中心，将大赛的理念、标准、装备、资源“具化”到专业建设，“渗入”到课程教学，“拓展”到中外合作，为中国职业教育与世界深度分享、互学互鉴奠定了载体与资源基础。

联动中外企业，天津职业院校开发了53个职业院校、行业企业和国际化赛项；基于赛项标准，研发了工程化、项目式教学资源130余部（套）。2010年的“自动化生产线安装与调试”国赛项目首次实现了中国赛项“走进”东盟技能大赛，目前纳入并持续举办的赛项达3个；2011年起，邀请国外选手“走进”中国大赛，设置“国际赛道”，同场竞技赛项最多达8个。自2013年第42届世界技能大赛以来，天津职业院校助力世赛（中国·天津）研究中心，为中国选手做指导，涉及的中国金牌选手占金牌选手总量的27%以上。2022年，依照EPIP教学模式，天津教育科学研究院牵头主持了首届世界职业院校技能大赛（世校赛）赛项设计、赛场组织，兼容开发了13个“竞赛类”赛项，为“鲁班工坊赛道”成功举办奠定了竞赛标准、竞赛载体基础，推动了世界职业院校师生的深度交流。

作为天津职业教育资源体系的研究成果标度，《自动化生产线安装与调试》《工业机械手与智能视觉系统应用》等一批国家规划教材，中、英、法、葡、泰、俄等多语种教学方案，已经成为中外职业院校开展国际化专业教学合作的资源载体。

3. 中外师资培养与培训

作为国家级高等学校教学名师和国家级机电专业群教学团队负责人，吕景泉教授成功探索了新教师“入岗、适岗、胜岗”三年三阶段培养机制，完善了“双师型”素质教师职业能力标准，实施了“双师型”结构教学团队分工协作计划，并将其运用到鲁班工坊建设，为合作国开展进阶式 EPIP 师资培养与培训。

2016 年 11 月，金奈理工学院推荐的首批印度教师来津，接受天津轻工职业技术学院、天津机电职业技术学院进阶式培训；2017 年、2018 年、2019 年，持续开展了五期，累积 32 人次。2019 年 12 月，阿布贾大学推荐的首批教师接受培训，采用线上线下结合的方式，累计培训 44 人次。2021 年，埃塞俄比亚技术大学在华留学的三名博士教师、四名硕士教师，接受了四期（每期 90 课时）专业培养，为埃塞俄比亚鲁班工坊承担东非 EASTRIP 世行项目（肯尼亚、赞比亚、乌干达、埃塞俄比亚等四国职教师资培养项目）提供了高水平教学骨干。天津职业技术师范大学创设了国培项目“鲁班工坊建设双语能力提升”，持续打造“双语、双师、双能”中外教学团队。截至 2022 年 9 月，培养外方教师 840 余人次（包括线上 280 余人次），培训中方教师 920 余人次，总时长达 1.3 万课时。鲁班工坊的师资培养与培训，实现了合作国家的本土教师实施本土化教学、开展本土化培训的建设目标，为鲁班工坊的健康发展提供了可靠保障。作为职教师资培养研究成果的标度，《谈职业院校新教师入岗训练与“双师型”素质教师、“双师型”结构团队培养——EPIP 视域下“双师型”教师队伍的培养机制与路径》等一批文章连续刊发，表明中外“双师型”职教师资培养已经上升到经验总结与模式推广新阶段。

从技术装备选择、设备安装调试、教学模式运用，到参加中国大赛；从专业教学标准研制，到人才培养方案制订；从教学资源开发、双语教材编制，到优化学生培养、员工培训评价方式；从鲁班工坊项目管理，到自主运营自主发展；鲁班工坊的师资培养与培训，实现了合作国本土教师实施本土化教学、开展本土化培训的建设目标，为鲁班工坊的健康发展提供了可靠保障。

五、总结反思

鲁班工坊的实践与理论创新，有效解决了在职业教育教学改革中，长期存在的模式盲从、标准依赖、装备模仿、教材照搬、效果不彰等问题，开启了基于中国国情与文化传统，创建本土化教学模式、研制国际化标准、开发通用型装备、标志双语类教材的新阶段，构建起中国职教的国际话语体系、国际标准体系和国际资源体系。

鲁班工坊的实践与理论创新，系统解决了面对世界产教融合、国际产能合作，开展跨国界职教合作的内涵依托问题。以项目为载体，中外合作院校、中外合作企业共同确定专业核心技术技能，通过课程设置、教学环境、顶岗实习、能力取证与核心技术技能一体化组织实施，共同开发国际化专业教学方案，奠定了高水平协同教学、协作培养的内涵性合作基础。

鲁班工坊的实践与理论创新，成功解决了中国职业教育“走出去”，与世界分享的路径、载体、保障问题。原创首创鲁班工坊品牌，转化竞赛成果，开发教学资源，培养中外双方院校师资，理论研究与实践创新并举，自主自强与互学互鉴结合，集成中国模式、标准、装备、资源，实现与世界共融发展。

鲁班工坊的创新实践表明：中国职业教育已经步入从低水平迈向高水平国际交流与合作的阶段，形成世界优质职业教育资源的“输入”分享借鉴，与中国优质职业教育资源的“输出”分享互鉴的“双线”并举协行的格局，成为新时代中国职业教育高质量发展的新特征。

鲁班工坊，已经成为助力构建人类命运共同体的重大行动，它是中国职业教育在世界教育合作、国际产教融合领域开辟先河的大事，是近代以来中国职业教育发展史上具有里程碑意义的大事！

职教出海培育当地技能人才

——天津轻工职业技术学院埃及鲁班工坊建设纪实

摘　要　天津轻工职业技术学院与天津交通职业技术学院自2018年12月开始筹建埃及鲁班工坊，最终确定与埃及艾因夏姆斯大学和开罗高级维修技术学校分别合作建设两个鲁班工坊，并于2019年底完成全部建设任务。艾因夏姆斯大学鲁班工坊，位于艾因夏姆斯大学工程学院内，共计约1200平方米，建设数控设备应用与维护实训室、新能源应用技术实训室、汽车运用与维修技术实训室。开罗高级维修技术学校鲁班工坊，位于开罗高级维修技术学校内，共计620平方米，建设数控加工技术、汽车维修技术两个专业实训室和电脑鼠实训区。2020年11月30日，两个埃及鲁班工坊云揭牌启运。

埃及鲁班工坊的建设受到各界好评，被列入埃及教育与技术教育部发布的《TE2.0改革》中的"卓越基地"试点，在埃及职业教育改革中起到示范引领作用，助力埃及青年技能人才培养，服务当地经济发展。两所埃及鲁班工坊现已培训非学历生1000余人，招收学历生五届近200人，埃及鲁班工坊(开罗高级维修技术学校)"3+2"鲁班工坊项目被正式纳入埃及国民教育体系，为中埃职业教育合作和埃及职业教育改革做出了贡献。

一、合作背景

2018年9月中非合作论坛北京峰会上，习近平主席提出将在非洲设立10个鲁班工坊，向非洲青年提供职业技能培训。2019年4月25日，习近平主席会见埃及塞西总统时提出：中方将在埃及设立"鲁班工坊"，向埃及青年提供职业技能培训。在天津市政府的领导和天津市教育委员会的具体指导下，天津轻工职业技术学院携手天津交通职业学院与埃及艾因夏姆斯大学和开罗高级维修技术学校分别合作建设了两个埃及鲁班工坊，形成中高职贯通体系，成为埃及职业教育改革样板工程。两个埃及鲁班工坊于2020年11月30日揭牌启运，埃及也是唯一一个建设2所鲁班工坊的国家。

二、项目过程

中方院校通过与埃及当地院校就埃及当地经济发展急需的专业展开合作，培养适应当地经济社会发展的技术技能人才。这一过程中，中方院校通过与埃及分享中国职教方案，助力埃及职业教育改革，构建中高职贯通的鲁班工坊职教体系，培养知华友华的技术人才，助力中资企业海外发展。

（一）服务“一带一路”倡议，分享中国职教方案

为落实中埃两国领导人的重要共识，2018年12月，天津轻工职业技术学院携手天津交通职业学院与埃及艾因夏姆斯大学和开罗高级维修技术学校分别合作建设了两个埃及鲁班工坊。

建设场地：艾因夏姆斯大学鲁班工坊面积约1200平方米，建设三个专业实训室，分别为汽车运用与维修技术实训室、数控设备应用与维护实训室、新能源应用技术实训室。开罗高级维修技术学校鲁班工坊面积620平方米，建设汽车维修技术、数控加工技术两个专业实训室及电脑鼠实训区。

教学装备：天津轻工职业技术学院为埃及鲁班工坊相应的实训区配置了数控铣床实训设备、数控车床实训设备、风光互补发电系统实训平台、空中课堂系统、鲁班工坊嵌入式竞赛、工程创新实训设备等实训设备，交通职业学院也为两个汽车实训室配备了相应的设备。所有设备均已在2019年底完成安装调试和现场培训的工作。

师资培训：2019年6月至7月和9月至10月，中方两校对埃及鲁班工坊教师分别进行了对应专业的师资培训。

专业标准：中方两校在经过与埃方反复沟通和协商后，为鲁班工坊所涉及的5个专业分别制作了专业教学标准和课程标准，及初级、中级、高级的培训大纲，以适应埃及两个工坊不同层次的教学要求。

教学资源：中方教师经过与埃方教师沟通，根据埃及要求和实际情况完成了5个专业的双语专业标准、课程标准、大纲和教材的编写工作。

埃及鲁班工坊按照“五到位”要求完成了全部建设任务，顺应了埃及教育改革的需求，得到了埃及两个教育部的高度评价。

2019 年底，两所院校按照“五到位”的要求完成两所鲁班全部建设任务，进入试运行阶段。2020 年 11 月 30 日，埃及鲁班工坊揭牌启运。后续中方院校又不断就师资培养（图 6－1、图 6－2）、人才培养、教学资源建设等方面持续推进两所鲁班工坊建设，助力中国职业教育“走进”埃及，为埃及青年提供技术技能培训，提高就业竞争力，为在埃及中资企业培养技术技能人才。

图 6－1　中方教师培训埃及鲁班工坊教师

图 6－2　中方教师培训埃及鲁班工坊教师

（二）校企携手共育技能人才，搭建中资企业出海平台

埃及鲁班工坊高度重视校企合作，一方面服务企业，筹建过程中就与中非泰达投资股份有限公司等签署了埃及鲁班工坊校企合作备忘录，培养中资企业急需人才，真正实现了职业教育服务国际产能。另一方面，校企联手共育人才，2021 年 12 月 30 日，天津轻工职业技术学院、天津交通职业学院、艾因夏姆斯大学、埃及泰达特区开发公司四家单位携手共建的埃及鲁班工坊培训就业基地揭牌，校企共育技术技能人才。

此外，学校还积极依托鲁班工坊搭建中资企业走出去平台，先后两次举办线上中资企业赴埃及投资推介会，20 余家企业参会。2021 年 2 月 4 日，举办线上埃及鲁班工坊产教融合工作会暨中资企业赴埃及投资推介会，23 家企业参加会议，会议以埃及鲁班工坊为平台，进一步深化了产教融合、校企合作，为已在埃及投资的企业和准备在埃及投资考察的企业建立双向沟通交流的平台和媒介。2022 年 10 月 11 日，由学校策划并主办的埃及鲁班工坊教产同行——新能源类中资企业赴埃及投资考察洽谈会在线上召开，为新能源类企业赴埃及投资搭建桥梁。

2023 年 5 月，中方两校出访埃及，拜访埃及中华总商会，与中航国际成套设备有限公司、中国电建国际集团有限公司埃及分公司等企业开展交流座谈，推动鲁班工坊校企合作，服务企业发展用人需求及鲁班工坊毕业生就业问题，访问中埃·泰达苏伊士经贸合作区园区了解园区发展情况及用工需求，就推进鲁班工坊实训培训基地及服务企业赴埃及发展相关事宜开展交流，深化合作。

（三）依托工坊开展研究，为非洲职教贡献中国智慧

依托埃及鲁班工坊，天津轻工职业技术学院建立了非洲职业教育研究中心，围绕中国优质职业教育资源“走进”非洲，支持非洲国家发展职业教育，打造“技能非洲”开展高层次的学术研究，使之成为国内非洲职业教育研究和中非职业教育合作研究的高层次学术机构；成为推动中非职业教育全面合作的高端智库；成为中非职业教育交流的桥梁；成为支持“一带一

路”倡议的国家智库，为非洲职业教育发展贡献中国智慧。2022年8月，在世界职业技术教育发展大会平行论坛——中非职业教育合作论坛上发布了非洲职业教育研究中心的首个研究成果《中非职业教育合作研究》中英文版专著，并将于2023年出版《职业教育合作服务中非产能合作》中英文版专著。

学校在建设过程中研究与实践并行，主持完成高职领域首个鲁班工坊全国教育科学规划教育部重点研究课题《“一带一路”视域下海外鲁班工坊建设的标准化模式研究》，在国内率先提出鲁班工坊建设流程和标准模式，成果被鲁班工坊研究与推广中心部分采纳，正式出版全国高职院校首本鲁班工坊研究专著《鲁班工坊建设的标准化模式研究与实践》。

2020年11月，学院当选为鲁班工坊建设联盟副理事长单位。学院为乌干达、肯尼亚等鲁班工坊建设提供了咨询指导，并在全国鲁班工坊建设联盟成立大会等多个重要会议上进行了经验分享。

三、合作成效

（一）融入埃及国民教育体系，人才培养初见成效

自2020年11月30日埃及鲁班工坊揭牌启运以来，两所鲁班工坊已取得初步培养成果。埃及开罗高级维修技术学校鲁班工坊开展鲁班工坊“3＋2”项目，由埃及教育与技术教育部批准，已招收五届学生，标志着埃及鲁班工坊正式纳入埃及国民教育体系。如图6－3所示为埃及鲁班工坊培训当地学生。

艾因夏姆斯大学鲁班工坊开展相关培训，成绩卓越。截至目前，已培训三个专业学生六百余人。2022年8月10日，首届世界职业院校技能大赛“碳中和可再生能源工程技术”赛项在学校成功举办，共有来自10个国家的32名中外选手组成8支中外联队参加本赛项的角逐（图6－4）。学校选手与埃及鲁班工坊（艾因夏姆斯大学）选手组成的联队参赛，最终获得了该赛项的金牌。

图 6－3　埃及鲁班工坊培训当地学生

图 6－4　埃及鲁班工坊选手参加世界职业院校技能大赛

（二）服务国家战略，承担国家重要国际合作项目

为落实习近平主席在中非合作论坛第八届部长级会议上的讲话精神，

搭建对非职教合作平台，中国教育国际交流协会受教育部国际合作与交流司委托在“未来非洲——中非职业教育合作计划”框架内与非洲技术与应用型大学与学院协会联合发起成立了中非职业教育联合会。2022年3月，天津轻工职业技术学院受邀共同发起成立中非职业教育联合会。

学校于2021年11月被中国教育国际交流协会确定为“未来非洲——中非职业教育合作计划”首批项目试点院校，合作国别为埃及。此外，学校被指定为“未来非洲”项目课题研究秘书处，承担了组织开展课题研究工作。

（三）国际影响已经呈现

埃及鲁班工坊自建成以来，受到中埃两国政府、师生的广泛好评，吸引了人民网、新华网等国内媒体和埃及媒体的争相报道。2020年12月20日，埃及《宪章报》发表中国驻埃及大使署名文章《中埃职业教育牵手联合培养技能人才——写在埃及鲁班工坊启动运营之际》。

埃及教育和技术教育部副部长表示，鲁班工坊实现了埃及中高职贯通，中国职教方案对打通埃及职教体系起到了示范推动作用。2023年，埃及驻华大使一行专门访问天津轻工职业技术学院，考察鲁班工坊建设·体验馆。

四、保障机制

（一）组织制度保障

为了保障鲁班工坊的平稳运营，天津轻工职业技术学院组建了“鲁班工坊”工作推进领导小组，落实鲁班工坊各项工作。此外，天津轻工职业技术学院、天津交通职业学院与艾因夏姆斯大学建立了完善的鲁班工坊协调机制和专业教师沟通机制。鲁班工坊协调小组负责鲁班工坊管理，协调落实鲁班工坊工作部署，做好鲁班工坊的协调与统筹。协调小组下设联络组和工作组，在协调小组的领导下开展具体工作。鲁班工坊专业教师沟通机制由双方专业教师和翻译组成，实时沟通解决各类问题。

（二）师资保障

师资力量是鲁班工坊正常运营的保障，也是鲁班工坊建设的重中之重。目前，埃及鲁班工坊已经形成了中方培训与埃方自我培训相结合的师资力量培养体系。

2019 年 6 月至今，中方两校通过在华培训、线上培训、赴埃及现场教学等方式对埃及教师开展师资培训，为埃及鲁班工坊培养了骨干教学力量。

除中方培训外，埃及鲁班工坊教师也自主开展了教师培训，极大扩充了鲁班工坊的师资力量。

五、总结反思

（一）推动鲁班工坊数字化转型

为了保障埃及鲁班工坊的运行质量，中埃双方除了线下方式之外，还多次通过线上会议沟通交流鲁班工坊运行情况，推动鲁班工坊建设。

为了保障师资培训持续推进，提升鲁班工坊建设质量，中埃双方还建立了专业教师微信群，通过线上方式与埃及教师进行交流，指导埃及实训室有效运行。“订制式”开发了大量的数字化教学资源，提升了鲁班工坊的教学效果。

（二）为埃及职教改革提供中国方案

埃及鲁班工坊是由中国、埃及两个文明古国携手打造的唯一在同一个国家建设的两个鲁班工坊，通过与三家企业合作、四个中外院校共建五个国际化专业、五个一流的综合实训室。

埃及鲁班工坊建设过程中，首先提出了“共研、共建、共享、共用、共赢”的“五共”原则。中埃双方分工合作，共同开发了教学资源，共同完成鲁班工坊实训室建设，共享鲁班工坊建设成果，共用鲁班工坊资源，既顺应了埃及职业教育改革需求，又服务了“一带一路”倡议，实现了合作共赢，受到两国政府部门高度肯定。2023 年 2 月 6 日，埃及驻华大使哈奈菲一行专程到天津轻工职业技术学院鲁班工坊建设·体验馆参观，并对埃及鲁班工坊建设与运行成效予以高度评价。教育部副部长 2023 年 10 月 16 日实地考察了埃及鲁班工坊，对艾因夏姆斯大学和两所中方合作院校付出的努力表示感谢，对天津服务“一带一路”倡议、深化中外人文交流、促进合作国青年就业等方面所开展的实践探索、理论研究、经验总结、模式推广等表示高度认可。

建设“燕赵丝路学院”打造高水平职业教育国际化品牌

——河北工业职业技术大学境外办学项目探索与实践

摘　要　2019年1月，河北工业职业技术大学与泰国清莱职业学院、泰国教育部职业教育委员会北部第二区职业教育中心、唐风国际教育集团共同签署了《中泰“一带一路”职业教育国际合作框架协议》。围绕专科层次旅游管理和物流管理专业，中泰双方共同制订人才培养方案，通过学分互认和课程共建，采取“1＋2”模式培养专科层次泰国学生。2019年4月，“燕赵丝路学院”在清莱职业学院挂牌成立，开启境外办学。截至目前，中泰合作培养了四届泰国学生，建成功能完善的智慧教育云平台，建设输出了两个专业标准、29门课程标准及课程资源应用于外方学生培养；以此为抓手，积极对接、拓展合作伙伴，在酒店、建筑、新能源汽车、物联网技术等专业建设系列对外培训课程，举办了包括教育部语合中心“汉语桥”在内的16期“中文＋职业技能”培训，打造高水平职业教育国际化品牌。

一、合作背景

为主动服务国家“一带一路”倡议，2019年4月26日，河北工业职业技术大学境外办学项目——“燕赵丝路学院”在泰国清莱职业学院挂牌成立。

中泰“燕赵丝路学院”面向泰方职业院校旅游管理和物流管理专业，共建共享先进办学理念和优质教育资源，培养国际化高素质技术技能人才。

二、工作目标

服务“一带一路”倡议和中国企业“走出去”，探索高水平职业教育国际合作模式，打造职业教育国际化品牌，助力形成中泰共赢合作的良好格局。

面向泰方职业院校物流和旅游专业，推出学校先进办学理念、优质职业教育标准及资源，培养掌握汉语技能、熟悉中国文化、精通专业技能、服务泰国经济发展及中国企业海外发展的本土化技术技能人才，提升学校国际化水平。

三、项目过程

河北工业职业技术大学发挥国家“双高”校、职业本科学校在办学理念、人才培养、教学资源建设等方面的优势，瞄准泰国特色产业发展需求，以“燕赵丝路学院”为载体，聚焦育人模式创新、专业资源建设、智慧云平台建设、汉语培训等方面开展了系列工作。

（一）完善培养方案，加强教学管理

通过有效衔接中泰职业教育办学标准、课程标准和技术产业标准，借鉴国内职业教育“1＋X”证书制度试点基本做法，体现“中文＋职业技能”特色，结合泰国产业发展实际和学生就业岗位需求，学校专业骨干教师和清莱职业学院专业教师、企业专家联合组建专业建设委员会，共同研讨制订专业人才培养方案。加强汉语教学和职业技能课程体系建设。重视实操、实训环节，开展实操相关的课程设计和考核评价体系构建。

教师坚持以学生为中心、结果为导向、持续提升能力的教学理念，依托“中文＋技能”职业教育智慧云平台，创设智慧化教学情境。在充分研究学情的基础上，采用任务驱动和探究式教学，注重辅导答疑，加强学习过程性监测评价。

（二）构建四阶段模块化课程体系，培养通用素质能力

与泰方学校进行学分互认，设计“1＋2”学制模式，采取四阶段分段式培养。开发了“情景汉语－文化体验－专业基础课程－专业技能课程”四阶段模块化课程体系（图 7－1），系统梳理并确定教学内容，深入分析学

情，精准对接学生需求，开展项目教学、案例教学、情境教学等，改革考核评价方式，逐级提升学生汉语技能、专业基本能力、专业综合能力，充分实现中外课程教学相互贯通，“中文”和“职业技能”教育的良好衔接；系统梳理并确定教学内容，充分考虑知识、能力素养要求、职业关键技能与拓展技能需求，融合中泰双方优质资源内容，编制并推出课程标准，如将泰方的生态旅游经营（eco tourism operation）与中方的VR产品设计实训（VR product design training）进行课程资源融合，实现强强联合、共培共育。

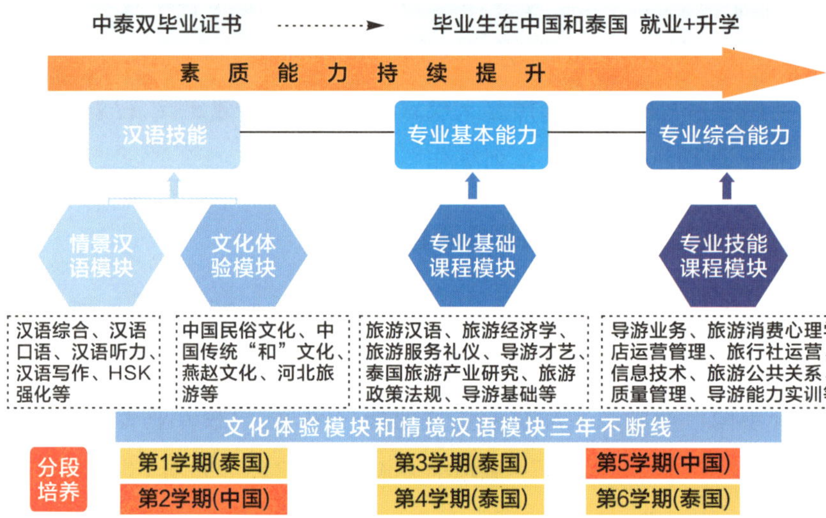

图7-1 “燕赵丝路学院”旅游管理专业四阶段模块化课程体系

（三）建设职业教育云平台，助力提高教学质量

考虑“燕赵丝路学院”中泰分段培养的实际，面向留学生远程、线上学习面临的困难和需求，建设了“中文＋技能”职业教育教-学一体化智慧云平台（图7-2）。平台内置优质汉语国际教育资源库、题库、作业库，搭载输出学校优势专业标准与教学资源，并配备其他教学、教辅及HSK模拟考试子系统。平台可实时监控教师授课与学生学习过程，伴随式收集相关数据，绘制学生个体学习情况和班级学情画像，向教师推送个性化教学方

案，提升教学效果。

图 7-2 “中文＋技能”职业教育教-学一体化智慧云平台功能示意图

平台自 2019 年建成后，首先应用于泰国学生，继而面向学校全体留学生开放。截至目前，平台有公共教学资源 10.8 万个；建有校本课程 29 门；学校教师自建资源 1100 个；教师在平台发布作业 800 余次，发布小测验及考试 300 余次，利用率较高。

“中文＋技能”职业教育教-学一体化智慧云平台及其所搭载的资源建设及应用，在不涉及资产出境的前提下，一定程度解决了海外办学面临的场地、硬件、管理等方面的难题；同时，作为传播中华文化与职业技能的优良载体，平台运营成本低、传播速度快、受众面广，在外国学生远程学习、碎片化学习、反复学习和终身学习过程中，发挥了至关重要的作用。

（四）推动专业资源共建共享，辐射带动合作院校办学水平提升

学校与清莱职业学院共建旅游管理、物流管理两个专业教学标准和 29 门课程标准建设，并完成对应专业课程数字化资源（表 7-1）制作及共享输出。根据项目协议，学校与清莱职业学院共建的课程标准也成为泰国北部第二区职业教育中心及下属十多所院校共同认可的标准（图 7-3），充分展示学校优势特色，带动合作院校专业建设和发展。

表 7-1　课程标准与数字化资源建设一览表

序号	课程名称	建设及首次输出时间/年
1	中国民俗文化	2019—2020
2	旅游汉语	2019—2020
3	旅游服务礼仪	2019—2020
4	旅游消费心理学	2019—2020
5	燕赵文化	2019—2020
6	中国传统“和”文化	2019—2020
7	初级汉语综合	2020—2021
8	初级汉语听说	2020—2021
9	中国概况	2020—2021
10	汉语口语	2020—2021
11	初级汉语读写	2020—2021
12	HSK 强化	2020—2021
13	物流行业认知	2020—2021
14	物流规划设计	2020—2021
15	物流运输管理	2022—2023
16	智慧仓储管理	2022—2023
17	采购管理	2022—2023
18	物流成本与绩效管理	2022—2023
19	供应链管理	2022—2023
20	国际货运代理	2022—2023
21	智慧配送管理	2022—2023
22	国际贸易实务	2022—2023
23	数据分析	2022—2023
24	旅游英语	2022—2023
25	导游业务	2022—2023
26	旅游公共关系	2022—2023
27	中国旅游地理	2022—2023
28	旅游管理概论	2022—2023
29	导游才艺	2022—2023

证明函

Letter of Certification

河北工业职业技术大学制定的旅游管理专业教学标准和课程标准，被应用于泰国北部第二区职业教育中心相关院校教学与培训项目，在人才培养过程中发挥了良好作用，为开展高质量中泰职业教育合作做出了贡献。

特此证明。

We hereby certify that the education standards and curriculum standards for the specialty of Tourism Management developed by Hebei Vocational University of Industry and Technology (HBVUIT) have been used for teaching and training students in relevant colleges of Vocational Education Institute of the Second District of Northern Thailand. These standards have played a good role in cultivating technical and skilled talents, and have contributed to the high-quality development of China-Thailand vocational education cooperation.

泰国北部第二区职业教育中心
Vocational Education Institute of the Second District of Northern Thailand
2023 年 9 月 11 日
September 11th, 2023

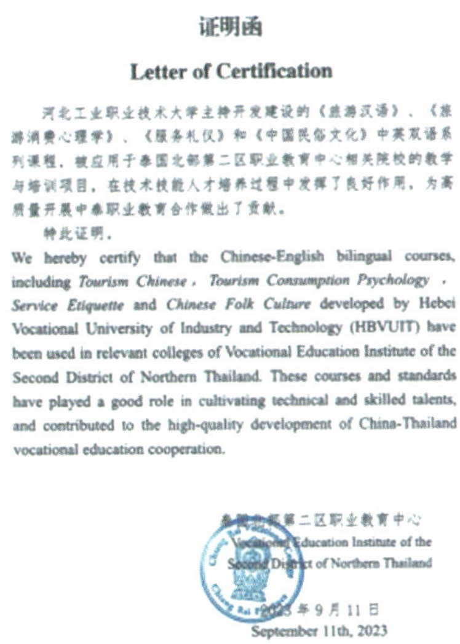

证明函

Letter of Certification

河北工业职业技术大学主持开发建设的《旅游汉语》、《旅游消费心理学》、《服务礼仪》和《中国民俗文化》中英双语系列课程，被应用于泰国北部第二区职业教育中心相关院校的教学与培训项目，在技术技能人才培养过程中发挥了良好作用，为高质量开展中泰职业教育合作做出了贡献。

特此证明。

We hereby certify that the Chinese-English bilingual courses, including *Tourism Chinese*, *Tourism Consumption Psychology*, *Service Etiquette* and *Chinese Folk Culture* developed by Hebei Vocational University of Industry and Technology (HBVUIT) have been used in relevant colleges of Vocational Education Institute of the Second District of Northern Thailand. These courses and standards have played a good role in cultivating technical and skilled talents, and contributed to the high-quality development of China-Thailand vocational education cooperation.

泰国北部第二区职业教育中心
Vocational Education Institute of the Second District of Northern Thailand
2023 年 9 月 11 日
September 11th, 2023

图 7-3　泰国北部第二区职业教育中心专业标准、课程标准应用证明函

（五）丰富"第二课堂"，展示文化软实力

在国际教育交流合作中，人文与文化交流是合作主体间关系发展深化重要的桥梁和纽带，对消除认识差异、增进互信和友谊、提升教育交流效果具有不可替代的作用。

泰国留学生在华期间（图 7-4），学校广泛整合各项资源，全力为留学生打造丰富多彩的中华文化"第二课堂"系列活动。"第二课堂"充分考虑学生兴趣，组织涵盖历史文化、传统艺术及技法、工业现代技术等多个类别的"课程"内容，选取灵活多样的"授课"地点，采取认识参观、实操体验、比赛等不同的"学习"形式，一方面使留学生更好了解、体验和认同中国优秀传统文化，真正成为传播中国文化的使者，另一方面使其开阔视野、增强知识和文化储备、激发学习兴趣，培养创新精神和实践能力。"第二课堂"系列活动（表 7-2）在展示中华文化软实力的同时，也有效提升了学校国际化教育水平和国际影响力。

图 7－4　泰国师生来华交流

表 7－2　泰国学生“第二课堂”活动一览表

序号	活动主题	活动形式	活动类别
1	中华传统艺术体验——内画	学习＋实践	文化体验
2	中华传统艺术体验——烙画		
3	中华传统艺术体验——铁板浮雕		
4	走进河北省博物院	参观	历史、文化体验
5	走进正定古城		
6	全球祭孔		
7	中国经典诵读	学习＋实践	历史、文化体验
8	中国戏曲表演		
9	学打中国结，传递中国情——中华传统文化系列体验课程		文化体验
10	有“福”同享，青“春”常在——中国传统文化系列体验课程之剪纸艺术		
11	“学唱中国民歌，感受中华文化”——中华传统文化系列体验课程之学唱《茉莉花》		
12	中秋节传统文化体验活动	实践	
13	重阳节传统文化体验活动		

续表

序号	活动主题	活动形式	活动类别
14	包饺子——冬至传统文化体验活动	实践	文化体验
15	写对联、剪窗花，打造年味公寓——除夕传统文化体验活动		
16	校内实践——3D 打印技术	参观	技术、工艺体验
17	企业实践——君乐宝乳业有限公司		
18	企业实践——敬业集团		

四、合作成效

“燕赵丝路学院”经过四年多的建设，在创新合作模式、提升师资水平、拓展合作领域方面取得了显著成效。

（一）形成了高水平国际交流合作新模式

项目由泰国职业教育委员会、中泰院校和企业联合发起。学校是办学主体，河北省教育厅和泰国职教委为项目提供政策指导，企业方提供项目服务，多方合作，优势互补，确保项目良好推进。

通过“燕赵丝路学院”建设，学校在校际交流、人员互访、人才培养、语言与技术培训、资源建设、科学研究等领域与泰国开展了广泛的交流合作，服务了“一带一路”倡议和企业“走出去”。项目获“2019 中泰职业教育合作突出贡献奖”“2020 中泰职业教育国际合作突出贡献奖”，入围“2019 中泰职业教育合作示范项目”、教育部中国教育国际交流协会“中国-东盟高职院校特色合作项目”，学校国际影响力不断扩大。

（二）打造了高水平对外教学师资队伍

在推进“燕赵丝路学院”建设过程中，适应海外办学对教师队伍的新要求，学校实施了分层分类专项培训，帮助教师更新教学理念、丰富课程内容、完善课程设计、创新教学方法，提高了学校教师的信息化教学水平、对外汉语授课能力和跨文化沟通能力，打造了一支由专业带头人、骨干教师和泰国清莱职业学院专业教师组成的高水平教师队伍，形成了运行良好的培育跨国高水平师资团队机制。

（三）扩大了境外办学“朋友圈”

在“燕赵丝路学院”建设过程中，学校在相关专业建成了优质的数字化教学资源，打造了高水平对外教学团队，积累了丰富的国际交流合作经验。以此为基础，学校积极开发新伙伴、新项目。2022 年，中泰“燕赵丝路学院”迎来新的合作伙伴——泰国叻丕府技术学院作为物流管理专业合作学校；2023 年，与巴基斯坦国家技能大学合作共建第二所“燕赵丝路学院”，面向巴方机械设计制造及自动化专业学生开展本科层次联合培养。

（四）培育了中文与专业点、线、面联动输出的良好格局

依托“燕赵丝路学院”的各项资源优势，学校积极创新交流形式，开发及转化培训项目。围绕“语言＋文化＋专业＋产业”的核心理念，面向“一带一路”共建国家教师和青年学生开展多类长期、短期汉语培训和“中文＋职业技能”培训。结合国外需求，丰富培训形式，拓展培训专业及领域，建设“中文＋”特色培训课程，形成了学历培养、短期“中文＋专业技能”培训、长/短期汉语培训并存，中文与专业点、线、面联动输出的良好格局。

2019 年以来，在酒店、建筑、新能源汽车、物联网技术等专业建设系列对外培训课程，累计开展包括教育部中外语言交流合作中心“汉语桥”项目在内的对外培训 16 批次，合作对象包括越南河内矿业地质大学、印度尼西亚玛琅独立大学、老挝万象技术学院、马来西亚新纪元技职与推广教育学院、柬埔寨马德旺理工学院、哈萨克斯坦法拉比大学、巴基斯坦巴尔蒂斯坦大学等十余所院校，累计培训外方人员千余人。通过开展各类型培训，讲好中国故事、传播好中国声音，为中华文化和中国职业教育“走出去”贡献力量。

五、保障机制

（一）加强组织领导

学校党委在推进“一带一路”教育行动计划和“燕赵丝路学院”建设中发挥领导作用，成立专门工作领导小组，认真谋划推进“燕赵丝路学院”的具体工作方案。工作方案纳入学校《关于做好新时期教育对外开放工作的发展规划》《高职教育创新行动计划方案》和学院“十四五”发展规划，由专门部门负责组织实施。

（二）加强宣传引导

积极组织各类人员赴“一带一路”共建国家、特别是“燕赵丝路学院”所在国及合作学校开展多种形式的国际交流和考察访问活动。积极组织各类管理人员和专业带头人参加国内“一带一路”、境外办学和国际教育交流相关工作会议，推动学院在参与推进共建“一带一路”教育行动计划和“燕赵丝路学院”建设方面形成全员共识。

（三）加强经费保障

学校在年度国际教育交流经费中，划拨专门经费用于“燕赵丝路学院”建设，主要用于项目考察、教师海外培训、学生交流、专业标准及课程资源建设、来华留学等，确保“燕赵丝路学院”各项工作稳步推进。

六、总结反思

“燕赵丝路学院”是河北工业职业技术大学主动对接国家“一带一路”建设、拓展中国职业教育海外影响力的有力举措，是国家“双高”校建设重要项目。中泰两国政校企共同参与，优势互补，保障了项目的良好推进，是“燕赵丝路学院”可持续发展的有效保障。学校将不断积累经验，将专业建设标准和课程积极推广至泰国同类职业院校，打造特色高水平职业教育品牌。

教随产出协同共建 产教融合聚力共赢

——河北软件职业技术学院中泰合作共建祖冲之学院纪实

摘　要　为服务“一带一路”建设，河北软件职业技术学院坚持“引进来”和“走出去”双向互动，全方位推进学校国际交流与合作的力度、深度和广度，探索、创新国际合作模式，提升服务“一带一路”建设能力。2017年起学校与泰国吞武里商业学院、立中集团新泰车轮有限公司合作创建了中泰祖冲之学院。祖冲之学院以“中文＋文化＋专业＋产业”四位一体育人模式设计，以服务国际产能合作和“走出去”中国企业为目标探索海外办学与来华留学，以“中文＋职业技能”教学为基础，开展学历教育与技能培训。祖冲之学院的建立，拓宽了学校国际教育的合作领域，提升了职业教育国际化水平，打造了中国高职品牌新形象，为中国职业教育的国际化贡献了新方案。

一、合作背景

中泰两国交往源远流长，随着“一带一路”倡议的深入推进，中泰两国互利合作不断深化发展，对具有语言和专业两方面技能的复合型人才需求日益迫切。在中国“一带一路”倡议和“泰国4.0”计划、“东部经济走廊计划”合作背景下，中泰两国教育文化交流日益密切，为职业教育合作搭建了平台。

河北软件职业技术学院作为国家示范性软件职业学院、国家优质高等专科学校、国家信息技术人才培训基地，主动服务和融入国家发展，输出学校优质教育、技术技能与科研开发等方面资源，服务“一带一路”建设。学校依托中国传统文化及信息技术人才培养特色，借用保定籍数学家祖冲之名讳，在中泰两国同步建设“祖冲之学院”，国内校区建成“互联网＋”教学资源平台和全球同步智慧教室，泰国校区建设语言文化学习中心，合作企业泰国园区成立实习实训基地，“四位一体、多元协同”国际合作模式受到人民日报海外版、河北新闻网等多家权威媒体关注，学校荣获“中泰职业教育合作示范项目”“中泰职业教育国际合作突出贡献奖”等荣誉称号，并作为典型案例写入了2018年教育部职业教育质量发展年报。祖冲之学院已成为中泰职教合作的典范，为中国职业教育国际合作探索出一条可行的路径。

二、工作目标

通过开办祖冲之学院，搭建起与国际社会交流的平台，发挥学校资源优势及专业特色，综合考虑中外教育传统差异、教学思维特色等情况，制订培养标准和实施方案，提升教学水平及人才培养质量，积极开展形式多样、内容丰富的中外人文交流活动，传播优秀中华传统文化，培养具有国际思维、国际视野的高水平技术技能人才。

（一）搭建“一带一路”国际交流平台

祖冲之学院以社会经济发展人才需求为导向，以“专业为基，产业为引，语言和文化贯穿始终”为基本模式，培养具备国际视野、掌握中国技术、熟悉中泰两国语言和文化的本土人才，助力“走出去”中国企业长足发展，服务国际产能，成为中国职业教育对外共享技术技能的窗口，搭建了“一带一路”国际教育与文化交流的平台。

（二）打造中国职业教育国际品牌

作为我国第一个探索海外“现代学徒制”培养模式的高职院校，河北软件职业技术学院立足骨干（特色）专业，教随产出、校企同行，持续创新合作模式，从专业设置、教材编写、课程标准制订等多方面协同推进，实现专业标准、教学资源、国际化师资人才等方面创新发展，使祖冲之学院成为中国现代职业教育改革创新的国际化名片。

三、具体做法

祖冲之学院按照“四位一体”育人模式开展国际合作，招收泰国留学生开展汉语、中国文化和专业技能教育，同时面向中国境外企业的当地员工开展技术技能培训和学历职业教育，进而服务国际产能合作和中国企业“走出去”。在办学层次上，开展涵盖大专及中职层次的学历教育和“中文＋职业技能”非学历培训，组织双向游学与留学；在办学场地上，祖冲之学院在境内、境外同步建设；在学历认可上，实行境内、境外双重学历认证；在教学设计上，依托大数据、云计算、物联网、移动互联等新技术，统筹推进“中文＋职业教育”数字资源体系建设，为泰国学习者提供更加便捷、高效、可持续的中文和职业技术教育服务。

（一）强化顶层设计，引领国际合作行稳致远

为加强国际交流合作、助力“一带一路”建设工作，学校强化顶层设计和规划，完善管理体制机制和运行协调机制，制订学校国际化发展规划和实施路径，以“引进来”和“走出去”方式积极开展中泰合作项目。河北软件职业技术学院、吞武里商业学院和立中集团泰国子公司新泰车轮有限公司三方联合成立了祖冲之学院建设领导小组及工作机构，明确职责分工。中方院校负责课程开发、教学资源建设、师资力量，泰方院校负责教学场地、教学设备、学生日常管理，在泰中国企业负责专业实习、实训设备、技术与项目资源、技术兼职培训，形成了校企校三方在中文学习、文化交流、技能培训、产业实习等方面协同育人长效机制。

（二）遴选优势专业，推动教学资源共建共享

河北软件职业技术学院依托特色专业优势，结合企业人才需求，遴选出软件技术、动漫制作技术、电子商务、机电一体化技术等专业纳入祖冲之

学院人才培养体系，制定和完善专业教学标准，报请泰国职业教育委员会审批，最终合作专业全部纳入泰国国民教育体系。中泰双方院校在专业建设、课程开发、教学模式等方面深入合作，实现中泰职业教育质量评价标准统一和学分、学历互认，在课程资源上实行共建共享，建立中泰双方共同认可的教育质量评估体系。课程教学资源建设以中国国际化专业教学标准和泰国国家职业资格标准为依据，以在泰中国企业实际岗位技能要求为导向，形成培养靶向精准、知识技能全面的共享教学资源；同时，在学分互认的基础上，建立学生互派机制，中泰双方院校定期互派交换生，支持双方学生在合作企业的中国、泰国两地工厂和项目中实习，实现中泰“人才链”与“产业链”的无缝衔接。

（三）赋能校企合作，提升产教融合服务能力

为大力培养适应中国企业“走出去”的技术技能型人才，河北软件职业技术学院与立中集团协同推进祖冲之学院建设，三方从专业设置、招生招工、课程定制、联合教学、实习实训、岗中学习等多个层面进行全面配合，开展各类型、多层次的语言和技能培训，为“走出去”企业在海外持续发展提供人员培训和技术支持。在立中集团国内本部建立留学生实训实践基地（图 8 - 1），在河北软件职业技术学院建设留学生专业实训室，同时，在泰方院校建立“语言技能训练＋职业技能训练”中心。在泰中罗勇工业园区新泰车轮公司建设海外实训基地，占地 6 万平方米，搭建覆盖各专业教学实训平台，满足不同层次的技术技能培训和学历教育，为人才培养提供场地、设备等方面的硬件保障。

图 8－1　祖冲之学院泰国学生来中国参观立中集团中国总部实训实践基地

（四）加强文化交流，助力师资队伍提质培优

祖冲之学院充分发挥窗口和纽带作用，推动中泰各方联合举办和参与职教论坛，积极参加各类职业技能竞赛交流活动，开展形式多样的技术产品展览、语言文化体验和文艺展演等文化交流活动，组织中泰双方教师、学生赴对方院校、合作企业、所在城市参观和考察。在交流中，河北软件职业技术学院的师生热心讲述中国故事，传播中国好声音，为增进友谊和“一带一路”建设营造了良好环境氛围。

祖冲之学院建立了中泰双方教师培训机制，推动双方师资交流互换工作。对泰方合作院校的教学团队、管理团队进行系统化、阶梯式培养培训（图 8－2），使其了解中国职业教育理念和专业技术；每年选派中方教师到泰国进行培训，强化教师中泰合作互信共识、提升教育教学理念和技术水平，推进师资队伍国际化能力建设。祖冲之学院已促成中泰双方 500 余人次的交流互访，完成泰国曼谷职业教育中心下属 32 名教师来学校的“中文＋专业课程”培训工作。学校外派专业骨干教师 87 人交流学习，具备双语教学能力的教师 29 人，逐步培养并建起了一支具有国际视野、结构合理、能够适应国际化办学要求的团队。

图 8－2　祖冲之学院校企联合举办泰国教师培训班

截至 2023 年 9 月，祖冲之学院累计为泰国罗勇工业园中资企业开展员工技能培训 600 余人次，开展语言培训 1200 余人次；为泰国院校学生开展中文教育超过 15000 人次，招收学历留学生 63 人，部分学生已进入中资企业实习和就业；校企合作联合共建 60 门线上课程，开发 3 个专业标准、25 个课程标准、50 个实训标准，获得泰国认可。中泰祖冲之学院为两国双方人才培养、人文交流和产业发展做出了重要贡献。

四、合作成效

（一）不断提质增量，打造职业教育国际品牌

河北软件职业技术学院在境内外同步建设中泰祖冲之学院。迄今为止，与吞武里商业学院等泰方院校共同开发完成了动漫制作技术专业、机电一体化技术专业、电子商务专业 3 个专业人才培养方案、25 门课程标准、50 项实训标准的制订与多国语言翻译工作。其中动漫制作技术专业“影视后期制作”“数字创意产业与技术概论”两门专业课程标准获得泰国

教育部职业教育委员会认证，被推广到全泰职业院校使用，祖冲之学院的品牌在泰国已初步打响，世界职业教育发展道路上又多了一份中国方案。

（二）服务国家政策，培养国际化专业技能人才

祖冲之学院集聚教育行政部门、高职院校、合作企业、文化传播机构四方力量，有的放矢地与驻泰中资企业对接、共建共享，通过助力国际产能合作，积极服务"一带一路"倡议。通过在教育教学内容上注入中国文化单元、在产业参与方面展现企业文化元素，祖冲之学院克服了国际学生的跨文化交流障碍，建立了"多元主体共建，专业与产业融合"的技术技能人才培养的机制，构建了"语言和文化对接，文化元素贯穿始终"的国际人才培养体系，确保了本土化人才的长效培养，为国际学生顺畅就业提供了制度保障，同时解决了培养国际化专业技能人才过程中跨文化认同问题。如图 8－3 所示为祖冲之学院对泰国学生开展专业技能教学。

图 8－3　祖冲之学院对泰国学生开展专业技能教学

（三）坚持突出特色，深化产教同行模式

祖冲之学院的办学目标，始终围绕"走出去"企业对技术和人才的需求，经过几年来的实践，逐步深化了"培养国际化人才，精准助力企业出海"

的产教同行模式。学校与立中集团签署合作协议，在人才培养、科技研发、员工培训等方面开展深度合作，解决企业难处。同时充分利用学校"信息技术"优势特色，搭建了"线上线下结合，国内国外分段"的"互联网＋国际教育"平台，利用优质信息化教学资源的实时储存、传播与管理，解决了跨国人才培养成本较高的问题。

五、保障机制

（一）制度体系保障

学校设立祖冲之学院建设领导小组，做好项目统筹规划与决策实施工作，办公室设在国际合作中心，负责项目综合协调与推进落实工作。为加强对外合作办学项目的管理，学校按照《中华人民共和国中外合作办学条例》《中华人民共和国中外合作办学条例实施办法》的要求，结合学校实际制定了《河北软件职业技术学院中外合作办学管理办法》《河北软件职业技术学院外国留学生管理办法》《祖冲之学院建设实施方案》《祖冲之学院学生管理规定》《祖冲之学院专业建设标准》等相关制度并积极贯彻，通过对项目教学活动的认真梳理和规范，保证中外合作办学教学质量的不断提高。

（二）运行经费保障

学校将祖冲之学院建设纳入年度预算，资金管理遵循"统一规划，专账核算，专款专用"的原则，用于资源建设、教师培训和合作交流，保障中外合作办学项目推进。通过与"走出去"中国企业、"一带一路"共建国家院校深入合作，构建高等职业教育国际合作办学的共担机制，依托各方力量，开拓经费来源，确定各方的权、责、利，形成国际合作办学的多元化经费保障机制。

（三）建设平台保障

学校统筹推进数字化校园建设，建有完善的网络教学资源平台及教学管理网络系统。组建了全校覆盖的无线网络和5G网络，实现新一代互联网IPv6的接入，建有直播智慧教室203间，为数据共享搭建了充分的网络环境。开发了“课程平台”“网络课堂”“课件制作”“多媒体教室课件资源平台”“课件点播”等网络学习平台，实现了网上师生交流、课程学习、辅导答疑等一系列师生互动教学活动，为中泰师生课程教学、技能培训、文化交流搭建了数字化平台。

（四）师资队伍保障

学校坚持“外引”与“内培”并举、使用与稳定并重的师资队伍建设方针，通过多种形式培养合作办学的教学师资。祖冲之学院现有专业师资24人，高级职称教师占37%，硕士以上学历教师占76%，10年以上教学工作经验的教师占50%，3年以上企业工作经历的教师占70%，形成了一支以中青年为主体、整体学历层次较高、职称梯度合理的师资队伍。

六、总结反思

学校紧密围绕“一带一路”建设和合作国家产业发展需求，服务“走出去”的中国企业和国际产能合作，积极培养合作国家经济产业发展急需的本土化技术技能人才。祖冲之学院作为新时代中国职业教育国际交流的创新成果，在传播中国文化，推广汉语教育的同时，在专业教育改革、师资队伍建设和产教融合深化等方面取得突破性进展，提升了学校开放办学水平。学校在与外方院校合作时，应进一步拓展视野，加强联结，构建跨文化沟通平台，促进文化交流与理解，使祖冲之学院成为传播中国声音、讲好中国故事的扩音器，推动我国职业教育国际化深入发展。

教随产出、双轮驱动、育海外工匠：“一带一路”技能人才培养探索与实践

——山西机电职业技术学院“走出去”纪实

摘　要　国际产能合作是我国推进“一带一路”倡议、推动形成全面开放新格局的重大战略，是我国融入国内国际大循环的重要路径。随着我国与“一带一路”共建国家的合作提质扩面，企业产能“走出去”迫切需要职业教育的跟进和服务。

人才是我国参与国际产能合作的促进要素，作为与产业、行业和企业联系最为密切的职业教育，山西机电职业技术学院致力于培育海外技能人才、助力企业产能“走出去”。按照“教随产出、双轮驱动、育海外工匠”路径，创建“国内国外双向，线上线下一体，中文技能并重”人才培养新途径，培养高素质、本土化复合型技术技能海外工匠。

一、合作背景

（一）发展现代职业教育要求校企协同“走出去”

随着我国与“一带一路”共建国家的合作提质扩面，企业产能“走出去”迫切需要职业教育的跟进和服务。人才是我国参与国际产能合作的促进要素，作为与产业、行业和企业联系最为密切的教育类型，职业教育在培育海外技能人才、助力企业产能“走出去”上必须走出一条中国特色之路。

（二）职业教育协同企业“走出去”迎来发展新机遇

2015 年中国有色金属工业协会顺势而为，向教育部提出在有色金属行业开展职业教育与企业协同“走出去”试点。

有色金属行业是我国“走出去”先行行业之一，多年来开展了全方位、多领域、多层次的国际产能合作。由于赞比亚当地教育基础薄弱，众多“走出去”企业都面临着员工综合素质不高、中文能力有限，与中国企业文化融合困难等突出矛盾和问题，中国有色金属企业在当地雇佣的1.5万名员工劳动技能严重不足。加之，“一带一路”共建国家的职业教育发展不均衡，师资力量较弱，培训资源紧缺，民众受教育程度较低，难以支撑产业一线对高技能人才的需求。

在这种新形势下，以中国有色金属矿业集团作为试点企业，在赞比亚开展我国第一批职业教育“走出去”试点成为我国教育领域创新发展的重要任务。2016年教育部确定有色金属行业职业教育“走出去”首批试点院校，服务“一带一路”建设和国际产能合作，北京工业职业技术学院是首批试点院校之一。山西机电职业技术学院作为北京工业职业技术学院的合作院校，深度参与有色行业试点工作，前后2次派出教师赴赞比亚为中资企业开展当地员工培训。

（三）职业院校协同企业“走出去”面临“两无两急需”难题

职业院校与企业“走出去”的紧密程度更高，校企合作、产教融合是高职院校在国际教育合作中的重要基础，只有校企协同“走出去”才能更好地满足中资企业在海外的人才需求，其专业建设和人才培养模式才能得到可持续发展。

当地产业发展需要数以万计的技术技能人才配套支撑，企业面临技术技能人才脱节的问题，“走出去”企业急需本土化复合型技术技能人才；职业院校协同企业“走出去”是史无前例的开创性工作，无先例可循，无标准可依，急需师资支撑。

二、工作目标

山西机电职业技术学院积极参与职业教育“走出去”项目，按照“教随产出、双轮驱动、育海外工匠”路径，进行职业院校“一带一路”人才培养探索与实践。聚焦“一带一路”，着力人才培养方案和课程标准开发；对接企业需求，致力教学资源开发；基于岗位任务与职业能力，精准培养“一带一路”所需人才。

三、项目过程

（一）建设“教随产出、双轮驱动、育海外工匠”走出去路径

教随产出：积极服务“一带一路”倡议和国际产能合作。2022 年，承接教育部中外语言交流合作中心“汉语桥”“中文＋职业技能”线上交流团组，累计培训达 1312 人日。2018 至 2023 年，累计为海外员工或教师开展培训达 2625 人日。学校教师赴赞比亚开展中资企业海外员工培训如图 9－1 所示。

图 9－1　学校教师赴赞比亚开展中资企业海外员工培训

双轮驱动：对接企业需求，致力教学资源开发。打造“中文＋职业技能”双轮课程资源体系，开发中英双语课程 12 门，中泰双语课程 11 门。制定标准，聚焦“一带一路”，着力人才培养方案和课程标准开发。组成开发团队，开发 2 项国际人才培养方案和 12 项双语课程标准，其中 6 项课程标准已被泰国认可，4 门课程标准获得哈萨克斯坦驻华大使馆认可。

育海外工匠：精准培养“一带一路”所需人才。在国内建设教育部中外人文交流中心“智能制造领域中外人文交流人才培养基地”1 个，在国外泰国冬木昂技术学院共建“山西机电职业技术学院泰国晋技工坊”1 个，基于岗位任务与职业能力，创建“国内国外双向，线上线下一体，中文技能并重”人才培养新途径，完成 358 名“一带一路”“中文＋职业技能”培训，开展来

自“一带一路”共建国家101名国际学生的培养。学校“教随产出、双轮驱动、育海外工匠”如图9-2所示。

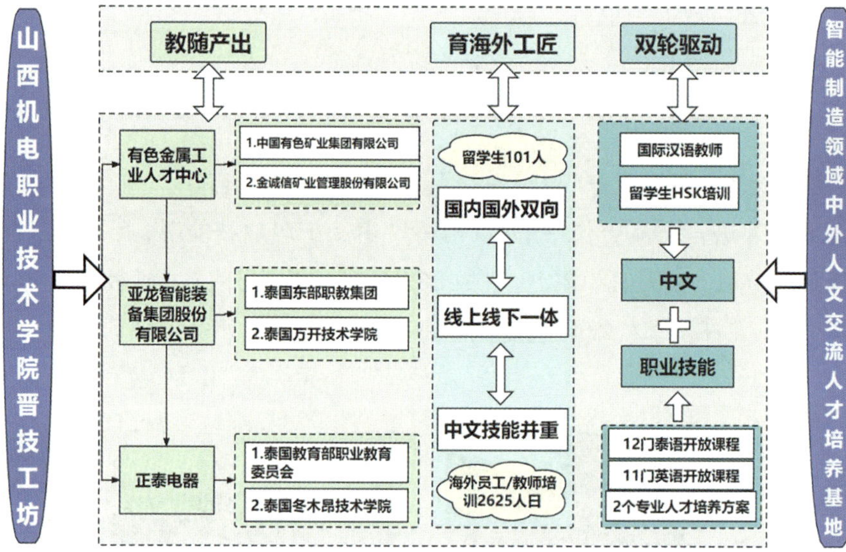

图9-2　学校“教随产出、双轮驱动、育海外工匠”示意图

（二）创建“国内国外双向，线上线下一体，中文技能并重”人才培养途径

为了有效解决山西省职业院校“走出去”海外办学无先例可循，山西省职业教育“走出去”无系统化的专业标准，“走出去”企业高质量、可持续发展急需本土化复合型技术技能人才这三个问题，学校采取以下措施。

1.强师资、增投入、育海外工匠

引进中德AHK机电一体化师职业资格认证标准与资源，本土化融入机电一体化技术专业人才培养（图9-3）之中，建成山西首家AHK双元制考核培训中心。教育部中外人文交流中心“2020智能制造领域中外人文交流人才培养基地”经过2年建设期通过验收，获得中外人文交流中心授牌，成为学校培养留学生的主要实训基地。AHK双元制考核培训中心与智能制造领域中外人文交流人才培养基地形成合力，通过该中心开展了省

级技能大赛、学生实训、企业技术技能培训、职业院校专业带头人国培等工作，在山西省起到示范引领作用。

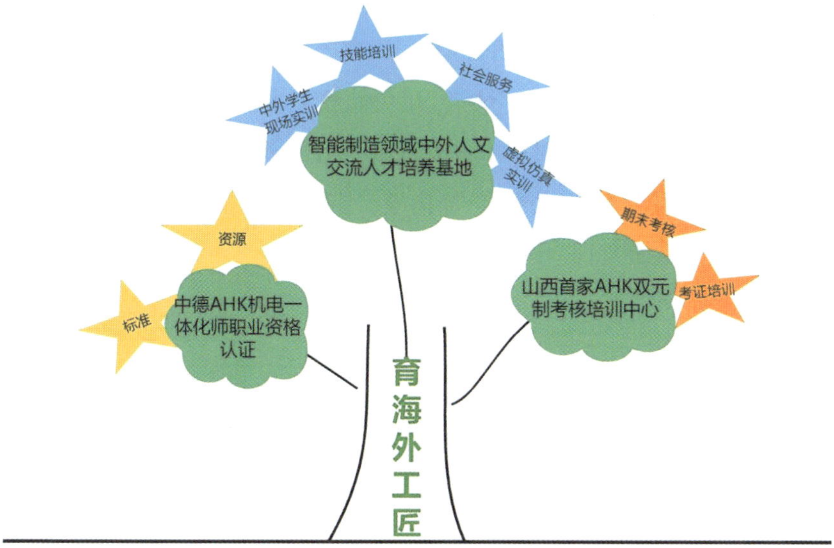

图 9-3 育海外工匠示意图

创建“国内国外双向，线上线下一体，中文技能并重”人才培养新途径，培养高素质、本土化复合型技术技能海外工匠。为服务海外分院建设，培养一批精通专业、善教汉语、爱岗适教的国际中文教师，学校 4 名教师获得《国际中文教师证书》。截至 2023 年 8 月，学校已招收长短期留学生 101 人。

2. 对标准、建课程、获国际认可

中外合作办学与晋技工坊互补，形成有中国特色的国际标准及资源。学院自建 12 门双语教学资源，与泰国、塔吉克斯坦探索课程标准认定事项，完成了 4 门课程标准和资源的塔吉克斯坦驻华大使馆认证，2 个专业 6 门课程标准的泰国初步认证工作。《数控机床结构数字化资源建设项目》获得教育部中外语言交流合作中心支持，2021 年度《国际中文教育中文水平等级标准》教学资源建设项目立项，2022 年建设完毕。

3. 做培训、建基地、助力中资企业

服务中资企业“走出去”国际化需求，积极参与“一带一路”建设，探索援助发展中国家职业教育的渠道和模式，与企业通过校企合作、联合培训的方式先后对赞比亚、泰国展开培训。2018—2019 年，学校派教师参加有色金属行业职业教育“走出去”试点，相关院校教师为中国有色矿业集团有限公司赞比亚分公司赞方员工培训，为期 90 日，累计培训 553 人日。邀请金诚信矿业管理股份有限公司在赞比亚、刚果（金）的 20 名优秀海外员工来华培训，共计 140 人日。

在泰国建设“山西机电职业技术学院泰国晋技工坊”，利用“汉语桥”山西机电课程云平台、国际在线教学云平台、学银在线平台“三平台”，开展线上线下“中文＋职业技能”培训，通过“一校，两基地，三平台”完成了“国内国外双向，线上线下一体，中文技能并重”工作模式，培养高素质、本土化复合型技术技能海外工匠。

2021 年，学校与泰国东部职教中心、亚龙智能装备集团股份有限公司签署备忘录。对泰国东部职教中心下辖 19 所高职院校 124 名教师开展线上技术技能培训项目 5 项，共计 620 人日。

2022—2023 年，承接教育部语合中心“汉语桥”中文＋职业技能线上交流团组，累计向 164 名国（境）外留学生提供了为期 8 天的线上培训。

四、合作成效

（一）培养人才成效显著

开发了 2 项专业标准、12 项课程标准，完成 358 名 2625 人日海外企业员工或职教院校师生“一带一路”“中文＋职业技能”培训，开展来自“一带一路”共建国家 101 名国际学生的培养。

（二）获得政府行业肯定

成果得到泰国东部职教中心、塔吉克斯坦驻华大使馆（图 9 - 4）和行

业的高度肯定。

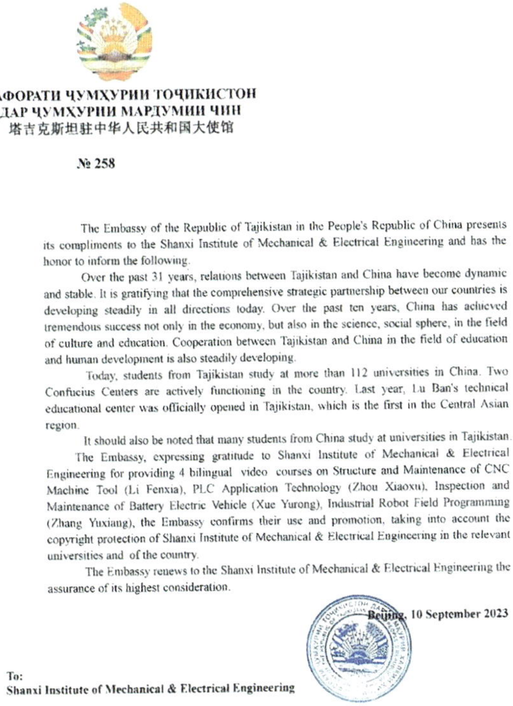

САФОРАТИ ҶУМҲУРИИ ТОҶИКИСТОН
ДАР ҶУМҲУРИИ МАРДУМИИ ЧИН
塔吉克斯坦驻中华人民共和国大使馆

№ 258

The Embassy of the Republic of Tajikistan in the People's Republic of China presents its compliments to the Shanxi Institute of Mechanical & Electrical Engineering and has the honor to inform the following.

Over the past 31 years, relations between Tajikistan and China have become dynamic and stable. It is gratifying that the comprehensive strategic partnership between our countries is developing steadily in all directions today. Over the past ten years, China has achieved tremendous success not only in the economy, but also in the science, social sphere, in the field of culture and education. Cooperation between Tajikistan and China in the field of education and human development is also steadily developing.

Today, students from Tajikistan study at more than 112 universities in China. Two Confucius Centers are actively functioning in the country. Last year, Lu Ban's technical educational center was officially opened in Tajikistan, which is the first in the Central Asian region.

It should also be noted that many students from China study at universities in Tajikistan.

The Embassy, expressing gratitude to Shanxi Institute of Mechanical & Electrical Engineering for providing 4 bilingual video courses on Structure and Maintenance of CNC Machine Tool (Li Fenxia), PLC Application Technology (Zhou Xiaoxu), Inspection and Maintenance of Battery Electric Vehicle (Xue Yurong), Industrial Robot Field Programming (Zhang Yuxiang), the Embassy confirms their use and promotion, taking into account the copyright protection of Shanxi Institute of Mechanical & Electrical Engineering in the relevant universities and of the country.

The Embassy renews to the Shanxi Institute of Mechanical & Electrical Engineering the assurance of its highest consideration.

Beijing, 10 September 2023

To:
Shanxi Institute of Mechanical & Electrical Engineering

图 9-4 塔吉克斯坦大使馆认证书

（三）形成山西省高职“头雁效应”

学校为中国鲁班工坊建设联盟发起单位、山西省职业教育职业学校对外开放交流委员会主任单位、山西国际交流协会理事单位。山西工程、山西水利、临汾职业等10余所职业院校来校学习办学经验，整体带动兄弟院校国际化建设。

（四）取得国内外媒体广泛赞誉

《中华英才》《中国有色金属报》和《上党晚报》等纸媒，腾讯新闻、中国新闻在线、新华资讯网等10多家国内媒体网站争相报道学校海外办学成果。

加拿大数字期刊、观察者数字在线、时代在线、每日时代领导者等 20 余家国外媒体网站报道中国国际化办学成果，其中也包含山西机电职业技术学院的典型案例。

五、保障机制

1. 组织和制度保障

设立国际交流教育部，成立党委外事工作领导小组，完善工作体制机制，明确外事专员和留学生辅导员岗位职责。

出台系列留学生管理制度和国际交流制度。包括：《学生赴国（境）外交流学习管理规定（暂行）》《因公出国（境）经费管理暂行办法》《全英教学管理办法（试行）》《招收国际学生管理办法》《国际学生学籍管理规定》《因公临时出国（境）审批与管理规定（修订）》《外国留学生突发事件应急处理预案（中英文）》《学历留学生课程设置及管理要求（中英文）》《优秀留学生、优秀留学生干部评选办法（中英文）》和《留学生宿舍管理规定》等多项规章制度。

2. 经费投入保障

校企签订横向课题协议，企业拨付专项资金用于晋技工坊建设与运行确保资源建设、教师培训、设备更新、境外高校派遣承担外方教师及场地运行等费用。

学校严格落实山西省来晋留学政府奖学金政策，专款专用，保障留学生奖学金的发放。

3. 师资保障

学校负责国际汉语及双语师资队伍建设。学校已经培养了 6 人组成的国际汉语教师和 20 余人组成的双语教师队伍，通过线上线下两种途径开展教学，保障学校海外培训及办学的师资力量。

六、总结反思

学校成果经过多年探索与实践，“走出去”海外办学成效显著。建成教育部中外人文交流中心“智能制造领域中外人文交流人才培养基地”1 个；建成教育部中外语言交流合作中心“中文＋职业技能”教学资源建设项目 1 个；举办教育部中外语言交流合作中心“汉语桥”“中文＋职业技能”线上团组交流项目 1 个；与中资企业紧密合作，借船出海，在泰国建成山西省第一家职业院校海外基地“晋技工坊”；建成中欧实习就业人才培养基地 1 个；学院师生参加各类国际技能大赛获奖 19 项；申报省级以上国际化课题 2 个；被评为 2023 职业院校国际合作典型院校。

1. 创立教随产出海外办学新模式

创造性实施“企业先行探路，奠定办学基础；行业组织协调，整合多方资源；学校借船出海，发挥专业优势，[illegible]职业教育“走出去”路径，通过“一校，两基地，三平台”创新海外办学新模式，解决了学校自发型、校际合作型等海外办学模式存在的水土不服、与企业人才需求脱节、难以持续等难题。

2. 创建国际人才专业标准新范式

学习借鉴国外先进职教模式，结合海外企业的岗位需求，深入调研了解外方文化及需求，外方职教体系，将中国职业教育理念本地化，形成具有“国际理念、中国元素、海外特色”的人才培养方案及专业标准，与外方行业国家标准互相补充，形成与“一带一路”共建国家共同开发专业标准新范式。

多元合作、协同育人 打造人才培养高地

——呼和浩特职业学院中外合作办学助力“一带一路”建设

摘　要　呼和浩特职业学院国际合作办学已有15年历史，对外合作办学专业数量及规模居内蒙古自治区同类院校之首。学院自2005年便开始聘请白俄罗斯、新西兰等专家到校任教，2007年先后与新西兰南方理工学院、白俄罗斯维捷布斯克国立大学、白俄罗斯布列斯特国立工业大学合作举办学历教育项目。多年来，学院坚持“语言＋技术”培养理念，逐步探索出“三双六能”国际人才培养新模式，形成了特色鲜明的人文交流品牌。学院目前有6个教育部审批备案的中外合作办学项目，现有在校生900余人，累计毕业学生2132人，其中出国继续深造学生593人。学院累计聘请外籍教师55人次，现有白俄罗斯、意大利等特聘客座教授9人。在“一带一路”倡议指引下，学院努力地扩大中外办学过程中的合作交流，不断拓宽国际合作渠道，通过中外合作办学模式助力于推进“一带一路”建设，积极为“一带一路”和“中俄蒙经济走廊”建设培养国际化技术技能人才。目前我院为陆海新通道职教国际合作联盟副理事长单位、中国教育国际交流协会“一带一路”教育国际交流分会理事单位。

一、合作背景

随着经济全球化的不断发展，我国高等教育走向国际化已是必然趋势。高等职业教育是我国高等教育的重要组成部分，它的使命就是要参与并助力“一带一路”建设的贯彻落实，抓住“一带一路”建设这个发展契机，通过开展中外合作办学与国际交流，建立起国际合作与交流平台，引入先

进的教育理念，借鉴国际先进的教育思想与教育经验，综合考虑中外教育传统的差异、教学思维特色等情况，制订培养标准和实施方案，从而推进高职院校教学改革进程，提升教学水平及人才培养质量，培养具有国际思维、国际视野的高水平技术技能人才。呼和浩特职业学院坚持“引进来”和“走出去”双向互动，全方位推进学院国际交流与合作的力度、深度和广度，探索、创新国际合作模式，提升服务“一带一路”建设能力。

二、工作目标

学院教育对外开放有着比较明确的发展方向，根据新时期中外合作办学的新内涵，探索创新发展路径，推进高职教育的国际化办学模式，让学院为现代化社会的发展输送更多优秀的技术技能型人才。同时，发挥学院专业优势，积极开展“中文＋职业技能”和国际交流活动，传播中国声音，服务“一带一路”建设。

（一）培养国际化技术技能人才

坚持对外开放办学理念，加强与国（境）外教育资源优质高校合作，开展中外合作办学项目，引进先进职业教育办学理念、人才培养模式、专业课程、辅导教材等优质职业教育资源，聘请外籍专家、教师到学院任教、指导教学，共同制订人才培养方案，进一步深化教育教学改革，为“一带一路”共建国家和“中蒙俄经济走廊”建设培养具有国际视野的技术技能人才。

（二）提升教育对外开放水平

为深入贯彻中办、国办《关于做好新时期教育对外开放工作的若干意见》、教育部《推进共建“一带一路”教育行动》等文件精神，坚持内涵建设和特色发展，扎实推进教育教学研究工作，推动国际中文教育与职业教育“走出去”融合发展，建设专业教学标准及课程标准，形成中国特色职业教育发展模式，提升我国教育国际影响力。

（三）弘扬优秀中华传统文化

国之交在于民相亲。习近平深刻指出："深化人文交流互鉴是消除隔阂和误解、促进民心相知相通的重要途径。"充分发挥学院中外合作办学优势，搭建众多合作交流平台，开辟广泛合作渠道。通过展览、演出、研讨等人文艺术交流活动，展现出中国促进文明交流互鉴的务实态度和真诚意愿，有助于各国人民打开相互理解的通道，促进各国民心交融相通，推动各国人民携手构建人类命运共同体。

三、项目过程

（一）创新人才培养模式，构建国际化课程体系

呼和浩特职业学院与白俄罗斯维捷布斯克国立大学、白俄罗斯布列斯特国立工业大学开展合作办学，在音乐教育、美术教育、学前教育、大数据与会计、电气自动化技术、道路与桥梁工程技术六个专业举办中外合作办学项目，在引进外方教学资源基础上，遵循中国职业教育理念和规律，中白双方不断对人才培养方案进行完善和修订，以"语言＋技术"培养理念为指引，探索出"三双六能"（中白双方、中俄双语、校企双元；国际交流能力、文化传播与传承能力、专业技术能力、实践动手能力、自我学习能力、自我管理能力）人才培养新模式。合作办学专业课程体系构建充分体现了中白合作办学要求，课程设置体现了国际化办学精髓，突出培养与国际接轨技术技能型人才，以集中讲授、专题讲座、专题报告及专业实践活动等多种形式的教学活动，丰富教学组织内容，提高合作办学专业建设水平，从根本上增强学院的办学实力。

（二）深化教育教学改革，探索国际化培养路径

中外合作办学的教学内容注重新颖、实用、自信、量大、时代感强的特点，坚持向学生传授专业最新的标准和发展趋势，同时让学生体验国际化教学模式。教师治学严谨，以学生的综合素质教育为目的。教学内容密切

联系区域教育发展现状和国际社会对人才的需求，注重培养学生的实践能力。学生接受的是来自国外教育体系先进的专业知识，采用的是国外具有领先水平的先进教材，核心课程完全按照国外合作学校的专业设置，大部分核心专业课程都由外教上课，直接感受外方课堂。尤其是在俄语语言授课中，外籍教师使用国外教材和教学方式，使学生充分地参与到练习中并逐渐树立自信心。与国内同专业的学生相比，该项目学生将会获得更新、更全面的专业知识，并且具有较强的科研和创新能力以及更强的专业适应能力。

（三）共享优质教育资源，建设国际化教学平台

中外合作办学通过统一制订教学计划，引入外方优秀教师，引进外方优质教材，充实国际前沿的专业问题与研究成果于教学内容之中，以满足学生接受高水平职业教育的需求，保证了教学内容的先进性。学院充分发挥外籍专家、教师的优势，整合中白双方优质教育资源，持续推动数字化教学资源库建设，目前已有15门专业核心课聘请外籍专家制作完成，并推送至学院数字化教学平台，实现优质教学资源共建共享。

学院以“双高”建设为契机，扩大教育对外开放辐射力，开发具有中国特色和国际竞争优势的“中国民族民间音乐”和“新能源汽车”专业课程19门，建立中国特色国际课程推广平台，着力推进教育数字化，推动课堂模式变革，实现共享、交流互动。

（四）加强师资队伍建设，引入国际化教学标准

学院中外合作办学项目的有效实施，既要国际化师资队伍作保障，同时又给国际化师资队伍建设提供了广阔平台。教师队伍以呼和浩特职业学院教师为主体的同时，一方面，采取“引进来”的方式，每年聘请国外合作院校有丰富教学经验的外籍专家来校任教，并引进国外著名学者定期来学院进行授课。另一方面，通过“派出去”的方式培养国际化水平师资，完善教师培训制度和机制，加大在职教师海外研修培训力度，为教师搭建中外交流学习的平台，选派教师参加国（境）外师资培训，引入专业课程教学国

际化标准和课程培训项目，提升教师的专业教学能力、专业技术水平、实践操作技能和国际视野格局。合作办学的教师既有较高的学历和职称，又有很高的科研教学水平；既有强烈的工作责任感和敬业精神，又有高度的师德修养，是一支德才兼备的国际化优秀师资队伍。

四、合作成效

（一）拓宽职教成才通道，助力学生成长成才

学院与白俄罗斯维捷布斯克国立大学、白俄罗斯布列斯特国立工业大学举办的合作办学项目已有 15 年历史，引进国（境）外优质教育资源成效显著，已形成结构完整、渠道畅通的人才培养模式，双方每年选派 50 名左右毕业生赴国（境）外留学，通过学分互认，升入国（境）外合作院校本科、硕士阶段学习，顺利开展学历提升等国际合作项目，培养大批国际化技术技能人才（图 10－1）。

图 10－1　学校合作办学项目

近年来，呼和浩特职业学院国际合作办学专业就业率始终保持在95.6%以上，累计出国深造学生达593人。毕业生总体就业质量较高，很多毕业生进入中白工业园、中铁局、大中专院校、北京城建等大型企事业单位工作，为服务推动“一带一路”建设和发展贡献力量。

（二）加大教育合作力度，提升对外开放水平

学院依托孔子学院、中文联盟等机构，推动中文教育与职业教育“走出去”融合发展，实施“中文＋职业技能”教育。发挥合作办学项目优势，“中国民族民间音乐特色项目”和“中文＋新能源汽车”获批教育部中外语言交流合作中心2022年“汉语桥”在线团组交流项目，进一步深化和扩大国际教育合作、中外人文交流、增进国际青少年对中国语言文化的了解等方面做出积极贡献，提升学院教育对外开放水平，更好地服务“一带一路”建设。

近年来，在学院党委的高度重视下，我院坚持内涵建设和特色发展，各处室、系部通力配合，扎实推进教育教学研究工作。2022年，老挝教育体育部职业教育司与陆海新通道职业教育国际合作联盟及下属中老挝教育发展共同体协商一致，决定组织建设一批专业教学标准及课程标准，按照老挝国家相关流程注册认证，纳入老挝国家职业教育体系。学院申报的“大数据技术”专业教学标准和“工业机器人编程”课程标准获得立项，按照陆海新通道（中老）职业教育研究院要求，根据项目管理办法，统筹优质资源，做好项目研究，并加强对项目的管理及考核，努力产出高质量、高水平的教育教学改革成果。

学院充分发挥学校资源优势及专业特色，以论坛、展览、展演等形式，“多元化”开展人文交流活动，搭建中外“民心相通”桥梁；发挥学院赴白俄罗斯留学生的文化传播桥梁作用，每年在白俄罗斯开展中国优秀传统文化交流活动，打造中外人文交流特色品牌（图10－2）。

图 10－2　学院学生进行文化交流

学院通过聘请的外籍教师参加“国际中文日”和“我眼中的中国——智慧生活”等活动，向中外师生展示中文的独特魅力，促进各国学子对当代中国和中华文明的了解，呈现中国贯彻“创新、协调、绿色、开放、共享”新发展理念取得的高质量发展成就，为进一步提高中文国际化水平、传播中国文化，携手构建人类命运共同体，做出应有的努力和贡献。

五、保障机制

（一）组织保障

在学院党委的组织与领导下，学院下设国际教育部，负责中外合作办学项目以及国际合作与交流等各项外事工作，同时，由中外合作院校领导、校内相关部门及项目所在部门的人员组成合作办学项目管理委员会，负责制订项目的发展规划，组织双方项目的实施，讨论项目的重大事项，协调解决实施过程中出现的问题，协调双方资源投入，同时致力于推进双方合作的进一步发展。学院先后制定了《呼和浩特职业学院中外合作办学管理办法》等规章制度，完善了项目管理机构，保障了对外工作的顺利进行。

（二）经费保障

按照财政部门的要求，学院会计核算执行《政府会计制度》，并结合高校财务管理的要求，将经济业务按照项目进行归类，建成项目库，并对筛选后计划实施的项目安排预算资金，审核经济业务的合法、合规、合理性予以报销，并对预算项目实施绩效考核评价。学院经费以业务活动支出为主，绝大部分投入在教学、实训基地建设等方面，为教学活动的顺利开展、学生实训能力的提升提供了经济基础和发展保障。学院还通过国家奖助学金、自治区奖助学金、乌兰夫奖学金、学院奖学金等，支持学生顺利完成学业。

（三）师资保障

学院建立了符合法规要求的中外双方师资评聘标准和评聘制度，学院制定了《呼和浩特职业学院外籍专家（教师）管理办法》《呼和浩特职业学院外聘教师管理办法（呼职院发）》，依法依规进行合作办学师资建设，优先选聘具有高等学校教师资格证、海外留学背景的专业教师从事教学、管理工作。以项目为依托，学院已建成一支专业结构合理、专兼职结合、能够适应教学改革和专业发展要求的高素质双师型教学团队。

六、总结反思

（一）提升人才培养质量，促进中外合作办学新发展

学院中外合作办学项目的举办，顺应了发展形势和对国际化技术技能人才的需求，为推进我区高等职业教育高质量、可持续发展做出了应有的贡献，也为我区社会经济发展培养了大量国际化技术技能人才。同时，为“一带一路”建设、“草原丝路”建设以及“中蒙俄经济走廊”的发展贡献了自己的一份力量。

多年来，学院中外合作办学项目得到了两国政府的支持与帮助，合作办学成果显著，得到学生和家长的好评，也在社会上产生了广泛的影响。白俄罗斯前驻华大使基里尔·鲁德于2019年访问内蒙古自治区，对中白合作办学项目表示了充分肯定，“呼和浩特职业学院于明斯克、布列斯特和维捷布斯克等大学有着成功的合作经验，希望继续加强教育领域的合作”。

（二）创新国际交流合作，形成中外人文交流新品牌

“一带一路”倡议的提出与实施，为学院在对外开放环境下的教育发展带来了很好的契机。学院要在协同创新育人模式下调整中外合作办学模式，坚持“走出去”与“引进来”相结合，创新国际交流与合作，走国际化发展道路。学院在赴白留学生教育中，打造人文素质教育课程，拓展学生人文交流理念，开展中外人文交流活动，提升学生人文素养。以活动为纽带，通过举办中外艺术节、校园开放日、中国-东盟教育周等主题系列活动，增进人文交流的成效，培养知华友华爱华的友谊使者，服务国家教育开放和国际交流与合作。

学院作为地方高职院校，秉持中外人文交流的理念，发挥教育在人文交流中的基础性和先导性作用，讲好共建“一带一路”的内蒙古故事，形成特色鲜明的人文交流品牌，促进民心相通。

服务“一带一路”实施职业教育“走出去”国际化合作

——高等职业教育国际化的实践与探索

摘　要　我校作为国家“双高计划”建设单位和全国首批28所国家示范性高等职业院校，办学历史悠久，为服务地方交通基础建设、装备制造业等地方经济发展、产业转型升级做出了卓越贡献。充分依托办学优势条件，我校积极探索中国职业教育“走出去”服务“一带一路”建设，通过特色国际合作模式有效提升职业教育国际化水平，走出了交通特色国际化办学之路。2019年与泰国达信职业技术学院、老挝站芭色华侨技术学院签署合作协议，达成接收来华留学生合作意向；2019年我校与泰国达信职业技术学院在泰国罗勇府正式签署协议，双方达成师资培训等合作内容，并挂牌成立中泰师资培训基地；2020年，“辽宁省交通高等专科学校-泰国‘鲁班学堂’职业教育师资培养基地项目”获得教育部“2020年度教育援外项目立项计划”；2021年，我校与新松机器人自动化股份有限公司、泰国达信职业技术学院、泰国达信语言中心签署国际化技能人才培养协议，联合成立“辽宁交专-中泰新松机器人国际应用技术学院”；2021年，牵头成立“东北三省一区‘一带一路’职业教育联盟，联盟涵盖国内高职院校65所、国内企业11家、境外13个国家54所院校。

一、合作背景

为贯彻落实国家《关于加快发展现代职业教育的决定》《关于做好新时期教育对外开放工作的若干意见》《推进共建“一带一路”教育行动》等文件精神，2017年“辽宁省高水平现代化高职院校和高水平特色专业群建设计划”，2019 年教育部、财政部联合实施的“中国特色高水平高职学校和高水平专业群建设计划”均提出一项重要指标“高职教育要实现国际化提升”，这对高职院校提出了更高的办学目标。中国职业教育国际化办学模式迎来内涵提升质的变化，从单纯“引进来”到主动“走出去”是发展的主导理念，积极服务中国企业、中国产业“走出去”，满足“一带一路”建设对职业教育技术技能型人才培养的要求。

二、工作目标

以服务职业教育“走出去”的国际化复合型高技能人才培养及实施“一带一路”共建国家和地区的高等职业教育共享为两个抓手，与泰国职业院校及中国企业合作推出一批师资培训、来华留学及“中文＋职业技能”培训等项目。通过开展职业教育境外培训、招收来华留学生，将汉语学习与职业技能培训有机结合，培养既懂得中文又熟悉中国标准和生产流程的复合型国外本土高技能人才，更好服务“一带一路”中国企业及当地经济社会发展的需求。

（一）开展“一带一路”来华留学教育

学校联合省内知名企业“走出去”，面向泰国等“一带一路”共建国家招收订单留学生，开展“中文＋职业技能”来华留学学历教育，构建“汉语学习＋专业技能＋实习就业”培养模式，培养既懂中文又熟悉专业技能的高素质复合型人才，满足“一带一路”建设对复合型技术技能型人才的需求。

（二）积极参与国家援外教育培训项目

学校积极参与国家援外职业教育培训项目，促进中国职业教育“走出去”，让世界了解中国改革开放以来教育取得的新成就，了解中国职业教育理念、职业素质和技能、职业培训管理的经验和方法，通过特色国际化办学，有效提升中国职业教育国际影响力。

（三）建立海外职业教育培训基地

发挥学校在国际化高素质技能型人才培养上的专业优势，建立境外职业教育培训基地，面向“一带一路”共建国家开展各类职业教育技术技能培训工作，培养创新型高素质职业教育技能人才，提升共建国家职业教育师资水平，满足当地职业教育发展的需求。

三、项目过程

（一）服务省内企业“走出去”，开展订单式来华留学教育

学校携手沈阳新松机器人自动化股份有限公司，成功开启订单式留学教育，丰富了“一带一路”民心相通的新实践，推动具有中国特色的职业教育体系“走出去”。2021 年，辽宁交专与沈阳新松机器人自动化股份有限公司、泰国达信职业技术学院、泰国达信语言中心达成四方联合培养国际化技能人才，成立“辽宁交专-中泰新松机器人国际应用技术学院”（图 11－1），建立“学习＋实习＋就业”的培养体系，服务新松机器人泰国生产基地建设。构建校企“2＋1”分段式人才培养模式，第 1～2 学年在辽宁省交通高等专科学校进行“中文＋职业技能”学习，第 3 学年到沈阳新松机器人自动化股份有限公司沈阳总部进行顶岗实习；经学校和企业联合考核，达到“中文＋职业技能”相对应的学分要求与毕业条件，由沈阳新松机器人自动化股份有限公司推荐到泰国分公司就业。对接岗位需求标准，校企共同制订泰国留学生人才培养方案。实施“中文＋职业技能”教育教学，强化基础汉语、专业汉语学习，进行专业技术技能理论实践学习，再由企业安排实习和就业，着力培养既懂中文又熟悉专业技能的高素质复合型人才，满足“一带一路”境外中资企业对复合型技术技能型人才的需求。目前已招收泰国来华留学生 12 人，2022 年，机电一体化专业 3 名毕业留学生在沈阳新松浑南总部基地顶岗实习后，被沈阳新松机器人自动化股份有限公司泰国子公司（Somboon Siasun tech）接收就业（图 11－2）。学校与沈阳新

松机器人自动化股份有限公司成功开创了职业教育国际产教融合的新模式。

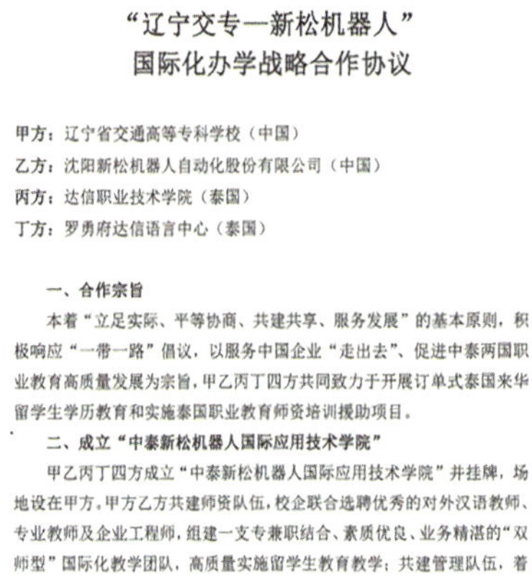

“辽宁交专—新松机器人”
国际化办学战略合作协议

甲方：辽宁省交通高等专科学校（中国）
乙方：沈阳新松机器人自动化股份有限公司（中国）
丙方：达信职业技术学院（泰国）
丁方：罗勇府达信语言中心（泰国）

一、合作宗旨

本着“立足实际、平等协商、共建共享、服务发展”的基本原则，积极响应“一带一路”倡议，以服务中国企业“走出去”、促进中泰两国职业教育高质量发展为宗旨，甲乙丙丁四方共同致力于开展订单式泰国来华留学生学历教育和实施泰国职业教育师资培训援助项目。

二、成立“中泰新松机器人国际应用技术学院”

甲乙丙丁四方成立“中泰新松机器人国际应用技术学院”并挂牌，场地设在甲方。甲方乙方共建师资队伍，校企联合选聘优秀的对外汉语教师、专业教师及企业工程师，组建一支专兼职结合、素质优良、业务精湛的“双师型”国际化教学团队，高质量实施留学生教育教学；共建管理队伍，着

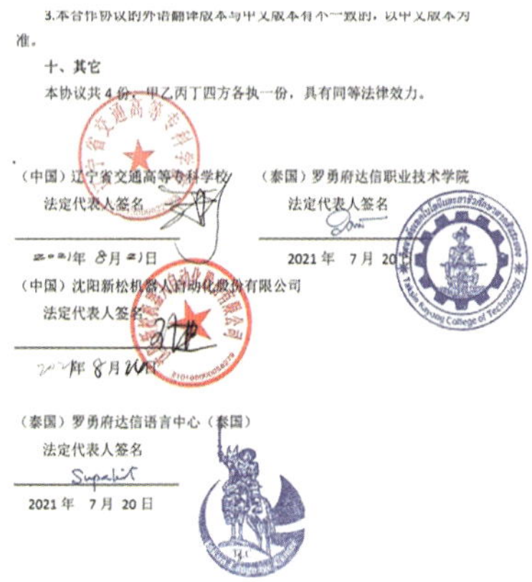

3.本合作协议的外语翻译版本与中文版本有不一致的，以中文版本为准。

十、其它

本协议共4份，甲乙丙丁四方各执一份，具有同等法律效力。

（中国）辽宁省交通高等专科学校
法定代表人签名
2021年 8月21日

（泰国）罗勇府达信职业技术学院
法定代表人签名
2021年 7月 20

（中国）沈阳新松机器人自动化股份有限公司
法定代表人签名
2021年 8月20日

（泰国）罗勇府达信语言中心（泰国）
法定代表人签名
Supakit
2021年 7月 20日

图 11－1　学校与新松机器人自动化股份有限公司、泰国达信职业技术学院及达信语言中心合作协议

图 11－2　留学生在新松机器人沈阳总部实习

（二）面向泰国职业教育，实施“中文＋职业技能”实习项目

我校面向泰国职业院校学生，开展汉语言文学专业技能培训活动，开发了“中国传统文化”“桥梁文化”“工业机器人”等特色培训课程。通过生动有趣的课程让外国学生对中国文化有了更深认识，同时学习了专业领域先进知识，帮助他们开拓了视野，提高了理论水平。2019 年，泰国罗勇府达信职业技术学院派出教师和学生 12 人赴辽宁交专开展 20 天的“中文＋

职业技能"短期实习项目。2022 年，开展"泰国学生'中国文化＋专业技能'线上研习班"，培训量达到 4000 人日，培训学生数 100 人(图 11－3)。

图 11－3　开展泰国学生"汉语文化＋职业技能"短期实习

(三)服务"一带一路"建设，开展职业教育技术培训援外项目

2019 年，我校承担了国家商务部与宁波职业技术学院主办的"布基纳法索职业培训管理研修班"培训项目(图 11－4)。来自非洲布基纳法索的总统府参赞、国家发展部主任、国家就业委主任、职业培训基金委主任等政府管理人员共 25 人参加本次培训。此次培训安排了"中国特色高水平职业院校建设""中国职业教育校企合作的人才培养"主题学习，以及道路与桥梁工程、机械电子、汽车维修等专业实训考察。通过本次研修，学员们对中国职业教育的高质量发展及取得的成就表示赞叹，对辽宁省职业教育的特色表示赞扬，对辽宁交专校企合作模式、实训基地建设、产学研等办学方式和成果表现了浓厚兴趣。

图 11－4　教育援外项目：布基纳法索职业培训管理研修班

（四）建立海外职业教育培训基地，助推中国职业教育“走出去”

2019 年，我校援外项目《泰国“鲁班学堂”职业教育师资培养基地项目》获得教育部批复，按照教育部 2020 年度教育援外项目的统一部署与要求，2019 年 12 月辽宁交专与泰国达信职业技术学院在泰国罗勇府正式挂牌成立首个境外师资培训基地（图 11－5）。根据泰国达信职业技术学院师资队伍建设需求，制订了师资培训计划和实施方案，构建线上线下混合培训模式，采用“学习＋演示＋研讨”的教学方式，开展面向泰国职业院校的援外师资培训。2021—2022 年，通过线上讲座、交流研讨的方式，面向泰国达信职业技术学院，开展辽宁交专-泰国“鲁班学堂”师资培训 1290 人日，培训专业为机械电子、机器人、酒店管理等，培训人数为 60 人次。通过开展援外师资培训项目，泰方教师亲身体验与学习产教融合、校企合作、专业建设、队伍建设、人才培养、教学管理与考核评价等中国职业教育理念与教育管理，提升泰方教师职业教育教学水平，促进泰国职业教育高质量发展。

图 11－5　泰国师资培训基地揭牌仪式

图 11－6　教育援外项目:泰国师资线上培训

四、总结反思

我校国际办学经过几年的建设发展,深刻认识到高职教育国际化发展应多体现自身办学特色,关键词是“中文、技能、企业”,我们经历了从“引进来”到“走出去”的发展过程,探索尝试开展多个职业教育“走出去”国际合作项目,并总结我校高职教育国际化几点思考和经验。

(一)体会与思考

1.从“学习借鉴”经验到“共享”教育标准

从国家示范校建设时期,职业教育一直在学习借鉴发达国家成熟的职教经验,提升了职业教育理念,也初步建成了自身的职业教育体系,促进了职教改革发展。“一带一路”倡议的提出,促使中国企业“走出去”愈来愈多,这为高职学校“走出去”提供了发展契机。通过与企业的合作,高职院校积极开发专业标准和课程体系,对接企业在境外岗位标准,接收培养外国留学生,培训企业在境外的本土员工,实现职业教育标准与世界共享。

2.从单纯“引进来”到主动“走出去”

我校过去是通过举办中外合作办学项目，积极引进国外优质教育教学资源来推动教育教学国际化水平提升。经过国家示范校到“双高”院校建设的10多年发展，我校已经探索出特色办学模式，也探索出属于自己的国际化办学之路，服务“一带一路”建设。开发职业教育“走出去”国际项目已经成为高水平职业院校办学新的主流方向。

3.从“单一层次”合作走向“多层次”合作

我校之前国际化办学形式比较单一，主要体现在中外合作办学、师生出国交流等方面。新时期、新时代背景下，高职院校国际交流合作结合地域经济及自身办学特色已更加深入与丰富，例如，举办境外办学、制订国际标准、服务企业“走出去”境外培训、招收留学生、主动承担国家援外培训任务等。不断提升国际影响力是高职院校未来国际化发展的必然趋势，我们需要统筹规划，整合资源，才能建设越来越多中国高职教育国际品牌。

（二）经验总结

1.政策资金有保障

我校是国家“双高”计划高水平院校建设单位。中央和省两级财政对学校项目建设给予了专项资金支持。同时，提升办学国际化水平是学校国家“双高”建设的重点任务之一，实施服务“一带一路”职业教育国际合作品牌工程是建设方案的重点任务，有充足的人力、物力、财力保障。

2.优选伙伴是前提

罗勇府达信职业技术学院于2010年正式创办，由罗勇府教育局和罗勇达信基金会联合创办，是当地最高学府。学校教育涵盖中职和高职两个层次办学，办学宗旨是培养罗勇府地区技术技能人才。罗勇府位于泰国东部经济走廊，区位优势突出，经济集聚辐射效应强。泰中罗勇工业园区位于罗勇府，该园区是泰国产业集群中心与制造出口基地。目前大力发展职业教育是泰国东部经济走廊及罗勇府地区经济发展的当务之急。

3.企业参与是关键

新松机器人自动化股份有限公司是中国机器人产业前10名的核心牵头企业、国家机器人产业化基地，产品实现了智能制造领域全行业覆盖。产品累计出口30多个国家和地区，为全球3000余家国际企业提供产业升级服务。辽宁交专与“新松机器人”合作，能够实现与高端产业、产业高端的对接融合，充分保障职业教育“走出去”的先进性与高端化。2020年新松机器人自动化股份有限公司在泰国罗勇府建设东南亚生产销售基地，为校企国际化合作带来了机遇。

4.专业师资是基础

我校主干专业覆盖公路建设与管理、汽车后市场、道路运输与物流、轨道交通等交通行业和工程机械、机电装备制造、信息技术等地方支柱产业。学校专任教师492人，其中正高级职称90人、副高级职称162人、博士40人、硕士458人。拥有黄大年式教师团队4个，国家级优秀教学团队2个、省级优秀教学团队11个；全国教学名师、模范教师2人，国家“万人计划”教学名师2人，省级教学名师14人等。老牌交通院校优势专业的深厚底蕴以及高水平师资队伍建设，为学校面向“一带一路”开展职业教育国际化办学夯实了基础条件。

五、推广与应用

(1)2020年，我校《泰国“鲁班学堂”职业教育师资培养基地项目》获得教育部2020年教育援外立项支持，为辽宁省获批2所高校之一。

(2)2020年，我校《泰国来华留学生培养项目》《中泰职业教育援外项目一境外师资培训基地建设》分别获得沈阳市2019年高校“一带一路”建设优秀项目。

(3)2021年，我校牵头成立“东北三省一区‘一带一路’职业教育联盟”。联盟成员涵盖辽宁省、黑龙江省、吉林省、内蒙古自治区65所高职院校、11家省内企业、境外13个国家54所院校。在联盟成立大会上分享了辽宁交专职业教育国际化办学经验。

(4)我校携手沈阳新松机器人自动化股份有限公司，开展订单式留学教育，成功开启“学习＋实习＋就业”新型产教融合国际化合作模式，项目成果由辽宁省发展改革委作为2022年辽宁省职业教育服务“一带一路”建设典型案例，推荐在“中国一带一路网”上发表。

厚植“一带一路”沃土

创建汽车国际化人才培养“汽专模式”

——长汽高专“一带一路”十年职业教育合作成果案例

摘　要　长春汽车工业高等专科学校，响应国家“一带一路”倡议，与政府、一汽集团等跨国车业协同创新，在汽车国际化人才培养方面走出了一条“引进—创生—共享”之路，通过建立“红旗工匠”标准体系和“三个三、六个一”等具体举措，形成了中国特色国际通用的职教标准——“汽专标准”，培育了优质的国际化汽车技术技能人才，在助力中国企业“走出去”，赋能“一带一路”共建国家汽车产业发展方面起到了重要作用，树立了良好的国际口碑，形成了汽车国际化人才培养的长汽高专品牌。

一、合作背景

长春汽车工业高等专科学校（以下简称“长汽高专”）是公办高等院校，始建于1952年，2009年由中国第一汽车集团公司划归长春市政府管理，是中国第一所专门为汽车工业培养人才的学校，是全国唯一一所专业覆盖汽车全产业链的高职学校。学校是首批国家高职示范院校，两次获得全国高职院校国际影响力50强称号，并于2019年首批入选教育部中国特色高水平高职学校。

十年来，中国车企响应国家“一带一路”倡议，主动拥抱汽车产业变革，加快产品结构优化升级，加大海外市场开拓力度，进一步推动国际业务持续向上发展，带动了“一带一路”共建国家参与国际汽车产业分工，共同创造经济效益和社会效益，实现中国车企与出口地国家的共赢发展。中国第一汽车集团公司在“一带一路”政策的支持带动下，积极推进海外本地化经营，海外业务已遍布东南亚、非洲、中东、拉美等5大片区。通过加大国际产能合作，推动“走出去”模式的转型升级，目前已形成以“一带一路”实施路径为基础的东、南、西、北四条海外生产力布局。其中，“东线”将随海上丝绸之路拓展缅甸、越南、泰国、印度尼西亚等市场；“南线”在巴基斯坦市场既有优势基础上，推进当地乘用车本地化，同时在非洲市场，争取中非发展基金等支持，打造东南非基地群；“西线”继续加强项目管控能力，策划投资入股，深化伊朗本地化；“北线”致力俄罗斯市场乘用车及哈萨克斯坦卡车KD、本地化项目快速推进。

长汽高专利用地缘优势，与一汽集团强强联合，在助力中国产品“走出去”的过程中，主动承担并解决了一汽集团“走出去”遇到的汽车行业海外职业人才数量缺口大、结构不合理、需求复杂等难题。学校以海外汽车产业发展紧缺人才为导向，在充分分析了“一带一路”发展中国家汽车职业教育需求的基础上，结合与国际著名车企联合培养汽车国际化人才的丰富经验，精细汽车国际人才培养标准，经过多年本土化实践，构建起了中国自主品牌汽车海外人才培养模式，与一汽集团共同开发培育国内和国（境）外海外人才培养基地；开设海外人才培养订单班；制订国际化教学标准、制作国际化教学资源；开发海外培训网络平台；派出教师团队赴境外开展现场培训，为国际汽车产业职业教育贡献了中国培养方案。

二、工作目标

学校在工作中瞄准行业发展前沿，在满足中国自主汽车品牌海外发展需求，助推中国自主汽车品牌走向世界的基础上，发挥职业教育优势赋能“一带一路”共建国家倡议，为中国自主汽车品牌登上更大的世界舞台赋能。

（一）培养具备国际合作能力的技能型人才

在引进、学习、借鉴国际先进教育理念、教育模式的基础上，不断进行本土化实践和改善创新，助力国内优势产业（企业）走出去，通过与“一带一路”共建国家当地职业院校建立“政一企一校”联合机制，实现合作行稳致远，培养一流的国际化技术技能人才，为跨国公司提供技术支撑。

（二）共享高质量的中国职教标准

结合汽车产业国际化合作目标和国际化高端技术人才培养需求，与一汽集团合作开发制订中国自主汽车品牌海外人才培养标准，在“一带一路”共建国家推广应用，共享中国职教标准和行业标准，增强中国职业教育在“一带一路”共建国家的影响力和行业权威性。

（三）推动“一带一路”共建国家“技能＋中文”职业教育发展

在“一带一路”共建国家大力实施提高职业技能教育水平的同时，推动国际中文教育与职业教育融合发展，助力海外企业培养“懂语言、精技术、通文化”的本土复合人才，服务共建“一带一路”共建国家经济高质量发展。

三、项目过程

（一）引入高端合作，为汽专标准形成夯基铸台

1. 推动人才培养模式与国际标准接轨

学校先后与多家跨国企业开展定制培养，开办 60 多个国际高端品牌联合培养项目，校企合作专业覆盖率达到 100%，全面引进 AHK、SGAVE、T－TEP、捷豹路虎卓越计划等国际先进职业教育培养体系，在促进“三教”改革及人才培养模式与国际标准接轨的基础上，实现了从培训、教学、基地建设到技术技能服务等多维度的跨越式发展。

2. 构建能力进阶的“四双”教师团队

学校通过引入国际师资培养体系，有计划培养教练型教学名师。以大众师培认证中心、AHK 国际认证基地、国家级职业教育“双师型”教师培训基地为基础，建设东北最大的双元国际职业技能考培认证中心，在为企

业员工和职业院校毕业生提供多工种国际职业资格证书的培训及认证服务的同时，常年提供师资认证培训服务。学校目前拥有国际企业认证资质的专业教师 309 名。

在国内师资培训的基础上，通过选送骨干教师海外进修；鼓励教师参加跨国企业技术技能公关；邀请企业技能大师入校任教，国际化课程开发和承担海外汽车技术培训项目等机制，打造了双师、双能、双语、双创“四双”教师团队。

（二）持续实践创新，建设国际化汽专标准

构建“红旗工匠”国际化人才培养体系。学校携手一汽，针对中国汽车自主品牌在海外市场技能人才需求进行了调研分析，总结出中国汽车自主品牌海外市场技能人才需求存在的问题：第一，人才培养目标与产业技能人才需求存在差距；第二，技能人才培养能力与产业技能人才能力的需求存在差距；第三，培养力度和速度与市场需求存在偏差；第四，人才培养的国际标准缺乏；第五，人才培养的多样化需求难以满足。

校企专家深入剖析问题产生的原因，结合我国汽车商品出口统计数据和《汽车中长期发展规划》等文件，从企业国际化战略出发，深入研究职业教育国际化发展策略，大国工匠、技能大师、行业楷模等工匠成长密码和生长机理，以伴随中国产品“走出去”，培养国际汽车企业发展紧缺人才为导向，结合国际标准体系及学校特色，提炼出以“红旗工匠”为代名词的中国自主汽车高素质技术技能型人才的培养体系，并在此基础上创建了红旗工匠素质模型，实现了技术技能人才培养培训的规范化、系统化和精准化。

（三）服务“一带一路”，为国际汽车产业贡献汽专标准

1. 共享“红旗工匠”标准，赋能国际汽车人才培养

学校通过解码大国工匠的育成，提炼出覆盖思想政治、身心健康、技术技能、持续发展等 4 个维度的素质要项，由此衍生出 8 个考核要素、24 个

观测要点、480个评价因子，形成了可观察、可衡量、可指导、可评价的红旗工匠素质模型，并以此为基源构建红旗工匠标准体系。2018年，学校与缅甸交通和通信部签订了《中缅“一带一路”汽车职业培训合作意向书》，以助力“缅方进一步完善汽车产业法规、提升汽车产业规模、提高整体运营效率”为宗旨，开展中缅“一带一路”汽车职业培训，这也是我校特色“红旗工匠”国际化人才培养标准的首次共享。标准得到了国外专家及培训人员的普遍认可，缅甸交通和通信部还特别送上了“感谢信”以表对我校教师的感谢和培训效果的肯定。中缅“一带一路”汽车职业培训项目，入选“中国-东盟”职业院校特色合作项目，“红旗工匠”写进省部文件，新时代红旗工匠培养体系创新实践获吉林省教学成果特等奖，“红旗工匠”国际化人才培养标准被写入“中国-东盟”职业院校特色合作项目案例、世界职业教育大会职业教育国际合作与交流典型案例，并被吉林省人社厅指定为企业职业技能等级认定标准，同时作为中国标准服务“一带一路”共建国家汽车人才培养培训，为中国职教唱响国际舞台提供了良好示范（图12-1）。

图12-1　中缅“一带一路”汽车职业培训

2.创新职教共享模式，助力“一带一路”建设

(1)培训和技术转让结合，开辟国际技能人才培养新渠道。

国际技能人才的培养采取在校人才培养和国际企业员工培训两种方式进行。培训过程中，学校联合中国一汽集团采取培训和技术转让相结合的方式，在中华人民共和国商务部的批准下，为“一带一路”共建国家汽车行业提供了极具专业价值的技术转让。此外，针对“一带一路”共建国家需求，校企双方联合制订培训方案，开发教学标准，组建专业师资团队，提供了必要的教学设备和材料保证。合作过程中产生的技术及著作权问题也在中外双方共享共用的倡议下得到了妥善的解决。

(2)国际岗课赛证融通，精准培养高水平国际化人才。

学校根据企业生产实际和岗位需求设计开发课程，开发模块化、系统化的实训课程体系，共建校内外实训基地，并将课内学习成绩与企业技能认证、国际职业技能大赛、职业技能证书紧密联系在一起，强化基于职业能力和综合素质培养的学习工作全过程的考核制度，促进学生学习能力和职业能力发展及职业素质的全面提高。学校通过这种方式开设的校企融合现代学徒制联合培养班有60余个。

(3)建设线上“鲁班工坊”，破解跨境培养国际化人才难题。

国际化技能人才的培养必须伴随中国产品“走出去”。目前一汽集团产品已经出口超过100多个国家。随着海外业务量增大，对外派驻培训师成为一件难事，所以学校联合企业建设了集学历教育、技能培训、技术服务、人文交流“四位一体”的海外培训网络平台——线上“鲁班工坊”(图12－2)，配合中国汽车海外培训基地，开展线上线下联合培养，目前已为来自菲律宾、秘鲁、印度尼西亚、缅甸、肯尼亚、坦桑尼亚、加纳、马来西亚、哥伦比亚、越南、俄罗斯、伊朗、土耳其等国家的经销商提供了培训服务。

图 12－2　线上“鲁班工坊”

四、合作成效

（一）服务“一带一路”建设有贡献

学校结合“一带一路”共建国家的汽车产业发展目标和人才培养需求，通过建设海外培训基地、开展中外合作办学项目、举办国际交流会议、海外人才订单式培养、支持学生海外就业及教师赴海外为当地汽车产业相关人员进行培训等方式助力“一带一路”共建国家汽车产业建设。与南俄罗斯国立理工大学联合开展中外合作办学项目，为国际化人才跨境分段式培养先行先试；联合一汽集团常态化举办一汽海外经销商会议等高规格国际会议，结合共建国家产业发展需要，面向秘鲁、印度尼西亚、肯尼亚等 15 个“一带一路”共建国家开展高端汽车人才技术技能定制培养，为缅甸交通和通信部定制开发交通运输规划管理、汽车维修、物流大数据等领域的培训内容，为新加坡理工学院学生提供汽车相关培训。

（二）培养“一带一路”人才有成绩

学校通过与国际企业共同开发现代学徒制校企联合培养项目，学生素质能力显著提高，学生国际赛事获奖 20 余项，160 多名毕业生奋战在 15 个“一带一路”共建国家汽车产业一线，为共建国家的汽车产业建设贡献青春和力量。

学校在海外人才培训方面也成绩斐然，通过“六个一”人才培育生态圈，应用“红旗工匠”培养标准，利用 5 个境内外培训基地和网络平台，帮助缅甸、坦桑尼亚等地的汽车行业企业解决了“卡脖子”的技术难题和部分服务人员服务水平不达标的问题，为菲律宾、秘鲁、印度尼西亚、缅甸、肯尼亚、坦桑尼亚、加纳、马来西亚、哥伦比亚、越南、俄罗斯、伊朗、土耳其等 13 个国家提供了专业技术培训，已使 527 名学员从中受益（图 12－3），得到了“一带一路”共建国家的经销商的普遍欢迎和认可，为“一带一路”共建国家的经济建设和社会发展做出了贡献。

图 12－3　海外实习就业学生

（三）拓展中外人文交流合作有成效

国之交，在于民相亲；民相亲，在于心相通。学校作为联通中国与“一带一路”共建国家职业教育的窗口、“中国职教方案”传播的先行者，一直鼓励师生参与与“一带一路”共建国家的中外人文交流活动，学校作为国家教育部批准的智能制造领域中外人文交流基地，积极为师生与“一带一路”共建国家开展多层次人文及技术交流创造机会，与缅甸、新加坡、俄罗斯、马拉维、加纳、刚果、马里和韩国等“一带一路”共建国家建立友好合作关系，先后与普拉托夫南俄罗斯国立理工大学、新加坡理工学院签订了联合培养协议，为培育具有国际视野和“大局观”的“一带一路”人才贡献力量；选派教师赴马来西亚、韩国攻读博士学位，了解当地科技及文化生活，为更好地建设地球村，构建“一带一路”共建国家职教命运共同体先行先试。师生代表曾受邀参与中俄“友谊・高校・进步”主题框架论坛、中俄文化交流文艺演出、马拉维跨党派联合考察团接访、中非友好协作会谈等活动（图 12-4）。

图 12-4　中外文化交流

五、保障机制

（一）多方合力，打造国际汽车人才培养“汽专模式”

学校服务民族汽车海外事业发展，助力中国汽车走向世界，策应“一带一路”共建国家实际发展需求，精准布局标准共享方案。建立由熟悉标准研究制订的国际专家、国外职业教育专家、“走出去”行业企业的管理者、一线教师、外事人员等组成的标准建设工作小组，统筹标准的制（修）订工作。

建立了涵盖境内外政府部门、行业协会、典型企业等多部门参与的协同工作机制，本着合作、共育、共享的思想理念，满足“走出去”企业、国外高校和“一带一路”共建国家对职业技能人才的需求，发挥汽车国际人才培养优势，创建了“汽专模式”。

（二）多维探索，拓宽汽专模式共享路径

构建全方位、多维度、广渠道的立体化宣传格局，对外展示和共享我国职业教育标准及发展成果。在海外培训、国际化人才培养基础上，还通过开展中外合作办学、参加世界职业技术教育发展大会和学徒制国际研讨会等，针对“一带一路”共建国家的职业教育标准、制度等方面的需求，开展在职业教育领域的务实合作，推动以职业教育课程为代表的成果共享。

此外，学校积极参加世界职业技术教育发展联盟、中华职教社中非职业教育联盟、东盟职业教育联合会、中东欧国家高校联合会等，积极参加各类国际职业教育能力建设活动，为推进院校间的交流合作、专业建设、人才培养、师资队伍等的国际化发展献计献策。

六、总结反思

目前学校在汽车职业教育领域，通过国际产教融合的方式，为 15 个“一带一路”共建国家提供了汽车职业教育服务。然而，“一带一路”共建国家职业教育需求量大、需求元素多元、师资多语言交流、跨国文化沟通等诸多问题单凭一所学校和企业难以满足相关国家和企业的需求，所以学校未来将更好地借助各“共同体”平台的力量，协力谋划职业教育共享的创新发展。学校积极加入了高水平职业教育国际组织和项目，如世界职业技术教育发展联盟、中国-东盟职业教育联合会等。学校和这些组织形成“共同体”，充分融入并协调共同体资源，更好地服务“一带一路”共建国家。

(1)充分利用“一带一路”职教高端智库资源，为助力企业“走出去”提供落地服务；为学校国际交流与办学提供方案设计，为共建国家提供职业教育实施方案。

(2)以技术转让、培训服务、标准及理念的共享为统领，推进汽车职业

教育教材、课程课件、教学项目、教师海外授课、教学管理、专业标准、课程架构、教学方案与评估体系的整体解决方案共享。

(3)加入鲁班工坊联盟，扩展中国汽车品牌海外人才培训基地(境外)的功能，将其打造成“中文+职业技能”的特色项目。

展望未来，学校将根植“一带一路”共建国际合作沃土，坚持开放、合作、共赢理念，不断探索创新，助力中国企业“走出去”，做强长春汽车工业高等专科学校国际化汽车人才培养品牌，为“一带一路”共建国家和地区汽车产业发展培养并输送更多优质的技术技能人才。

特色培训建立沟通桥梁

——黑龙江旅游职业技术学院案例

摘　要　“一带一路”倡议不仅推进政治互信、经济交融，也来源于中华文化的自觉与自醒；不仅促进丝路沿线各国的融汇交流，也有利于沿线各国实现文化认同。“一带一路”倡议是中国教育国际合作与交流的顶层设计、是构建人类命运共同体的伟大实践。

一、合作背景

黑龙江旅游职业技术学院从 2013 年起组织开展了国家商务部援外官员培训研修班，先后组织开展了“发展中国家生态旅游开发与管理研修班”“肯尼亚发展现代旅游业研修班”“俄语国家规模化现代化农业开发与管理研修班”“发展中国家生态农业与特种经济作物种植模式与示范研修班”“发展中国家畜禽养殖实用技术培训班”“发展中国家电厂运行与管理研修班”等二十二期援外培训研修班，培训学员 600 多人次，为“一带一路”共建国家的官员、师生开展专项培训。援外培训工作，是新时代下推进落实国家“一带一路”倡议的重要举措，是助力国家加强与“一带一路”共建国家推进经济往来、加强合作共赢的重要纽带。研修班的培训均达到了预期的效果，宣传了我国相关产业的优势，了解了参加培训学员国家的投资机遇，加深了与参训国家之间的友谊，为促进双向投资交流起到了重要的桥梁作用。下一步，学院将继续在各主管部门的正确领导下，认真履行相关程序，严格按照关于援外培训项目的各项管理制度，持续深入开展好援外官员培训工作，努力为积极推进“一带一路”共建国家的共同发展和互利共赢，构建人类命运共同体，以及助力推动我国对“一带一路”共建国家的相关事业发展，做出应有的贡献。

2019 年 9 月 4 日至 9 月 24 日，商务部主办、黑龙江旅游职业技术学院协办的为期 21 天的“2019 年发展中国家绿色建材与节能建筑官员研修班”成功举办。研修班学员来自“一带一路”共建的多边国家朝鲜、柬埔寨、老挝、哥斯达黎加、利比里亚、苏里南 6 个国家，涉及其所在国家建筑部门的官员、建筑方面的技术管理人员、维修人员和工程师共计 17 人。

研修期间，严格按国家商务部审定的项目课程安排教学，组织参观考察及座谈研讨。研修班为学员进行 17 次专题讲座，学员初步掌握了中国绿色建筑行业的发展概况、中国节能建筑标准；通过参观哈尔滨溪树庭院绿色建筑群、哈尔滨市道外区巴洛克风情街巴洛克建筑群、哈尔滨大剧院异型双曲面建筑物、黑河市中俄界桥节能建筑、黑河市出入境大厅绿色建材、陕西省土木建筑学会下属企业等，学员亲身体会到中国在绿色建材与节能建筑方面的先进生产和管理水平；通过课余郊游和市内观光，还初步了解黑龙江风土人情；通过茶艺体验、参观兵马俑，学员们切身感受到了中华文明及其灿烂文化。

尤其通过参观宏盛建材集团、陕西省土木建筑学会下属企业，学员们感受了黑龙江在绿色建筑及建材方面的运作模式；初步了解了中国“绿色建材与节能建筑”的发展现状。考察期间，通过与业内人士交流，学员们期望与黑龙江开展绿色建材与节能建筑领域的交流与合作。本期研修班结束后，我校将就学员提出的各方面交流与合作意向进行疏理，联系相关部门、单位，并与学员们保持沟通联系，发挥交流与合作钮带作用，成为黑龙江与受援国经贸合作的桥梁，提供更多多边合作与交流机会，进而推进经贸、建筑领域的双边、多边合作项目（图 13 - 1）。

图 13 - 1　我校学员在研修班分享经验

二、项目过程

（一）教学

为做好本次研修班的教学工作，我院积极调动优势教学资源，聘请哈尔滨工业大学、黑龙江省寒地建筑科学研究院等单位相关方面的教授、学者进行授课和交流，认真编写了专门的教学计划，翻译并印发了英文教学讲义与课件。

本次研修班培训内容针对性强，教学形式丰富多样，理论与实践充分结合，整个研修活动以“理论学习—实践考察—研讨交流”贯穿始终。其中，理论学习以专题讲座的形式进行，聘请知名教授和学者进行授课，内容侧重于绿色建材与节能建筑和有针对性的实际问题。

教学形式：以专家、教师专题讲座与学员交流互动结合，专家专题研讨与座谈交流等形式。本次研修班共安排 17 个专题讲座，参观了观哈尔滨溪树庭院绿色建筑群、宏盛建材集团、哈尔滨市道外区巴洛克风情街巴洛克建筑群、哈尔滨大剧院异型双曲面涉及建筑物黑河市中俄界桥节能建筑、黑河市出入境大厅绿色建材、陕西省土木建筑学会下属企业(绿色建材应用技术、节能建筑标准体系、装配式组合建筑结构)等建筑企业。通过讲座研讨、座谈交流，强化了学员们的研修效果，受到了学员的高度赞扬(图 13-2，图 13-3)。

图 13-2　研修班学员进行座谈交流

图 13-3 研修班学员合影

（二）参观考察

我院精心组织了与研修主题紧密结合的多项考察、参观等活动，涉及到哈尔滨、黑河、西安等地，主要考察了哈尔滨溪树庭院绿色建筑群、宏盛建材集团、哈尔滨大剧院异型双曲面建筑物、黑河中俄界桥节能建筑、陕西省土木建筑学会下属企业等。对于考察地点及接待人员和交流活动的安排，每一次都提前进行落实、确认，尤其是饮食、住宿等接待细节。

参观考察期间，为学员与相关绿建专家、管理人员之间的相互交流、合作搭建了很好的平台，受到学员们的高度评价。学员们一致认为，参观考察效果十分理想，收获颇多，希望还能有更多这样的机会。通过绿色建材与节能建筑参观考察，学员们了解了中国绿建的发展情况。通过参观哈尔滨溪树庭院绿色建筑群、宏盛建材集团、哈尔滨大剧院异型双曲面建筑物、哈尔滨道外区巴洛克建筑群、黑河中俄界桥节能建筑、黑河出入境大厅绿色建材、陕西省土木建筑学会下属企业等地，增进了学员们对中国的了解和与中国人民的友谊。学员们在西安参观陕西省土木建筑学会下属企业后，陕建集团奥体中心的修建过程让学员们非常震撼。他们体会到中国人民艰苦奋斗的精神（图 13-4）。

图 13 - 4　学员在陕建集团参观留影

（三）座谈研讨

研修班在哈尔滨勃莱梅大酒店一楼会议厅举行座谈研讨会（图 13 - 5），省商务厅、黑龙江旅游职业技术学院以及相关领导出席。学员们积极发表各自的感想，感谢中国政府提供的学习机会，对每一位专家、教师的精彩讲座，管理人员的体贴照顾，致以最真诚的谢意。通过培训，既学到了专业知识，又了解了中国文化，对今后的工作和生活都会有所裨益。学员们纷纷表示，自己在中国的这段经历和收获永远难忘，自己会承载着中国人民的深厚情意和 21 天的美好记忆回国。

图 13-5　学员在哈尔滨举行座谈研讨会

三、合作成效

（一）理论学习与参观考察相结合

此次研修班精心安排课堂教学和哈尔滨、西安、黑河三地的考察，在最短时间内不仅让学员亲身体会到中国先进的绿色建材与节能建筑开发与管理经验，而且让他们对中国国情和民族文化加深了了解。

（二）专业培训与对外宣传、国际合作相结合

在中国 21 天的研修生活虽然不长，但我们的真诚与热情却能让学员了解并热爱中国，中国人的友好、热情和好客感动着他们。管理人员与学员之间、学员彼此之间都建立了深厚的感情。许多学员回国后，打来电话或发来邮件表示感谢和问候。通过此次研修，学员们将成为各国友谊和文化传递的友好使者（图 13-6）。

图 13-6　研修班学员合影

四、总结反思

此类培训，为相关国家的人才培训、为我国的援外事业做出了应有的贡献。同时，我们也锻炼了队伍，提高了黑龙江旅游职业技术学院的知名度和影响力，在交流思想与经验、建立友谊、弘扬中国文化等各个方面均取得了预期的成果。未来，我们将继续立足新发展阶段、贯彻新发展理念、构建新发展格局、推动高质量发展，为"一带一路"建设提供更高水平的服务。

学院多年来组织开展的国家商务部援外官员培训研修班在提升国家形象，增进中国与"一带一路"共建国家人民的深厚友谊、扩大学院在国际上的知名度和影响力等方面都起到了积极的促进作用。援外培训工作是"一带一路"倡议的重要体现，学院将充分发挥职业教育优势，致力于发展中国家职业教育领域建设需要，尽职尽责，积极开展援外培训，援助"一带一路"共建国家，同时共享职业教育发展经验等，为"一带一路"共建国家职业教育发展提供保障，推动"一带一路"共建国家职业教育领域的能力建设。学院将为服务国家"一带一路"建设，探索中国职业教育国际合作，助力中国职业教育"走出去"进行有益尝试，为推动建设人类命运共同体贡献力量。

以服务为“榫”，以共享为“卯”搭建“一带一路”共赢大道

——上海市建筑工程学校助力“一带一路”基础设施建设人才培养工作纪实

摘　要　上海市建筑工程学校主动服务国家“一带一路”倡议，结合学校特点，采取“走出去”和“请进来”并举的方式，通过举办企业海外项目建设人才培训班、成立上海“一带一路”建设技术学院、举办“一带一路”共建国家基础设施建设国际人才研修班、选派优秀教师赴“一带一路”共建国家开展交流访问活动和打造适应“一带一路”发展倡议的专业教师团队等一系列措施，主动对接国家“一带一路”倡议，在基础设施建设和相关课程建设上不断创新理念与方法，为“一带一路”共建国家基础设施建设政府机构、大型建筑企业、土木专业高校，培训累计超过800人次，为“一带一路”共建国家基础设施建设人才的培养贡献力量。

一、合作背景

“一带一路”倡议的提出，契合共建国家的共同需求，为共建国家优势互补、开放发展开启了新的机遇之窗，是国际合作的新平台。

2016年8月，教育部印发了《推进共建“一带一路”教育行动》相关文件，为推动区域教育大开放、大交流、大融合提供了契机。“一带一路”共建国家在教育方面加强合作、共同行动，既是共建“一带一路”的重要组成部分，又为共建“一带一路”提供人才支撑。在“一带一路”倡议中提到，要传承和弘扬丝绸之路友好合作精神，广泛开展文化交流、学术往来、人才交流合作、媒体合作、青年和妇女交往、志愿者服务等，为深化双多边合作奠定坚实的民意基础。教育为国家富强、民族繁荣、人民幸福之本，在共建“一

带一路”中具有基础性和先导性作用，教育交流为共建各国民心相通架设桥梁，人才培养为共建各国政策沟通、设施联通、贸易畅通、资金融通提供支撑。

2010 年 8 月，经上海市教委批准，上海市建筑工程学校和上海城建职业学院联合发起成立上海建筑职业教育集团，并在我校设立了秘书处，承担职教集团的日常办公事务。学校作为上海建筑职业教育集团发起单位之一，多年以来，坚持依托行业和企业，坚持推进产教融合，实施校企合作，长期与上海建工等大型企业建立了密切的合作关系，为积极探索我国职业教育的改革发展之路作出了努力。

通过上海建筑职教集团这一平台，上海市建筑工程学校联合上海城建职业学院和上海建工集团举办的“一带一路”共建国家基础设施建设国际化人才研修班契合了国家倡议，是企业和学校资源融合、优势互补，共同服务于国家发展的创新举措，因此得到了相关企业和兄弟学校的大力支持和积极参与。

二、工作目标

学校依托集团化发展、校企合作的多方位合作形式，努力探索基础设施建设对外教育，让中国基建标准与职业教育标准走向世界，提高中国职业教育的世界影响力，推动学校对外服务能力。

（一）人：培养“一带一路”共建国家基础设施建设人才

学校以基础设施建设国际人才研修班作为宣传与推广中国基础设施建设的平台，着力解决“一带一路”共建国家基础设施建设人才紧缺的问题。学校联合高校、职业教育集团、中方企业以及外方政府和企业，通过举办“一带一路”共建国家基础设施建设国际人才研修班，选派优秀专业教师赴“一带一路”共建国家访问讲学，为相关国家及地区培养了基础设施建设人才，扩大了中国职业教育在世界范围内的影响力。

（二）技：推动中国基础设施建设标准与传统工艺走向世界

发挥职业教育集团化办学的优势，校企联合开发相关课程，通过“讲座＋实践”的模式，将工程中的建设理念、建设技术分享给外方人员，进一步推进“中国建造”品牌在世界的影响力；以参观中国古典建筑、体验中国建筑传统工艺的方式，推广中国传统工艺及传统文化，让世界领会中国传统工匠艺术之美、构思之巧。

三、项目过程

（一）投石问路：合作举办企业海外项目建设人才培训班

学校一直坚持“产教融合、校企合作”的办学模式，采取与企业合作的方式，有针对性地为企业培养实用型人才。2013 年，学校与上海建工集团合作，联合举办了企业海外工程项目建设人才培训班，26 名学员经过培训参与了上海建工海外工程项目，成为项目建设与管理的骨干力量。

（二）戮力同心：联合成立上海“一带一路”建设技术学院

2017 年 11 月，在建设部和中国建设教育协会的指导下，上海市建筑工程学校和上海建工集团、上海城建职业学院、上海闵行职教联盟，共同组建上海“一带一路”建设技术学院，明确了各单位的工作职责。上海市建筑工程学校和上海城建职业学院组织教学，上海建工集团负责学员招生，上海闵行职教联盟负责相关的组织保障工作。

为了不断探索建筑职业教育的国际交流与合作，丰富研修班的课程内涵，学校联合上海城建职业学院创新推出了教育品牌“鲁班学堂”，着力打造鲁班文化、鲁班标准、鲁班技艺和鲁班智造等四大课程模块，通过展示中国古代建工作品，了解中国建筑的历史渊源；通过实地参观中国建筑业最高奖项“鲁班奖”作品，了解中国建造最新标准；通过组织学员动手实践，体验中国建造技艺，了解中国建筑的博大精深；通过探索智能建造新技术，了解中国建筑呈现出的前瞻性和引领性。

（三）匠心领航：举办“一带一路”共建国家基础设施建设国际人才研修班

为进一步提升服务能力，学校将“一带一路”基础设施国际人才研修班作为一个品牌项目来建设。为确保研修班的高效运作，学校联合上海建工集团、上海城建职业学院及上海闵行职教联盟等单位领导及相关部门负责人，组成了领导小组及工作小组，全面负责研修班的相关工作。

自 2017 年以来，学校参与组织七期“一带一路”共建国家基础设施建设国际人才研修班教学工作，来自柬埔寨、印度尼西亚、尼泊尔、越南、马来西亚、新加坡、马尔代夫、东帝汶和瓦努阿图以及中国香港等国家和地区的 800 名学员参加了培训，研修班培训内容尽量契合发展中国家实际，围绕基础设施建设，为学员提供从规划、设计、建设到运行维护等项目全生命周期的知识体系，通过现场教学、课堂讲座、实训实操、论坛交流等形式进行交流学习，进一步拓宽扩大学员视野，将全球共识、中国倡议、教学改革和企业“走出去”有机结合，助力“一带一路”建设。

（四）共同发展：选派优秀教师赴“一带一路”共建国家开展交流访问活动

在成功参与举办了七期“一带一路”共建国家基础设施建设国际人才研修班的基础上，学校还选派优秀专业教师赴“一带一路”共建国家进行访问交流，传授施工与管理经验，并开展教学研讨活动，将绿色施工、BIM 技术、鲁班智造、中国标准传播至世界。

（五）日臻完善：打造适应“一带一路”发展倡议的专业教师团队

为适应“一带一路”培训需要，学校发挥建筑专业教师人才优势，联合上海建工等大型企业以及相关院校，积极参与集团专家师资库的建设，开发线上交流平台，定期组织教学研讨，日常教学中实现校企联动。学校联合相关企业专家为学生开展校企联合教学实践课程，增强学校职业教育内涵，利用寒暑假组织教师参加企业社会实践，到行业一线参加实践工作，加强交流与学习，使教师熟悉和掌握本专业、本行业前沿发展态势，提升教师的实践教学能力,着力打造一支适应“一带一路”培训及学校教学需要的“双师型”师资队伍。

四、合作成效

(一)契合了国家“一带一路”的倡议

上海市建筑工程学校联合职教集团的兄弟单位举办的“一带一路”共建国家基础设施建设国际化人才研修班契合了国家发展倡议,是学校和企业资源融合、优势互补,共同服务于国家发展倡议的创新举措。结合过去五年工作经验,学校将服务“一带一路”倡议、继续开设基础设施建设国际化人才研修班写入学校“十四五”事业发展规划中,作为今后学校对外服务的工作重点。

(二)提升了学校自身的服务能力

学校抓住机遇,努力培养实践能力强、专业素质过硬以及创新能力突出的技术技能型人才,为建筑行业提供更优质的人才,进而为企业实现“走出去”提供人才支持。

(三)进一步扩大了我国职业教育在世界上的影响力

学校的建筑教学经验“走出去”,为“一带一路”合作提供了人力资源、技术服务、人才培养支持。自举办“一带一路”共建国家基础设施建设国际人才研修班以来,培训已累计超过800人次。围绕共建、共享发展成果,不仅提升了学校的服务水平,还进一步扩大我国职业教育在国际上的影响力,为我国职业教育走向世界贡献了力量。

(四)提升了学校专业教师的教学水平

实行“走出去”与“请进来”并举的做法,为学校更多的专业教师提供了赴海外工程实践锻炼和学习的机会,开阔了教师的眼界,整体上提高了学校教师的教学水平和专业能力,为打造一支高素质专业化创新型教师队伍奠定了基础。

五、保障机制

（一）制订项目建设经费管理办法

学校作为上海建筑职业教育集团发起单位，在市教委及财政的支持下，每年将研修班作为建筑职教集团一个特色项目进行申报。为确保项目建设经费使用合法合规，学校协助职教集团秘书处按照市财政的相关文件规定制订了上海建筑职教集团项目经费使用管理办法，加强对项目建设过程中经费使用的全程监控，按照规定合法合理地使用好项目经费。

（二）建设专家师资库及管理团队

"一带一路"项目经过多年的运作，已积累了丰富的教育资源，同时建立了项目建设师资库，每年从中挑选出优秀的教师及企业专家来从事研修班的教学工作。在项目建设过程中，学校同高校、企业配合度递增，逐渐形成了一支高效的管理团队。

六、总结反思

（一）承担责任：学校的高质量发展要积极响应"一带一路"倡议

学校作为人才培养的主力军，不仅要承担起培养国内高素质技能人才的责任，还要积极响应"一带一路"倡议，探索职业教育的国际合作，为共建国家经济建设培养优质人才，更好地配合中国企业"走出去"，丰富"一带一路"基础设施建设教育内涵。

（二）提升能力：培养能适应"一带一路"倡议的国际化师资团队

学校要有针对性地开展师资队伍培训，如侧重于教师的业务能力、专业素养、外语能力及道德素养等方面的培训，确保其能承担"一带一路"建设教育重任；在实践能力方面，要激励教师深入到企业相关岗位去学习深造，积累实践经验，培养教师的实践和创新能力。

（三）合作共赢：加强校际、校企“一带一路”合作交流

学校要想更好地为“一带一路”共建国家服务，必须积极与政府、企业加强合作，协同多方力量，搭建“一带一路”学习交流平台。校企合作模式再升级，院校和企业共同参与，国内外企业与职业院校开展深度合作，了解行业、市场的需求；文化交流深度化，由于“一带一路”共建国家文化迥异，因此应将当地文化与中国文化进行融合，融入到教育合作中去；国际交流多元化，学校可以结合自身优势联合高校尝试海外办学，与不同国家职业院校进行跨国合作。

创新驱动引领高质量发展

为“一带一路”共建国家职教发展贡献中国智慧

——南京工业职业技术大学国际传播能力建设的探索与实践

摘 要 南京工业职业技术大学探索中国特色职业教育发展模式，推动“中文+职业教育”携手“走出去”，为世界职业教育提供中国方案和智慧，不断提升中国职业教育国际传播力和竞争力。

通过建设全国首个“中文+职业技能”国际推广基地，从师资培训、专业设置、教材编写、课程标准等多方面协同推进；推进海外办学，建设全国首家职业教育特色孔子学院，探索培养既懂中文又懂专业的复合型技术技能人才；牵头建设全国首套“中文+职业技能+X等级证书”系列教材和教学资源库；建设中国—赞比亚职业技术学院机电学院，制订机电一体化专业标准，该标准成为赞比亚国家标准，推动中国职教标准首次落地他国；承办世界职业技术教育发展大会、职业教育校企协同育人模式创新论坛等高水平国际交流会议，发出中国声音，推进职业教育国际传播能力建设。

南京工业职业技术大学多管齐下，为“一带一路”共建国家职教发展贡献中国智慧。学校国际化探索成果“高职国际合作教育范式探索与实践”获得国家教学成果奖一等奖、江苏省教学成果奖特等奖；连续三年蝉联全国高职院校国际影响力50强。

一、合作背景

随着我国教育对外开放的不断深入，教育服务“一带一路”倡议正成为我国教育对外开放的重心。推动职业教育“走出去”，是探索中国特色职业教育发展模式，为世界职业教育提供中国方案和智慧，不断提升我国职业教育国际传播力和竞争力的重要举措，也是职业院校高质量发展的内在需求。

学校牵头中国教育国际交流协会职业技术教育国际交流分会等高规格的国际交流平台，和世界职教院校与技术大学联盟（WFCP）等 40 多个国家/地区的 90 余家境外组织和院校保持稳固联系，获得全球职教界的最高荣誉——世界职教院校联盟卓越奖“应用研究与创新”金奖；国际化探索成果“高职国际合作教育范式探索与实践”获得国家教学成果奖一等奖（图 15 - 1）、江苏省教学成果奖特等奖；连续三年蝉联全国高职院校国际影响力 50 强；有来自 40 多个国家的 600 余名外国留学生在校学习。

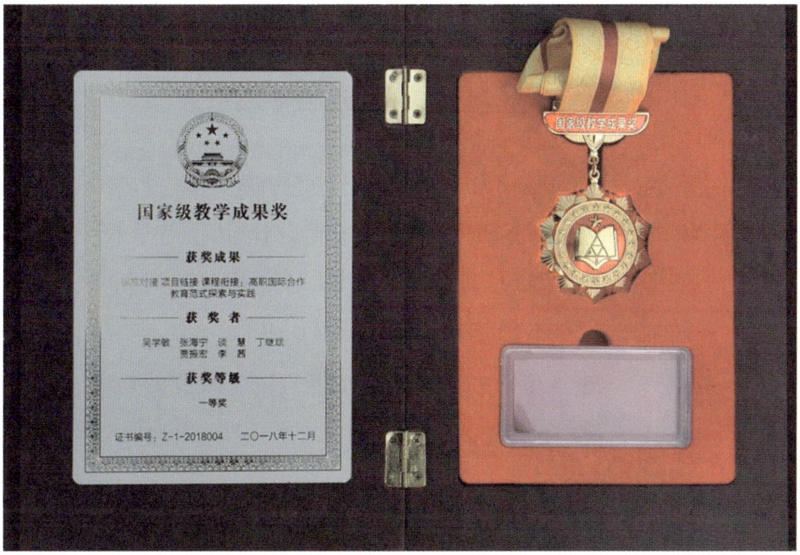

图 15 - 1　国际化探索成果获国家教学成果奖一等奖

二、项目过程

（一）创新运行机制，建成全国首个“中文＋职业技能”国际推广基地

南京工业职业技术大学充分发挥学科、专业优势，同教育部中外语言交流合作中心共建全国首家“中文＋职业技能”国际推广基地（15 - 2）。学校从师资培训、专业设置、教材编写、课程标准等多方面协同推进。《“一带

一路”视阈下“中文＋职业技能”双融合人才培养模式研究与实践》获国际中文教育重点创新项目,《“中文＋职业技能”融合创新平台建设及应用》获国际中文教育水平等级标准教学资源建设重点项目。

图 15－2　全国首家“中文＋职业技能”国际推广基地牌匾

2021 年和 2022 年,教育部中外语言交流合作中心与学校共同举办了多次“中文＋职业技能”师资培训班,为 1185 名柬埔寨、老挝、乌干达、印度尼西亚、马来西亚等国本土师资进行了培训(图 15－3,图 15－4,图 15－5,图 15－6),提高了境外本土“中文＋职业技能”中文师资的教学水平,推动了“中文＋职业技能”教育在境外的推广。

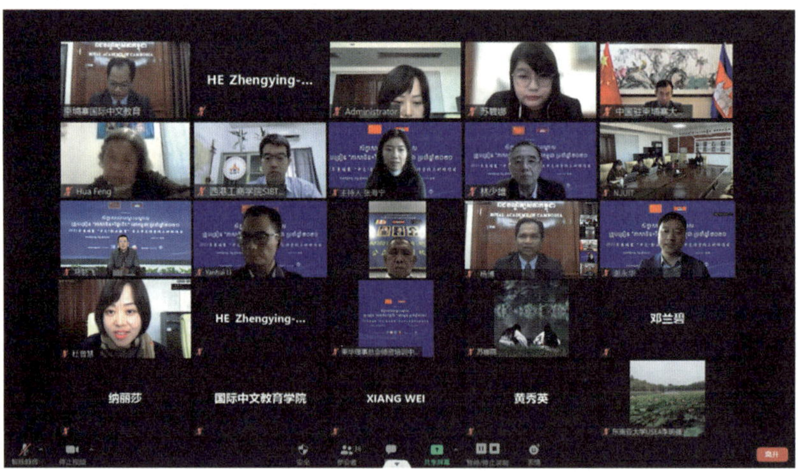

图 15－3　柬埔寨“中文＋职业教育”本土师资培训

图 15-4　老挝“中文＋职业技能”本土师资培训

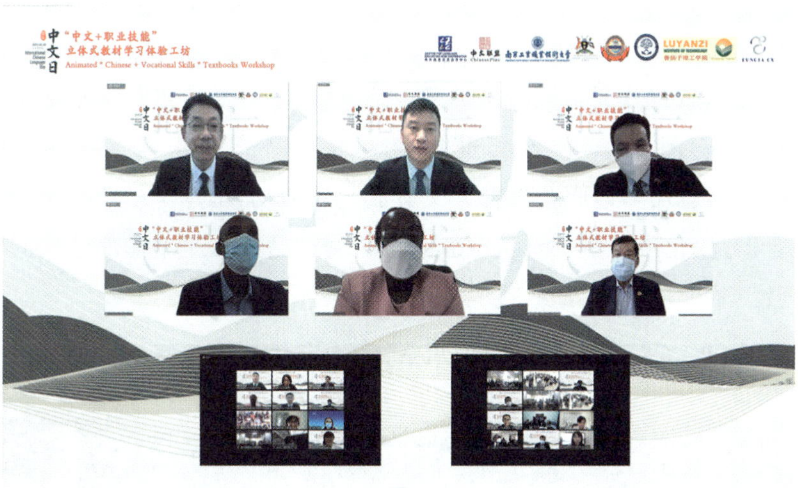

图 15-5　“中文＋职业技能”立体式教材学习体验工坊

图 15－6　印度尼西亚“中文＋职业技能”本土师资培训

2022 年 6 月 22 日，由中华职业教育社、中国民间组织国际交流促进会、中华职业教育社海外交流合作委员会主办，南京工业职业技术大学承办的中非职教合作联盟启动仪式暨中非职教探索工作坊网络论坛正式召开(图 15－7，图 15－8)。论坛遵循“相互尊重、平等合作、互利共赢”原则，围绕中非双边及多边职业教育人文交流开展活动，推动了中非双边及多边职教合作，深化产教融合，促进民心相通，为构建高水平中非命运共同体贡献力量。

图 15－7　中非职教合作联盟启动仪式暨中非职教探索工作坊线上会场

图 15－8　中非职教合作联盟启动仪式暨中非职教探索工作坊线下会场

(二)推进海外办学，成立全国首家职业教育孔子学院

建设职业教育孔子学院是学校推动国际化建设、打造改革试点和亮点的一项重要举措。为配合实施职业教育“走出去”，探索培养既懂中文又懂专业的复合型技术技能人才，2021 年，南京工业职业技术大学与柬埔寨王国柬华理事总会、柬华理工大学合作建设柬华理工大学孔子学院，成为全球首家职业教育孔子学院(图 15－9，图 15－10)。

图 15－9　全国首家职业教育孔子学院授权书颁发仪式

图 15 - 10　柬华理工大学孔子学院匾额

（三）共享优质资源，开发全国首套“中文＋职业技能”教材

牵头建设全国首套“中文＋职业技能＋X 证书”系列教材和教学资源库，选择海外急需急用的物流管理、汽车服务工程技术、电子商务、机电一体化、计算机网络、旅游管理六个专业进行研发，完成初级、中级、高级三个系列共 18 册教材的编写并出版。

（四）建立赞比亚学院，推动中国职教标准首次落地他国

南京工业职业技术大学作为全国首批 8 所试点院校之一，承担中国—赞比亚职业技术学院机电学院的建设任务，负责机电一体化、电气自动化等专业的建设工作。我校制订的机电一体化专业标准获得赞比亚 TEVETA（职业教育与培训局）批准成为赞比亚国家标准（赞比亚国家教学标准编号：410）（图 15 - 11，图 15 - 12）。

图 15-11　中国-赞比亚职业技术学院合影

图 15-12　中赞职业技术学院机电学院南京工业职业技术大学赞比亚分院匾额

(五)发出中国声音，推进我国职业教育国际传播能力建设

作为全国首家公办职教本科学校，我们立足国家对外交流大局，坚持组织举办高水平国际交流会议，包括世界职业技术教育发展大会-职业教育校企协同育人模式创新论坛、“中国-东盟合作机制对话”活动、中非职教

合作联盟启动仪式暨非洲职教探索工作坊网络论坛等，持续推动我国职业教育国际传播能力建设，不断增强相关领域国际话语权。

三、合作成效

（一）为“一带一路”共建国家贡献中国职教模式：建成全国首个“中文＋职业技能”国际推广基地，推动“中文”与“职业技能”融合发展

作为全国首家“中文＋职业技能”国际推广基地，学校从专业设置、教材编写、课程标准等多方面协同推进，按照统筹规划、试点先行的思路，不断完善体制机制，提高质量效益和职业技能等级证书影响力，促进中文教学与职业教育“走出去”的深度融合，不断提升中国语言文化、教育标准和技术产业标准的国际影响力。基地不断探索推进专业标准、教学资源、国际化师资人才、职业汉语水平考试、国际化“1＋X”证书等方面创新发展；统筹推进“中文＋职业技能”数字资源体系建设，实现海外本土化人才培养和企业需求的精准对接，依托“中文＋职业技能”国际推广基地，开展全国职业教育国际化师资培训、国际化教育教学资源开发基地、“1＋X”证书国际化培育与推广、产教融合“携手出海”、职业教育理论研究和政策咨询、人文与技术技能交流等工作。根据外国学生多样化的学习需求，以中文为切入点，逐渐向其他领域延伸，打造出各类“中文＋”项目，为各国培养既懂语言又懂技术的专业人才。

“中文＋职业技能”国际推广基地的成立，实现了中文教育与技能教育的融合创新和协同发展。未来，将有更多的职业院校、企业和社会语言教育机构加入其中，大力培养“中文＋职业技能”复合型人才，进一步推进高水平基地建设，提升基地影响力和辐射力，成为整合国际中文教育和职业教育资源的典范。

（二）为“一带一路”共建国家贡献中国职教理念：成立全国首家职业教育孔子学院，推动“中文＋技能”与学历教育协同发展

建设职业教育孔子学院是学校推动国际化建设、打造改革试点和亮点

的一项重要举措。为配合实施职业教育“走出去”，探索培养既懂外语又懂专业的复合型技术技能型人才，2021年，南京工业职业技术大学与柬埔寨王国柬华理事总会、柬华理工大学合作建设柬华理工大学职业教育孔子学院，成为全球首家职业教育孔子学院。柬埔寨是“一带一路”重要节点国家，中国政府规划出“一带一路”倡议的五大发展方向，柬埔寨处在其中三大方向的交汇地带。职业教育孔子学院将为柬埔寨当地培养技术技能人才，推动中国职业技能标准在柬埔寨的推广。

职业教育孔子学院开展了形式多样的教学及培训活动，包括中文培训班，围绕HSK考试开展中文培训；职业等级证书班，主要致力于学习职业技能，考取相应的职业等级证书；定向培养或“订单式”人才培养，根据当地中资企业对于员工的需求，以及柬埔寨社会各界就业方面的实际需要，开展定向职业培训。职业教育孔子学院顺应新时代国际中文教育发展方向，以服务当地社会经济发展为导向。随着职业教育孔子学院的建设，南京工业职业技术大学将同步推动师资“走出去”、教材“走出去”、课程“走出去”，结合外国学生多样化的学习需求，以中文和技能为切入点，逐渐向其他领域延伸，打造出各类“中文＋”项目，培养既懂语言又懂技术的专业人才，满足“一带一路”建设的需求。

（三）为“一带一路”共建国家贡献中国职教资源：开发首套“中文＋职业技能”系列教材，推动“中文＋职业技能”课程高质量发展

“三教”问题（教师、教材、教法）是职业教育“走出去”面临的短板，其中面向海外职业技能教育的教材更为稀缺。为解决这一掣肘难题，南京工业职业技术大学积极开发首套“中文＋职业技能”为特色的系列教材。

“中文＋职业技能”系列教材定位为职场应用汉语、立体式技能型语言教材，在词汇的专门化程度及语言的用途、场合、应用范围方面区别于普通对外汉语教材，其研发目标是既能满足一般中文环境基本交流需求，又能满足职业学习需求和满足职场工作需求。教材的推出将开创中文学习的新视野、新领域、新方向，推进“中文＋职业技能＋X等级证书”真正融合。

该项目获教育部中外语言交流合作中心国际中文教育重点资助，届时基于“中文＋职业技能”教学将有“章”可循，必将助推“中文＋职业技能”课程高质量发展。

（四）为“一带一路”共建国家贡献中国职教标准：以建设中赞职业技术学院南工机电学院为起点，推动职业教育教学标准走出国门

南京工业职业技术大学作为全国首批8所试点院校之一，依托传统优势的机电类专业，承担中赞职业技术学院机电学院的建设任务。

中赞职业技术学院以在赞中资企业当地工人技能培训为开端，开创了企业伴随式“走出去”的境外办学模式。在教学标准制订过程中，南京工业职业技术大学根据赞比亚实际情况，按每年三个学期、三年共3600多学时制订教学标准，内含基础课、技术平台课、专业课及实践课程等共计18门课程标准。编写教师均在赞比亚参加过多个工种的实际培训工作，熟悉当地的语言，教学标准质量获得了赞方专家的肯定。截至到2021年，南京工业职业技术大学共选派15人次赴赞比亚实地调研和开展专业教学，已培训赞方员工800余人。

中赞职业技术学院是职业教育“走出去”试点项目的重要成果，象征着中国现代职业教育产教融合、校企合作的进一步深化，有力助推了职业技能教育的国际化，也将为“一带一路”共建国家经济社会发展注入新动力。

四、总结反思

（一）迎难而上，有所作为

作为全国首家公办职教本科学校，我们立足国家对外交流大局，举办高水平国际交流会议20场，参会人员达到9770人；组织“中文＋职业技能”本土师资培训，为柬埔寨、乌干达、印度尼西亚、马来西亚等国培训本土师资1125人，体现了我们的责任与担当，显示了我们的实力与能力。

（二）解放思想，开拓创新

南京工业职业技术大学为世界职业教育的发展进步作出了有益贡献：

我们贡献中国方案，建成全国首个“中文＋职业技能”国际推广基地，推动中文与职业教育深度融合发展；我们贡献中国理念，成立全国首家职业教育孔子学院“柬华理工大学孔子学院”；我们贡献中国标准，以我校制订的“机电一体化专业标准”获批成为赞比亚国家标准为起点，推动职业教育教学标准走出国门；我们贡献中国智慧，开发首套“中文＋职业技能”系列教材，推动“中文＋职业技能”课程高质量发展。

中国职业教育股份制海外办学模式的开拓者

——无锡商业职业技术学院校企协同海外办学共育“一带一路”人才纪实

摘　要　无锡商业职业技术学院（以下简称“无锡商院”）积极响应“一带一路”倡议，精准对接国际产能合作加速发展的现实需求，携手地方龙头骨干企业红豆集团，扎实推进海外办学“三步走”举措，联合申办首个中国高职院校在海外独立设置的应用本科大学——柬埔寨西哈努克港工商学院（以下简称“西港工商学院”），开创了以校企股份制为特色的职业教育“走出去”办学模式。西港工商学院是柬埔寨普通高等学历教育机构，被纳入柬埔寨国民教育体系，以高等学历教育和职业培训为主，可颁发本科和专科学历。学校为柬埔寨西哈努克港经济特区（以下简称“西港特区”）培养了数万名“走出去”企业急需的懂中文、有技术、会管理的本土人才，共享了百余项专业、课程标准，促进了中柬教育文化交流，得到了中柬两国政府及社会各界的高度认可，成为中国高等职业教育“走出去”办学的先行者。

一、合作背景

作为推动“一带一路”建设和参与国际产业布局的重要载体，境外经贸合作区急需大批“懂汉语，熟悉中国技术和标准”的现代化产业工人。基于此，国家鼓励职业院校与企业协同“走出去”，积极服务“一带一路”建设，精准培养符合中国企业海外生产经营需求的本土化人才，有效服务国际产能合作。

国家“双高计划”建设单位无锡商院积极响应国家号召，主动回应现实难题，以服务区域企业“走出去”为导向，依托“一带一路”样板工业园区-柬埔寨西港特区，紧密联合地方龙头骨干企业红豆集团，扎实推进职业教育“走出去”。

二、工作目标

（一）破除“走出去”企业本土技能人才培养难题

通过校企联动，协同推进海外办学，稳定开展学历教育及技能培训，培养大批会汉语、懂管理、有技术的高素质应用型专业人才，解决“一带一路”共建国家本土化技术技能人才相对匮乏的现实难题，破解“走出去”企业用工中存在的语言文化障碍和技能差距困境。

（二）推动区域人文交流纵深发展

依托海外办学项目，借由职业教育领域的合作不断丰富人文交流内涵，持续传递互利共赢、共同发展的理念，为澜湄区域及东盟国家搭建文化交流、经验共享的平台，加深彼此理解，加强情感交流，为共同培养高素质人才、产出高质量成果奠定更为坚实的基础。

（三）创新职业教育“走出去”办学模式

立足职业教育特点，通过激发学校和企业“双主体”积极性，强化政行校企各方力量之间的融合对接，规范办学管理制度，提升办学能力水平，推动教随产出、产教同行，探索本土化人才的可持续培养方案，构建可复制可推广的中国职业教育“走出去”办学模式。

三、项目过程

（一）借船出海：开展职业技能培训，联合培养本土人才

为解决红豆集团西港特区本土专业人才匮乏问题，帮助红豆集团加快“走出去”步伐，学校于 2010 年 5 月与红豆集团签订《共建南洋红豆学院

(柬埔寨)合作意向书》。2012 年双方共同创建西港培训中心，成为全国第一所在海外经济特区建立职业培训中心的高职院校。西港特区提供场地，学校提供培训师资，校企合作免费举办 30 多个培训班，开设汉语、商务英语、计算机、企业管理、市场营销等 10 多门培训课程，开创了高等职业教育服务中资企业走出去，校企联合培养本土技术技能人才的先河(图 16 - 1)。目前，学校已累计培训本土高素质技术技能人才 8 万余人次，招收“一带一路”共建国家留学生约 170 名。从技能培训到来华留学生订单培养，本土化人才培养模式步步升级，有效满足了中资企业海外发展的人才需求，促进了当地教育和经济社会的发展。

图 16 - 1　我校教师在西港特区开展技能培训

(二)造船出海：开办本科学历教育，深化中柬教育合作

为了持续稳定地为“走出去”企业提供高素质的专业技术人才，2016 年学校与红豆集团联合成立西港教育发展有限公司，共同申办本科学校。2018 年 10 月，柬埔寨政府批准西港工商学院建校办学，并将其纳入柬埔

寨国民教育体系。校企双方采取股份制办学模式，分别投入师资、教学设备、知识产权、办学场地、基础设施等，校企政组建西港工商学院董事会和校务委员会，实施董事会领导下的校长负责制，联合运营办学项目。校企双方共同制订人才培养方案，共同开发针对性教材、建设教学资源、实施教育管理。作为我国高职院校在海外举办的首个股份制应用型本科大学，以高等学历教育和职业培训为主，颁发本科和专科学历，聚焦培养适应柬埔寨当地经济、文化和社会发展需要的，掌握国际通用技术技能的应用型人才，并致力成为集“学历教育、职业培训、科技服务、人文交流”“四位一体”的应用技术大学。2019 年 12 月，西港工商学院首批本科全日制学历学生正式开学，目前已招收企业管理、信息技术、物流管理 3 个专业四届本科学历学生，为西港特区乃至柬埔寨全国培养一批产业工人和技能人才，成为中柬教育合作的样板工程(图 16－2)。

图 16－2　我校教师在柬埔寨开展培训教学

(三)抱团出海：共享中国职教标准，推动教育人文交流

学校遵循“需求导向”“技能本位”“产教融合”等现代职教理念，坚持开放办学，与柬埔寨教育部、特区企业及国内外高校合作，组建校企国际化教学标准开发团队，对接融合柬埔寨教育政策要求，结合我国先进教学标准建设理念和经验，积极探索多元共建本土技术技能人才培养标准体系。为西港工商学院开发的 6 项本科、专科标准和 137 项中英文双语专业课程标准获得柬埔寨教育、青年和体育部认证(图 16－3)，是中国职教标准走向

国际的成功尝试，为实现中柬高等教育标准体系的互通融合，系统化、标准化、高水平培养本土人才奠定了良好的基础。学校扎根西港特区，为企业开展技术咨询、文献会议翻译等提供服务；依托西港工商学院，面向柬埔寨当地人民传授汉语知识、推广中国传统文化；联合中国与柬埔寨多家单位共同举办“中柬高等教育合作空中连线活动”，开展高等教育经验交流；成立“澜湄区域研究中心”，承担“亚洲合作资金”等多个建设项目，积极总结境外办学经验，产出大批优秀成果，形成了“抱团出海”、优势互补，多元参与、多重联动、多方共赢的办学格局，为国内外职业院校国际化办学提供了大量可借鉴、可复制的宝贵经验。

图 16－3　无锡商院开发的 6 项专业标准、137 项课程标准获柬埔寨教育、青年和体育部认证

四、合作成效

（一）创建了以校企股份制为特色的职业教育“走出去”办学模式

学校主动回应并积极破解本土化人才培养中“政策难对接、供需难匹配、项目难落实、运行难持续”的“四难”困境。一是强化与企业协同发展意识，充分发挥企业资金、场地等资源优势，校企联合完善职业教育“走出去”办学投入机制；二是制定教育及运营管理等制度，规范职业教育“走出去”

办学制度建设；三是校企政组建西港工商学院董事会和校务委员会，优化职业教育“走出去”治理结构；四是联合 8 所本专科院校，以项目为纽带，优势互补，开展专业师资设施共享共建等，提升职业教育“走出去”办学能力，形成了“资源有保障、运营可持续、培养系统化”的良性发展态势，探索构建了可复制、可推广的职业教育“走出去”办学模式（图 16－4）。学校领导多次在全国会议上介绍国际化办学成果，《江苏省高等职业教育质量年度报告（2019）》给予专题介绍。

图 16－4　2019 年 4 月，举办“聚力服务‘一带一路’构建教育命运共同体”研讨会，柬埔寨教育部、江苏省教育厅、无锡市领导出席会议

（二）构建了“三双并立”的本土技术技能人才培养长效机制

学校坚持培养载体双平台（西港培训中心＋西港工商学院），填补了特区高素质技术技能人才培养平台的空白；坚持培养方式双主体（学校＋企业），精准对接“走出去”企业人才需求，实施订单式、现代学徒制、半工半读等人才培养模式，校企共同制订人才培养方案、设立培养基金、开发课程、安排实习和就业，切实提升本土人才培养与地方产业需求的适配度；坚持培养目标双素能（中文＋职业技能），培养了一大批中资企业急需的掌握中方生产管理规范、懂中文、有技能的本土化人才，走出了一条推进“一带一路”技术技能人才供需对接、精准服务国际产能合作的新路子，为中资企业

海外发展提供了坚实的人力支撑。

（三）打造了服务“一带一路”人才培养的校企命运共同体

学校遵循“借力·聚力·合力”的校企合作思路，将“人类命运共同体”理念全方位契入本土技术技能人才培养全过程，实现与西港特区和柬埔寨教育部、劳工部以及地方教育主管部门等的持续对接。经由“借船出海→造船出海→抱团出海”，创新职业院校服务“走出去”企业的有效路径，打造了以资源协同为基础、以管理协同为保障、以育人协同为核心、以发展协同为导向的“四维协同”人才培养校企命运共同体，成为助力“一带一路”建设、推动海外中资企业转型升级和可持续发展的重要基地，为高职院校服务国际产能合作提供了全新思路。学校连续三年获全国高职院校“国际影响力50强”，校企协同海外办学项目入选首批“中国-东盟高职院校特色合作项目”及江苏省参与“一带一路”建设重点项目。西港工商学院成为中国与大湄公河次区域及东盟国家人文交流与互通的“桥头堡”，受到中柬两国领导高度关注和支持。借力跨国企业走出去办职教的“借船出海”模式被教育部确定为职业教育集团化办学的典型模式之一（图16-5）。

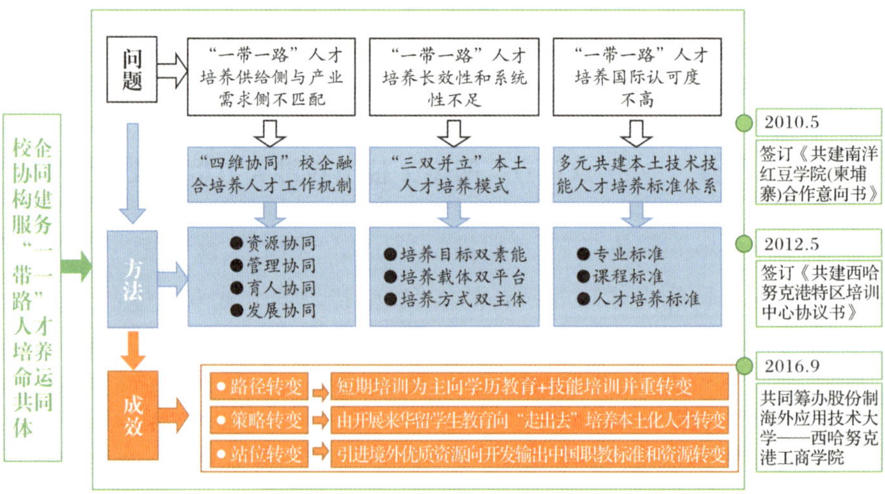

图16-5　服务“一带一路”人才培养命运共同体——无锡商院方案

（四）开拓了中国高职院校促进中外人文交流的新渠道

西港培训中心、西港工商学院在当地引起了“汉语热”，增进了中柬跨文化理解，成为当地的教育文化和经济活动的重要参与者，实现了企业国际化发展与教育国际化发展、国际产能合作与国际职教合作、校企互利双赢与中柬双边多元共赢“三重统一”，在教育科技文化合作与交流、民心融通方面具有难以替代的地位和作用，增强了中国职业教育对相关国家和区域的辐射力和影响力（图 16－6）。学校开展国际化办学及人才培养受到媒体的广泛关注，《我去柬埔寨做老师》专题片在央视“澜湄路上的中国建设者”专栏播出半小时。

图 16－6　2023 年 5 月，西港工商学院师生参加西港特区十周年成果展

五、保障机制

（一）办学环境保障

柬埔寨是中国推动“一带一路”建设的重要国家，也是澜湄合作的主要参与者和推动者。2019 年 4 月，中柬两国签署《构建中柬命运共同体行动计划》，双边关系进入新的发展阶段。近年来，中柬全面合作伙伴关系持续快速发展，“铁杆”友谊更加坚固。中柬政府高度重视西港经济特区建设及两国友好务实合作，柬埔寨教育部对无锡商院海外办学项目——西港工商学院

给予大力支持和指导，为西港工商学院的发展提供了良好的政策和环境。

（二）办学资源保障

西港工商学院采用校企联合投资办学、共同经营、收益和风险共担的股份制办学模式，有力保证了海外办学项目的持续发展。西港工商学院采用“抱团出海”的联建模式，依托学校牵头成立的“全国商贸职教集团”，成立“国际化办学协同推进中心”，联合无锡学院、江苏大学、泰州职业技术学院、安徽商贸职业技术学院等本专科院校，在专业设置、人才培养、教学设施建设、教学与管理队伍建设、科技合作等方面开展深度合作，发挥各自优势和聚合效应，形成职业教育国际化办学合力，为海外办学提供资源保障。

（三）项目管理保障

西港工商学院实施董事会领导下的校长负责制，具有明确的组织架构和稳定的项目管理团队。学校先后制订了关于赴柬人员管理、海外大学财务管理、学生管理、学院治理等运营和教学管理制度，形成了完整的海外办学管理体系，从多个维度为海外办学项目的运行提供了制度保障。西港工商学院配备了一定数量的中柬常驻人员，以及短期外聘人员，较好满足项目日常运营需要。同时，学校聚集共建单位优秀管理力量，通过董事会和校务委员会组建高水平海外办学管理队伍，严格落实教学质量管理规定，对教师的教学活动、学生的学习行为进行严格管理，为海外办学的可持续发展提供了管理保障。

六、总结反思

（一）机遇把握和有效规划是高职教育“走出去”的前提条件

“一带一路”倡议的提出，既为我国高职教育创新发展提供了更为广阔的国际空间，也为我国高职教育“走出去”奠定了坚实可靠的基础保障，能否把握这一机遇对高职院校国际化发展至关重要。其中，海外办学是高职教育参与“一带一路”建设的重要抓手。我国高职院校“走出去”办学应强化顶层设计，制定科学规划，明确境外办学的类型、层次和重点发展专业，并给予政策、经费等全方位的支持与保障。

（二）借力、聚力和多元协同是高职教育“走出去”的实施关键

高职教育“走出去”办学应发挥多方优势，实现优势互补、多方共赢。一是要依托政府，通过争取中央、省、市各级政府给予政策倾斜、财政扶持、项目配套和专项奖励，保障高职院校参与“一带一路”建设各项工作顺利推进；二是要依托企业，搭建“一带一路”共建国家的海外实习基地，打通我国高校学生和“一带一路”共建国家来华留学生就业渠道，扩大办学经费来源渠道，共担职业人才培养责任，增强“一带一路”建设项目的可持续发展能力；三是要依托职教联盟的成员学校，积极发挥校校合作优势，形成合力，多元协同推进“一带一路”建设的良好态势。

（三）立足本土和产教融合是高职教育“走出去”的基本遵循

我国高职教育“走出去”办学应围绕所在国家本土需求，符合其产业发展实际和企业现实需要，结合自身办学特色优势，坚持精准对接产业、有效服务企业，教随产出、产教同行，科学确定培训项目，开设满足当地职业技术教育发展需求的专业，争取有利条件、配备精良师资，持续提高项目和专业服务所在国经济社会和产业发展的能力，大胆探索符合各方利益的海外教育形式，擦亮中国职业教育品牌。

（四）育训并举和人文交融是高职教育“走出去”的优势方向

高职教育“走出去”应找准优势方向，实现效果最佳。从学校实践来看，校企协同在柬埔寨开展境外办学工作既是服务“一带一路”建设、实现“民心相通”，践行“亲、诚、惠、容”外交理念的直接体现，更是实现澜湄区域共同发展，构建中柬教育命运共同体的创新实践，为“走出去”中资企业的落地生根和可持续发展搭建起了文化互通理解的平台，为增进中柬文化的交流与融合搭建了友谊桥梁。坚持育训并举，推进人文交融，提升服务当地经济社会发展能力是高职教育“走出去”的优势方向。

聚焦“四能”，强化“四力”

——无锡职业技术学院助力“一带一路”国际产能合作

摘　要　2013 年“一带一路”倡议提出以来，中资企业纷纷“走出去”。2015 年后，教育部等部委相继出台多项政策，鼓励高职院校加强国际化建设。无锡职业技术学院（简称“锡职”）聚焦“四能”，强化“四力”（以增强项目动能，把握核心力；提升育人势能，聚焦服务力；优化平台效能，发挥凝聚力；强化多维赋能，实现向心力），立足高端智能制造专业集群，联合中资大型“走出去”企业，构建了“园－企－校”国际发展命运共同体。学校在“一带一路”共建国家建设了 4 个海外分校、2 个汉语中心、1 个人才培养基地；15 项专业教学标准、290 项课程标准和 20 项培训标准有效落地，被 9 个国家的 14 所高等院校或机构采用，以高质量的内涵发展不断擦亮“留学锡职”名片。学校 3 次荣获全国高职“国际影响力 50 强”，2018 年、2019 年、2020 年、2021 年连续四年获得“江苏省外国文教专家管理工作先进单位”，2016 年、2019 年、2020 年、2021 年、2022 年先后五次获得“江苏省来华留学生教育先进集体”，2022 年荣获首批“江苏省涉外办学工作先进单位”，助力“一带一路”国际产能合作高质量发展。

一、合作背景

2015 年，教育部等多个国家部委相继出台教育国际化政策，鼓励高等职业学校配合行业企业“走出去”，培养培训国际技术技能人才。教育部　财政部《关于实施中国特色高水平高职学校和专业建设计划的意见》《职业教育提质培优行动计划（2020－2023 年）》提出“加快培养国际产能合作急需人才”“促进国际经验的本土化、再创新”等要求。

“一带一路”倡议背景下企业“走出去”开启加速度模式，同时面临员工、技术、语言差异等问题。高职院校“走出去”存在国际合作立足点不稳、方向不明确、师资力量不够等现实问题。为此，学校提出校企联合“走出去”，打造校企“走出去”命运共同体，推动“一带一路”共建国家民心相通、教育交流、产业合作，助力国际产能合作。

二、工作目标

（一）留学锡职，打造海外应用型技能人才“异地摇篮”

学校通过引进国外优质教育资源，萃取先进教育管理办法、全面提升学校国际化能力，将国际化不断注入学校发展基因，以国际工程定位高度，以优质项目推进深度，以全面布局覆盖广度，贯穿了学校国际交流合作、师资队伍国际化、留学生培养、教科研国际化、加强跨文化交流等全部领域，努力打造海外应用型技能人才“异地摇篮”。

（二）标准共享，实现海外应用型技能人才“就地培养”

学校建立“一带一路”职业教育标准中心，努力构建共享体系，着力做好标准的建设质量和标准共享的认可度评价，充分发挥“园一企一校”国际发展命运共同体的协同作用，重视“走出去”企业、“一带一路”共建国家高校与相关机构的满意度评价。学校参照高校中外合作办学质量保障实施意见，研究制订教育标准的质量认证和评价方案，积极推进共建国家教育主管部门、海外合作高校、企业的认证与采信，进一步推动海外应用型技能人才“就地培养”的实现。

（三）跨界合作，共享高职教育“锡职方案”

学校努力推进“园一企一校”的国际协同，发出中国职业教育的锡职声音。学校与浙江华立集团在泰中罗勇工业园共建“泰中罗勇机电学院”；学校与泰国达信职业技术学院在泰国共建“无锡职业技术学院泰国达信分院”；学校与江苏德龙镍业有限公司在印度尼西亚共建“无锡职业技术学院-

德龙印尼学院”；学校与南非戈特锡班德职业教育学院共建“南非智能制造分院”；学校与宁朗（泰国）有限公司在泰国共建无锡职业技术学院-宁朗（泰国）公司人才培养基地；学校还与马来西亚管理与科学大学在马来西亚共建“马来西亚汉语中心”；与印度尼西亚特里沙克迪教育集团在印度尼西亚共建“印尼汉语中心”。

学校帮助国际青年学生掌握以中国产业标准为基础的职业技能，推动当地的经济社会发展；与企业携手走出去，持续推进专业课程标准和技术服务标准，形成“园一企一校”三方协同的海外办学运行模式，共享高职教育“锡职方案”。

三、项目过程

（一）增强发展动能，把握核心力

学校厚植教育国际化基因，不断深化教师境外研修与参与国际产学研合作的双向交流，实施师资队伍国际化水平提升工程。学院 22 名教师在境外合作高校攻读博士学位。依托“走出去”中资企业技术实践平台检验，学院教师先后申获了国家科研项目 1 项、省级科研项目 23 项，为学院 5 个省级科技创新团队打造和 4 个省级工程研究中心建设提供了支撑。

（二）提升育人势能，聚焦服务力

学校积极探索职业教育国际化改革，创新探索“引进→创生→输出”的国际人才培养路径。2018 年起，学校依托“德龙印尼学院”为江苏德龙公司培养了近 300 名校企订单班学历留学生。

学校还将“校园文化”与“企业文化”融合，突出企业文化元素和中国新时代的工匠精神，推动所有教学要素都朝着“德技并修”的方向协同发力，不断深化“中文＋职业技能”的内涵（图 17－1，图 17－2，图 17－3，图 17－4，图 17－5，图 17－6）。

图 17－1　德龙订单班留学生在学校孔子课堂学习中国传统文化体验课程

图 17－2　德龙订单班留学生展示中国文化学习成果

图 17－3　2020 年 6 月学校与江苏德龙镍业有限公司的第三批订单班留学生获得毕业证书

图 17－4　2020 年 12 月学校首届汉语培训班结业

图 17－5　德龙订单班毕业生在德龙印尼公司工作

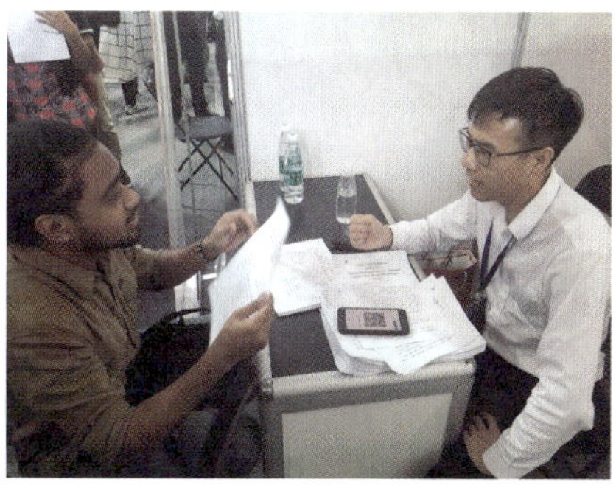

图 17－6　2019 年 4 月德龙订单班留学生与公司人事主管在招聘现场交流

（三）优化平台效能，发挥凝聚力

学校借力江苏“一带一路”交汇点建设，通过“泰中罗勇机电学院”“无锡职业技术学院—德龙印尼学院”“无锡职业技术学院泰国达信分院”“南非智能制造分院”，协同合作开展人才培养、资源共享、标准研发、技术服务与文化交流等活动，实现了“园一企一校”产教国际合作共同体与职业教育国际化协同发展的聚合效应(图 17－7，图 17－8，图 17－9，图 17－10)。

图 17－7　2018 年 5 月学校与江苏德龙镍业有限公司在印尼共建“无锡职业技术学院—德龙印尼学院”

图 17－8　2018 年 7 月学校与泰国达信学院成立“无锡职业技术学院泰国达信分院”

图 17－9　2019 年 6 月学校在泰国成立“泰中罗勇机电学院”

图 17－10　2019 年 4 月学校在省教育厅省商务厅联合召开的江苏高校服务企业“走出去”发展对接会上签署深化合作协议

（四）强化全面赋能，实现向心力

学校积极申报教育部的国际合作项目，结合自身办学优势，作为首批“技能非洲计划项目”负责了机械技术专业课程建设，通过“四链联动”，全面赋能中资企业“走出去”。建立留学生人才培养链，实现专本硕人才培养全覆盖；建立“中文＋职业技能”培训链，建成中国-东盟师资培训发展中心，近年来累计为印度尼西亚、马来西亚、柬埔寨等东盟国家开展本土化师资培训 250 人次，面向马来西亚、印度尼西亚、南非的世界各国学生开展汉语培训达 93000 人日；建立校企跨境产教融合链，为泰中罗勇工业园普莱得电器（泰国）有限公司、通用橡胶（泰国）有限公司等 46 家“走出去”企业 150 名员工开展技术培训 26000 人日；建立锡职教学标准海外供给链，建成印尼德龙学院等海外分校 3 个，15 项专业教学标准、290 项课程标准和 20 项培训标准有效共享，被 9 个国家的 14 所高等院校或机构采用。四链互联互通、互动互融，效能提升与共建共享同频共振，高水平助力国际产能合作（图 17－11）。

图 17－11　聚焦“四能”，强化“四力”国际产能参与模式

四、合作成效

（一）提出了“系统构建、融合共生”的国际合作新理念。

学校在国际合作人才培养中，实现了系统构建和教育国际合作全方位的融合共生。以高质量发展为根本，双向互动，整体推进人才培养、技能培训、产教融合、标准供给，系统解决高职国际合作人才培养过程中的问题。

（二）开拓了国际技术技能人才培养新路径。

学校通过国际合作，推进了高职人才培养系统的重组、重建、重构，推动建立了更为优化的人才培养新路径。“四链联动”提升了高职教育服务国际产能合作的能力，提升了资源的外引内化、标准的新陈代谢、能力的双向助力，实现了高职国际合作人才培养“1＋1＞2”的总效应。学校历经多年的高职国际合作人才培养改革，在多途径引进发达国家智能制造领域优质教学及科技资源、创生具有锡职特色的智能制造类专业及课程标准、共享服务国际产能合作能力等方面取得一定成果，学校 21 个专业实施国际合作人才培养。全校 70％的专业与国际通用职业资格证书对接，牵头开发了教育部高等职业学校物联网应用技术等智能制造类专业教学标准，并参与开发了 10 项职业技能等级证书标准，有力支撑了 2 个国家“双高计划”专业群建设；共享 15 项智能制造类教学标准，开展国际技术技能员工培训，服务 46 家“走出去”中资企业，贡献了锡职方案，为兄弟院校提供了可借鉴的经验。为示范全省、领先全国，高质量推进了国家“双高”A 类院校建设。

五、保障机制

为高质量服务“一带一路”产能合作，学校加强顶层设计、全程监督，构建质量保证制度体系。高职教育国际合作要把好引进关、抓住创生点、提升辐射力，因此专业内涵建设水平、资源引进与开发和课程建设水平以及教师国际合作水平成为关键所在，专业、课程和师资也是内部质量保证体系中的三个关键层面。学校传承质量文化，进行顶层设计，按照“事前规划设计目标标准、事中支持保障监测预警、事后对标诊改持续改进”，构建“规划标准、运行管理、研究实践、约束激励”四模块制度体系，全程保障高质量开展国际合作人才培养模式改革。

六、总结反思

（一）彰显了锡职开放魅力，推进了内涵建设

专业建设：中马国际化人才联合培养项目、中印尼旅游与酒店管理专业人才培养项目入选教育部“中国-东盟高职院校特色合作项目”（全国第一）。

学生培养：培养来华留学生1723人，其中本硕289人，60%的毕业生继续在江苏高校攻读本科，留学生获得中国“互联网+”大学生创新创业大赛决赛铜奖等9项重要荣誉。

教师发展：教师赴海外中长期研修比率为12%，短期培训46%，22名教师在爱尔兰等国的合作高校攻读博士学位。通过“智能制造技术研发与应用”国际科研合作平台引育，教师先后申获了国家科研项目1项、省级科研项目23项，为学校8个省级科技创新团队打造和7个省级工程研究中心建设提供了支撑。

（二）贡献了“锡职方案”，推动了示范辐射

学校2次举办了国际学术研讨会，150余所海外院校的600余名专家参加；26次在海外举办的国际会议上作成果推广；来自30多个国家的400余所海内外高校到校学习成果经验；依托“中国-东盟教师培训发展中心”完成了180人次东盟高校教师培训。学校连续三年荣膺“高等职业院校国际影响力50强”、世界职教联盟卓越奖“应用研究与创新”金奖。

无锡职业技术学院将进一步聚焦“四能”，强化“四力”，联合“走出去”企业、搭建“园一企一校”国际发展命运共同体，服务企业“走出去”。同时注重开展教师交流、学生交流、师资培训，促进“一带一路”共建国家职业技术教育合作；加强标准共享、科技研发、技术培训，推动“一带一路”共建国家制造业产教融合和产业合作。通过校企联合“走出去”，更好地服务“一带一路”倡议和国际产能合作。

政校企协同
推动中卢职教合作走深走实

——金华职业技术学院卢旺达穆桑泽国际学院建设纪实

摘　要　金华职业技术学院主动响应国家共建"一带一路"倡议，服务中国教育对外开放新格局构建，于2017年创办金华职业技术学院卢旺达穆桑泽国际学院，旨在聚焦国家教育援外工程效能提升，通过非洲青年就地培养、留学生来华培养、教学标准与资源"走出去"、"鲁班工坊"建设等工作，培养懂汉语、精技能、亲中国的非洲国家技能型人才，打造境外办学"金职样本"，增强中国高职教育国际影响力与话语权。

金华职业技术学院（下文简称金华职院）是国家示范性高职院校、国家优质校、浙江省重点校和国家"双高"校A档建设单位（全国仅10所）。学校现有招生专业59个，其中国家高水平专业群2个，国家重点支持建设的示范专业3个，四年制高职试点专业2个、本科教学点1个、联合专升本办学专业4个。学校历来高度重视教育对外开放的顶层设计，从"十二五"期间的"一体两翼三促四化"、"十三五"期间的"三稳三增三新"到"双高"建设期的"三个一"，学校发扬"走在前列，干在实处，勇立潮头"的浙江精神，主动作为、有的放矢，连续三年入选全国高职"国际影响力50强"，国际化总体水平位居浙江省高职高专院校首位，获批浙江省国际化特色高校，荣膺"亚太职业院校影响力50强"。

学校成立1个中外合作办学机构及4个中外合作办学项目；每年有百余名学生出国出境交流；主动承担卢旺达政府委托培养留学生4届99人，并于2017年7月在卢旺达成立"金华职业技术学院卢旺达穆桑泽国际学院"，入选"未来非洲——中非职业教育合作计划"首批试点院校、全国首批鲁班工坊运营项目、教育部中文工坊、浙江省首批“一带一路‘丝路学院’”、第一批“小而美”境外项目等，施行政校企协同“走出去”办学，通过开展非洲青年就地培养、留学生来华培养、教育教学标准输出、综合性鲁班工坊建设等工作，成功推动中国高等职业教育理念和教学模式走进非洲。

一、合作背景

历届中非合作论坛，从“十大合作计划”“八大行动”到“九项工程”，从中非人文合作计划、能力建设行动到能力建设工程，绘就了新时代中非关系的发展蓝图，开启了新时代中非合作的宏伟篇章。

（一）卢旺达引进优质高职教育资源的意愿明确，需求迫切

卢旺达位于非洲中东部，截至 2019 年，总人口约 1296 万，卢旺达 16 岁及以上人口约 20 万，仅 45%有工作。2021 年失业率为 21.1%，其中青年失业率为 26.5%。自 20 世纪 90 年代以来，卢旺达一直致力于经济发展与提高就业率，尤其着力发展以技术为基础和以科学为导向的知识型经济，重视数字（智能）经济的相关产业发展，力图成为中东非共同体地区的 ICT 技术服务中心。卢旺达政府高度重视教育，自 2005 年底起，其教育经费占政府总支出的 16%左右。该国目前迫切需要大量的职业技能人才参与国家建设，且因为其职业技术教育与培训（TVET）起步较晚，教学设施、办学实力与条件、实践实训质量、人才培养质量等方面亟需援助，以快速有效提升职业技术教育质量、社会认可度与满意度。

（二）金华职业技术学院“走出去”办学的意愿明确，实力雄厚

2018 年，中卢两国签署了人力资源开发合作谅解备忘录，两国人力资源开发合作进入了新阶段。2019 年，时任浙江省省长袁家军访卢旺达，与卢旺达在数字经济、教育培训、农产品贸易、工业园建设等领域互利合作交换意见，并与卢旺达共签署 7 个合作项目协议，切实落实习近平主席访卢成果。作为国家示范校、国家优质校、浙江省重点校和国家“双高”校 A 档

建设单位的金华职业技术学院，理应有所担当，有所付出，有所作为。多年来，学校主动对接卢旺达高等职业教育需求，紧扣“双高”校教育国际化建设目标，以卢旺达穆桑泽国际学院为基点，基于卢旺达国家国情与产业发展需求，积极探索人力资源合作新模式，拓宽人才培养路径，增强人才培养实效，全力为“一带一路”建设提供人才支撑与智力支持。

（三）中国与卢旺达职业教育合作基础扎实，意义深远

金华职院与卢旺达的职业教育合作始于2013年，与卢旺达教育部先后签署4项合作备忘录，内容涉及学历留学生培养、开办海外分校等。历任卢旺达驻华大使每年不定期来华调研交流，中国驻卢旺达大使也是不定期赴穆桑泽职业技术学校调研指导。并且，穆桑泽市与金华市也因此共建友城。此外，卢旺达穆桑泽职业技术学校，由中国政府投资4000余万美元全额援建，可容纳4000余名学生。2020年底，卢旺达TVET管理机构宣布在全国8所职业院校开设中文课程，逐步推进“中文＋职业技能”项目发展。从卢旺达TVET教育发展来看，对“中文＋职业技能”教育的需求迫切。

二、工作目标

积极响应国家“一带一路”倡议和中非命运共同体理念，积极参与中非合作论坛行动计划，聚焦中国援卢教育“交钥匙”工程——卢旺达穆桑泽职业技术学校的综合效能提升，以服务在卢中资企业发展、卢旺达知识型经济转型与重点产业发展需求为己任，通过专业共建、建设鲁班工坊、师资培育、资源建设、技能培训等积极举措，培养卢旺达本土语技兼修技能型人才，积极探索政校企协同职教“走出去”办学模式，全力将其打造成职教服务中非合作的一颗闪亮的“丝路明珠”。

三、项目过程

卢旺达穆桑泽职业技术学校自办学以来，积极推进留学生来华培养、非洲青年就地培养、教育教学标准“走出去”等工作，着力培养懂汉语、通文

化、精技能、亲中国的卢旺达本土技能型人才，满足卢旺达及中东非地区劳动力技能提升需求，带动卢旺达及中东非国家社会经济发展。

（一）留学金华，打造非洲应用型技能人才“异地摇篮”

自2013年以来，学校就主动承担卢旺达政府委托培养学历类留学生的任务，创新实施“三型三式四化”培养举措。“三型同向”，语技兼修培养国际技能人才，依托学校中外合作办学资源与平台，坚持“跨文化交流、跨国别适岗”的培养方向，创新人才培养路径，深耕教学模式，拓展就业创业空间，积极探索“中文＋技能”的复合型、应用型、创新型国际化技术技能人才培养。“三式合力”，国情教育厚植知华友华情怀，以“扎根八婺、行知中国”为切入点，从课程育人、实践育人、文化育人层面拓展国情教育路径，打造融合式、菜单式、浸润式等立体式知华友华教育体系，综合提升对中国的感知、守正、认同与宣传。“四化并举”，管理服务践行趋同人和理念，构建制度化、网格化、信息化、专业化管理服务模式，加大跨文化适应服务供给，有效促进中外学生的融通和相互理解，落细落实管理服务。

（二）标准输出，实现非洲应用型技能人才“就地培养”

基于前期卓有成效的合作，2016年12月，学校与卢旺达教育部签署建立卢旺达分校的合作备忘录，着重在信息通信、智能制造、电气自动化技术和电子商务等4个专业领域开展合作，着力培养懂汉语、精技能的卢旺达本土人才，满足卢旺达及其中东非地区劳动力技能提升需求，带动卢旺达及中东非国家经济发展。2017年7月，卢旺达穆桑泽国际学院正式挂牌，下设汉语言学习中心和技能发展中心，开启双方在职业技术教育与培训发展领域的合作新里程。

2019年11月，首届中卢职业教育合作研讨会（图18－1）在金华召开，双方就标准与专业共建等十项合作达成共识。卢方与金华职院合作编写电子商务与电气自动化技术两个专业的教学标准，推进中国职教标准国际化。

图 18－1　2019 年 11 月，首届中卢职业教育合作研讨会

通过积极对接卢旺达政府及相关部门，发放 1300 余份调查问卷，完成卢旺达劳动力资源调研，精准掌握劳动力需求状况；面向卢旺达职业院校开展调研，了解卢旺达职业教育发展水平，掌握办学政策法规、标准需求及基本教学条件等；面向卢旺达地方企业和驻卢中资企业，精准比对中卢两国专业标准差异，确保输出标准的先进性、适用性。2020 年 12 月，电子商务和电气自动化技术两个专业的教学标准（图 18－2）通过卢旺达教育部劳动力资源发展署认证。2021 年 4 月，两项专业教学标准通过卢旺达教育部高等教育委员会认证，正式纳入卢旺达教育资格框架体系，成为与境外共享专业教学标准的少数中国高职院校之一，实现卢旺达应用型技能人才的“就地培养”。

图 18－2　电气自动化技术专业和电子商务专业的教学标准（6—7 级）

（三）实用为要，建设多类型实训室

为了更好地服务“走出去”中资企业，培养更多本土化技能人才，又根据共建专业的实训教学需要，学校先后携手华为、深圳汇川、中国小商品城、北京恒华等国内优势企业，投入 400 余万元人民币援建中文语言、直播电商、电气自动化技术等 5 个线下实训室（图 18－3）。学校还建设远程实境实验平台和虚假仿真实训中心，开发基于远程实境实验平台的电工电子系列化实训项目 11 个，解决为远在卢旺达的学生利用真实设备开展“做中学”实践教学改革的难题，创新了实践教学模式。

图 18－3　电气自动化技术实训室

（四）授人以渔，培育卢旺达本土师资队伍

建设一支理念先进、管理能力强的专业建设团队和优质师资是对非洲职业教育合作长期健康稳定发展的关键。首先，学校每年选派 1 名管理干部和 2 名专业骨干赴卢常驻，手把手带领卢方团队开展专业课程建设和教学实施（图 18－4）；其次，学校每年接收卢方重点培养的干部与专业教师来华进行为期半年的跟岗培养；再次，为解决因疫情影响师资培训互动，学校利用畅学金职学习平台开展一对一结对式师资，不断提升卢方师资的教育理念、实践能力和教学水平。

图 18－4　援卢教师为当地学生授课

（五）友城添彩，政校企交流合作有力促进“跨国办学”

中卢两国政府领导高度支持学校海外办学工作，中卢双方有关部门及地方政府开展交流互动 20 余次。卢旺达时任教育部长、国务部长、卢旺达驻华大使等均曾到访金华职院或其海外分校。

学校与卢旺达的职教合作有力推动双方政府间的合作与友好往来，2020 年，金华市与卢旺达合作办学所在地穆桑泽市结为友好城市（图 18－5）。双方还签署合作备忘录，频繁互访交流，就政府委托培养留学生、师资培训、海外分校建设、外派管理干部等方面进行充分沟通，不断拓宽合作领域。

图 18－5　2019 年 9 月，金华市与卢旺达北方省穆桑泽市签约成为友好城市

2019 年 9 月，学校援卢职业教育成果展在卢旺达基加利展出，共分为金职印象、留学金华、海外分校、文化交融、友城添彩和未来展望等六大板块，详细阐述学校的背景、历程、人才培养情况、职教文化交流与传播等。时任浙江省省长袁家军现场观展并指导海外分校工作。

四、合作成效

（一）分享了一批标准和优质教学资源

两方合作编写的《电气自动化技术专业教学标准》(6—7 级)和《电子商务专业教学标准》(6—7 级)，已经纳入卢旺达教育资格框架体系。围绕以上两项专业教学标准，学校建成课程学习平台 1 个。此外，开发双语课程 36 门、双语教材讲义 16 部、技能培训包 9 个等(图 18－6)。

序号	标准与资源	数量	备注
1	专业教学标准	2	两个专业的两个级别（6-7级）
2	网络学习平台	2	Moodle（外）、畅学金职
3	双语课程	36	《电子技术基础》等
4	双语教材讲义	16	《直播电商》《通用汉语》等
5	技能培训包	11	《电工实训》等
6	职业技能证书标准	3	电子商务师、电工、钳工
7	教学视频	近5000分钟	涵盖专业教学与技能培训

图 18－6　双语课程资源及教材

（二）培养了一批人才和优质师资

围绕酒店管理、通信网络与设备、汽车检测与维修等 4 个专业，采用“1＋3”同地两段式模式培养学历留学生 4 届共 99 人。与卢旺达穆桑泽职业技术学校合作共建电子商务与电气自动化技术两个专业，已在卢旺达招收两届共 210 名学生。在电子商务、ICT、电气自动化技术等领域开展技能培训万余人次/天。此外，学校选派干部和教师赴卢旺达为其培养专业管理干部和骨干教师 9 人，采用线上形式培训干部和教师 60 余人，培养了一批教学理念新、实践能力强，能将共享专业标准任务落地、承办未来非洲计划项目的优质师资(图 18－7)。

培养类型	培训内容/形式	培训量
卢方专业负责人	跟岗培训	3人
卢方管理干部骨干教师	线上培训与结对培训	63人
卢方师生中资企业员工技术技能	ICT	9000余人次·天
	PLC	
	python	
	电工电路	
	直播电商	
	短视频制作	
	酥式中点	
	绿色食品加工等	

两地两段“1+3”模式培养情况			两地两段“2+1”模式培养情况		
序号	专业	人数	年份	专业	人数
1	旅游与酒店管理	22	2022	电气自动化技术	64
2	通信网络与设备	16		电子商务	51
3	物联网应用技术	24	2023	电气自动化技术	51
4	汽车检测与维修技术	37		电子商务	44
合　计		99	合　计		210

图 18－7　师资培训与学生培养情况

（三）入选了系列国家级对非合作平台

鉴于办学成效，学校先后入选“未来非洲-中非职业教育合作计划”首批试点院校并负责合作计划中学生管理模块的制度研制，成为教育部鲁班工坊建设联盟副理事长单位。2019 年起，学校作为承办单位参与中国(浙江)中非经贸论坛暨中非文化合作交流月(2021 年上升为国家平台)，承办中非职业教育论坛(图 18－8)，发起成立中非数字经济职业教育产教协作联盟、中非职教研究中心。学校获批全国鲁班工坊运营项目(图 18－9)、教育部中文工坊、“未来非洲-中非职教合作特色项目”入围项目、教育部“汉语桥”线上团组交流项目 2 个、浙江省首批“一带一路‘丝路学院’”、浙江省标准国际化培育基地、第一批“小而美”境外项目。加入中非职业教育联合会、中非职教合作联盟首批培养单位、世界职业技术教育发展联盟等。

图 18－8　2022 中非职业教育论坛

图 18－9　学校获批全国首批鲁班工坊运营项目

（四）得到了两国领导与媒体高度赞誉

学校卢旺达办学得到了两国大使和政府官员的亲临和关心指导。2019 年，中国人民对外友好协会林怡副会长、教育部国际交流合作司鲁班工坊考察团、金华市政府考察团等先后到穆桑泽指导办学。同年 9 月，学校在基加利举办援卢职业教育成果展，时任浙江省省长袁家军到场观展并给予高度肯定。2022 年 11 月，学校举办图片展“探索中非职教合作高质量发展之路”，获 22 万多人次传播。

五、保障机制

（一）组织和制度保障

学校基于合作共赢长效机制，探索形成政校企协同办学模式，此项工作已经纳入学校“十四五”发展规划、“双高”院校建设任务及年度工作计划当中。学校成立外事工作领导小组，统筹推进此项工作。此外，学校创新性出台《境外办学工作人员管理办法》《因公出国（境）管理办法》《来华留学生教育管理办法》《境外办学工作人员差旅费管理实施办法》等规章制度，护航海外办学。

（二）经费投入与使用保障

学校建立多元投入、预算管理和绩效考核机制。一是多渠道筹措经费，依托“双高”校、国际化特色高校建设申请运行经费，联合社会力量协同办学等；二是严格预算管理，实行经费使用全过程监督管理；三是加强资金使用绩效评价，确保专项资金使用规范合理。

（三）恒定而持续的师资保障

学校具有足够的专业优势与优质师资，在教学方案、课程设置、人才培养、教学资源等方面为海外办学提供强力支撑。学校储备了大量优秀的汉语教师和具有丰富专业技能的双师型双语教师，为海外办学提供强有力的师资保障，并且通过线上线下相结合方式为合作校培育本土师资。

六、总结反思

卢旺达穆桑泽国际学校办学至今，在标准“走出去”、专业共建、人才培养、传播中国高职故事等方面取得了一些成绩，成绩的取得与以下四点密不可分。

（一）始终坚持服务“一带一路”倡议这一最大初心不动摇

金华职院一直把服务“一带一路”倡议作为与非洲国家开展合作办学的最大初心，坚持扎根卢旺达、向更大范围辐射，帮助非洲高职教育水平与脱贫减贫能力提升。并且，积极落实教育部《推进共建“一带一路”教育行动》要求，加快国外优质教育资源“引进来”，推动自身优势专业“走出去”，有力增强了中国高等职业教育在国内外的知名度、美誉度。

（二）始终坚持主动探索创新办学理念不懈怠

在“走出去”办学潮流中，金华职院始终得到金华市委、市政府的大力支持，顺利增设卢旺达穆桑泽国际学院并列入二级学院进行管理，成为全国为数不多的职业教育海外办学实体，探索出了高职教育走进非洲的一条全新路径。

（三）始终坚持精准对接卢方人才需求不走偏

金华职院精准对接卢旺达劳动力市场和卢旺达人才需求，充分发挥高职院校“中文＋技能”优势，采取“先技能培训后学历提升”的人才培养模式，精心设置专业和课程清单，科学制订能力培训和学历培养计划，为卢旺达及周边国家和地区培养了一大批符合非洲需求的高素质技术技能人才。

（四）始终坚持多方合作互利共赢不变调

高职院校“走出去”办学离不开国家的支撑，无论是留学生委培还是海外办学，金华职院始终在中卢政府合作框架下，以多方互利共赢为目标，谋求和平安定的办学环境，努力为非洲消除贫困、振兴经济提供行之有效的帮助，为进一步强化中非政治友好互信发挥积极作用。同样，企业“走出去”迫切需要高职院校助力。金华职院在解决中外企业员工缺口、技能提升、技术研发等问题上不遗余力，为企业提供了强有力的人力资源支撑，也为学校自身争取了更多教学资源和实训教育基地，真正实现了政校企三方共赢。

多元协同赋能提质 国际合作创新培优

——宁波职业技术学院服务“一带一路”建设探索与实践

摘　要　宁波职业技术学院积极响应国家“一带一路”倡议，以“多元协同赋能提质、国际合作创新培优”为宗旨，按照“标准引领、引输并重、平台支撑、特色驱动”的整体方略，探索形成“引进来—整合吸收—本土化—走出去—国际化—再本土化”的国际化办学路径，形成了“四机制、四平台、四特色”，即构建了多维平台构建机制、跨境交流常态机制、产教协同长效机制和内涵提升倒逼机制四大机制，通过参与建设“金砖国家职业教育联盟”“职业技术教育援外培训基地”“发展中国家职业教育研究院”和“一带一路”产教协同联盟四大平台，形成了“平台辐射”“国际培训”“海外办学”“职教研究”四大特色，锻造了国际化办学服务“一带一路”建设的硬核力量，打造了展示中国特色职业教育发展道路的浙江“重要窗口”，形成了广泛的国际影响和示范效应。

一、合作背景

习近平主席提出的“一带一路”倡议获得世界积极响应，各领域合作不断深化，教育国际交流合作遇到重要机遇。职业教育合作作为人文交流的重要组成部分，作为人才培养的重要手段，作为企业“走出去”的重要支撑，其基础好、需求强、呼声高，为教育开放和“一带一路”国际合作提供良好环境。

当前，我国发展处于机遇期，推动高质量发展成为鲜明主题。党和国家对教育国际化工作提出了新的要求，增强我国职业教育国际影响力和教育文化自信更为迫切，提高与“一带一路”共建国家交流与合作的有效性、服务国际产能合作、更加积极地参加全球治理、提升国际话语权、培养具有国际视野并通晓国际规则的技术技能人才成为职业教育的重要使命。

宁波职业技术学院充分认识到抢抓历史关键机遇期及国家职教改革发展契机，大力推进国际化，积极参与全球职教治理，并在此过程中实现自身内涵深化发展和综合办学实力提升。学校在国际化办学领域的探索起步较早、内容较为丰富、形式较为多元，目前已取得了积极的实践成效。

二、工作目标

宁波职业技术学院着眼“一流的国际化办学”，以产教融合谋发展、国际合作创特色，完善治理体系、着力提质增效，深入推进类型多样的国际交流与合作，持续推进学校国际化工作全局性、跨越式、特色化发展，着力构筑多维平台构建机制、跨境交流常态机制、产教协同长效机制和内涵提升倒逼机制四大机制，形成“平台辐射”“国际培训”“海外办学”“职教研究”四大特色，有效打造“交互（Interactive）、融合（Integrative）、创新（Innovative）”的国际化发展要素体系，实现“对接国际标准—优化本土标准—分享中国标准”的有机融通。致力于为“一带一路”共建国家提供“中国方案”，努力成为国内一流的、具有鲜明中国特色的、引领辐射作用强的国际知名高水平高职院校。

三、项目过程

（一）“平台辐射”扩大中国职教品牌影响力

学校积极服务“一带一路”倡议，承担各级各类职教国际平台建设，不断扩大平台的国际影响力。为加强人文交流合作，在教育部国际合作与交流司指导下，学校配合中国教育国际交流协会，担任中国主导建立的职教多边国际平台——金砖国家职业教育联盟的执行秘书处。本着“平等、互利、合作、共赢”的原则，学校积极推动联盟建设，服务金砖外交。打造金砖国家间职业教育信息互通、经验共享和项目合作的多边平台，促进联盟成员开展务实合作，推动各国职业技术教育共同提升，为青年人赋能，拉动就业，服务金砖国家经济社会发展。

为开展能力建设工程，实施“未来非洲——中非职教合作计划”，开展非洲留学生就业直通车等指示，学校入选全国首批“未来非洲——中非职教合作计划”院校（图 19 - 1），帮助非洲国家培养更多人才，助力中非命运共同体构建。同时，担任中非技能等级证书项目秘书处，以中国产业标准和教学标准为基础，结合非洲实际情况，研发适合非洲青年的中非技能等级证书，赋能非洲青年，提高就业水平，助力中资企业海外用工难问题。

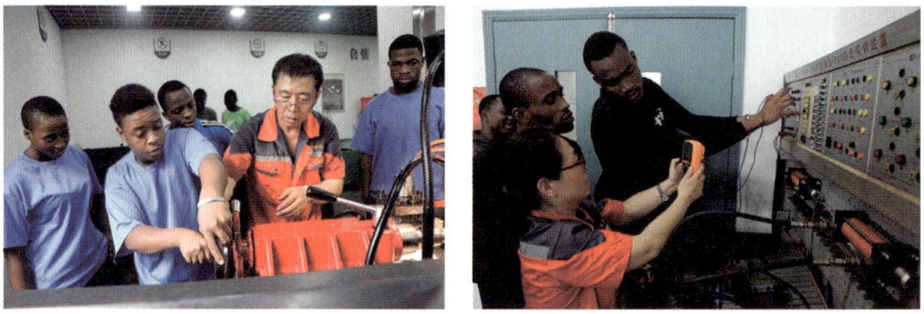

图 19 - 1　在“未来非洲——中非职教合作计划”下，学校与津巴布韦哈拉雷理工学院合作开展机电一体化技术人才联合培养项目

学校与宁波市教育局、中国教育国际交流协会共同发起成立“一带一路”产教协同联盟，近百家全国高职院校、龙头企业及行业协会积极参与联盟工作，通过整合政府、行业企业、高职院校资源，助力高技能应用型国际化人才培养，推进职业院校国际化、服务企业“走出去”、深入了解“一带一路”共建国家产业发展与职业教育发展之间的不平衡不匹配，为当地精准优化国际化技术技能人才培养方案。联盟搭建国际合作平台，联动开展多项校企国际合作，促进丝路文化交流，增进民心相通，有效发挥了连接“一带一路”共建国家政府、学校、企业与社会的桥梁作用，探索走出一条整合优化资源配置、要素自由流动、市场深度融合，低投入、高效益的职业教育国际合作发展新路。

（二）“国际培训”助力构建人类命运共同体

为落实习近平主席关于“一带一路”的系列重要讲话精神，学校积极承担中国政府人力资源援外培训任务。在构建“人类命运共同体”的框架下，学校不断探索职教援助在构建人类命运共同体中的角色定位，创新中国职教的援外培训模式，助力“一带一路”倡议走实走深。依托全国唯一的“中国职业技术教育援外培训基地”，截至 2023 年 9 月 30 日，学校已承办商务部、外交部和中联部委托的 185 期援外培训项目，共为 126 个发展中国家的教育及各产业领域高级官员、专家及技术人员 4200 余人提供培训。学校秉持“授人以鱼不如授人以渔”(图 19－2)，分享中国发展经验与中国职教方案，以培训带交流，以交流促合作，以合作谋发展，打响了中国职教国际培训品牌，创出了中国高职教育国际培训特色，为职教服务“一带一路”提供了强有力的实践支撑，推动中国职教品牌走向世界。

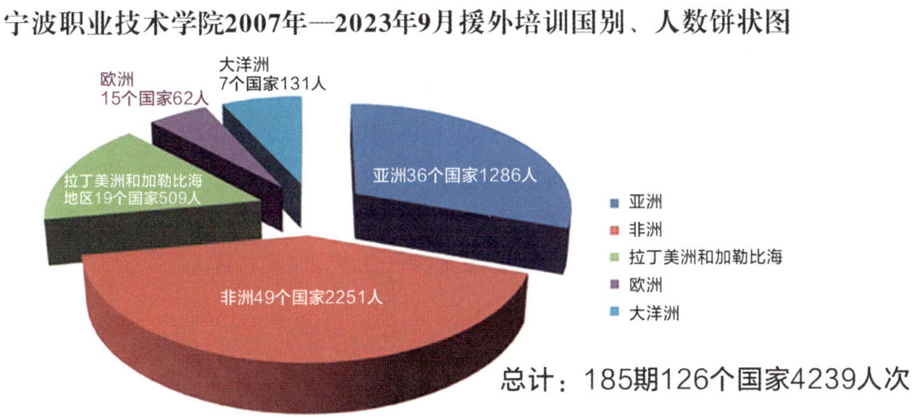

图 19－2　宁波职业技术学院开展多类型国际培训，授人以渔创特色

（三）“海外办学”服务中资企业“走出去”

在“一带一路”产教协同联盟机制下，学校大力拓展与中资企业合作，为企业海外经营发展所需人才提供精准定制化培训服务。学校与中航国际合作，承接肯尼亚教育部大中专升级改造项目“赴肯”及“来华”双向培训，为肯方提供高质量培训，中国职教模式与特色受到高度认可。与创造太阳乌干达石油学院合作，为乌干达开展工程建设人员培训，大力促进中国先进技术、装备“走出去”。学校成立“中非(贝宁)职业技术教育学院”

“中斯（斯里兰卡）丝路学院”，成为浙江省商务厅和教育厅首批“丝路学院”（图 19－3）。

图 19－3　学校在贝宁、肯尼亚、乌干达等地实施海外培训

习近平主席曾多次在不同的外交场合，就“鲁班工坊”建设提出要求。2022 年 8 月，基于“中非（贝宁）职业技术教育学院”建设成果，学校“贝宁鲁班工坊”正式获批全国首批鲁班工坊运营项目，为当地经济发展提供技术技能人才培养，探索跨境技术技能人才培养新机制，创新探索实践服务“一带一路”和企业“走出去”方案的发展模式与路径，吸引贝宁及塞内加尔、科特迪瓦、加纳等国 60 余名学生来华留学，助推“留学浙江”品牌，有效提升了中国职业教育的辐射能力。

（四）“职教研究”打造国际化研究智库

学校依托“发展中国家职业教育研究院”及国家发改委-浙大西部院“一带一路”职业教育研究基地，积极发挥研究优势，开展田野调研，为国家和省市地方提供高质量决策建议。已出版《“一带一路”职业教育研究蓝皮书·东盟卷》等。定期召开发展中国家职教研究国际研讨会，推介中国职业教育发展特色和宁波职业技术学院办学经验，为职教服务“一带一路”提供理论研究保障。经教育部国际合作与交流司批准，作为中方工作组牵头单位，开展 APEC 教育研究网络项目“亚太地区职业技术教育的需求与供给研究”。

四、合作成效

（一）分享职教“中国方案”，扩大中国职教国际影响力

学校携手机械工业第六设计研究院有限公司、中国中元国际工程有限公司等，全面参与中国政府职业教育援助项目整体规划的制订，以技术、服务、标准及理念的输出，推动职业教育顶层设计与整体解决方案的共享，努力做到“有质量、有标准、有特色”。学校与企业协作完成“援卢旺达职业教育扩建项目”“援缅甸曼德勒工业培训中心扩建项目”等中国政府职业教育援建项目的可行性研究方案、职教发展和院校建设方案等，将项目援建、物资援助与院校管理、课程开发、人员培训等职业教育援助“软服务”充分结合起来，配套“软服务”方案，精心设计后期综合管理与运维可实施方案，为发展中国家职业教育整体提升发展贡献职教“中国方案”。

（二）勇挑南南合作“职教担当”，提升发展中国家民生

学校国际培训辐射世界五大洲，有效助力广大发展中国家民生发展。学校海外办学工作获得所在国政府、民众及学生的广泛认可与好评，产生了良好的社会效应，提升了中国职业教育的知名度与美誉度。2019 年 6 月 10 日，贝宁科托努市市长伊斯道尔·农隆丰来校访问，表示中非（贝宁）职业技术教育学院在科托努市具有很高的知名度，许多当地人都知道中国宁波学校的老师在贝宁授课，学生学到了很多实用型的技能，提升了就业机会，改善了家庭经济状况。学校开展的职教研究，为院校与发展中国家开展合作，为企业更好地“走出去”提供了强有力的支撑（图 19－4）。

图 19－4　第二届世界银行中非教育合作论坛：职业教育培训班

（三）凸显品牌“涟漪效应”，产生广泛的国内外影响力

时任国务院副总理刘延东在教育部推进职业教育现代化座谈会上，对学校海外办学成绩予以高度肯定；中共中央对外联络部专题发函通告学校在援助古巴港口管理技术人员培训中所做的贡献；东帝汶总理夫人专程写来感谢信，感谢学校对东帝汶人才的精准培养；多家主流媒体对学校国际化相关工作进行了专题报道。

五、保障机制

（一）组织保障

学校专门成立国际化工作领导小组，形成“目标引领、学校推动、部门协同、分步实施”的合作协调机制。整合全校资源，从体制机制入手，以提升专业内涵为中心、以（涉外）援外培训为特色、以职教“走出去”为主力，“引进来”和“走出去”双管齐下，加快专业课程结构改革，推动职教服务“一带一路”建设。

（二）制度保障

学校学习借鉴一流高校的国际化工作管理机制和管理模式，进一步建立健全国际交流与合作及“走出去”的相关规章制度，形成科学有序的制度环境，不断提高国际化工作的治理水平，积极适应国际化工作推进的需要。进一步加强和规范外事管理工作，推动外事工作的动能向效能转化，切实保障服务“一带一路”建设工作的规范性和有效性。

（三）经费保障

学校积极整合政校行企资源，通过多种渠道筹集资金，构建多元经费保障体系。如涉外（援外）培训资助体系用于为广大发展中国家培训各类技能型人才；海外办学资助体系用于海外办学课程开发、培训标准制订，建立校企联动机制，支持校企联手“走出去”等。学校积极加强经费使用效益考核的力度，确保资金使用科学高效。

（四）队伍保障

学校大力支持教师多元国际化发展，实施分类培养“六大工程”，包括教师团队培育工程、专业带头人提升工程、双师（骨干）培养工程、博士教师培养工程、青年教师培养工程、国际化教师队伍建设工程。组织国际职教专家为专业教师开展教学能力培训，提高国际教育能力与水平。鼓励教师赴境外开展中长期进修访学。通过海外办学、援外培训等方式，定期选派专业教师赴“一带一路”共建国家授课，有效构建“双师双语双能”的教师队伍。

六、总结反思

（一）产教协同，提升服务“一带一路”建设的有效性

党的二十大报告明确指出，构建职普融通、产教融合、科教融汇的新格局，以产教融合新机制、数字化转型新动能、科技革命新生态、乡村振兴新空间和国际教育合作新模式服务推动高质量发展，书写教育服务产业转型升级与战略性新兴产业崛起的新篇章。因此，学校国际交流始终秉持职业教育产教融合特色，依托“一带一路”产教协同联盟平台，携手“走出去”企

业，培养当地急需的技术技能人才，切实提高服务“一带一路”建设的质量。

（二）按需定制，提升服务“一带一路”建设的精准性

职业教育与经济社会发展联系最为紧密，与就业和民生关系最为直接，相比其他类型的教育，更贴近民生。学校在“走出去”为合作国培养大批技术技能人才的过程中，开展充分的调研，以当地的产业发展与教育现状为基础，深入了解“一带一路”共建国家产业发展与职业教育发展之间存在的不平衡与不匹配，为当地精准优化国际化技术技能人才培养方案。

（三）坚守初心，提升服务“一带一路”建设的安全性

国际环境的日趋复杂，逆全球化不断显现，地区不稳定性、不确定性因素的增强，这些都对学校国际交流工作带来了诸多挑战。在全球对抗态势不断增强的国际环境下，参与“一带一路”建设的涉外安全因素更加复杂，各项国际合作项目推进难度不断增强。学校坚守职教初心，不断完善提高自身风险防控机制，确保服务“一带一路”建设的安全与可持续发展。

特色培育国际化人才 精准服务“一带一路”建设

——浙江金融职业学院国际化人才培养体系创新与实践

摘　要　高水平对外开放对高职国际化人才培养提出了更高的要求。浙江金融职业学院坚持为党育人、为国育才，以服务国家战略与地方发展为使命担当，致力于提升学生参与“一带一路”建设的能力，增强“一带一路”共建国家留学生的“中文＋职业技能”水平。学校构建了供需精准对接、产教深度融合的复合型国际化人才培养体系。依托全国唯一高职主办的教育部国别和区域研究高水平建设单位、国家级教师教学团队和协同创新中心、浙江省首批“‘一带一路’丝路学院”建设单位等载体，以校企共建育人平台为抓手，产教融合凝聚育人合力；以区域国别研究为突破口，科教协同发挥育人优势；以专业、语言、文化为着力点，三课堂联动丰富育人载体，在精准服务“一带一路”建设方面走出了一条国际化发展特色之路。

一、合作背景

2013年，习近平主席首提“一带一路”倡议。在“一带一路”建设的推动下，十年来，我国逐步形成了更大范围、更宽领域、更深层次的对外开放格局。越来越多的企业伴随“一带一路”建设成功“走出去”。企业对多层次、多类型、精准面向“一带一路”具体国家的国际化人才的需求日益迫切。为精准对接行业企业、深化“一带一路”建设、开展国际产能合作的需求，提升国际化人才培养的适应性和有效性，浙江金融职业学院（以下简称浙金院）勇于担当、积极作为，创新国际化人才培养路径，以服务国家战略与地方发展为使命担当，致力于提升学生参与“一带一路”建设能力，增强“一带一路”共建国家留学生“中文＋职业技能”水平，在精准服务“一带一路”建设方面走出了一条国际化发展特色之路。

二、工作目标

浙金院为回应高职国际化人才培养中存在着培养目标缺乏区域国别指向、培养机制不能有效导入政行企资源、传统培养路径成效不佳等问题，构建高职国际化人才培养体系框架，创新国际化人才培养模式，提高“一带一路”人才培养的精准性，不断提升学校国际化水平。

（一）培养“一带一路”建设的业务能手

“一带一路”共建国家的语言、文化、习俗丰富多元，法律、法规、政策各不相同，市场竞争与营商环境千差万别。企业参与“一带一路”建设需要了解某一目标国家（区域）的国际化人才。因此，浙金院创新国际化人才培养模式，培养更多企业需要的既掌握过硬的专业知识，又具备精湛的操作技术与技能，能够学习应对国（境）外相似的工作任务，起到技术示范作用的“业务能手”。

（二）培养“一带一路”建设的文化使者

中国是“一带一路”的倡导者、参与者、建设者，在“一带一路”推进过程中，更应成为中华优秀文化的传播者。教育在其中发挥着独特的作用。坚持立德树人，开展多元文化对比引导学生加强文化自信，强化民族自信；培养敢于担当、勇于奉献的精神，提高应对工作挑战的能力；培养精益求精、追求卓越的工匠精神，在国际舞台上展现中国形象，成为“一带一路”建设中的“文化使者”。

（三）共享中国职业教育的优秀标准

作为中国特色高水平职业院校，浙金院基于自身专业优势及地方产业特色，牵头开发具有中国特色的高职财经商贸类人才培育标准，共享中国职教标准和教学资源，增强中国职业教育在“一带一路”共建国家的适应性、影响力和国际传播力，为“一带一路”共建国家培养优秀职业人才。

三、具体过程

（一）专业＋语言＋国别：培育高质量国际化人才

截至 2022 年 8 月，全球 149 个国家和地区与我国签署了共建“一带一路”协议。“一带一路”共建国家的文化、语言与商务实践均存在明显差异，因此，对国际化人才培养的精准性也有更高要求。为满足这一要求，学校创新出“专业＋语言＋国别”的高职国际化人才培养模式（图 20－1）。

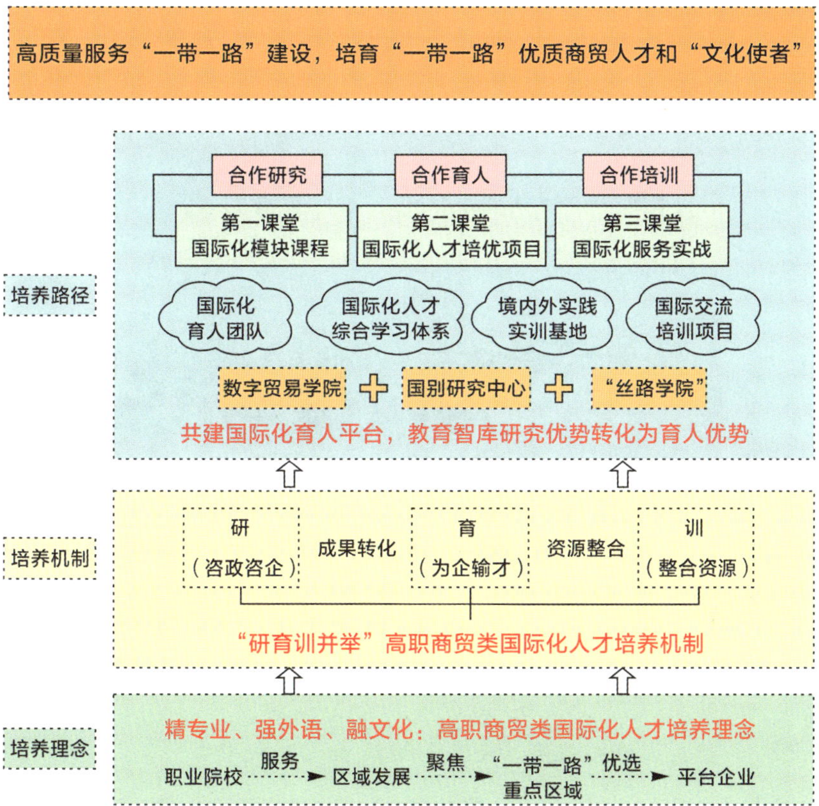

图 20－1 “专业＋语言＋国别”高职商贸类国际化人才培养体系建设思路

1. 一二三课堂融合，构建系统化人才培养框架

基于“精专业、强外语、融文化”的高职国际化人才培养理念，学校系统

重构一二三课堂，创新高职商贸类国际化人才培养框架，完善学生培养的国际化素养学分，将其纳入人才培养方案，科学引导国际化素养培育与评价考核。第一课堂完善国际化课程和资源，制订多项双语专业教学标准、课程标准，建设多门双语课程及全英语课程。第二课堂开发国际化培优项目和活动，开展国际化培优班、"SMILE"培优营、学生大使团等项目，举办"大使讲堂"、国际文化节等活动，受益学生达 10 877 人。第三课堂拓展国际服务实训实践，运行金苑翻译社，翻译"浙江名片"等外宣材料，拓展海外文化交流、境外带薪实习等国（境）外实习实践项目，为商务部援外项目、发改委"一带一路"会议等提供涉外志愿者服务，受益学生 1100 余人次（图 20－2）。

图 20－2　浙江金融职业学院学子承担商务部援外培训志愿者服务

2. "校行企"协同共建，全方位构筑多元育人平台

围绕学校国际化人才培养聚焦的"一带一路"重点国别，学校联合行业企业共建国别研究中心、产业二级学院和"丝路学院"等国际化育人平台，通过输出优质研究成果，激发行业企业参与热情，实现了五个转化：一是研究成果转化为育人资源与培训素材；二是教育智库专家转化为企业海外培

训师;三是行业企业专家转化为国际化人才培养行业导师;四是政府国际交流活动转化为国际化人才培养载体;五是企业海外基地转化为国际化人才培养实训项目与实践实战基地。学校的捷克研究中心成功获评教育部国别和区域研究高水平建设单位,中东欧研究基地入库浙江省软科学研究基地,浙金院·华立丝路学院入选浙江省首批"一带一路'丝路学院'"(图20-3)。

图 20-3　浙江金融职业学院与华立海外共建浙金院·华立丝路学院签约仪式

3. 专业语言文化并举，多维度提升国际化素养

精专业体现在国际化人才专业知识更博、职业技能更精、职业素质更高;强外语体现在国际化人才应熟英语、会二外;融文化体现在国际化人才除具备一般性的国际化素质与能力外,还需对中华传统文化及特定国别区域有更多了解,能够尊重文化多样性,具备较强的跨文化交际能力,推动文化交融。

(二)中文+技能+文化:培养知华友华国际学生

高职院校国际学生教育对推进中国职业教育对外开放,提高国际学生对中国文化的认知认同，助力中国文化国际传播，促进世界各国民心相通具有重要意义。自2017年招收国际学生以来，学校累计招收了来自三大洲25个国家的近150名国际学生，其中“一带一路”共建国家生源占比100%。学校以语言为根、专业为本、文化为魂，探索构建“中文+技能+文化”国际学生人才培养体系，通过强化国际学生中文水平，提升专业能力，深化国际学生的社会融入度，培养了一批搭建中外友谊桥梁、知华友华的国际学生。

1.做强汉语教育，畅通知华语言桥梁

学校在汉语教育方面，围绕组队伍、提素质、建平台三个关键词不断推进工作提质增效；实体化运行对外汉语教研室，教师全部拥有国际汉语教师资格证书；开展国际化领航人才项目，开展国际化素养提升专题培训项目，设立国际化研究专项课题，鼓励汉语教师积极开展海外研修，定期开展集体备课，不断提升汉语教育教学能力；完善课程体系建设，使汉语教育模式逐渐成熟，开设中文听、说、读、写语言强化课程，学生通过系统学习具备扎实的汉语基础知识，国际学生汉语言能力显著提升。

2.做厚文化素养教育，培养爱华国际学生

学校在国际学生教育中，除开设“中国概况”“中国道路与中国模式”等课程外，还积极挖掘学校、明理学院、马克思主义学院等素质教育平台的建设优势，开设太极、吟诵等中国传统文化课程及讲座，深化国际学生对我国文化理解。在实践中开展丰富多彩的中外学生交流活动，组织国际学生走出校园、参访企业、调研美丽乡村、走近中国、读懂中国。带领国际学生拍摄“讲好中国故事”和“浙江故事”的系列短视频，展示国际学生视角的杭州美。国际学生参加各类语言文化类竞赛，荣获国家级奖项3个，省级奖项5个，其中获得第六届中华茶奥会外宾组银奖、2019年中华经典诵写讲大赛留学生组三等奖，“品茶香，知杭韵”视频获“我和诗画浙江”2021年浙江省国际学生微视频比赛一等奖。国际学生对中国文化的理解和认知日益深化，进一步促进了中国的文化传播及国际合作交流。

3. 做精技能培训，为“一带一路”共建国家培养技能人才

学校发挥双高校专业建设优势，聚焦金融科技、跨境电商等领域，在国际学生教育中融入职教特色。学校与森马等企业共建电商学院、国际学生实践基地，校内外专兼职教师为国际学生讲授金融科技、电商直播等技能课程(图 20－4)，指导国际学生积极参与各类技术技能型竞赛，荣获国家级奖项 8 个，省级奖项 3 个，获得了 2019 年“建行杯”第六届浙江省国际“互联网＋”大学生创新创业大赛暨第六届中国国际“互联网＋”大学生创新创业大赛选拔赛银奖、2019 年浙江省第九届会展策划创意大赛暨首届会展策划创意国际邀请赛三等奖。学校不仅在“走进来”的国际学生教育上创新实践，更积极“走出去”，面向“一带一路”共建国家高校开设“丝路课堂”，输出课程标准与专业教学标准，为“一带一路”共建国家开展跨境电商、金融科技等“中文＋职业技能”培训，深受所在国学员欢迎。

图 20－4　浙江金融职业学院为留学生打造“中文＋职业技能”特色课程

(三)咨政＋咨企＋启民：提升国际化社会服务能力

学校通过建好区域国别研究中心，更好发挥政府“思想库”与企业“智囊团”的作用。学校的捷克研究中心已成为全国唯一由高职院校主办的教育部国别和区域研究高水平建设单位，发挥着浙江省乃至全国与中东欧国

家合作的民间窗口作用。学校与华立集团、欧洲华捷等企业共建 4 家“丝路学院”，校企共建国际化合作平台，学校的国际化社会服务水平显著增强。

1. 发挥咨政功能，有效支撑地方决策

依托捷克研究中心，积极主动作为，聚焦专长领域，争做政府“智囊团”，尤其在重要事件期间，及时开展针对性分析、布局储备性研究，为政府情势研判和政策决策提供有效支撑。近五年，捷克研究中心提交的专报涉及中（浙）捷关系走向、中国-中东欧国家合作、华侨对外传播“窗口”、科创思路等主题。为更好服务政府决策，学校联合 17 家单位发起成立中东欧经贸合作智库联盟，参与内外贸一体化、浙江-中东欧国家经贸合作等白皮书编撰，参与“捷克站”、中国-中东欧国家经贸合作示范区建设等有关咨政活动和文件的制定，推动我国与中东欧国家合作不断走深走实（图 20 - 5）。

图 20 - 5　浙江金融职业学院捷克研究中心揭牌仪式

2. 汇集多方资源，切实服务企业需要

学校坚持平台思维，汇聚政府、行业、企业 3 类资源，构建政产学研协同创新的国别区域研究生态系统。通过校政行企联动，在项目对接、风险研判、政策解析、案例梳理、宣传推广等环节实现协同，助力企业国际化经

营。近年来学校积极发挥政产学研合力,协同举办中国(浙江)-中东欧国家地方合作论坛、中国(浙江)-捷克智库论坛、中国职业教育服务“一带一路”建设论坛、职业教育高质量“走出去”品牌建设研讨会等国际性会议,开展国际产能合作高级研修班等活动,为企业提供咨询与员工培训服务。为推动职业教育更好地服务企业“走出去”,学校设计“丝路学院”品牌工程,与华立集团、欧洲华捷等共建4家“丝路学院”,为“走出去”企业国际化发展提供《捷克创新战略》《捷克教育情况手册》《泰国投资白皮书》《墨西哥投资白皮书》等研究成果,开展“中国与中东欧国家合作”“泰国财税”“墨西哥财税”等专题培训,为企业跨国经营提供高质量咨询服务。

3. 多线并行发力,持续扩大国际影响

通过品牌成果发布、平台发声、常态化学术交流、国际化场馆建设等多种方式,努力搭建中外交流桥梁,丰富双向互动渠道,增进双方理解互信。联合国内外中东欧研究领域专家,连续4年以中、英、捷三语出版年度报告《“一带一路”框架下浙江与捷克经贸合作发展报告》,出版专著《百年捷克》《别样的国度:捷克》《中国和捷克的故事(捷文版)》,发布《捷克瞭望》和《中东欧重点交流城市观察》等电子期刊,多维解读捷克及中东欧国家的发展情况。邀请专家学者讲解捷克和欧洲各国的历史和文化,已推出学术工坊讲座60期。学校青年教师代表受邀参加中国-中东欧国家地方合作高质量发展高端智库论坛(图20-6)、中国-中东欧国家合作专家学者座谈会(北京)等重要活动,并作主题发言,加强了对外交流与合作。同时,打造浙江对捷克及中东欧国家的交流窗口,建设捷克馆、中捷文化交流中心,讲好国际化进程中的“中国故事”和“浙江故事”。

图 20-6 浙金院联合政行企举办中国(浙江)-中东欧国家地方合作论坛

四、合作成效

经过近十年的探索与实践，学校高质量服务“一带一路”建设能力明显提升，国际化师资团队实力日益增强，全体学生广泛受益。成果不断向境内外同类院校辐射，日益形成职业教育国际化特色品牌。

（一）商贸类国际化人才培养成效显著

学生国际化服务能力大幅提升。205 名学生为商务部援外培训等提供志愿服务超过 18 500 人次；1 名学生参与金苑翻译社、国际化培优班等实战项目 53 项；189 名学生参与国际化调研项目 78 项，407 名学生赴境外带薪实习、海外研修等。

学生专业及语言能力显著增强。46 名学生赴境外参加国际会议或技能竞赛，学生获得省级及以上技能竞赛奖项 1082 人次；208 人次获各级英语竞赛奖项。1000 余人选修第二外语，英语四级通过率超过 60%。

国际化素养资源建设形成规模。丰富国际化人才培养数字教学资源建设，共建设国际化模块课程 112 门，数字国际化素养素材 2.64 万个，通过国际贸易资源库覆盖全国学员 21.4 万人。

（二）师资队伍国际化服务能力明显提升

1. 职教标准成功“走出去”

与阿里巴巴等合作开发跨境电商 B2B、B2C 运营职业技能等级标准，制订双语专业教学标准 21 项、课程标准 38 项，开发双语课程 74 门，全英语课程 46 门，成功向泰国、柬埔寨、哈萨克斯坦等国输出《外贸单证操作》《跨境电商实务》等课程标准。

2. 咨政服务能力深受肯定

提供捷克、墨西哥、泰国等国别研究、产业分析、风险评估报告 64 份，被政府部门采纳 58 篇，获领导批示 29 份，发布《捷克教情报告》《泰国投资白皮书》《墨西哥投资白皮书》等报告 8 份，成为政府“智囊团”。

3. 行企培训成效广受好评

面向泰国、墨西哥等 28 个国家开展境外培训 2257 人，与行业协会合作开展“一带一路”国际产能合作、国际货运代理企业高研班等培训，惠及企业 500 余家。

（三）高职服务“一带一路”国际化品牌效应显现

1. 国别研究品牌效应凸显

捷克研究中心成为全国唯一高职主办的教育部国别和区域研究高水平建设单位和浙江省重点培育智库，学校已成为浙捷合作的民间“窗口”，先后接待捷克前政要 4 位、捷克政商学界代表百余人，捷克参议员向学校赠送捷克百年货币，捷克前总理受聘成为学校特聘教授。

2. 国际传播能力大幅跃升

建设国际科研合作平台 1 个，开展国际科研合作 8 项，合作出版外文专著 8 部，与国内外智库及相关政府部门共同举办中国-中东欧国家地方合作论坛、中国-捷克智库论坛等活动，先后在北马其顿、斯洛文尼亚等中国-中东欧国家合作高级别智库论坛作主题发言。

3. 辐射示范效应明显增强

“专业＋语言＋国别”高职商贸类国际化人才培养模式获浙江省教学成果特等奖，先后在浙江省推进“一带一路”建设大会、中国（宁波）-中东欧国家教育合作交流会、浙江-捷克教育合作交流会上分享经验。成果辐射全国财经商贸类专业群，累计400余家兄弟院校到校学习交流，多家媒体113次对成果予以报道，发挥了引领示范作用。

五、总结反思

（一）立足当地、服务产业

立足当地、服务产业是职业教育人才培养的基本策略。高职院校在改革人才培养的过程中，必须主动对接和服务地方“一带一路”建设和产业转型升级，以企业国际化经营面临的人才问题为导向，供需精准对接，调整职业教育国际化人才培养方向和策略，搭建与之相配套的国际化专业和课程，推动教师、教材、教法的国际化改革，共建产教融合、科教协同的国际化人才培养生态。

（二）“引进来”和“走出去”并进

在“一带一路”高质量建设和建立“职教强国”的关键时期，职业教育在推进国际化人才培养的过程中要从“以他为主”向“以我为主”转变，更加注重优质职教资源的共享。一方面，继续引进国际先进、成熟、适用的教育教学资源，结合学校和当地产业发展实际进行本土创新，提升人才培养质量和效能；另一方面，积极对接“一带一路”建设，服务企业“走出去”，扩大深化国际职教合作，分享中国职教人才培养特色经验和做法，推进中国职教的国际品牌建设。

（三）全程贯穿、全域协同

职业教育国际化人才培养需要构建全程贯穿、全域协同的育人工作机制。基于服务国家"一带一路"建设和企业国际化发展的多元需求，结合学校办学定位、学科布局和专业特色，制订国际化发展的中长期规划，明确国际化人才培养的长短期目标，全面统筹办学治校各领域、教育教学各环节、人才培养各方面的国际化育人资源和育人力量，多方联动汇聚国际化人才培养的合力，在国际化人才培养目标、方案、标准、教育教学、实习实践等全过程构建全员、全程、全方位的国际化育人格局。

服务援外树品牌，加强合作促发展

——安徽国际商务职业学院国际交流合作工作纪实

摘　要　安徽国际商务职业学院通过承办商务部援外培训项目，积极响应国家“一带一路”倡议，传播中国文化，为发展中国家和地区贡献中国智慧、提供中国方案，并在工作实践过程中形成了独具特色的援外培训模式，为加强国际交流与合作，构建人类命运共同体做出新的贡献。同时，学校依托行业办学优势，成立“商海翻译社”，主动服务地方经济社会发展。建设“鲁班工坊”培育项目——“徽匠工坊”，开展职业教育国际交流合作，服务“走出去”的安徽本土企业，推动职业教育“走出去”。

一、合作背景

多年来，中国在致力于自身发展的同时，始终坚持向其他发展中国家提供力所能及的援助，帮助受援国增强自主发展能力，丰富和改善人民生活，促进经济发展和社会进步。援外培训项目是由中华人民共和国商务部主办的一项面向广大发展中国家的人力资源培训项目，旨在为广大发展中国家的政府官员、技术人员和企业人士提供专业培训，帮助他们增强知识储备、提升专业技能，同时促进中国与各发展中国家之间的交往与合作。

2012 年，经商务部批准，安徽国际商务职业学院成为安徽省唯一的中国对外援助培训项目承办单位。2013 年以来，在商务部培训中心、安徽省商务厅的关心和指导下，在各协办单位的共同努力下，安徽国际商务职业学院共承办援外培训项目 46 期(含 1 期境外培训项目)，累计有来自 85 个发展中国家和地区的 1160 名的政府官员、技术人员参加了培训。

依托多年来承办商务部援外培训项目所积累的成功经验和优秀师资，学校于 2017 年组建了“商海翻译社”，建设高职院校外语翻译团队，为国际交流与合作提供外语人才支持，积极推进职业教育“走出去”。

“鲁班工坊”是天津市率先主导推动实施的职业教育国际知名品牌，以鲁班的“大国工匠”形象为依托，在广大发展中国家和地区设立“鲁班工坊”，将中国优秀的职业技术和职业文化与世界分享，搭建起中国职业教育与世界沟通的桥梁。安徽国际商务职业学院是鲁班工坊建设联盟的发起单位之一。2022 年 7 月 6 日，安徽国际商务职业学院与缅甸仰光职业技术学院联合举行鲁班工坊培育项目——“徽匠工坊”签约揭牌仪式。

二、工作目标

安徽国际商务职业学院始终坚持中国特色大国外交理念，坚持以维护世界和平、促进共同发展为宗旨，积极响应国家“一带一路”倡议，落实《推进共建“一带一路”教育行动》、《中国教育现代化 2035》等文件所提出的实现职业教育国际化发展思路，积极申办并高质量承办商务部援外培训项目，主动服务先期“走出去”的安徽企业，探索与国外职业院校共建专业，培养国际学生，不断提升学校国际化水平。

（一）树援外品牌，架友谊之桥

作为安徽省唯一的商务部援外培训承办单位，学校将援外培训与国家“一带一路”倡议及其他重大国家战略紧密结合起来，打造安徽省援外培训品牌，最大限度地发挥援外培训的带动效应，为推进安徽省对外经贸合作铺路架桥，与其他发展中国家分享中国的发展经验和实用技术，帮助发展中国家培养人才，增强其自主发展的能力。

（二）讲安徽故事，促职教合作

积极响应国家“一带一路”倡议，主动服务“走出去”的安徽企业，联合招收和培养外国留学生。以鲁班的“大国工匠”精神为先导，结合“徽文化”特色，建设鲁班工坊培育项目——“徽匠工坊”，开展中外合作职业培训，探索职教领域学历教育国际合作，在“一带一路”共建国家开展职业教育，促进中外职业教育交流合作，提升技术技能型人才培养质量，共建共享职教改革发展的经验和成果，让安徽职业教育优秀成果走向世界。

三、项目过程

（一）创新援外培训教学模式

1. 高度重视，提前部署

学校高度重视援外培训工作，科学谋划，扎实推进。在承办商务部援外培训项目的具体实施阶段，学校根据不同的研修班主题，积极组织校内外专家研究制订课程体系和课程标准。除协调本校的优质师资为广大发展中国家和地区的学员提供中国文化、汉语等相关的课程，并承担与学校开设专业相关领域的专业课程外，学校还积极邀请安徽省内各高校、企业和研究院所的专家、技术能手和名师学者开展专业知识讲座、技术技能培训。

2. 线下培训，授人以渔

研修班学员来到中国、来到安徽参与线下培训，在实施过程中，除了采取传统的课程讲座模式（图 21－1），由各领域资深专家传授知识和技能之外，学校还不断创新线下教学模式，融入异地教学、实践活动、文化体验等多种形式，在传授知识的同时，更加注重培训内容的实用性和可操作性，将中国先进的科学技术传递给外籍学员，为发展中国家和地区贡献中国智慧、提供中国方案，真正做到授人以渔。同时关注授课教师与参训学员之间的交流与互动，从而增进与各国参训学员的了解与友谊。

图 21－1　专业课程讲座

3.异地教学，见证发展

在承办商务部援外培训项目过程中，根据商务部培训中心和安徽省商务厅的有关要求，结合各期研修班的主题，学校积极组织来自广大发展中国家和地区的学员开展实践活动和异地教学（图 21－2），通过实地走访调研和亲身体验，结合教师现场讲授，进一步巩固和加深学员对技术技能的掌握和应用。

图 21－2　开展异地教学

在异地教学活动中，广大发展中国家和地区的学员还可以通过观看高端智能制造产品使用演示、实地操作高科技产品、乘坐中国高铁活动，亲身感受和体验中国自改革开放以来所取得的不凡成就，见证中国的腾飞与崛起，让“中国故事”更加生动。

4.感受传统，倾听故事

中国拥有五千年的悠久历史和灿烂的文化，而安徽省同样是一个拥有丰富文化底蕴的省份。在承办商务部援外培训项目过程中，学校积极主动将中华优秀传统文化融入专题讲座和实践教学中，特别注重结合安徽地方特色，开展“徽菜”“文房四宝”“茶艺文化”“传统中医药”等专题讲座和文化体验活动（图 21－3），让广大来自发展中国家和地区的学员感受中华文化的博大精深，从而了解中华优秀传统文化，爱上中华文化，做“中国故事”“安徽故事”的传播者。

图 21-3　学习茶艺文化

5. 深入交流，互通互融

在商务部援外培训项目的实施过程中，除了向广大发展中国家和地区的学员介绍中华优秀传统文化之外，学校也创造机会让来自不同国家和地区的学员展示自己本国的优秀文化，促进各国文化之间的交流与融合。在每一期培训项目中，学校都会组织国情交流会，各国学员以国家为单位进行分组并组队，互相介绍本国的基本情况及各具特色的风土人情。在研修班的结业仪式上，各国学员们都会精心准备并表演富有本国特色的歌曲和舞蹈（图 21-4）。援外培训项目由此搭建起一个各国之间相互交流的平台，来自广大发展中国家和地区的学员相互理解、相互欣赏、相互尊重，促进了不同民族、不同文化的深入交流、相互融合。

图 21－4　欣赏黄梅戏

6.顺应形势，创新教学

安徽国际商务职业学院顺应新形势，立足新发展阶段，融入新发展理念，构建新发展格局，创新教学形式，积极稳妥推动线上援外培训项目。在线上援外培训项目实施过程中，专业教师在线传授理论知识，云端演示技术技能（图 21－5）；同时，通过建设云参观视频资源库，向各国学员介绍中华优秀传统文化、中国取得的巨大成就，以及中国在扶贫减贫、脱贫攻坚方面取得的丰硕成果，向受援国讲述中国故事。

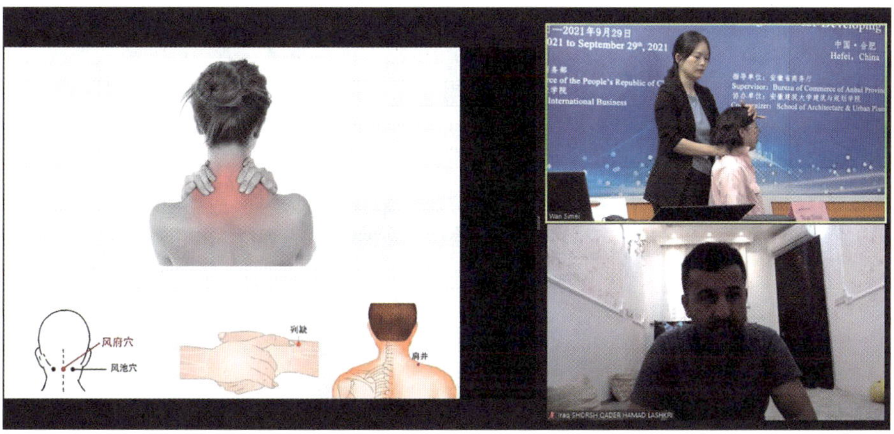

图 21－5　讲授中医药传统文化

（二）组建“商海翻译社”，提升国际服务能力

2017 年，学校依托外语专业师资优势，组建“商海翻译社”，建设高职院校外语翻译团队，积极推进职业教育改革，服务国际交流与合作。多年来，“商海翻译社”长期为学校承办的援外培训项目提供外语服务，服务范围主要包括外籍学员管理、授课翻译、课程资源翻译等，并先后翻译了学校“扶贫攻坚成果展示”“讲好中国故事之中医药文化”等援外项目视频资源，翻译的“中国国情概要”在线课程入选商务部培训中心首批援外培训精品课程。在学校承办援外培训项目过程中，“商海翻译社”的外语教师们积极发挥自身外语优势，为援外培训项目提供高质量的翻译服务，取得了良好的社会效应。

2018 年和 2019 年，“商海翻译社”先后选派 14 名外语教师赴上海担任中国国际进口博览会外事联络官，接待外国部长级代表团和国际组织官员（图 21－6）。

图 21－6　“商海翻译社”成员服务进博会

（三）开展多方合作，推进“徽匠工坊”建设

2021 年，学校申报的“鲁班工坊”培育项目——“一带一路”上的“徽匠工坊”项目，获得教育部职业教育提质培优行动计划立项建设、安徽高校服务支撑“三地一区”建设工程项目立项建设、入选“安徽省职业教育创新发展试验区培育库项目”。

经过前期的充分调研，2022 年 7 月 6 日，安徽国际商务职业学院与缅甸仰光职业技术学院联合举行“徽匠工坊”签约揭牌仪式，共建电子商务专业，培养电商人才（图 21－7）。

图 21－7 “徽匠工坊”签约揭牌仪式

“徽匠工坊”项目揭牌后，安徽国际商务职业学院联合缅甸安徽商会，于 2022 年下半年先后两次为 11 家在缅安徽企业的中国籍和缅甸籍员工提供了 100 余人次的专题系列职业培训（图 21－8），帮助有关企业熟悉政策、学习技能、拓宽视野，助力相关企业在缅甸更好地发展。

图 21-8　开展专题职业教育培训

“徽匠工坊”项目的落实与推进，搭建起安徽职业教育与缅甸乃至其他东盟国家沟通的桥梁，进一步提高了安徽国际商务职业学院的国际化办学水平。2022 年 11 月，依托“徽匠工坊”项目，安徽国际商务职业学院联合缅甸安徽商会等有关单位，正式启动了第一批国际学生招生工作。

四、合作成效

（一）援外培训获美誉

援外培训项目服务国家“一带一路”倡议，为广大发展中国家培养了技术技能人才，增进了对外文化交流与融合，发挥了学校办学优势，提高了学校的社会美誉度，同时加深了与外方的良好友谊。

在国内承办援外培训的同时，学校不断探索产教协同“走出去”的新路径。2017 年，在安徽省外经建设（集团）有限公司协助下，学校援外培训项目工作人员和相关教师远渡重洋，前往位于加勒比海上的岛国格林纳达，并在该国举办了 2017 年格林纳达体育场维护海外培训班（图 21-9），为当地的参训学员提供了实用的体育场馆维修教学。培训班举办期间，受到了中国驻格林纳达使馆和格林纳达各界的高度关注与普遍赞扬，在学校承办援外培训的历史上也具有重要的开创意义。此次培训班是中国政府首次以官方名义在格林纳达开展援外培训，也是学校首次在境外承办援外培训班。培训班的成功举办，也为安徽企业拓展格林纳达和加勒比地区市场创造了有利条件，进一步加快了安徽省“产教协同”走出去的步伐。

图 21－9　格林纳达体育场维护海外培训班课堂

（二）“徽匠工坊”建桥梁

学校与缅甸仰光职业技术学院合作共建的鲁班工坊培育项目——“徽匠工坊”，是极具安徽特色的鲁班工坊培育项目。对在缅甸的安徽企业的员工进行职业教育培训，这一方面是落实《关于推动现代职业教育高质量发展的意见》等文件要求的具体实践，另一方面也为海外中资企业与国内职业院校之间的学习沟通架起了一座桥梁，让员工通过培训学到有用的知识，开阔自己的眼界，把学到的知识应用到工作实践中，促进企业在缅甸得以更好的发展。

本项目的实施和开展，有助于深化中缅两国之间的传统友好情谊，有助于搭建起安徽职业教育与缅甸沟通的桥梁，有助于提高学校职业教育国际化办学水平。

（三）翻译社团促发展

“商海翻译社”自成立以来，除积极组织本校外语教师参与各类社会服务之外，还广泛吸收安徽省其他各高校，如合肥工业大学、安徽大学、合肥师范学院、安徽工业经济职业技术学院、安徽城市管理职业学院的优秀外语骨干教师，积极参加翻译社安排的各项翻译工作。

近年来，“商海翻译社”还积极服务于安徽省人民政府主办、安徽省商务厅承办的中国国际徽商大会、中国中部贸易投资博览会、世界制造业大会等大型展会，承担相应的外事接待工作，并为各类大型展会提供笔译和口译服务。截至目前，“商海翻译社”已累计提供100多万字的项目翻译成果，累积接待各类外宾1000多人次。

通过长期从事外语翻译专业实践，外语教师在服务地方经济社会发展、促进国际交流合作、传播中华优秀传统文化、讲好中国故事等方面发挥了积极作用。同时，“商海翻译社”的广大外语教师们也通过参与各类翻译活动，开阔了国际视野，提升了“双师素质”，提高了实践教学能力，促进了专业人才培养工作高质量发展。

（四）交流合作结硕果

近年来，依托援外培训、“徽匠工坊”项目，经积极申报，安徽国际商务职业学院先后获批建设“安徽省国际交流合作基地”“安徽省华文教育基地”和省级“外语翻译技术技能大师工作室”。2022年，学校“商海翻译社”事迹入选教育部“职业教育改革发展和国际交流合作典型案例”。

五、保障机制

通过多年来的国际交流与合作实践，学校已逐步形成了规范的保障机制。

（一）组织和制度保障

学校制订了技能型高水平大学建设项目实施方案，明确了国际化办学思路；建立了国际交流与合作工作机制，确定了具体建设任务；制订了援外培训经费管理办法、教科研项目经费管理办法等制度，严格执行国家有关国际交流与合作相关文件规定，从制度上保障各项目有序推进。

（二）经费投入保障

学校设立了援外培训专项经费，专款专用，用于历年的商务部援外培训项目承办所需开支。此外，学校还将“徽匠工坊”项目建设、招收国际学生、“商海翻译社”建设等项目开支纳入年度预算，确保国际交流与合作各相关事项有稳定的经费保障。

（三）师资保障

学校依托“商海翻译社”建立了稳定的外语外事服务保障团队资源库，可通过线上线下多种途径提供各语种口笔译服务、外事接待和保障服务，并开展多语种专业课教学和技能培训。

六、总结反思

（一）发挥自身优势，形成国际交流与合作的“安商特色”

学校发挥行业办学优势，加强探索创新，积极开展多形式、可持续的国际交流活动，充分发挥在国际交流和开放合作方面的引领、辐射、示范、带动作用。依托援外培训的良好基础和省级“徽匠工坊”项目，通过继续承办援外培训、拓展境外职业培训和学历教育、招收国际学生等多种方式，增强学校的国际化办学特色和地方技能型高水平大学建设成效，服务职业教育高质量发展。同时，学校将继续积极响应“一带一路”倡议及其他重大国家战略，并致力于结合安徽地方特色和安徽省涉外企业的实际需求，服务于安徽“走出去”的企业，不断形成和完善国际交流与合作的“安商特色”。

（二）顺应发展形势，不断取得新成果与新突破

自2023年起，高职院校的国际交流与合作工作面临着全新的形势。结合学校自身实际情况，在条件成熟的情况下，学校逐步恢复线下来华援外培训项目，继续推进国际学生招生工作，并依托“徽匠工坊”项目建设适时赴境外开展线下职业培训，在新形势下不断取得国际交流与合作的新成果与新突破。

国际视域下创新“三共双赢”产教融合模式，助力中国飞机维修技术标准走向世界

——厦门城市职业学院“1＋X”国际人才培养模式示例

摘　要　为贯彻国家创新驱动发展战略纲要，落实中央全面深化改革委员会对厦门自贸区提出的“全球一站式航空维修基地建设”“培养国际化高素质技术技能航空维修人才”的要求，厦门城市职业学院以融合政校行企共同利益为纽带，在政府指导下与厦门太古飞机工程有限公司等企业的合作中，创新建设“三共双赢一不变”的产教融合生态圈，打造课证融通和国际化办学“双引擎”来驱动飞机机电设备维修专业建设，实施“1＋X”国际化人才培养模式。学历教育深度对接航空维修执照标准，基于产教融合实施国际化办学，分享飞机维修中国标准，同时助力“一带一路”建设，提高学校办学国际影响力。

一、合作背景

（一）服务国家与区域经济发展

近年来，随着我国国际影响力的提升及“一带一路”倡议的不断推进，我国与“一带一路”共建国家的职业教育交流合作进一步深入，这些国家学习中文和中华文化、接受职业技能教育培训的需求与日俱增。同时，我国驻外企业对懂汉语、精技术且对中国文化有所了解的国际化专业技能型人才需求也不断增加。中央全面深化改革办公室（以下简称中央深改办）对福建自贸区厦门片区提出了建设中国（厦门）全球一站式航空维修基地的

目标。为使职业教育在“走出去”的过程中更具针对性和国际适应力，推动国际中文教育和职业教育多元化融合发展，培养具有全球就业高适应性的高素质技术技能国际人才，最终实现中国标准走向世界的目标，体现校企合作产教融合的“1＋X”模式，成为我校培养飞机维修业高素质技术技能国际人才的必然模式。

（二）服务多方需求

厦门城市职业学院（厦门开放大学）秉持“育人为本、跨界融合、服务需求、追求卓越”的办学理念，近年已逐步形成“产教融合共同发展、大爱匠心协同育人”的办学特色和校园文化。“服务需求”作为学校的重要办学理念之一，要求既服务国家战略和地方区域经济发展的需求，也服务中外学生自身发展的需求。因此，产教融合共同发展，构建新型“1＋X”国际学生培养模式，培养高素质技术技能国际人才，是服务建设福建自贸区厦门片区中国（厦门）全球一站式航空维修基地这一目标的需求，是服务厦门市“现代化国际化”发展目标的需求，也是服务中外学生获取欧洲航空安全局认可的 EASA PART－147 国际技能证书及以国际中文为工具语言获取 CCAR－66R3 民用航空器维修基础执照的需求。

为服务国家战略与区域经济发展战略，2015 年 6 月厦门城市职业学院申请并获批外国留学生招生资格，面向东盟等“一带一路”共建国家留学生开展欧洲航空安全局飞机维修证书相关培训。已与厦门太古飞机工程有限公司共同招收国际生 202 人，55 人获 EASA PART－147 证书，为国内外航空公司、维修单位输送了高素质技术技能航空维修人员。2016 年由校企双方共同创办的福建省首个高职“飞机机电设备维修”专业，至今已有毕业生 200 余名，在校生近 300 名。

在与厦门太古飞机工程有限公司多年合作办学中，厦门城市职业学院先后与厦门新科宇航科技有限公司、元翔（厦门）国际航空港股份有限公司、山东航空厦门分公司等开展合作，建设福建航空机电职教联盟。

在飞机机电设备维修（下文简称飞修）专业从无到有的发展历程中也面临着如下突出问题和挑战：专业的培养标准、目标还未完全紧密对接民航局各项法规与要求;中国航空产业快速发展必将促进中国航空维修形成自己的标准;人工智能、大数据、工业互联网、数字孪生等高新技术将赋能智慧维修技术,并深刻影响传统"育训"过程。这些都是对航空维修人才培养提出的新的课题。

二、工作目标

厦门城市职业学院飞修专业以"课证融通"为人才培养模式的内核,结合国际化办学实现专业建设的"双引擎"驱动,赋予参与校企合作的 147 个培训机构多属性平台功能,在"一带一路""两岸融合"、精准就业、人才定制、共建平台、课程开发、创新创业与技能大赛等方面与企业开展深度合作,全面落实深化国际产教融合要求。

(一)做国际职业资格证书培训的参与者

服务建设福建自贸区厦门片区中国(厦门)全球一站式航空维修基地,面向东盟等"一带一路"共建国家留学生、航空企业员工开展欧洲航空安全局飞机维修证书培训培养,把 EASA PART－147 证书课程有机嵌入高职学历教育,课证融通提升学生实践能力和国际化视野,为专业国际化标准的建立打下根基,解决高素质国际化技术技能飞机维修人才供给不足的问题。深化扩大校企在"课证融通""一带一路""两岸融合"方面的做法和成果,形成国际认可的课程标准、专业标准。

(二)做中国职业资格证书标准的输出者

伴随国家构建中国特色大飞机产业体系及创新体系需求,学校申请 CCAR－147 中国民航民用航空器维修培训机构资质,紧密对接中国民航局各项法规,借助人工智能、大数据、工业互联网、数字孪生等高新技术赋能智慧维修技术,完善"中国文化＋智慧维修职业技能",开展 CCAR－66R3 民用航空器维修基础执照培训,共同促进形成中国民航航空维修标准,推广应用上升到国际标准。

三、项目过程

为持续缓解职业教育与行业企业岗位需求脱节的矛盾，积极应对挑战并加强校企合作的深度、广度，进一步落实《国家职业教育改革实施方案》，落细“三教”改革的实施，厦门城市职业学院以“课证融通”为内核的实质性产教融合，结合新型国际化合作办学模式进行双引擎驱动来发展飞修专业（图 22 - 1）。

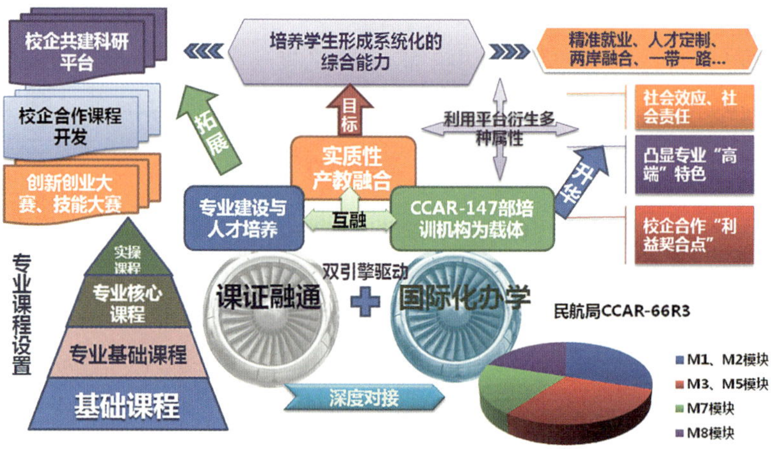

图 22 - 1　课证融通与国际化办学共同驱动飞修专业发展

（一）政府搭台，校企共建“厂中校”培训中心，运用演化博弈分析的方法，构建校企命运共同体，提升产教融合水平

为落实中央深改办对福建自贸区厦门片区提出的建设中国（厦门）全球一站式航空维修基地的需求，在厦门市政府的牵线搭桥下，厦门城市职业学院与厦门太古签订了《联合培养飞机机电设备维修人才合作协议》，创新产教融合模式，提出坚持“三共双赢”，主动为企业提供有价值的服务，调动企业参与职业教育的能动性。通过建设产教融合发展的高水平实训基地及运用演化博弈分析的方法（图 22 - 2），校方的诉求和企业的利益达到契合，实现了高质量的发展目标。

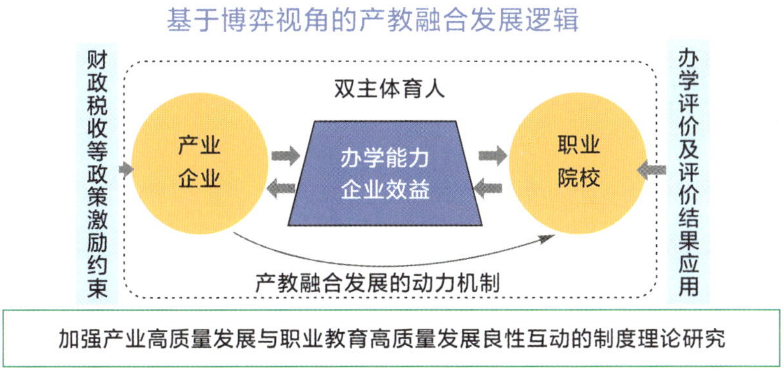

图 22－2　演化博弈产教融合分析方法

校企共建“厂中校”培训中心及校内外实训室(基地),由厦门太古投资4000多万美元建成,占地45 623平方米(图22－3)。厦门城市职业学院300余名专科学生和200多名国际留学生共享厦门太古培训设备,为企业累计投入了近千万元培训费。

图 22－3　校企共建“厂中校”培训中心

《民用航空器维修人员执照管理规则》中明确规定,执照培训机构的航空器必须自有,并支持校企以产教融合模式申办培训资格证书。依此,厦门城市职业学院负责采购了大型航空器,建设了基于“校中厂”的智慧航空实训基地。

通过上述资金共投、资源共享、专业共建、人才共育等多元办学举措,运用演化博弈分析的方法研究产教融合过程中学校与企业博弈主体的互动关系,在校企之间构筑紧密的纽带和稳固的桥梁,构建校企命运共同体。

（二）校企协同育人，课证融通育训并举；国际化招生，探索输出中国民用航空职业教育标准

高职教育中飞修专业培养的毕业生不应只是普通的航空维修人员，而是能在国际化场合、复杂航线任务情境下执行航空维修任务的高素质复合型人才。在这一共同目标下，厦门城市职业学院与厦门太古教师共同制订了飞机维修人才培养方案，将学校理实一体实训室建成“厂中校”，实操课程聘请厦门太古教师讲授，把 EASA PART－147 证书课程有机嵌入高职学历教育，课证融通提升了学生实践能力和国际化视野，为专业国际化标准的建立打下了根基。

在对国内标准的融通方面，飞修专业部分专业课程无缝对接中国民航局 CCAR－66R3（下文简称 66 部）航空维修执照标准（表 22－1），将人才培养目标和取得维修执照这个“证”结合统一起来，充分利用政策良机，在学历教育阶段即能完成执照的申领，使“课”与“证”目标一致。学生毕业就能持证，这样可以大大减少用人企业的再培训时间和经济成本。

表 22－1　飞修专业课程与 66 部培训体系对照情况

项目	现专业课程名称	与 66 部培训规范对接情况	与企业、行业合作情况
专业基础课	航空法规与人为因素	M2—航空器维修	校企师资团队共同授课
	空气动力学基础与飞行原理	M1—航空概论	
	飞机维修专业英语 1	M9—航空技术英语	采用校合作开发教材
	飞机维修专业英语 2		
	航空维修技术英语		
专业核心课	飞机构造基础	M3—飞机结构和系统	校外实训基地参与校企师资团队共同授课
	飞机系统与附件		
	飞机电子系统		
	飞机电气部件		
	燃气涡轮发动机原理与结构	M5—航空涡轮发动机	校外实训基地参与校企师资团队共同授课
	燃气涡轮发动机系统		

续表

项目	现专业课程名称	与66部培训规范对接情况	与企业、行业合作情况
实训课程	工具量具与仪器使用	M7 实操模块—航空器维修基本技能	校外实训基地开展校企师资团队共同授课
	维修基本技能—机械		
	维修基本技能—航电		
	维修基本技能—结构		
	航空器综合培训平台	M8 实操模块—航空器维修实践	校内实训基地开展校企师资团队共同授课

通过灵活、多层次的校企协同育人方式，构建融合 EASA PART-147、CCAR—147 部资质的国际工程教育人才培养体系，伴随中国大飞机发展战略，探索输出中国民用航空职业教育标准。

四、合作成效

（一）课证融通育训并举，学生综合素质和持续发展能力有效提升，促进海峡两岸航空维修人才的联合培养

在校企合作“1＋X”模式提升国际学生培养质量的基础上，厦门城市职业学院于 2021 年 10 月成为厦门金砖新工业能力提升培训基地首批挂牌单位，也是首批获“厦门金砖新工业能力提升培训基地联盟”授牌的五所高校之一。在学校举办的首场金砖国家企业知识产权提升培训班上，有 9000 多位知识产权从业人员通过线上线下参训，提升了应对海外知识产权风险的能力。学校将以高水平、国际化标准，聚焦政策协调、人才培养、项目开发三大重点领域，开展面向金砖及“金砖＋”国家不同领域、不同层次的人才培训活动，打造特色鲜明、品牌优势突出的个性化培训体系推进培训基地建设，助力推动金砖国家培养掌握先进技术、具有国际科技视野、适应新工业革命需求的新型人才，为新工业革命伙伴关系建设储备更多优秀人力资源。

厦门城市职业学院“智慧飞机维修”入选教育部人文交流中心“未来技

术技能人文交流人才国际训练基地”项目。项目以基地建设为抓手，促进人才培养及国际交流合作，推动校企深度合作和协同“走出去”，服务“一带一路”建设和人类命运共同体构建。

在“两岸融合”方面，学校已与台湾科技大学等职业院校达成合作意向，促进海峡两岸航空维修人才的联合培养，加强海峡两岸交流。

飞修专业生源来源丰富广泛，性质多样，既有国内高考学生，也有台湾地区技校毕业生，还有来自各国的留学生。

飞修专业已毕业五届（2019—2023 届）学生 200 余人，毕业生在航空工程相关企业的就业率达 70%（图 22-4）。还有部分学生以飞机维修岗位直招士官入伍，为各基地做维修战斗机、战斗机数据分析处理等工作。

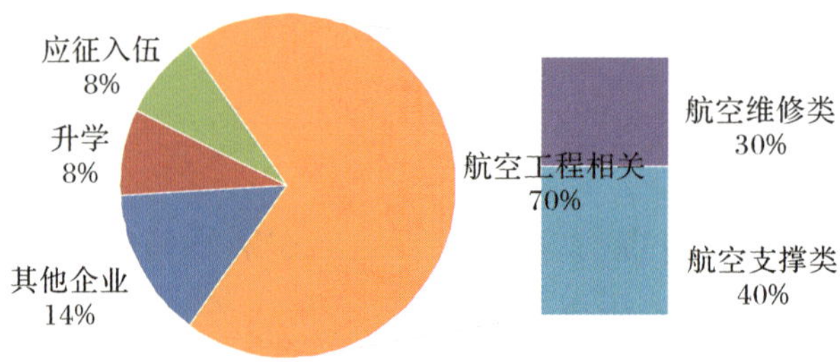

图 22-4　飞修专业毕业生就业分布（2019—2023 届）

（二）中文＋欧盟飞机维修 EASA 证书培训模式，弘扬中华文化，助力企业服务“海上丝绸之路”

在国际招生中，采取“中文＋EASA 证书培训模式”，学制为 18 个月，考试合格可获得 EASA PART-147 维修培训证书（图 22-5）。

图 22－5　EASAPART－147 维修证书培训模式

在此期间，厦门城市职业学院与乌克兰国立航空大学等签署合作协议，协同“一带一路”校企交流协会共建国际汉语培训基地，为留学生开设“中国文化精粹”课程，包括饮食文化、书法、中医、茶道等内容，借助体验式的教学方法及手段，提升了留学生的人文素质和跨文化交流能力。

高质量的培养使学生在自己的航空公司迅速成长为部门技术骨干，部分毕业生将东盟航空公司航空维修业务回馈厦门太古，扩大了企业业务领域，更好地服务“海上丝绸之路”。

（三）校企深度合作，专业课程建设成效显著，打造飞机维修高水平专业师资队伍

飞修专业教师带领学生到厦门太古培训学习、交流锻炼，提升自身专业素养，熟悉行业运作和发展，将企业工作过程和内容紧密地与课堂教学内容相结合，有效并有针对性地提高教学质量和效率，与企业共同合作开发课程。师资队伍中“双师型”教师所含比例大于 50%，大部分专业教师拥有在厦门机场、厦门太古、新科宇航等企业实践经验，台湾地区教师拥有在台湾、香港航空公司从业经验，多名教师持有 66 部民用航空器维修人员

执照。

校企共建的理实一体化实训中心获批福建省“智慧交通虚拟仿真实训基地”，智慧交通获批厦门市特色优势专业群，共建的《航空维修专业英语》校本系列教材填补了高职院校的教材空缺(图 22－6)。

图 22－6　校企合作开发《航空维修专业英语》系列教材

五、保障机制

（一）构建校企合作长效机制

坚持以合作共赢为原则，充分考虑学生、企业、学校三方诉求，建构校企合作长效机制。学校与合作企业始终以合力育人为目标，在发展工学一体的教育教学过程中，推动学校招生与企业用人相衔接，多层面形成育人合力。同时建立多元考评体系，形成以协同育人成果驱动的评价要素体系和以高校、社会、企业为评价主体的模式。

（二）组织制度保障

健全领导体制和工作机制，加强产教融合协同育人工作的顶层设计和组织协调，服务学校的产教融合；建立“学校统一领导、产融部门统筹协调、职能部门密切配合、二级学院组织实施”的工作管理体制和运行机制。健全校企联合培养及留学生教育等方面的管理和服务制度；不断完善激励机制，对业绩突出的部门和人员给予绩效奖励，持续鼓励教师群体的自我提升及团队建设。

（三）经费保障

完善产教融合协同育人经费投入制度，合理设立专项经费项目，保障产教融合各环节稳步开展。建设对应专业产教联合体，搭建国际产教融合平台，争取获得政府、企业和行业的支持与赞助；制订来华留学生奖学金管理制度，进一步吸引国际学生来华。

（四）人才保障

加强"双师型"教师及国际化师资队伍建设，鼓励教师到国内外知名高校、企业参访研习，加快培养产教融合方面的优秀人才；确保教师符合国际教学岗位标准中规定的教学资质、专业水平、外语能力和跨文化能力的要求，鼓励专业教师开展来华留学生教学和管理研究，满足保障产教融合协同育人教育质量和推动人才培养国际化的要求。

六、总结反思

（一）提升双模驱动力，实现中国标准走向世界

目前，"1＋X"模式已进入"引进—创生—输出"三步走策略的"准输出"阶段，需要不断研究"1＋X"框架体系和各类主体的不同需求，培养高素质飞机维修业高素质技术技能国际人才，实现国际中文教育与职业教育融合发展，增强国际学生全球就业适应性，助力国际中文和中国文化的传播，实现中国标准走向世界。

厦门城市职业学院与企业"三共双赢一共同"的校企合作模式，使学校和企业各自充分发挥在国际化人才培养方面的优势，成为人才培养的利益共同体。

（二）建设海外“1＋X”培养培训基地

随着“一带一路”建设的不断推进，驻外中资企业数量日渐增加，厦门城市职业学院计划通过与企业深度合作，在国（境）外建设职业教育培养培训基地，进一步推进在海外实施“1＋X”培养模式，服务走出国门的中资企业，培养精技术、通汉语、懂文化的本土技术技能人才，进一步推广中国标准，促进中国文化的世界传播。

（三）汇聚各类资源，打造国际合作平台

项目后续需要主动争取教育行政主管部门在政策、资源、平台、经费等方面的扶持。为留学生提供在航司实习、考证、就业等方面服务的相关企业出台适当鼓励措施；可搭建高职院校联合行业龙头企业对外合作交流政府层面的平台，及时共享信息和资源；针对高职院校具有特色的国际合作办学项目提供专项经费，促进国际合作办学健康、有序发展。

（四）挖掘校企合作契合点，积极推广产教融合新模式

推广应用中要寻找校企合作契合点，使产教融合源头可落地，灵活采取“共建、共用、共享、实现双赢、产权不变”的“三共双赢一不变”模式，兼顾校企双方利益，使合作实现良性、可持续发展，逐步建立政校行企演化博弈模型。

伴随构建中国特色大飞机产业体系及创新体系，紧密对接中国民航局各项法规，借助人工智能、大数据、工业互联网、数字孪生等高新技术赋能智慧维修技术，共同促进形成中国航空维修标准，推广应用上升到国际标准。

熔铸江西职教共享新模式 培树赣鄱援外帮扶新标杆

——九江职业技术学院助力中国职教资源“走出去”典型案例

摘　要　九江职业技术学院贯彻习近平外交思想，对标教育对外开放要求，服务“一带一路”教育行动，对接“一带一路”国际产能合作需求，立足“双高”建设单位使命担当，落实提质培优行动计划，以“建国际化平台、培国际化师资、育国际化人才、产国际化成果”的天工计划为支点，创新“技术＋人文”育人模式，校企联建“一带一路”国际技能人才培养基地，开发国际化精品在线开放课程，分享国际化专业及课程标准，开展“中文＋职业技能”等技术技能培训。培养了一批熟悉中国文化、精通专业技能、服务中外产业发展的国际化技术技能人才，提高了中国职业教育国际开放度、辨识度和贡献度，荣获“中国-东盟”高职院校特色合作项目、世界职业院校与技术大学联盟(WFCP)卓越奖战略领导力铜奖等奖项，被泰国等国家教育主管部门多次发函点赞并授予“中泰职业教育国际合作突出贡献奖”等荣誉。

一、合作背景

随着我国“一带一路”倡议的提出及中外人文交流的深入开展，落实《关于推动现代职业教育高质量发展的意见》《教育部等八部门关于加快和扩大新时代教育对外开放的意见》《职业教育提质培优行动计划(2020—2023年)》等文件，加快职业教育对外开放，提升服务“一带一路”倡议的能力，锤炼国际传播能力，助力“讲好中国故事”及优质职教资源“走出去”成为高职院校对外开放办学的重要使命。

泰国是共建“一带一路”的重要伙伴，是中国的传统友好邻国，海上丝绸之路的重要国家，东盟成员国和创始国之一，是亚太经合组织、亚欧会议和世贸组织成员。近年来，随着“一带一路”倡议的深入推进，中国已成为泰国最大的贸易伙伴，亟须大批熟悉中国文化、精通专业技能、服务中外产业发展的国际技术技能人才。九江职业技术学院（下文简称“九江职院”）聚焦高素质国际化人才培养，融入“一带一路”产能合作，依托境内外双办学实体，实施“援外示范”国际化行动，秉承“传播中国声音，讲好中国故事”的建设理念，有力提升了中国职业教育在泰国的贡献度和影响力。运行模式得到了中泰政府及合作院校的高度信任、广泛认可、重点关注和大力支持。

二、工作目标

学校对标教育对外开放要求，对接中泰产能合作需求，分享具有中国特色、世界水平的“九职方案”，培树具有标杆引领、示范辐射的“江西样板”，培养熟悉中国文化、精通专业技能、服务中外产业发展的国际技术技能人才，形成一批服务职业教育建设的优质成果，涌现一批可借鉴、能推广的职业教育国际化典型案例，助力中泰“硬联通、软联通、心联通”。

（一）力做服务“一带一路”建设的先锋旗舰

立足中外人文交流基点，紧扣“一带一路”共建国家社会与教育发展需求，立足“双高”建设单位使命担当，构筑政校行企协作共同体，探索创新职业教育国际化新模式，培养“一带一路”国际产能亟须的高素质国际技术技能人才，推进“一带一路”建设和构建人类命运共同体。

（二）培树中国职教资源分享的国际品牌

依托“互联网＋海外学院”境内外双办学实体，以船舶工程技术、物联网应用技术高水平专业群十大重点优势专业为支撑，打造集中外合作办学、留学生教育、学术交流、海外员工培训等集人文交流平台、教育交流堡垒、技术技能驿站多模态于一体的具有中国特色、国际影响的人文交流品牌。

三、项目过程

（一）构筑“学历＋非学历＋技能培训”三位一体建设体系

搭建中泰人文、教育、技术交流平台，提升国际化人才培养内涵建设，学校创构了国际化技术技能人才培养“三位一体”建设体系（图 23－1）。2018 年 12 月，面向泰国曼谷职教中心下属 5 所院校 30 名师生开展了泰国教育部职业教育海外（中国）师生培训项目（图 23－2）并结成友好合作伙伴关系，次年学校在泰国巴真武里府成立海外分校（图 23－3）并签署了《中泰职业教育国际合作框架协议》。依托境内外双办学实体，双轨同频注入优质职教资源，以“建国际化平台、培国际化师资、育国际化人才、产国际化成果”的天工计划为支点，搭建了融课程教学、质量监控为一体的“互联网＋”职业教育国际合作交流平台，开展了以 EMI 双语教学能力为基点的“双语、双师、双能”师资培训，以高水平重点建设专业群为核心，优化“汉语文化＋专业技能＋企业服务”项目内容，创新“1＋X 证书制度”培养模式，构建技能考核与教育评价体系。2020 年，学校选派优秀骨干教师面向泰国教育部下属的四色菊工业与社区教育学院等 3 所院校 154 名学生开展了为期 3 个月 60 余课时的“互联网＋”汉语学习项目，打造了“行知团”“天工营”等一批学历、非学历及技能培训特色品牌。

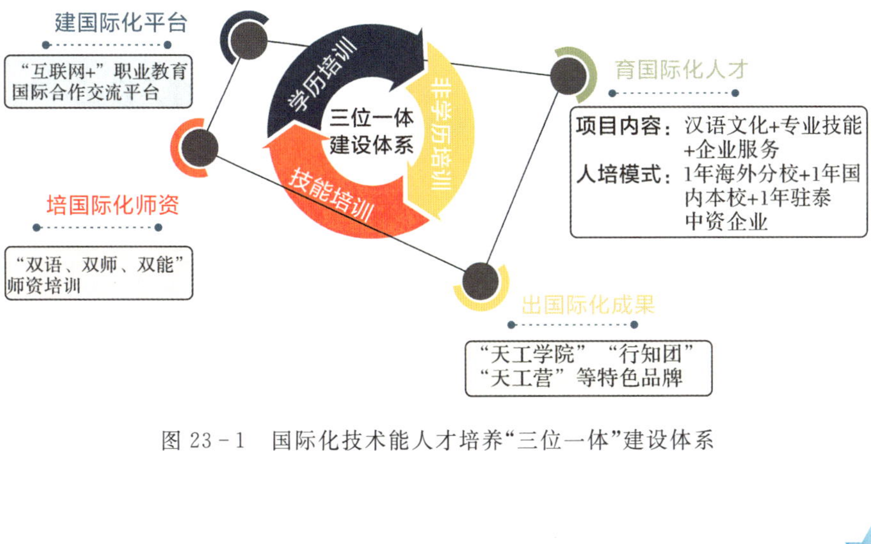

图 23－1　国际化技术能人才培养“三位一体”建设体系

图 23-2　承办泰国教育部职业教育海外（中国）师生培训项目

图 23-3　泰国海外分校揭牌仪式

（二）创新“技术＋人文”“三方五共双轨”协同育人模式

立足人文交流，深化技术交流，针对“一带一路”共建国家和地区的产业发展状况进行调研分析，依托赣鄱文化，构建基于“政校企”三方的“组合创新＋多元共享”机制，实施人才共育、资源共享、过程共管、责任共担、校企共建“五共”的线上线下双轨并行人才培养模式（图 23-4），与泰国光纤有限公司等“一带一路”共建国家的中资企业合作实施订单式人才培养，校企共建海外职工教育培训基地、国际人才培养基地，开发“电气自动化技术（工业机器人方向）”等专业及课程标准 15 个且被泰国曼谷职教中心、中部三区职教中心及下属多所院校推广使用，开发“职业汉语”等 3 项国际化在线精品课程并获泰国教育部认证，面向泰国北标技术学院等泰国多所高职院校师生开展“中文+职业技能”项目 4 期，面向“走出去”企业属地员工开展技术技能培训（图 23－5），打造涵盖音频视频、动画仿真等素材及覆盖专业知识点、技能点的模块化项目资源共 678 项。

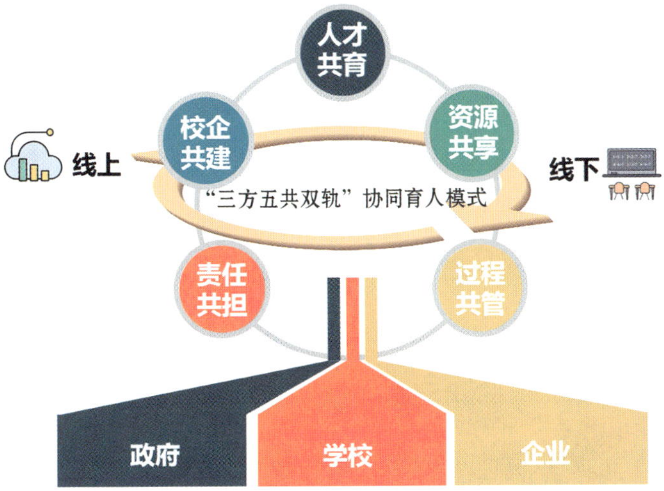

图 23－4 “三方五共双轨”协同育人模式

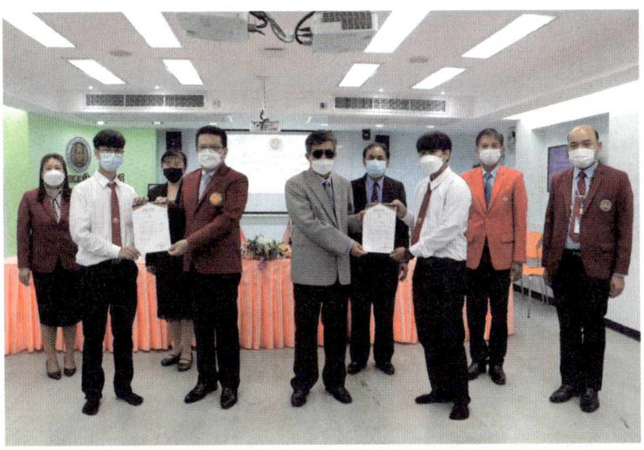

图 23－5 泰国北标技术学院“中文+软件技术”培训结业典礼

（三）构建“领域专家+企业精英+科研能手”同研共促研究体制

学校协同各成员单位承担《鲁班工坊建设规程（草案）》《鲁班工坊建设评审标准（试行）》等规程及标准的优化完善工作，特邀教育部职业技术教育中心研究所国际室主任刘育锋来校召开“鲁班工坊”建设项目筹建专题研讨会，特聘天津市鲁班工坊研究与推广中心副主任杨延、企业专家赵颖等作为“鲁班工坊”建设研究项目工作顾问；组建由以学校党政主要领导牵头，二级学院、职能部门负责人及专业带头人为核心的海外办学领导小组，与国内领域专家、校外企业精英及本校高水平重点建设专业群骨干教师共同组建中外专家指导委员会及建设团队，承担并开展教育部“职业院校国际化水平”课题子课题“鲁班工坊”发展赋能实策研究，形成区域性《建设指南》（图 23－6）。

图 23－6　“鲁班工坊”建设项目筹建专题研讨会

四、合作成效

（一）对接发展要求，国际人才培养质量全面提升

学校针对“一带一路”共建国家和地区的产业发展状况进行调研分析，

搭建“互联网＋海外学院”平台，坚持学历教育、技能培训相结合，建立九江职院海外分校暨泰国“鲁班工坊”，招收并培养留学生233人，开展泰国教育部海外师生线下短期研修活动（31人），开展“互联网＋中文＋职业技能”泰国教育部下属院校师生短期培训（215人），项目满意度达98.69％。

（二）契合产能需求，国际产教融合持续深化

学校着眼“一带一路”共建国家产能升级需求，积极拓展中外人文、教育、技术交流培训项目，打造智能制造产业国际员工技能人才培养基地，开展驻泰中资企业海外员工技术技能培训，参训合格率达100％，助力提升了中国职教资源“走出去”的力度和中资企业竞争力。

（三）发挥平台优势，国际标准资源“走出去”

学校入选“鲁班工坊”建设联盟发起单位，参与全国“鲁班工坊”建设联盟视频筹备会议及成立大会，并作为院校代表做主题发言，入选联盟首批专家。建成“中文＋职业技能”资源18项，开展教育部课题《“双高”建设背景下鲁班工坊发展赋能的实策研究》、江西省教育科学“十四五”规划课题《“一带一路”倡议下江西职业教育输出的实证调查与对策研究》等。

（四）培树特色品牌，国际影响力显著提升

泰国教育部职教委员会多次发函感谢并先后授予学校“中泰合作示范校”“中泰职业教育国际合作突出贡献奖”等荣誉；项目成果获评“中国-东盟”高职院校特色合作项目、“世界职业教育大会优秀案例奖”“江西省教学成果奖一等奖”等国际化奖项15项，在世界职业教育大会、亚洲教育论坛、中国国际教育线上展等会议上累计面向中外百余所院校机构进行主题发言和展示交流，被多家主流媒体进行专题报道数十次，北京信息职院、武汉船舶职院、江西工贸职院等多所省内外高职院校来校进行专题调研，引领示范了中部地区高职院校中泰人文交流与合作实践，为中部地区高职院校服务“一带一路”教育行动提供了有力借鉴和成功范式。

五、保障机制

（一）组织和制度保障

九江职院为“中国特色高水平高职学校”建设立项单位、“鲁班工坊”建设联盟副理事长单位、金砖国家职业教育联盟中方发起单位，将服务“一带一路”建设纳入“双高”建设方案及“十四五”发展规划，先后出台了《关于加强和改进对外交流与国际合作工作的指导意见》《关于提升服务“一带一路”能力和国际化办学水平的实施意见》，制定了《国际留学生学籍管理办法》《国际留学生突发事件处理应急预案》《海外员工培训基地运行管理办法》等涵盖教育教学、外派教师、资产设备及风险防控等一体化管理制度；中泰双方联合组建项目建设、运行及管理委员会、中泰专业指导委员会、校企专家库等组织管理、运行实施、质量监控机构，通过加强顶层设计和统筹规划，有序推进学校与“一带一路”共建国家的交流合作。

（二）经费投入保障

中泰校企拨付专项资金用于计划实施及项目建设，九江职院设有专项建设资金及省校留学生奖学金，用于师资培训、资源建设、运营管理等，泰方学校设有专项资金用于场地建设、国际交流等，“走出去”企业设有专项经费用于基地建设、员工技术技能培训等。

六、总结反思

（一）创新开放办学范式，打造服务“一带一路”样板

九江职院紧扣职业教育对外开放办学精神要求，积极探索援助发展中国家渠道模式，紧密对接“一带一路”共建国家发展、需求，坚持“引进来”，聚焦国际化人才培养内涵建设，提升国际化办学育人成效；服务“走出去”，聚力国际合作项目精准落地，服务国际产能深度融合。学校本着共商、共建、共享，优势互补、互利共赢的原则，积极探索、提前布局、完善机制、搭建

平台，构筑中外教育服务协作供给体，构建“一带一路”中外人文交流平台机制，打通政校企多环育人链，坚持学历教育、非学历教育与技术培训多维结合，聚焦“汉语文化＋专业技能＋企业服务”核心内容，依托“互联网＋”职业教育国际合作平台，创新了多模态、多路径的国际技术技能人才培养，增强了来华、来赣留学吸引力，培养了一批知华、友华国际技术技能人才，实现了中国优质职业教育标准和资源的精准输出。

（二）加强内涵质量建设，赋能“一带一路”建设实效

依托全国“鲁班工坊”建设联盟、金砖国家职业教育联盟等平台，深化政校企三方合作，用好“互联网＋海外学院”平台，进驻金砖国家职业技术教育联盟数字资源平台，组建“鲁班工坊”学术研究智库，推广“技术＋人文”协同育人模式，积极拓展中外人文、教育、技术交流培训项目，持续开发“中文＋职业技能”国际精品在线开放课程，孵化留学生实习实践基地和海外员工技能培训基地，应用并推广教育部课题《“双高”建设背景下鲁班工坊发展赋能的实策研究》等研究成果，助力提升中国职教资源分享力度和中资企业竞争力，形成立足中国、面向泰国、辐射东盟、服务金砖国家社会经济发展的高质量、可持续发展格局。

产教同频、双轮驱动、师资互融 大力推动职业教育内涵式发展 积极服务“一带一路”建设

——莱芜职业技术学院国际合作跨越式发展纪实

摘　要　莱芜职业技术学院主动服务新时代教育对外开放、服务“一带一路”倡议、服务中资企业的海外员工培训，聚焦本土化技术技能人才培养，通过搭建国际教育云平台和成立东南亚职业教育境外办学联盟，优化人才培养方案，构建“中文＋职业技能”课程体系，开发“中文＋职业技能”教育教学资源，分享中国特色课程标准，形成“产教同频、双轮驱动、师资互融”本土化协同育人路径，打造了中国高职国际化跨越式发展的“莱职方案”。在泰国、印尼等“一带一路”共建国家建设2个海外分校、1个华文教育基地，分享专业标准1项、课程标准2项，开展“中文＋职业技能”项目2项，开发工业汉语、“中文＋职业技能”教学资源7项，培养培训本土化技术技能人才150余名，受到多家媒体报道，2020年荣获“中泰职业教育国际合作突出贡献奖”、2021年被亚洲教育论坛评为“2021职业院校对外合作与交流优秀案例”。

随着新时代教育对外开放步伐的加快，共建“一带一路”的深入推进和职业教育高质量发展要求的提出，职业教育国际化成为必然趋势，越来越多职业教育合作项目在“一带一路”共建国家落地。通过校企合作办学、中外院校共建、设立培训中心等方式，中国和“一带一路”共建国家在培养多样化人才、传承技术技能、促进就业创业等方面取得显著成效，为当地经济社会发展提供了人力保障和智力支撑，逐步走进世界职业教育舞台。

一、合作背景

进入数字经济时代，推动职业教育参与全球教育治理和人类命运共同体建设，是新时代提出的一个重要课题。随着我国教育现代化全面提速，教育对外开放持续深入，加强与“一带一路”共建国家的职业教育交流合作也成为教育交流的重要方向。职业教育“走出去”不仅是我国经济社会发展、国力增强的客观需要，也是职业教育高质量发展的内在需求。

职业教育国际化已然成为新时代职业教育跨越式发展的着力点，服务国际产能合作，服务“走出去”企业本土化技术技能人才培养是实现跨越式发展的关键。越来越多的跨国中资企业在“思考全球化，行动本土化”上达成共识，认识到本土化是解决公司长久稳定发展的最佳方式，为职业教育本土化技术技能人才培养带来了机遇与挑战。

针对服务“走出去”企业本土化技术技能人才需求这个关键点，莱芜职业技术学院(下文简称“莱职院”)在全国率先探索实施了“产教同频、双轮驱动、师资互融”的职业教育国际化技术技能人才培养计划，打通了本土化技术技能人才培养的东西融通，实现了学校国际化跨越式发展。学校通过搭建国际教育云平台、成立东南亚职业教育境外办学联盟(图 24 - 1)，构建国际化课程体系，在泰国、印尼等“一带一路”共建国家建设 2 个海外分校、1 个华文教育基地，分享专业标准 1 项、课程标准 2 项，开展“中文＋职业技能”项目 2 项，开发工业汉语、“中文＋职业技能”教学资源 7 项，培养培训本土化技术技能人才 150 余名，受到多家媒体报道广泛赞誉，打造了中国高职国际化跨越式发展的“莱职方案”。

图 24－1　东南亚职业教育境外办学联盟成立大会

二、工作目标

聚焦“一带一路”共建国家本土化技术技能人才培养，依托粉末冶金先进制造高水平建设专业群，培养掌握中国先进制造技术的本土化技术技能人才，服务“走出去”企业人才需求、促进人文交流，实现学校国际化跨越式发展。

（一）打造新时代职业教育国际化发展新范式

学校以服务中国企业“走出去”为出发点，解决中资企业本土化技术技能人才需求，校校携手、校企协同，搭建平台、聚力项目，打造“中文＋职业技能”国际化发展模式，靶向培养企业急需的本土化技术技能人才，促进更高水平就业。

（二）分享中国职业教育教学标准

学校以海外企业岗位需求为牵引，开展数字化教学改革，强化“语言＋技能”一体化培养，开发符合当地经济社会文化特点的专业标准、课程标准和教学资源，增强职业教育在“一带一路”共建国家的适应性、影响力和国际传播力。

（三）培养“语通东西”的本土化技术技能人才

学校“国际化”和“本土化”人才培养双轮驱动、“统合”融通，围绕先进制造国际产业链，构建了“语言能力、专业素质、职业素养、个人发展”四维并进的人才培养体系；基于全球视野推进“中文＋职业技能”课程体系建设，打造了一支具有国际视野、掌握国际技术培训标准的专业化师资队伍，培养了一批善语言、懂管理、能创新、技术硬的本土化技术技能人才（图24－2）。

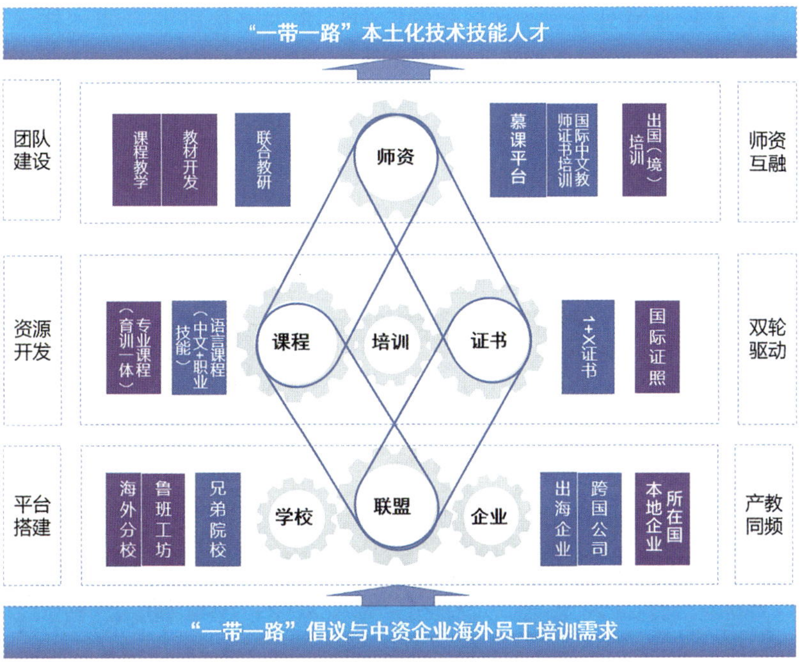

图24－2　莱职院国际合作跨越式发展思路

三、项目过程

（一）产教同频、区域联动，打造职业教育国际化办学新生态

一是多方协同，打造产教融合共同体。针对海外中资企业用人需求量

大、专业多样与单一职业院校本土化技术技能人才培养能力有限的矛盾，学校联合国内 68 家院校、企事业单位，牵头成立了东南亚职业教育境外办学联盟，探索校校携手、校企协同育人模式，如与日照职业技术学院、山东理工职业学院等院校和金川集团合作共建印尼金川 OB 岛校区，服务企业本土化技术技能人才培养。跨区域合作，与“一带一路”职教联盟、澜湄教育培训促进联盟签署 RECP 职业教育发展友好合作协议，共享海外企业需求信息、校企共建海外基地，打造跨区域产教融合共同体。

二是合作共赢，搭建校企跨国办学平台。伴随省内海尔卡奥斯、玫德集团、泰山钢铁集团等跨国企业，与泰国万盛技术学院共建中泰国际教育学院暨莱芜职业海外分校，校企合作定向培养本土化机电一体化技术专业人才。与印尼金门学校合作共建莱职海外华文教育基地，开展语言培训（图 24－3）。与泰山钢铁集团合作定向招收机电一体化、钢铁智能冶金技术等国际学生，增强中国职业教育国际吸引力。

图 24－3　与印尼金门学校合作成立莱职海外华文教育基地

三是搭建云平台，建设线上线下职教新生态。适应全球数字化转型，搭建国际职业教育云平台，建设 9 门特色中英泰三语国际课程，实施线上线下、直播录播教学，保障疫情防控期间教学不断线，为泰国提供在线汉语教学志愿服务 2880 人日，获“中泰职业教育国际合作突出贡献奖”。

（二）双轮驱动、创生资源，分享具有国际影响力的职教标准

一是坚持“国际化”和“本土化”技术技能人才培养双轮驱动，输出机电一体化技术专业标准。聚焦泰国东部经济走廊智能制造产业链，调研在泰企业的岗位需求，融合德国机电一体化技术职业教育标准，创生中泰机电一体化技术专业人才培养方案（图 24－4），开设新一代信息技术、智能制造技术等专业核心课程，在泰国万盛技术学院、大成技术学院、罗勇技术学院推广应用，分享专业标准。

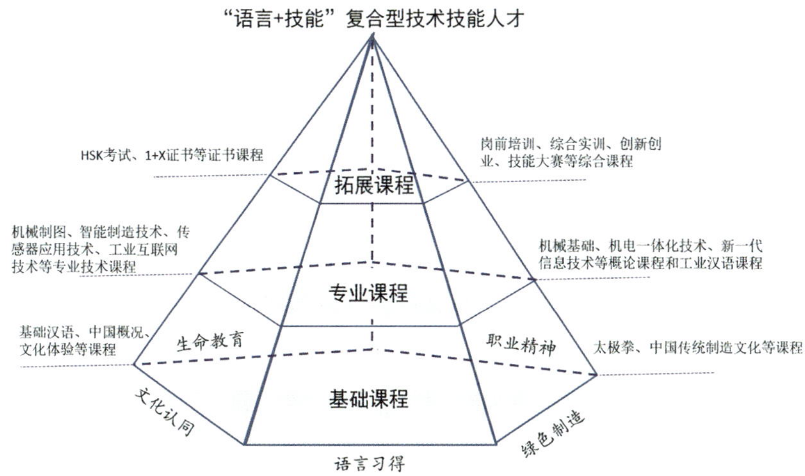

图 24－4　机电一体化技术专业本土化技术技能人才培养课程体系

二是立足“语言”和“技能”同步提升，课证融通，分享课程建设标准。以共生理论为指导，“中文＋职业技能”教学为牵引，国际证书课程为内核，将德国教育与产业学会 DGBI 机电一体化技术专业考核标准融入中泰机电一体化技术专业人才培养方案，确定了“电器识图与制图”“机械制图”等 7 门课程考核标准对接，实现课证融通；“机电一体化技术概论”“新一代信息技术”2 门课程得到泰国教育部职业教育委员会认证，在泰国 22 所高职院校推广使用，受益人数为 1000 余人。

三是推动“教学”与“科研”深化并举，创生资源，输出教学标准。立项

开发《炉外精炼生产》《轧钢概论》等5门工业汉语教材，立项“钢铁冶金设备维护”“工业企业生产现场管理”2门“中文＋职业技能”教育教学资源建设课程，连续承接教育部语合中心“踏上‘汉语桥’感受中国冶金创造之美”线上团组项目，开展线上培训，形成“中文＋职业技能”课程培训体系和标准化教学流程。开展高职国际化发展研究，获批“职业教育中外合作办学模式研究”“高职教育国际合作办学体制机制研究与实践”2项省级课题，构建了产教同频、协同育人的国际化发展理论模型，为本土化技术技能人才培养提供了理论支撑。

（三）外培内训、学科融合，培优建强结构化国际中文师资团队

一是外培内训，构建国际化、结构化师资团队。聚焦“中文＋职业技能”培训，制订国际中文教师专项培养计划，组建由语言教师、专业教师、企业教师构成的跨院系、跨学科创新团队，组织参加国（境）外、线上线下国际中文教师证书培训；在学校优慕课平台开设国际中文教师证书培训课程，建立研究小组，混合式教学培训国际中文教师，过程性记录教师成长轨迹，专业教师国际中文教师证书持证率达50％。

二是教研精进，融通国际中文教师团队的学科背景。学校以工业汉语、“中文＋职业技能”等双语教材开发和“汉语桥”等专项培训项目为契机，联合教研，在实践中磨合，形成了“一个目标八个词，一句话儿两个点”的国际中文培训课堂教学标准，融通学科背景，使语言教师了解专业，专业教师会教语言。依托学校360门混合式工学结合课程、粉末冶金智能制造国家级示范性虚拟仿真实训基地，利用现代信息手段，团队采取录播、直播、虚拟仿真实践等方式提供教学培训服务，获得参训学员的一致好评。来自老挝国立大学的安妮同学说：“通过培训，我了解了中国现代钢铁工业的发展历程，学会了很多汉语的表达，非常感谢各位老师的教授。”团队跨学科教学能力也在一次次的培训实践中得到提升。

四、合作成效

（一）国际通用技术技能人才培养能力跨越式提升

2020 级国际学生在中国-东盟（国际）“机甲大师”机器人挑战赛中获亚军（图 24－5），13 名学生赴泰国工厂顶岗实习，5 名学生顺利通过毕业答辩，152 名学生考取德国 GBDI 证书，具备在德资企业和海外中资企业工作的基本素质与能力。机电一体化技术团队获批国家级职业教育教师教学创新团队，4 名教师考取国际中文教师资格证书与 GBDI 考官证书。

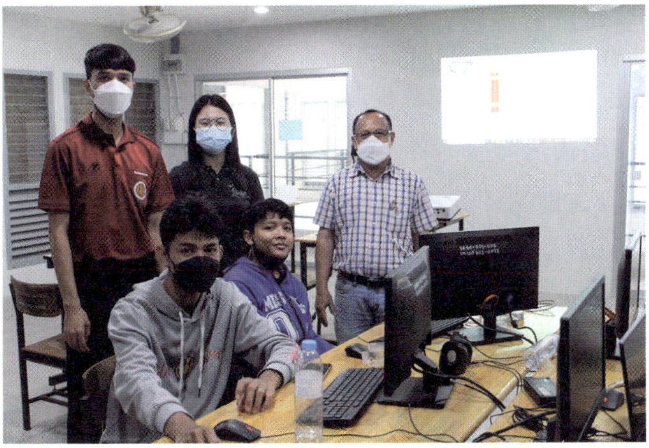

24－5 学生在中国-东盟（国际）“机甲大师”机器人挑战赛中获亚军

（二）服务国际产能合作的能力显著增强

学校连续承接教育部语合中心“汉语桥”线上团组项目，服务海外员工与师生培训 1400 人日，打造了 1846 分钟的云端培训课堂，92.86％的国际师生认为通过培训汉语水平得到提高，对中国文化有了更深刻的理解，多家媒体进行了全程报道，点击量超过百万。学校获批教育部语合中心“中文＋职业技能”教育教学资源开发项目 2 项，开发双语教学资源，并在全球推广使用，还与印尼金门学校合作，为泰山钢铁集团印尼工厂培训技术技能人才。

（三）莱职品牌效应逐渐凸显

东南亚职业教育境外办学联盟年会纳入“对话泉城”系列活动，多家媒体报道，2020 年荣获“中泰职业教育国际合作突出贡献奖”，2021 年被亚洲教育论坛评为“2021 职业院校对外合作与交流优秀案例”，学校国际办学影响力日益提升。

五、总结反思

（一）立足产教融合，全方位服务国际产能合作

学校应充分发挥办学资源优势与行业企业的产业资源优势，产教融合、校企合作“组团出海”，本着合作共赢的理念，牵头组建东南亚职业教育境外办学联盟，建设海外分校，以“一带一路”共建国家智能制造技术技能人才培养为目标，构建高职院校“产教同频、双轮驱动、师资互融”的本土化技术技能人才培养模式，全方位服务海外中资企业技术技能人才培养，仅用三年的时间就实现了学校走向国际舞台的跨越式发展，为中国职业教育国际化跨越式发展提供了有益借鉴。

（二）坚持双轮驱动，创生国际化教育教学能力链

学校应统合国内、国际两种资源，与国内外行业组织、国际知名企业深度合作，共商标准、共建资源、共享师资，围绕跨国企业技术技能人才需求、人的全面发展设计及本土化技术技能人才培养方案，开发职业教育国际标准，形成育训一体、国际伴随的教学能力链。面向企业急需岗位，序化国际学生教育教学课程体系，从语言、文化、专业、技能等四个方面设计课程内容，务求做到以语言为基、以技能为核，高质量、定向培养本土化技术技能人才。

（三）围绕课证融通，建设优质国际教育资源

学校学习借鉴国外职业教育专业课程体系建设先进经验与做法，引进消化吸收再创新，以国际通用资格证书为牵引，重构课程体系，整合教学内容和数字化教学资源，创生出一批符合国际规范、突出中国特色的职业教育教学标准、课程标准和教学资源。推进课堂革命，适应新时代“互联网+”国际教育的主基调，在国际在线课堂教学改革方面具有示范作用。

大禹学院　连接黄河与赞比西河的人才培养驿站

摘　要　作为首批国家示范性高等职业院校、国家优质高等职业院校和中国特色高水平高职学校（A 档）建设单位，黄河水利职业技术学院积极发挥特色专业优势，主动服务“一带一路”建设，切实提高学校服务我国水电企业“走出去”的能力，成立境外办学机构大禹学院，培养了一批具有国际视野、通晓国际规则的中外高素质技术技能人才。自 2018 年以来，学校先后在赞比亚、南非和泰国开办了 3 所大禹学院，培养本土化技术技能人才 676 人，为水利水电企业海外项目建设提供了人力资源支撑。学校入选河南省国际化特色高校建设单位，连续 3 次入选“全国高职院校国际影响力 50 强”，成为全国高职院校教育对外开放的排头兵。

“一带一路”倡议实施以来，我国水利行业企业积极落实国家“走出去”倡议，分享“治水、用水”的中国方案，以先进的水电开发、运营管理，以及包括设计、施工、装备制造在内的完整产业链整合能力，为优化全球水治理、造福全人类发挥了积极的引领作用。

一、合作背景

中国水电企业积极响应国家“一带一路”倡议，海外水电工程已经成为我国“走出去”领域的一张亮丽名片。目前，以赞比亚下凯富峡水电站、科特迪瓦苏布雷水电站、马来西亚八贡水电站、缅甸耶涯水电站等为代表的一批大型海外水电工程遍及全球 140 多个国家和地区，投资 2000 亿元，参与的已建在建海外水电站约 320 座，总装机达到 8100 万千瓦。但受海外工程项目所在国政策限制和项目成本制约，企业在技术技能人才需求方面存在的问题也愈加凸显，实现属地化技术技能人才培养成为破解这些难题的有效办法，企业迫切需要与职业院校携手共同开展国际化人才培养。因此，打造与中国水利企业国际化发展相配套的职业教育模式，积极参与“一带一路”建设和国际产能合作，配合水利行业企业“走出去”，探索开展多种形式的境外合作办学，培养国际化技术技能人才，成为新时代水利院校国际化发展的必然趋势。

基于此，黄河水利职业技术学院紧跟“一带一路”建设和企业“走出去”步伐，携手国内知名水电企业和海外院校创建了“大禹学院”中国职业教育国际品牌，在赞比亚、南非和泰国相继成立大禹学院，将水利专业技术与大禹治水的“工匠精神”带到世界，培养本土化技术技能人才，造福当地人民。

二、工作目标

学校服务“一带一路”建设和中国水利“走出去”，引领国际水利职教标准，培养掌握中国水利技术的本土化技术技能人才，打造“中国特色”“世界水平”的职教品牌，不断提升国际化办学水平。

（一）建设水利国际化人才培养基地

人才是“一带一路”建设的重要基础和保障，学校发挥职教优势、集团优势和专业优势，携手国内知名水电企业，依托海外工程项目，打造联合办学共同体，推进“政、行、企、校”深入合作，打造高水平“一带一路”人才培养海外基地，搭建中国同“一带一路”共建国家的水利合作人才网络，专项培养知华友华的水利技术技能人才，进一步服务“一带一路”建设。

（二）共享水利国际职教标准

学校响应“一带一路”倡议下教育与合作发展议题，加强水利水电专业国际交流，建设水利类专业国际化专业标准、教学标准、教学资源。学校面向“一带一路”共建国家，依托大禹学院，深化与所在国职业教育、培训部门和院校的合作，推广中国水利类专业职教模式和职教标准，开发国际化特色专业教学标准、课程标准，共享具有中国特色的“黄河水院职教模式”，推动实现国际水利人才互通和标准互认，引领职业教育国际化进程，打造有

"中国特色""世界水平"的职教品牌。

(三)搭建中外文化交流平台

学校以海外大禹学院为平台，秉持"以人为本、开放包容、平等合作、互学互鉴"的人文交流理念，确定了"搭平台、定规则、建标准、做项目、树品牌"的工作思路，推动与大禹学院所在国开展中外人文交流合作，促进与"一带一路"共建国家民心相通和文明互鉴，为构建人类命运共同体贡献智慧和力量。

三、项目过程

(一)走出国门，拥抱非洲显担当

2018 年 7 月，由黄河水利职业技术学院与中国电建水电十一局共建的大禹学院在赞比亚赞比西河畔的下凯富峡水电站揭牌成立(图 25 - 1)。赞比亚总统埃德加・伦古(图 25 - 2)对大禹学院办学给予高度评价："中国职业院校与企业积极承担社会责任，为赞比亚未来发展培养了一大批有技能的工程人才。"

图 25 - 1　赞比亚大禹学院成立

图 25-2　赞比亚总统伦古视察大禹学院

（二）对接需求，技能标准“走出去”

大禹学院最显著的特点是依托我国企业海外工程办学。赞比亚大禹学院校区距水电站施工区仅几公里，便于组织现场教学，做到了学校是学生的培训地，工地是学生的训练场（图 25-3）。

校企共组教学团队，建立教师储备库，入库教师必须具备“双语”（汉语+英语）和“双能”（教学能力+操作技能），所有派驻海外的教师均来自储备库。学生由企业招录，毕业后从事水电站项目技术岗位。

学院开设专业服务工程建设，形成了以水利建筑工程技术、土木工程检测、工程测量、机械维修、电气自动化为核心的专业群。所开发的 5 个工种教学标准获赞比亚技术教育和职业创新培训署官方认可，迈出了中国职教标准“走出去”的重要一步。

2019 年 7 月，校企从赞比亚大禹学院选拔优秀代表来华留学，并构建了融企业文化、汉语和专业能力、综合素养同步提升的课程体系，探索跨境开展人才培养的新途径。

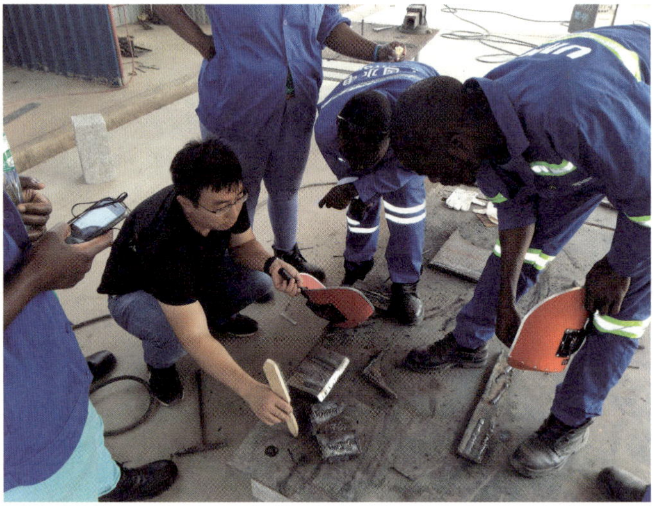

图 25－3　训练场实践教学

（三）创新模式，“黄河”之石可攻玉

学校发挥水利人才培养优势，携手中国“走出去”水电企业，依托海外水电工程项目，先后在赞比亚、南非（图 25－4）、泰国（图 25－5）开办大禹学院，打造水利版的“鲁班工坊”，形成了“一体、多点、四融合”的政行企校科多主体协同培养国际化水利人才新模式。

图 25－4　南非大禹学院成立

图 25-5　泰国大禹学院成立

“一体”即政行企校科多元主体联手培养服务国际化水利人才的共同体。随着“一带一路”倡议的深入推进，中国水电企业参与共建国家水利建设项目日益增多，水利行业对具有国际视野、立足生产一线的复合型人才的需求日益迫切。学校通过建设产业学院与技术服务中心组成的生产服务平台，与中国水利水电科学研究院等 19 个科研机构组建的黄河现代水利技术研究平台，与中国电建集团等 9 个机构共建的黄河现代水利技术成果转化转移平台，瞄准水利行业企业发展需求，对接水利国际化产业链，构建政行企校科多元主体联合培养服务国际化水利人才的共同体，向“一带一路”共建国家分享技术创新链，服务企业“走出去”，服务“一带一路”共建国家水利水电工程项目。

“多点”即以某一所海外大禹学院为中心，在办学所在国及其周边各国的水电工程项目多点布局。以赞比亚大禹学院为例，学院位于赞比亚下凯富峡水电站，在其周边的津巴布韦、坦桑尼亚等国家的水电工程项目开设教学部，做到“工程项目是学院的培训地，水利大坝是教学的实训场”，凸显水利人才培养特点。

“四融合”分为四个方面。一是水利技能人才培养目标和中资水电企业本土化人才需求融合。为海外水电企业提供对接生产实际的人才培养方案，服务国际化工程项目需求，开设的“水利工程管理”“工程测量”等专业直接服务于工程建设，根据岗位技能标准设置课程标准，教学过程突出实践、强化技能培养，让学生所学即所用，将生产真实项目纳入实践教学。入学即就业，毕业后直接进入水电企业相应项目岗位，成为水电工程项目技术人员，人才培养目标紧贴企业人才需求规格。二是办学主体与合作国国民教育体系融合。作为国际化产业学院的赞比亚大禹学院，得到赞比亚技术教育及职业和创业培训管理局批复成立，纳入赞比亚国民教育体系，面向赞比亚全国招生，学生入校具有赞比亚学籍和我国学校的学籍，双重身份双方共培，学校选派专业教师赴海外大禹学院执教，培养企业急需的本土化技能人才。三是人才培养模式与合作国职业资格框架融合。针对培训对象实际情况和企业需求，学校与亚龙集团共建“数字化工厂实践创新中心”，以数字化孪生技术为学习手段，构建新的实训教学环境，服务于校内中外合作办学和留学生等国际化人才培养。结合赞比亚、南非与我国的职业教育框架体系，共同制订国际化人才培养方案、构建课程体系，开发了大禹学院线上教学资源，满足人才培养的新需求，建成教育部“智能制造领域中外人文交流人才培养基地”。四是人才培养过程境外与境内融合。采用“1＋2”培养模式，海外开展一年制技能培训，学生获得所在国的职业证书和大禹学院的结业证书，进入中国海外企业的项目，校企共同培养两年，毕业获得中国国内专科文凭，回到所在国担任企业工程项目管理人员。学校与企业共组教学团队，校内成立大禹学院教师库，先后选派多名双语骨干教师赴外执教。

四、合作成效

大禹学院是深化产教融合，汇聚产学研多元育人主体，实施国际化水利人才培养的成功范式，也是立足海外工程项目、服务“一带一路”建设、培养本土国际化技能人才的探索实践，为国际工程项目的实施提供了人力资源支撑，取得了良好的办学效果。

（一）中国水利职教标准走向国际

大禹学院针对培训对象的实际情况和企业岗位需求，融合所在国职业教育框架体系，开发了水利工程管理、工程测量、建筑工程技术等 12 项教学标准，获赞比亚和南非教育部门官方认可，迈出了中国标准走向国际的坚实步伐。

（二）国际化技能人才培养成果丰硕

大禹学院学员踏实的工作态度和扎实的技能获得企业高度认可。水电十一局非洲分局时任局长表示："大禹学院依托黄河水院优秀的专业教师和优质的教学资源，为赞比亚培养技术人才，帮助企业实现属地化管理。"

（三）海外版"现代学徒制"落地生根

大禹学院实施校企等多主体育人、学校教师与企业教师"双导师"、学生学徒"双身份"、校内校外"双场地"，将国内"现代学徒制"的成功经验拓展至海外，实现了职业教育与企业实践的无缝衔接。大禹学院还引入社会评价，为学生进行国际焊工资格证书培训，通过率达 100%。大禹学院外籍优秀学生代表杰西卡成为赞比亚第三位取得国际焊工资格证书的女性，激励了当地大批青年女性投身技能培训。"感谢大禹学院，他们的培训效果很好，我学到了很多有用的技术。"杰西卡对大禹学院赞不绝口。

（四）文化育人实现民心相通

大禹学院开设"中国治水历史""黄河文化"等课程，举办讲述水利故事、学唱中国民歌、企业文化讲座、专业技能比赛等活动，让外籍学员认知中国优秀文化，将团队协同、精细严谨、吃苦耐劳的优秀品质内化为学生职业素养，培育职业精神，实现文化互融与民心相通。

（五）中外政府与媒体广泛关注

大禹学院依托海外工程培养属地水电技术技能人才的做法深得我国和赞比亚政府及媒体的关注与支持。赞比亚前总统埃德加·伦古对大禹学院办学给予高度评价；我国时任水利部人事司司长侯京民专程赴赞比亚大禹学院调研指导（图 25－6），他表示大禹学院的办学模式是校企深度合作构建中非命运共同体的积极探索，是可复制可推广的国际人才培养新路径。多家媒体也对大禹学院的办学成就进行了报道。

图 25－6　我国时任水利部人事司司长侯京民调研指导

五、总结反思

河流孕育文明，教育点燃希望。从黄河到赞比西河，大禹学院在非洲落地生根，黄河水利职业技术学院这所黄河流域的“黄埔军校”成为培养“水利工匠”的人才驿站。

未来，黄河水利职业技术学院将逐步优化“政府支持，行业主导，多元参与，平台支撑，项目管理，联盟运作”的大禹学院建设模式，构建“1＋N＋M”中外分布式大禹学院，即校内成立大禹学院总部，海外建设 N 个大禹学院分院，M 个国际水电工程工地技能（教学部）培训部，积极服务“一带一路”建设，推进“政、行、企、校”深入合作，将其建设成为水利行业优势突出、人才培养特色鲜明、“一带一路”共建国家高度认可的国际知名水利职教品牌。

响应“一带一路”倡议
培养“中文+职业技能”复合型人才

——武汉铁路职业技术学院助力“一带一路”共建国家培养本土化高铁技术技能人才

摘　要　为服务“一带一路”建设和中国高铁“走出去”，武汉铁路职业技术学院不忘初心、牢记使命，适应时代变革要求，与孔子学院、外方院校及企业合作开展“中文+职业技能”项目，为泰国、肯尼亚等“一带一路”共建国家培养会汉语、通文化、懂技术的复合型人才。学校搭建中外人文交流平台，积极开展中外铁路人才培养及文化交流研讨会，与“一带一路”共建国家共享中国职业教育改革成就；在泰国建立全球首家高铁鲁班学院，其主要职能包括学历教育、泰国教师培训和当地员工培训等，致力培养具有工匠精神的“中文+职业技能”复合型人才，致力打造中国高铁职业教育国际品牌，致力传播中国文化、传承工匠精神。学校“中泰联合培养高铁技术人才项目”入选首批“中国-东盟职业院校特色合作项目20强”。学校入选首批“全国高职院校国际影响力50强”，入选世界职业技术教育发展联盟成员单位，并连续三届获得世界职教院校联盟(WFCP)卓越奖，分别斩获铜奖、银奖、金奖，成为世界了解中国高等职业教育的窗口。

一、合作背景

2016年7月，教育部发布《推进共建“一带一路”教育行动》，提出开展教育互联互通合作，鼓励中国优质职业教育配合高铁、电信运营等行业企业“走出去”，培养当地急需的各类“一带一路”建设者。2020年，《教育部等八部门关于加快和扩大新时代教育对外开放的意见》指出，教育对外开放是教育现代化的鲜明特征和重要推动力，要坚持教育对外开放不动摇，主动加强与世界各国的互鉴、互容、互通，形成更全方位、更宽领域、更多层次、更加主动的教育对外开放局面。实施“中文＋职业技能”教育是推进共建“一带一路”教育行动及扩大职业教育对外开放的重要实践。

武汉铁路职业技术学院积极响应职业教育服务“一带一路”建设的号召，立足高铁行业特色，发挥高铁专业优势，服务中国企业“走出去”，与孔子学院、外方院校及企业合作开展“中文＋职业技能”项目，共同培养会汉语、通文化、懂技术的复合型人才。

二、工作目标

学校积极响应国家“一带一路”倡议，充分发挥自身办学优势，与孔子学院、外方院校及企业合作开展“中文＋职业技能”项目，进一步扩大开放办学，为“一带一路”共建国家培养会汉语、通文化、懂技术的复合型人才，服务国际产能合作，助力中国高铁“走出去”。

三、项目过程

（一）打造“中文＋高铁”人才项目，为国际职业教育提供武铁方案

2015 年 6 月，学校与泰国班派工业社区教育学院和孔敬工业社区教育学院结成友好姊妹学校；2015 年 8 月，学校与泰国教育部职业教育委员会（简称“泰国教育部职教委”）委托的铁路专业牵头院校——班派工业社区教育学院签订了《中泰联合培养高铁专业人才备忘录》，正式开启中泰联合培养“中文＋高铁”复合型人才项目（图 26－1）。

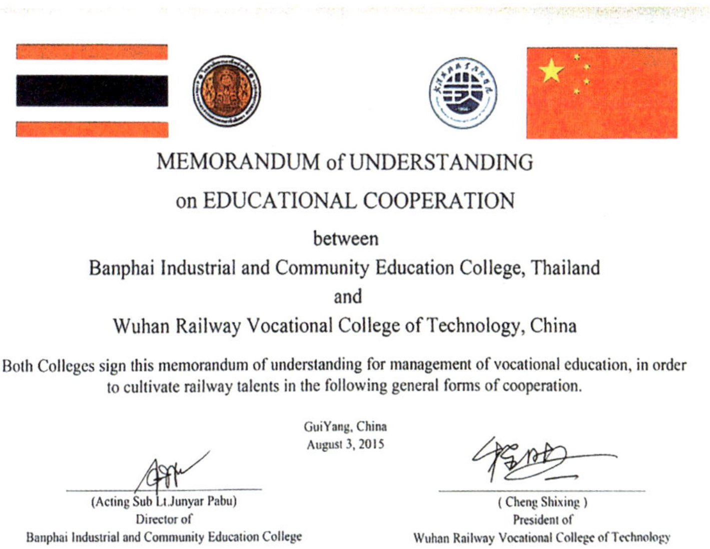

MEMORANDUM of UNDERSTANDING
on EDUCATIONAL COOPERATION
between
Banphai Industrial and Community Education College, Thailand
and
Wuhan Railway Vocational College of Technology, China

Both Colleges sign this memorandum of understanding for management of vocational education, in order to cultivate railway talents in the following general forms of cooperation.

GuiYang, China
August 3, 2015

(Acting Sub Lt.Junyar Pabu)
Director of
Banphai Industrial and Community Education College

(Cheng Shixing)
President of
Wuhan Railway Vocational College of Technology

图 26－1　学校与班派工业社区教育学院签订中泰联合培养高铁专业人才备忘录

自 2016 年起，由泰国教育部职教委在泰国各大职业院校选拔出优秀学生进入中泰联合培养高铁人才项目。学校、孔子学院与班派工业社区教育学院三方共同确定留学生培养目标：培养既掌握汉语，又掌握高铁专业知识和技术技能的复合型人才。三方共同设置两年制高等职业一体化课程，并对学生实行分段培养：第一阶段，利用假期在孔子学院进行汉语水平考试（HSK）的培训和测试；第二阶段，在泰方院校学习专业基础课程，为期一学年；第三阶段，在武汉铁路职业技术学院学习专业知识、技能和汉语言文化，为期一学年。“三位一体”的人才培养模式，使三方各司其职，三个学习阶段有机衔接，学分互认累积，保证了人才培养过程的连续、完整与高效。2016—2019 年，三方共同培养了 5 批由泰国教育部职教委选派，来自泰国 22 个府的 129 名铁路专业学生，为中泰铁路开通提供了人力支撑（图 26－2）。

图 26－2　学校共培养 5 批来自泰国 22 个府 35 所职业院校的 129 名铁路专业留学生

（二）跨洋办学，服务中国企业“走出去”

学校主动配合国家战略需要，立足高铁行业特色，发挥高铁专业优势，服务中国企业“走出去”。

由中国路桥公司承建的蒙内铁路是肯尼亚百年来的首条新铁路，全长 480 km，全部采用中国标准、中国技术、中国装备。2017 年 1 月—3 月，学校派出支援肯尼亚铁路建设工作团队，为肯尼亚即将上岗的当地铁路员工进行了行车、调车专业技术培训。学校支援肯尼亚铁路建设工作团队根据蒙内铁路的实际情况编写了具有可操作性的实训演练方案，取得了良好的培训效果，得到了中国路桥公司的高度认可（图 26－3）。

图 26－3　学校专业教师团队赴肯尼亚培训蒙内铁路本土铁路员工（2017 年）

2019年4月，学校联合泰国班派工业社区教育学院及中外方企业在泰国建立高铁鲁班学院（图26-4），把中国职教的先进理念和模式带出国门。“一带一路”倡议为世界贡献中国智慧，高铁鲁班学院为“一带一路”建设增添高等职业教育亮光。高铁鲁班学院传播中国文化，传承工匠精神，促进人文交流，服务产教合作，构建互学互鉴、互利共赢的机制，培养了具有国际视野的技术技能人才，提供了国际化交流合作的“武铁方案”。

图26-4　高铁鲁班学院在泰国班派揭牌成立（2019年）

高铁鲁班学院将中国职业教育的先进理念和模式带出国门，为“一带一路”共建国家培养本土化高铁技术技能人才，服务参与“一带一路”建设的中资企业，并助力“一带一路”共建国家当地经济社会发展。这是中国职业教育积极响应“一带一路”倡议的创新之举，为中泰铁路合作架起了人才之桥。

（三）开发系列国际化教学资源

学校依托专业优势，助力中国职业教育“走出去”，开发动车组检修技术、铁道车辆、铁道工程技术、铁道信号自动控制等10个专业的国际化专业教学标准；开发建设城市轨道交通车辆构造、PLC编程与应用、铁路专业汉语等13个国际化课程标准，并在泰国合作院校推广应用（图26-5）。

China-Thailand Cooperative Education of High-speed Railway Talents

The program applies the Curricula of **Railway Vehicle Technology, EMU Maintenance Technology, Railway Engineering Technology and Railway Signal Automatic Control developed** by Wuhan Railway Vocational College of Technology.

Signature
Acting Sub LT. Junyar Pabu
Advisor
Banphai Industrial and Community Education College
Office of the Vocational Education Commission
Ministry of Education, Thailand
November 2021

China-Thailand Cooperative Education of High-speed Railway Talents

The program applies the Courses of **Railway Transport Chinese, Introduction to Rail Transport, PLC Programming and Application, Construction of Urban Rail Transit Vehicles, Maintenance of Urban Rail Transit Vehicles, Control of Urban Rail Transit Vehicles, Maintenance of Elevator in Urban Rail Transit Station, Maintenance of Fire Protection System in Urban Rail Transit Station** developed by Wuhan Railway Vocational College of Technology.

Signature
Acting Sub LT. Junyar Pabu
Advisor
Banphai Industrial and Community Education College
Office of the Vocational Education Commission
Ministry of Education, Thailand
November 2021

图 26－5　学校国际化专业教学标准、课程标准获泰国合作院校认可

学校建设系列国际化在线开放课程，推动资源开放共享。“轨道交通概论（中英双语）”“铁路专业汉语”“城市轨道交通车辆构造”等 7 门国际化在线开放课程全部登陆“学堂在线”国际版，对国际学生开展教学，推进了“中文＋职业技能”项目高质量发展，培养了国际化技术技能人才。

（四）搭建中外人文交流平台，推动中国优秀铁路文化的国际传播

学校积极开展中外铁路人才培养及文化交流研讨会。2016－2023 年，学校多次承办中泰职业教育合作洽谈会，搭建互联互通合作平台，成功促成 12 所湖北高职院校与 26 所泰国职业院校达成合作意向。2016 年、2018 年，学校承办商务部援外培训项目研修班，有来自印度尼西亚、缅甸、柬埔寨、埃塞俄比亚等国家的近 100 名学员参加了学习。2019 年 10 月，由中国驻泰大使馆发起组织的泰国青少年“一带一路”友好交流团一行 30 人到学校交流，实地考察和学习中国高铁的发展成就，此次活动获中国驻泰大使馆的高度赞赏。

学校率先成立泰国文化研究中心，以加强中泰院校合作，共同开展中

泰文化交流，促进中泰职业教育研究、文化交流互鉴及学术互动研讨，服务中泰联合培养高铁人才项目高质量发展，有力推动了中国优秀铁路文化的国际传播。

四、合作成效

（一）人才培养

学校培养了 5 批来自泰国 22 个府 35 所职业院校的共 129 名"中文+高铁"复合型人才，为中泰铁路的开通运营提供了人力支撑。

学校培训了 70 名肯尼亚本土铁路员工，助力蒙内铁路顺利开通运营。

（二）平台搭建

学校推动了湖北省高职院校国际交流与合作平台的搭建；促成湖北省教育厅与泰国教育部职教委签订合作备忘录；多次承办中泰职业教育合作洽谈会，期间湖北省 12 所高职院校与 26 所泰国职业院校达成合作意向，其中 7 所高职院校与泰国开展实质性合作项目。

（三）资源建设

学校开发的 10 个国际化专业教学标准及 13 个国际化课程标准在泰国合作院校推广应用；系列国际化在线开放课程面向全球开放共享。人民网、中央广电总台国际在线、荆楚网等媒体多次报道学校国际化课程。

（四）讲述中国故事，传播中国文化

学校泰国留学生参与拍摄了由中宣部立项的纪录片《火车上的中国》，该记录片于 2020 年 10 月登陆探索频道，对外讲述新时代中国的发展故事，成为中国驻外使领馆对外宣传中国高铁的宣传片（图 26－6）。

图 26-6　武汉铁路职业技术学院泰国籍留学生协助
拍摄纪录片《火车上的中国》(2017 年)

（四）所获荣誉

学校中泰联合培养高铁人才项目入选首批中国-东盟高职院校特色合作项目 20 强；连续三届蝉联世界职教院校联盟（WFCP）卓越奖，实现该奖项铜奖-银奖-金奖的跨越性迈步；入选世界职业技术教育发展联盟首批成员单位；学校高铁鲁班学院（泰国）被确定为全国首批 8 个鲁班工坊有条件运营项目之一。

五、保障机制

（一）体制机制保障

1. 健全教育对外开放的领导体制

学校成立教育对外开放工作领导小组，充分发挥学校党委对教育对外开放工作的领导作用，把党的全面领导贯穿到教育对外开放全过程，牢牢把握住教育对外开放的政治方向，提升对教育对外开放的认识高度，广泛凝聚教育对外开放的强大合力。

2.健全教育对外开放的工作机制

学校设立对外交流与合作处（国际学院），负责统筹和推进学校的教育对外开放工作，加强外事队伍建设；同时发挥各二级学院的主体作用，建立健全校院两级教育对外开放运行架构，权责明确、分工协作、高效有序；学校各部门党政领导班子充分发挥协调作用，把教育对外开放工作纳入议事日程。

3.建立教育对外开放的保障机制

学校加大经费投入，按规定统筹安排相关资金用于支持专业教师赴国（境）外培训和优秀学生赴国（境）外交流实习；完善《国际学生管理办法》等管理规定。

（二）学校条件

武汉铁路职业技术学院是中国特色高水平高职学校和专业建设计划（简称“双高计划”）建设单位、国家示范性高等职业院校、优质专科高等职业院校，入选首批“全国高职院校国际影响力50强”，连续三届获世界职教院校联盟卓越奖，分别斩获铜奖、银奖、金奖。学校共开设了54个专业，组建成十大专业群，覆盖了轨道交通工程建设、装备制造、运营维护等高铁产业链的各个环节。学校致力于服务中国和世界铁路事业发展，率先为“一带一路”共建国家培养高铁人才。

（三）师资保障

学校建立了由铁路专业教师和国际合作项目管理人员组成的65人项目团队，负责高铁鲁班学院教育教学管理、专业建设及课程教学。

（四）合作企业

学校与具有海外业务背景的铁路实体企业——广州南方高速铁路测

量技术有限公司、中铁十一局集团第四工程有限公司等建立战略合作关系，积极拓展在服务“一带一路”教育对外开放领域的合作，助力中国职业教育“走出去”，实现共同发展。

（五）环境条件

在“一带一路”框架下，中国与泰国共同开展了中泰铁路项目合作。2015 年 12 月，中泰铁路合作项目启动，中泰双方将合作建设修建廊开—呵叻—坎桂—玛塔卜铁路和曼谷—坎桂铁路，线路全长 867 km，均采用中国标准设计建造。一期工程连接了曼谷和泰国东北部门户呵叻，其先行段已于 2017 年 12 月正式开工建设，预计全段最快于 2026 年竣工通车。二期工程将连通到泰国廊开府，接中老铁路终点万象，与中国云南昆明相通，预计仍需 5 年左右时间。随着中泰铁路合作项目的推进，泰国对既懂铁路技术又懂汉语的人才的需求大增。

2018 年，泰国教育部职教委与学校签署《中泰联合培养高铁人才合作备忘录》。泰国教育部职教委高度重视中泰联合培养高铁人才合作项目，在全国职业院校范围内遴选优秀学生进入该项目学习铁路专业知识及技能，并为泰国高铁专业留学生提供奖学金支持，同时遴选铁路专业教师赴中国开展职业培训。

六、总结反思

学校及时把握国家“一带一路”倡议带来的契机，跟随高铁技术“走出去”，变被动适应为主动服务，精准对接“一带一路”共建国家需求，以培养本土化高铁技术技能人才为中心目标，践行教育部《推进共建“一带一路”教育行动》，“中文＋职业技能”教育成果显著，相关国际化教学资源研发硕果纷呈。学校在为“一带一路”共建国家培养本土化技术技能人才的同时，注重讲武铁故事、传播中国好声音，致力培养知华爱华、具有工匠精神的铁路专业人才。

在培养“中文＋职业技能”复合型人才、建设高铁鲁班学院的过程中，学校积极探索，整合多方资源，促进中泰双方教育主管部门、孔子学院、中外方企业有机结合。中泰合作以政府部门为主导，协同行业企业、孔子学院，以中泰双方合作院校为主体，优化配置国际化产教融合资源要素。在双方政府的引导、推动下，中方院校联合外方院校主导人才培养，孔子学院联结助推教育合作，合作企业支持实训实践，多维驱动，共同推进了项目的可持续、稳步发展。

展望未来，学校将持续聚焦“中文＋职业技能”复合型人才培养，拓展多元路径建设好高铁鲁班学院，进一步统筹研发“中文＋职业技能”课程资源，促进职业技能与国际中文教育“走出去”融合发展，继续深化与“一带一路”共建国家在国际中文教育与职业教育领域的合作，助力推动国内外院校和企业建立协同合作机制。

中国汽车智能技术的传扬者

——湖南汽车工程职业学院助力中国汽车“引进来”“走出去”纪实

摘　要　湖南汽车工程职业学院积极主动服务中国汽车智能技术“引进来”“走出去”战略任务，通过构建校企校合作共赢长效机制，精心打造汽车智能技术国际资源中心，共建共享优质职教资源，依托“国际资源云”推送到“一带一路”共建国家；用心培养国际化技术技能人才，打造国际化师资团队，培养具有跨文化视野的国际化人才，促进中外人文交流；贴心服务建设“一带一路”共建国家的汽车企业“走出去”，建设海外“汽车学院”，为“走出去”企业提供海外员工技术技能培训。学校在巴基斯坦等“一带一路”共建国家建设2个海外汽车培训中心，共建共享了2套国际化专业标准，培养了本土化汽车人才659人，擦亮了海外办学“开放湖汽品牌”。

一、合作背景

随着国家“一带一路”倡议的持续推进，中国汽车企业“走出去”的步伐不断加快，进入了史无前例的新发展阶段。当前，中国汽车企业“走出去”过程中面临的主要问题是工厂所在国的本土化汽车技术技能人才匮乏。随着“一带一路”建设的持续高质量推进，“一带一路”共建国家对技术技能人才的需求也极为迫切，需要大批高素质人才参与建设与运营。针对“一带一路”建设中的人才需求，湖南汽车工程职业学院发挥国家“双高”校建设单位汽车技术技能人才培养高地优势，主动承担中国汽车技术的传扬者的使命，积极服务中国汽车“走出去”战略。学校按照“瞄准汽车、扎根湖湘、集群推进、开放办学”的总思路，构建校政行企合作共赢长效机制，在菲律宾等国家建设了2个海外汽车培训中心，为“一带一路”共建国家培养了

659 名本土化技术技能人才，受到中国新闻网等多家中外权威媒体的广泛赞誉，成功打造了新能源汽车复合型技术技能人才培养高地和技术技能创新服务平台。

二、工作目标

学校聚焦打造汽车国际资源中心，面向“一带一路”建设培养掌握中国新能源汽车技术的本土化技术技能人才，服务中国汽车企业“引进来”“走出去”，不断提升学校国际化水平。

（一）做中国汽车技术服务世界的传扬者

以服务中国汽车智能技术“引进来”“走出去”，解决北京汽车集团有限公司、中车时代电动汽车股份有限公司、上海汽车集团股从有限公司等汽车企业在海外建设以及运营的国家与地区本土化技术技能人才匮乏问题为目标，学校与中国汽车“走出去”企业、外方高校共建湖南汽车工程职业学院海外汽车培训中心，传播中国汽车智能技术，为“一带一路”共建国家培养高素质技术技能人才。

（二）做中国职教标准服务世界的践行者

学校发挥国家“双高”计划人才培养高地优势，精心打造具有中国特色的新能源汽车技能人才培养标准，依托“国际资源云”推送到“一带一路”共建国家，分享汽车类中国职业教育标准和教学资源，增强中国职业教育在“一带一路”共建国家的适应性。

三、项目过程

（一）注重“融进去”与“走出去”相结合，全面提高教育对外交流水平

主动靠上去，积极“融进去”。学校积极参加国际性会议和系列国际性交流活动，如参加世界职业教育大会暨展览会并做典型发言、参与中巴职

业技术教育合作发展研讨会暨中巴职业技术教育交流合作系列活动(图27－1)、参加中国-东盟教育交流周系列活动暨项目洽谈会、加入鲁班工坊建设联盟、参加“首届中国-马来西亚职业教育展”活动、参与中泰“一带一路”职业教育国际交流合作论坛等，观摩学习国外高等教育及管理的先进理念与方法，促进了教学、科研、管理水平的提高，增强了办学的国际化意识。

积极“走出去”，甄别“引进来”。学校赴教育部中外人文交流中心华晟经世项目基地及兄弟院校学习“中文＋职业技能基地”项目建设、中外合作办学项目建设、海外汽车学院的申报、留学生招收和管理等办学经验，全面融入高职教育国际合作联盟，积极开拓合作领域和对外交流项目。

图 27－1　中巴职业技术教育交流合作系列活动

(二) 注重“线上交流”与“线下合作”相结合，双向推进对外交流合作

“线上”学术交流精彩纷呈。学校先后开展了“一带一路”职业教育国际线上研讨会、与马来西亚汽车工业大学就共同开展国际化合作办学项目

进行讨论的线上交流会以及与泰国兰纳皇家理工大学就“中文＋职业技能”项目新能源汽车技术进行线上交流的研讨会，初步达成一系列合作点。

（三）注重“立足当前”与“规划长远”相结合，确保交流合作行稳致远

学校积极申报教育部中外人文交流中心与北京华晟经世信息技术股份有限公司联合实施的人文交流经世项目，并成功入选。此项目旨在推动学校在学科建设、课程构建、人才培养等方面提升实力，促进校企有效合作、产教深度融合，加快和扩大教育对外开放，促进中外人文交流和民心相通，推进国内院校与“一带一路”共建国家院校的交流合作。

学校应邀参加中巴职业技术教育合作发展研讨会暨中巴职业技术教育交流合作系列活动，在活动中与北京唐风国际教育集团进行了深入交流，就 CCTE 模式框架下的巴基斯坦海外分校建设项目（图 27－2）达成合作。

图 27－2　中巴 CCTE 模式现代化国际学院海外分校

四、合作成效

（一）精心打造汽车国际资源成效显著

学校先后引进了保时捷 PEAP 技术和宝马 BEST－2 技术培训标准、国际焊接体系认证 ISO 3834 证书等并进行升级优化；遴选并培育了一批国际化教学资源，其中国际化标准 2 套，分别为“汽车电子技术”和“新能源汽车”；国际化教材 4 套，分别为《汽车电器设备检修》、《汽车单片机技术》、《传感器应用与信号检测》、《智能汽车网联概述》；“双语”转化课程 2 门，分别为“汽车构造”、“汽车维护与保养”；依托“国际资源云”开展资源推广应用工程，目前主要推广“汉语入门”、“创业在中国”两门课程的“国际资源云”教学资源，并且与巴基斯坦旁遮普省职教局就课程标准及资源建设达成合作，在其认可的信息化平台上进行课程资源的开放推广及教学应用；新能源汽车技术员职业标准开发项目被成功遴选为中非职业教育联盟第二批“坦桑尼亚国家职业标准开发项目”。学校近年来在学科发展、人才培养和师资建设方面取得了长足的进步。

（二）用心培养汽车国际人才初见成效

学校于 2019 年招收的来自巴基斯坦、孟加拉国、尼泊尔、利比亚等五个国家的 12 名留学生，今年 7 月份都已顺利毕业。培养期间，有两位留学生连续两年参加湖南省中华经典诗文诵读大赛获留学生组二等奖（图 27－3）受邀参加株洲市人民政府迎新年招待会，获株洲市国际友好交流贡献奖；孟加拉国国籍的习飞特同学参加了中国首届世界技能大赛（图 27－4），并在无人机维修与应用混合编队中荣获优胜奖。

图 27－3　留学生参加湖南省朗诵比赛

图 27－4　孟加拉国籍的习飞特同学世界技能大赛赛前训练

（三）专心服务汽车企业“走出去”初显成效

学校已启动第二批海外“汽车学院（培训中心）”建设。CCTE 模式框架下的巴基斯坦海外分校建设项目达成；中外联合打造具有国际水平的专业标准、课程标准和教学资源；实现“一带一路”现代化境外办学，国内外联合培养双学历双语本土技术技能人才；“中巴汽车国际学院”联合中资企业开展先进汽车技术培训，建立“中文＋职业技能基地”，建设以巴基斯坦国的需求为前提、中文为基础、技能为特色的培训项目；建立新能源汽车国际教育联盟，并牵头成立合作委员会。

五、总结反思

学校突出“汽车智能技术教育”特色，成功打造服务“一带一路”的人才培养品牌的经验总结与思考如下。

（一）经验总结

1. 高质量共建共享标准及课程，辐射“一带一路”共建国家

学校修订、完善了专业群课程与培训标准；实行项目负责制，强化标准开发、课程开发团队责任；借助团队力量对课程标准、立体教材、技能培训标准和教程进行双语版开发；利用学校资源平台，搭建“国际资源云”数字资源，推动标准共建共享。

2. 高质量服务“走出去”中国企业，开展海外技能人才培养

学校高质量服务“走出去”汽车企业的海外项目，在“一带一路”共建国家建设好“汽车学院”、海外联合培养基地，组建海外培训教学团队和技术服务团队，确保培训和服务质量；扩充海外技能人才培养团队，提升团队专业技能和英语交流专项能力；科学制订留学生招生工作方案，改版宣传网页，印制英文版宣传材料，在巴基斯坦、孟加拉国等“一带一路”共建国家建立招生联系点，充分利用现有留学生资源，扩大专业群的国际声誉度。

（二）几点思考

1. 强化资源本土化开发利用，提升国际优质资源引进水平

学校需提高对国际资源的引进并利用工作专业性的科学认知，加强外

事工作队伍建设，提升外事工作职业化专业化水平，加大境外优质资源的甄别筛选力度，把好资源入口关，破除政策壁垒，优化引进流程，推动境外资源本土化开发利用，全面提升境外优质资源引进和利用工作水平。

2. 深化中外合作内涵发展，推进中国特色高职标准开发制定

学校应在“双高计划”背景下，引领中外合作办学项目建设方向，积极鼓励外方教师参与课程教学和专业建设，加大对双语教学实际效果的考核力度，全面深化中外合作办学项目内涵，主动对标国际职业教育标准体系，借鉴提高学科专业建设、人才培养和管理服务水平，积极参与并逐步引导国际标准制定方向，务实推进中国特色高等职业教育标准体系建设。

3. 推进师资队伍国际化建设，提升师资队伍国际化水平

学校要围绕国际化技术技能人才培养的核心目标要求，积极构建国际化技术技能人才培养体系，科学制订培养方案，重点推进师资队伍国际化建设，提升师资队伍国际化水平，促进国际化技术技能人才培养。

4. 拓展丰富人文交流形式，提升中外人文交流水平

学校要积极拓展中外人文交流渠道，逐渐丰富中外人文交流形式，大力推进中外教师学术交流，依托中外合作项目平台，深化合作内涵建设，推进境外校企深度合作，强化岗前培训与过程管理，提高学生境外实习效果。

5. 深化教育模式改革，打造“留学湖汽”的特色教育品牌

学校需着力构建政校企联动机制，完善来华留学奖学助学体系，畅通学历提升通道，深化教育模式改革，打造“中文＋职业技能”项目，强化文化育人功能，培育“知华友华”的留学生群体。通过内涵发展，逐步打造“留学湖汽”特色教育品牌，吸引境外优秀青年学子来学校学习交流，共享我国现代高等职业教育丰硕成果。

6. 推进深度合作和协调发展，提升国际职业教育服务水平

学校应强化中国特色高等职业教育资源境外共建共享，推进校企深度合作，提升职业教育培训质量，积极探索推进鲁班工坊建设，拓展海外办学

覆盖面，充分发挥境外服务水平较高区域高职院校的辐射引领作用，促进区域协调发展，深化内涵建设，努力构建有中国特色的国际职业教育服务品牌。推进校企深度合作，提升职业教育培训质量，与“走出去”企业深度合作，共同组建现代职业教育培训中心，遴选优秀教师和企业技术骨干组建培训团队，科学研究制订培训内容，创新培训模式，提高为“走出去”中资企业开展员工技术技能培训的质量，助力“走出去”中资企业的海外发展。

积极响应“一带一路”倡议，推动职业教育“走出去”

——深圳职业技术大学与普罗夫迪夫大学共同设立职业教育培训中心的探索与实践

摘　要　2023年是共建“一带一路”倡议提出十周年。在“一带一路”倡议下，中国与中东欧国家的教育合作不断深化拓展。近年来，深圳职业技术大学积极响应“一带一路”倡议，不断深化与中东欧国家的职业教育合作，将“走出去”办学、推广教育教学标准作为一项重要目标与举措，开辟了以海外职业教育培训中心形式推动职业教育“走出去”的模式。学校联合著名中资企业，构建校企校合作机制，根据当地需求开展职业教育培训，推动中国职业教育教学标准走向世界。目前，学校已在马来西亚、保加利亚、乌克兰、白俄罗斯等国家建成9个海外职业教育培训中心，累计开展20余次职业技术技能培训和4学期汉语课程培训，累计培训当地师生350余人。

一、合作背景

（一）合作双方简介

深圳职业技术大学于1993年创建，是中国最早独立举办高等职业技术教育的院校之一。学校紧扣国家发展战略，加快国际化办学步伐，充分利用区域与自身优势，深化国际教育交流与合作。建校以来，学校已累计与41个国家和地区的186所高校和教育机构建立了友好合作关系，在学生交换、课程合作、科研合作、短期研修等领域开展了全方位、多层次、形式多样的教师和学生国际交流活动，取得了丰硕的成果，成为首批获得招收海外留学生资质的高职院校和首个获批面向港澳台地区单独考试招生的高职院校。学校联合华为、中兴、招商港口等企业“走出去”，服务国家“一带一路”倡议，在马来西亚、保加利亚、乌克兰、白俄罗斯等7个国家建成9所海外汉语和职业教育培训中心，推广学校专业标准，还应邀为柬埔寨、蒙古国等国家职业教育代表团举办专题培训班，推广职业教育经验。学校重视加强与职业教育国际组织的合作，是联合国教科文组织国际职教全球联系中心之一，并获批成立联合国教科文组织职业教育计划亚非研究与培训中心、设立联合国教科文组织职业技术教育数字化教席。

保加利亚普罗夫迪夫大学位于保加利亚的第二大城市普罗夫迪夫。学校建立于1945年，是保加利亚南部最大的高等教育机构，同时也是保加利亚第二大的综合性大学。普罗夫迪夫大学至今已有70多年的悠久历史，教学领域包括自然科学、人文科学、社会科学与经济学，为无数学生提供了高质量的教育课程。

（二）合作历程

随着“一带一路”建设深入推进，中保两国在信息和通信技术方面展现出非常广阔的合作前景。鉴于保加利亚对于信息和通信技术人才的迫切需求，学校以与华为共同建立的华为信息与网络技术学院现代通信专业为依托，与普罗夫迪夫大学合作，在当地共同建设职业教育培训中心。

2014年3月，中国深圳市与保加利亚普罗夫迪夫市结为友好城市，这为学校借助“一带一路”契机与普罗夫迪夫大学合作建立以培养现代通信专业人才为主的职业教育培训中心提供了便利。

2015年10月，学校与普罗夫迪夫大学签署合作协议，揭开两校合作序幕。

2016年7月，学校12名师生赴普罗夫迪夫大学参加为期一周的文化体验活动。

2016年11月，保加利亚普罗夫迪夫省时任省长率政府及商业代表团访问深职大，双方领导商讨并确定了学校与普罗夫迪夫大学共建职业教育培训中心的事宜。

2017 年 11 月，学校时任校长赴普大参加“深圳职业技术大学-普罗夫迪夫大学职业教育培训中心”签约揭牌仪式（图 28 - 1）。

2018 年和 2019 年，学校两批专业教师赴保加利亚开展“LTE 移动网络系统”、“5G 移动通信”和“华为认证-路由与交换”等课程的培训（图 28 - 2），培训骨干教师和优秀学生共计 43 人次，教学效果良好，得到普罗夫迪夫大学领导与师生的肯定。

2020 年至 2022 年，学校通过线上形式，为 122 名普大师生进行了授课与培训（图 28 - 3）。

图 28 - 1 2017 年 11 月，深圳职业技术大学时任校长赴普罗夫迪夫大学参加“深圳职业技术学院-普罗夫迪夫大学职业教育培训中心”签约揭牌仪式

图 28-2　深圳职业技术大学专业教师赴保加利亚开展“LTE 移动网络系统”、“5G 移动通信”和“华为认证-路由与交换”等课程的培训

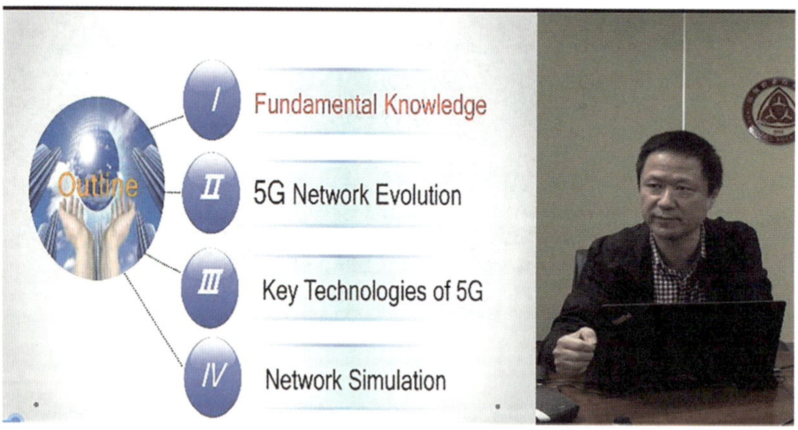

图 28-3　深圳职业技术大学教师采用线上形式为保加利亚师生进行授课与培训

二、工作目标

学校聚焦中国职业教育标准"走出去"，以学校优势专业为试点，结合与华为合作的优秀经验，先行先试，探索适合中国职业院校"走出去"的合作模式，积极对外推广中国标准、中国技术和中国产品。

（一）做中国高等职业教育标准"走出去"的领航者

以服务"一带一路"倡议以及深化与中东欧国家职业教育合作为契机，学校以现代通信技术这一优势专业为试点，在与普罗夫迪夫大学共建职业教育培训的过程中，逐渐开发出适合对外推广且能代表中国职业教育的专业标准，同时将相关模式推广至电子商务、港航物流等优秀专业，逐步建成适合"走出去"的专业标准库。

（二）做中国高等职业教育"走出去"模式的开拓者

发挥深圳的产业优势，联合"走出去"企业、当地院校，积极探索校企校合作机制，积极构建可借鉴、可推广的中国高等职业教育"走出去"模式，为中国高等职业院校服务"一带一路"建设提供参考。

三、项目过程

（一）利用"校—企—校"合作机制，构建中国高职教育"走出去"模式

为服务中国"走出去"企业在当地的发展，满足企业对人才的需求，学校充分利用与华为联合培养信息通信技术技能人才的"课证共生共长"模式，在充分了解当地人才状况和院校课程设置的基础上，联合"走出去"企业，共同设计教学内容和教学标准，大大提高了学生的就业竞争力，同时也很好地解决了"走出去"企业在当地"水土不服"的现象，在成就企业的同时也积累和丰富了在海外开展职业教育的经验。

（二）确立教学标准，开发系列教学资源

两校精准对接保加利亚发展和技术技能人才需求，从专业教学标准研制入手，夯实专业内涵发展基石。学校根据专业教学标准开发了“LTE 移动网络系统”、“5G 移动通信”、“华为认证-路由与交换”等课程标准。完善双语课程电子资源，逐步建立起双语电子资源库，方便更多当地师生学习，同时辐射至周边中东欧国家院校，推广相关专业课程标准被更多国家认可和采纳。

（三）打造两校优质师资团队，夯实合作长效发展基石

建设一支理念先进、双语教学能力强的优质师资团队是海外职业教育培训中心长期健康稳定发展的关键。在教育合作过程中，双方教师共同设计课程内容和开展专业建设；定期举办线上教学研讨会，互相分享和交流教学理念和教学方法。

四、合作成效

（一）荣获国家级奖项

学校将与华为“走出去”在保加利亚等地高校设立海外职业教育培训中心的经验融入“深职院-华为培养信息通信技术技能人才‘课证共生共长’模式研制与实践”项目。该项目荣获 2018 年国家级教学成果奖特等奖，凸显了学校校企合作、产教融合的办学特色，是学校与华为携手“走出去”共建海外职业教育培训中心的重要成果。

（二）得到国内外媒体高度关注

2017 年 11 月，学校时任校长访问保加利亚普罗夫迪夫市，为学校首家海外职业教育培训中心“深圳职业技术学院-普罗夫迪职业教育培训中心”签署合作协议并揭牌。会后，贾兴东应邀接受了新华社、保加利亚国家电视台和普罗夫迪夫当地电视台记者的联合采访（图 28－4），媒体对中

心的成立进行了详尽报道，获得了良好社会效益。

图 28-4　学校时任校长接受新华社、保加利亚国家电视台和普罗夫迪夫当地电视台记者联合采访

该中心不仅是学校在海外开设的第一家职业教育培训中心，也是首家在保加利亚高校开设的职业教育培训中心，对于学校职业教育优秀成果“走出去”，响应国家“一带一路”倡议以及为保加利亚当地培养优秀的职业技术技能型人才都具有十分重要的意义。

（三）推广了一批标准和优质教学资源

“LTE 移动网络系统”、“5G 移动通信”、“华为认证-路由与交换”等课程标准，已被正式纳入普罗夫迪夫大学的专业标准中。相关课程同时建成双语线上课程、双语课程讲义、双语软件培训教材等内容，并辐射至周边地区院校。

（四）培养了一批急需人才和优质师资

截至 2022 年，共有 122 名普罗夫迪夫大学师生在深圳职业技术大学-普罗夫迪夫大学职业教育培训中心接受培训，部分学生毕业后到中国“走出去”企业工作，满足了企业对人才的需求。

五、保障机制

（一）办学层次

深圳职业技术大学-普罗夫迪夫大学职业教育培训中心提供非学历教育，不颁发文凭，但可颁发深圳职业技术大学培训证书。学生亦可报考相关企业的职业资格证书。

（二）办学形式

深圳职业技术大学-普罗夫迪夫大学职业教育培训中心为非盈利机构，办学形式为双方共建共管。该中心设置在普罗夫迪夫大学校内，场地及硬件设施由普罗夫迪夫大学提供，课程及软件由深圳职业技术大学提供。

（三）办学专业

深圳职业技术大学-普罗夫迪夫大学职业教育培训中心目前开设的专业为电子与通讯类专业。随着双方合作的加深，根据当地企业需求将陆续新增电子商务、港航物流等专业。

（四）招生

由普罗夫迪夫大学根据深圳职业技术大学提供的课程选拔学习对象。招生对象由普罗夫迪夫大学自行决定，通常包括普罗夫迪夫大学本校师生、其他高校师生和相关企业骨干等。

（五）师资队伍

教师团队由深圳职业技术大学和普罗夫迪夫大学相关专业骨干教师共同组成。团队教师具备英语授课能力和很好的合作意识。双方各任命1名教师担任团队组长，负责双方的沟通与联络。团队的主要任务是确定教学计划、明确教学内容、研讨教学组织形式、制定评价方案等。

（六）教育教学

两校共同制定培训计划，采用理论课与实训课相结合的授课形式，实施单项课程考核管理，学生完成培训课程并通过考核后，可获得相应的培训证书，但不获得学分。

基于深圳职业技术大学-普罗夫迪夫大学职业教育培训中心这个平台，双方同时在学生交流、教师交流、科研合作等领域开展合作。此外，深圳职业技术大学-普罗夫迪夫大学职业教育培训中心还承担着为当地企业培养技术技能人才的教育教学培训活动，协助推动当地经济发展。

（七）运行与管理

1. 管理机构

合作双方共同组建领导小组，组长由双方主要领导担任，下设办公室，办公室主任由双方外事主管部门领导担任，中心成员包括相关学院领导和专业主任。双方建立沟通机制，共同组织管理中心的运行。普罗夫迪夫大学负责招生及学生管理、日常运营等；深圳职业技术大学负责遴选教师、准备教学资料、课程设计与考核等。

2. 场地和资产管理

普罗夫迪夫大学提供场地、硬件设备，并负责场地和硬件设备的管理。深圳职业技术大学提供相关课程资料及软件，并保证相关资料的知识版权的合法性。

（八）质量监管与评价

两校共同监控教学质量，采用综合考核、问卷调查、学生回访以及教师回访等形式进行质量监管与评价。

六、总结反思

（一）推广合作模式，助力“一带一路”建设

随着深圳职业技术大学-普罗夫迪夫大学职业教育培训中心的发展逐渐成熟，学校抓住时机推广了优质的教学资源，为学校“走出去”办学提供了宝贵经验、开拓了更广阔的空间。海外职业教育培训中心的建设很好地服务了“走出去”企业，推动了“一带一路”共建国家的经济和社会发展，为当地培养了优秀的高水平技术技能人才。

（二）共建共享共赢，走出中国特色的发展道路

在服务“一带一路”倡议以及深化与中东欧国家职业教育合作的过程中，学校逐渐开发出适合对外推广的专业标准，为深化对外交流与合作奠定了基础。同时学校积极探索校企校合作机制，积极构建可借鉴、可推广的中国高等职业教育“走出去”模式。未来，学校将紧跟国家发展战略，朝着中国高等职业教育标准建设的领航者以及中国高等职业教育“走出去”模式的开拓者这一目标奋力前进。

产教融合助力“一带一路”甜蜜事业

——广西工业职业技术学院“双轮驱动”助推中国制糖国际产能“走出去”

摘　要　广西工业职业技术学院主动承担服务中国制糖广西特色产能“走出去”战略任务，通过两重途径构建校企国际合作共赢长效机制，制订制糖专业国际化教学标准，开发双语教学资源，探索与中国企业和产品“走出去”相适配、与海外企业和院校相促进的职业教育发展模式，积极推进广西糖产业链国际化技术技能人才培养创新与实践。

学校以与跨国企业精诚十年的合作默契、与国企出海精准对接的互补机遇为依托，牵头成立国际糖业产教融合联盟，入盟单位遍布亚欧非三大洲。与泰国、埃塞俄比亚、加纳等“一带一路”共建国家共建智慧糖业产业学院1个、国际丝路糖业学院2个，建成海外培训基地4个。以食品制糖技术为基本面开发了3大类6门国际化技术技能培训资源，输出国际化专业课程标准29门。提出以“国际视野、中国情怀、职教特色、全面发展”为基调的“外国留学生现代学徒制”项目构想。学院国际合作特色经验——“中泰智慧糖业产教融合高技能人才培养项目”入选“中国-东盟高职院校特色合作项目”。

一、合作背景

地处粤港澳大湾区和东盟经济圈交汇点的广西，是“一带一路”有机衔接的重要门户，在“一带一路”建设中具有独特的地理优势。以制糖为主的食品产业，是广西超三千亿的支柱产业之一。受益于产业高度聚集，广西的糖类产品和食糖生产线制造水平也处于世界前列。近十年来，受国际蔗料行情及行业和环保政策影响，国内制糖、生物质发电、造纸等与糖业循环经济相关的业务市场趋向饱和，制糖设备服务与工程建设型企业面临需求骤减、业务萎缩的重大挑战，食糖生产型企业亟须跨越提质换挡优化产能的重大关口。随着“一带一路”倡议及东盟发展战略深入对接的推进，广西制糖业迎来了“产能优化＋产能输出”的热潮。各大糖企纷纷开始实施自动化、智能化、数字化“三化技改”，聚焦高附加值产品、布局全糖产业链；中国企业海外EPC总承包糖厂工程遍布泰国、越南、印度尼西亚、柬埔寨、斯里兰卡、埃塞俄比亚。在“产能优化”与“产能输出”两条路径中，技术实力薄弱和人力智能脱节，是企业顺势乘风破浪最大的硬伤，而修复这两处硬伤正是职业教育的使命与担当。

轻工制糖是广西工业职业技术学院享誉全国轻工行业的特色名片。办学60多年以来，学校为广西制糖、食品及相关轻工产业培养输送了近60％的糖企中层及以上干部、3万余名高素质技术技能人才。职业教育国际化是职业教育实现从服务区域经济到服务国际市场的转向，是提升西部地区职业教育适应性、实现现代化转型的必由之路。我校立足高水平特色王牌专业群，在广西糖业“二次创业”和职业教育“协同出海”的大背景之下，通过优化校企合作举措，因地制宜打造出广西工业职业技术学院与国际合作的最优范式——针对产能优化的需求，与跨国头部糖企共建“智慧糖业产业学院”，以产教融合、科技赋能为抓手，优化具有国际视野的人才培养模式，聚焦前沿涉糖生物技术的攻关；针对产能输出的需求，开展“一带一路”建设的“装备＋服务”“工程＋服务”等教育服务项目，以涉外培训、标准共建共享为抓手，协同企业实现由生产单一产品到“产品＋技术＋标准＋人才”全面发展的转型升级，成为出海涉糖企业最佳“软实力助攻”。学校深耕行业，“双轮驱动”，以助力“一带一路”“甜蜜事业”为使命，形成中国糖业标准输出“广工院方案”。学校国际合作特色经验——“中泰智慧糖业产教融合高技能人才培养项目”入选“中国-东盟高职院校特色合作项目”，被中国教育报等多家权威媒体深度报道。

二、工作目标

学校聚焦中国蔗糖职业教育标准建设，以职业教育服务经济建设为根本，以职业教育促进民心相通为抓手，提升内涵建设与企业服务水平，依托跨区域产教融合项目，服务中国企业“走出去”，不断提升国际化水平，为构建全球糖产业共同体贡献中国智慧。

（一）成为区域糖业产业增值赋能的助推器

学校以满足“十四五”时期广西糖业着眼点转向强化副产品综合产业闭合循环的诉求为目标，聚焦国家高技术蔗糖产业链，布局制糖设备改造、蔗糖生物工程、糖蜜滤泥循环经济等领域，依托产业实训基地和博士工作站的科研平台，以企业生产实际需求为导向，积极与企业合作开展横向课题研究；以“智能化、信息化、创新化、国际化”高水平专业技术技能型人才的需求为中心依托，跨国双主体共建智慧糖业产业学院，满足制糖发展对人才“量”与“质”的需求。

（二）成为全球糖业产业职教标准的引领者

学校以服务中国涉糖企业“走出去”，解决海外糖厂“交钥匙工程”建设与运营期间本土化技术技能人才匮乏问题为目标，与“走出去”企业、外方高校共建丝路糖业产业学院，发挥学校作为广西“双高”专业人才培养高地优势，提供教育培训、技术支持、联合培养等软性支撑，为“一带一路”共建国家培养高素质技术技能人才。开发具有中国特色的食品加工（制糖）人才培养标准，在“一带一路”共建国家推广应用，分享中国职教标准和教学资源，增强中国职业教育在“一带一路”共建国家的适应性。

三、项目过程

（一）立足特色，精准助攻，高质量服务“一带一路”倡议

学校在深入研判“一带一路”共建各国国情的基础上，探索职业教育国

际合作最佳切入点。充分发挥自身专业办学优势，携手广西建工集团第一安装有限公司“走出去”。以海外糖厂建设项目为抓手，学校与广西建工第一安装公司、埃塞俄比亚阿尔巴门齐大学合作共建的“丝路国际糖业学院”在阿尔巴门齐大学挂牌（图 29－1），搭建起了校企校合作办学培养制糖生产技术专业人才和职工培训的新平台。2018 年，学校开办埃塞俄比亚糖业公司 OMO3 糖厂中国培训班（图 29－2）。该培训班的 40 名学员中有 3 名已成为埃塞俄比亚方糖业公司总经理，40％以上晋升为中层管理干部，其余的都为工段长以上的技术骨干。该项目依托学校的广西“双高”食品智能加工（制糖工程）专业群特色专业，将企业资源、学校资源、政府政策资源充分利用起来，通过构建“校内＋校外双课堂、线上＋线下双渠道、学生＋学徒双身份、中方＋外方双文化”的“四双”育人体系，把“丝路国际糖业学院”建设成国际化糖业人才的蓄水池，实现了“外国留学生现代学徒制”的构想。

图 29－1　校企校共建丝路国际糖业学院在埃塞俄比亚阿尔巴门齐大学揭牌成立

图 29-2　埃塞俄比亚制糖培训班实训实操现场

（二）螺旋推进，标准输出，打造职业教育国际化特色项目

学校 2017 年获得国家现代学徒制试点立项，积极与广西南宁东亚糖业集团互动，以共建食品加工技术（制糖技术）专业为切入点，在尊重对方价值、认可双方实力的基础上开始“工学交替”的探索，从“东亚校园职业营”的尝试，到“现代学徒制”“新型学徒制”的构建，逐步走深走实，推动教育链、人才链与科技链、产业链的跨界融合，形成了良好的协作机制，合作渐臻佳境。在广西南宁东亚糖业集团的牵线下，学校与其母公司——泰国两仪糖业集团结缘。2018 年制糖专业教学团队受邀赴泰国教育部、两仪糖业集团访问，帮助泰国商会大学成立制糖专业，迈出学校专业建设标准共建共享的第一步。2019 年“广西工业职业技术学院泰国两仪集团丝路国际糖业学院”揭牌（图 29-3）。2021 年，我校与广西南宁东亚糖业集团共建智慧糖业产业学院（图 29-4），开展创新与育人平台建设、与产业链高端企业开展双元制人才培养模式创新、国际合作交流等研究，探索“智慧糖业产业学院”人才培养共同体的建设路径，开启了校企合作共同推进食品技术（制糖）高水平专业建设国际化赋能的新征程。该项目促进了校企双方在行业中结合成共生共荣的命运共同体，为当前职业院校国际化人才的学徒制培养提供了可借鉴的方法，并成功入选第四批“中国-东盟高职院校特色合作项目”。

图 29－3　中泰丝路国际糖业学院揭牌

图 29－4　智慧糖业产业学院签约揭牌仪式

（三）以点带面，搭建平台，构建全球糖业职业教育共同体

学校以与跨国企业精诚十年的合作默契、与国企出海精准对接的互补机遇为依托，在广西工业职教集团的牵线搭桥和统筹下，整合集团内企业、科研院所、高校、海外教育机构等优质教育资源，牵头成立国际糖业产教融合联盟（图 29－5）。作为国内唯一的国际糖业产教融合联盟，它带动了广西区内涉糖中、高、本院校，知名糖企，研究机构，科研院所及亚欧非三大洲 6 大产糖国海外院校等，凝聚共识，形成“政校行企，四联动、共育人”的联盟机制。联盟紧盯产业和技术升级需求，紧贴产业和技术发展前沿，以教学、培训、科研和社会服务为主要内容，充分发挥成员单位的特色优势，构筑“协同育人、协同办学、协同创新”新模式。2022 年 9 月，学校主办的国际糖业产教融合联盟成立大会暨第一届智慧糖业产教融合交流研讨会在南宁召开，7 名国内外的糖业“大咖”，围绕“智能、环保、融通、合作”主题，开展 7 场研讨，共谋糖业产教融合新机制，助推广西糖业转型升级和国际糖业产能与经济技术交流合作。

图 29－5　国际糖业产教融合联盟成立大会

四、合作成效

（一）示范引领，搭建糖业产业链国际化人才供给新模式

由广西工业职教集团统筹，整合集团内涉糖产业链的教育资源，与泰国两仪集团、广西建工集团、广西大学、埃塞俄比亚阿尔巴门齐大学、泰国拉卡邦先皇理工大学等成员单位组建“丝路国际糖业学院”，协同制定国际学院建设标准、教学规范和人才培养质量标准等规范文件，明确三方的责权（图 29－6）。以糖企在泰国、埃塞俄比亚、埃及等国家经营业务的人才需求为纽带，分别成立对接糖产业链的学徒制班和糖产业链新技术培训班，跨界协同推动糖产业链技术技能人才的培养培训。该实践经验——“适应广西制糖业发展的‘对接-协同-国际化’专业建设改革探索与实践”获得广西壮族自治区教学成果奖二等奖，成果先后在全国职业教育集团化办学年会、中国-东盟职业教育国际论坛等国内外重要会议上作典型发言，辐射带动了国内 12 所职业院校的国际化人才培养，吸引了国内 20 余所中高职院校代表团到校考察和学习借鉴。

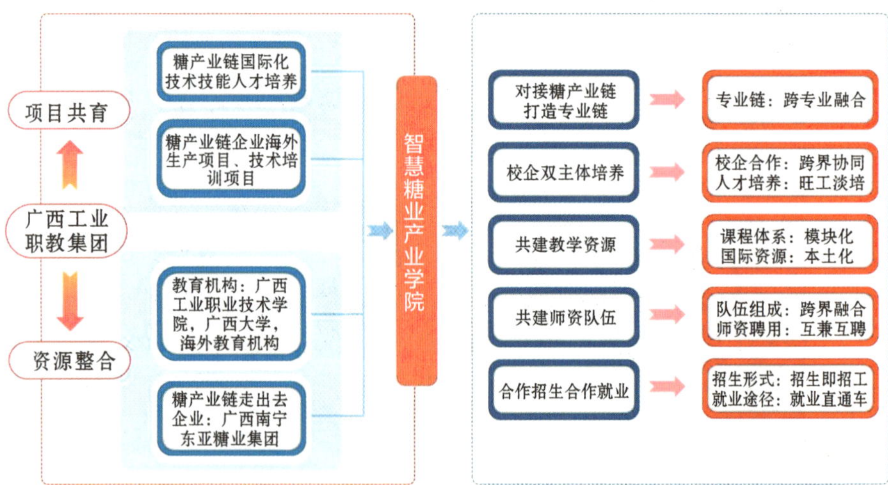

图 29－6 “集团搭台、借船出海”的广西糖产业链国际化技术技能人才供给策略图

（二）创新模式，综合提升轻工制糖领域人才国际化视野

运用产业链思维(industrial - chain)对接信息化(informatization)、智能化(intellectualized)等糖产业链新技术和国际化(internationalization)人才的培养要求，创设基于糖产业链特点的“4I 驱动、三方联动”的现代学徒制人才培养模式，对接制糖、糖的精加工、蔗渣造纸等糖产业链技术技能人才培养质量要求和企业实际生产情况，以糖产业链关键技术环节为依据，融入信息化、智能化等糖产业链所需新技术和国际业务知识，以工作过程为导向重构制糖、糖的精加工、蔗渣造纸、国际语言与商务等糖产业链相关专业课程模块，制订“通识课程＋专业基础平台课程＋模块化课程”的教学方案，培养综合性国际化素养人才超 300 人，培训员工 1200 余人。据第三方统计调查，毕业生糖企留用率达 90%以上，其中 21.32%的毕业生在工作一年后就成为“走出去”企业海外业务的技术骨干。

（三）四维一体，搭建对外交流平台打通国际合作软通道

通过人员交流常态化、交流平台精准化、教学资源国际化，教育模式品牌化，“四维一体”打通国际合作软通道。师生互派互访互学，接收留学生 57 名，鼓励教师出海学历深造 24 人次，派出 2 批次骨干师生到泰国、埃塞俄比亚海外实训基地交流。在 2022 年组织面向东盟的师生线上交流会三场，发展和培育了一批知华、友华、亲华的新生代人脉资源，拓展了留学生源。5 名教师参与跨国研发项目。12 名骨干教师参加国际化课程标准建设，获东南亚教育部长组织技术发展中心国际官方认证，3 名骨干教师获得 SEAMEO - TED 颁发的 CATECP 国际专家聘书。牵头发起成立国际糖业产教融合联盟。建立中国-东盟(广西)工业培训中心，联手东南亚教育部长组织技术教育发展区域中心(SEAMEO - TED)开展线上培训，顺利举办国际专业培训班 3 期，培训人数超 2000 人次。与加纳、埃塞俄比亚、泰国等国的糖企共建海外实训基地 4 个。开发食品加工技术、智能制造、人工智能技术等 3 大类 6 门国际化技术技能培训资源。借鉴《悉尼协议》国际专业建设鲁班工坊 EPIP 模式的核心理念，开展专业建设和教学

资源开发，形成一批国际可交流的专业教学标准，开发双语特色教材 8 部、网络课程 11 门，输出职业教育标准 65 项。

五、保障机制

通过国际交流沟通、海外办学实践、职教集团统筹，形成了规范的保障机制。

（一）组织和制度保障

基于校企校合作共赢长效机制，成立了丝路国际糖业产业学院管理委员会、智慧糖业产业学院管理委员会，联合制定了《产业学院、海外实训基地运作流程》《产业学院、海外实训基地教学管理规定》《产业学院、海外实训基地学生管理规定》《产业学院、海外实训基地线上教学规定》等制度，确保了海外办学规范运行。研究制定和修订了招收国际学生管理办法、突发事件应急处置预案、教学管理、学生管理、外专外教聘用管理和因公出国（境）管理办法等共 6 项国际化办学制度，完善了学校的教育国际化管理运行机制。

（二）经费投入保障

“走出去”的中国企业从建设服务经费中划拨专项经费用于项目建设所在国本土化员工培训。海外产业学院与实训基地建设与运营在“双高”建设期纳入年度预算，确保资源建设、教师培训和设备更新。非“双高”建设期内，校企校三方拨付国际交流专项资金用于产业学院与海外培训基地的建设与运行。

（三）师资保障

建立教师国际视野提升工程长效计划，为学校的国际化办学储备师资。通过顶层设计，建立梯队培养、认证、奖励机制，培养“双师双能双语”教师共计 53 人次。

六、总结反思

（一）另辟蹊径，精准“借船”，职教软实力助攻企业服务出海，共建共创共赢，形成独树一帜的“甜蜜事业”外培模式

用产业链一体化视角，开放格局，聚焦糖企上游，以服务中国涉糖企业“走出去”，解决海外糖厂“交钥匙工程”建设与运营期间本土化技术技能人才匮乏问题为目标，学校与“走出去”企业、外方高校共建丝路糖业产业学院，发挥学校作为广西“双高”专业人才培养高地的优势，提供教育培训、技术支持、联合培养等软性支撑，共同为“一带一路”共建国家培养高素质技术技能人才，提高制糖产业水平。

（二）产教融合，精诚所至，科研硬支撑助力国际深度合作，聚心聚力聚行，形成“亦师亦友，辅车相依”的产教共同体

把握产教融合主旋律，对外合作从校企合作提升到校企校国际合作办学新模式。学校依托博士工作站、广西博士后创新实践基地等科研平台为企业提供了木糖、黑糖、糠醛、罗汉果糖苷等高附加值产品和技术方案。与广西糖业集团、泰国两仪糖业集团、广西建工集团等多家企业，共建八桂轻化协同创新中心，共同主持自治区级科研项目。与泰国两仪集团下属子公司共同完成跨国科技研发项目，以科技研发促进企业实现技术创新。通过与广西建工集团第一安装有限公司联手，融合国内外先进制糖工艺，开展碳排放达标技术合作、糖厂技改维修项目，帮助国内外糖企持续提高糖厂的经济效益、环保效益和民生效益。以产教融合为抓手，以技术输出为纽带，校企共生关系更为密切，打造成为构建产教共同体的底层沃土。

"一带一路"国家学生"留学海南"国际教育合作实践

——海南职业技术学院利用海南产业优势开辟教育"走出去"新路子

摘　要　海南职业技术学院借助"一带一路"倡议、建设"国际教育创新岛"等有利条件，牢牢抓住海南国际品牌酒店云集的产业优势，以丰富的酒店资源和宝贵的实习岗位成功吸引大批"一带一路"共建国家学生留学海南，探索了一条"以产业优势为动力、以政策创新为张力、以留学海南为吸引力"的国际教育合作新路子，取得了良好的办学效果。海职院连续三年(2017—2019)获评"全国高职院校国际影响力50强"，荣登酒店行业职业院校教育贡献排行榜第二。学校创造了"留学海南"的生动范例，满足了海南国际品牌酒店的人才需求，设立了海南高职第一所海外分校，取得了良好的国际学生培养效果，开展了广泛的经验介绍交流，产生了良好的社会反响，助推了政府的制度创新，培养了一批对华对琼友好的国际青年。

一、合作背景

(一)形势

2016年教育部"一带一路"教育行动提出了国际教育合作从"请进来"向"走出去"转变的要求。海南职业教育要如何"走出去"？是追随国家产能向外步伐"校随企行"培训当地劳工，还是面向境外职院分享高质量的职业教育标准？海南作为制造业小省和教育小省，产能向外、教育向外能力有限，需要另外开辟新的路子。

（二）背景

1.“一带一路”倡议为国际教育合作铺设了良好背景

2016 年教育部“一带一路”教育行动发布，国际教育合作从“请进来”向“走出去”转换。2018 年海南自贸区（港）战略实施，建设国际旅游消费中心、中国教育开放发展新标杆、“国际教育创新岛”等提上日程。

2.海南国际品牌酒店“面孔国际化”与“留学海南”相互呼应

海南国际品牌酒店资源云集，密度全国第一，急需熟练掌握英语、俄语等语言的外籍服务人才。2019 年教育部与海南省政府《关于支持海南深化教育改革开放实施方案》《海南省“十四五”建设国际旅游消费中心规划》等多个重磅文件提出打造“留学海南”品牌，力争“十四五”期间国际学生达到 1 万人。

鉴于此：利用海南本地产业优势，以丰富的国际品牌酒店资源和宝贵的实习经历吸引外籍学生“留学海南”，成为推动学校职业教育“走出去”的路径。

二、工作目标

（一）以政府友好往来拓宽“留学海南”政策张力

1.推动外交使节来访

通过省外事办邀请尼泊尔历任广州总领事、教育参赞访问海职院，增强合作意愿、达成合作共识。

2.推动省市政府往来

海职院领导联合有关专家提交政协提案，促成海口市与尼泊尔博克拉市缔结友好城市，推动市长互致信函和省领导互访。

3.推动政府政策创新

在政府友好往来加持下，省教育厅、省外事办、省出入境管理局等为本学校提供了准许实习模式入境、领事业务一网通办、政府奖学金等政策支持。

（二）以“两国三城”办学布局促成供需两头对接

1. 以海口主校区为基础

承担中文语言、中国文化等基础课程教学。为国际学生创造参加文艺汇演、迎新接新、技能大赛、职教活动周、校庆周及社区志愿服务等活动的机会，融入中国文化与中国学生群体。

2. 设立尼泊尔分校

学校在博克拉市设立海外分校，作为尼泊尔生源“集散地”，发挥前期课程集中授课、线上教学等作用，为海口与博克拉友城关系提供实质性支撑。

3. 设立三亚分校

发挥海职院混合所有制办学优势，撬动企业提供“三亚南中国酒店”作为三亚分校据点，解决师生教学与生活难题，协调三亚周边酒店资源和学生实习等事务。

（三）以“一核三元四维多向发展”人才培养模式推进学生培养

为满足国际品牌酒店“面孔国际化”和国际学生在顶级酒店实习需求，学校坚持职业教育类型特色和教育属性定位，采取了校企合作、工学结合的人才培养形式。

1. 构建“一核三元四维多向发展”人才培养模式

以职业能力为核心，以政校企为三主体，以知识技能素养文化为四维度，为国际学生职业生涯发展创造多种可能，由企业颁发实习证书，海职院颁发结业证书。这一基于职业教育能力本位的可执行系统，确保了学校的教育属性定位不变（图 30 - 1）。

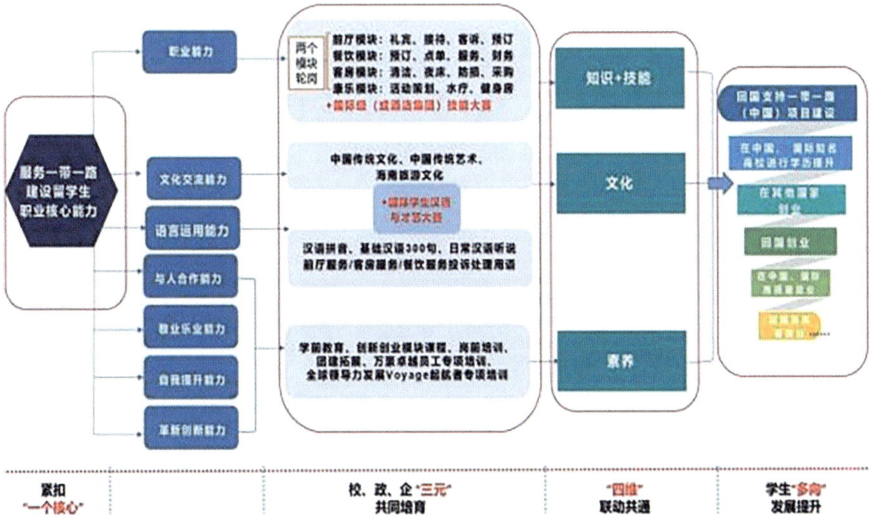

图 30－1 “一核三元四维多向发展”人才培养模式

2. 组建酒店餐饮职教集团

在省教育厅、省旅文厅等支持下，学校联合三亚海棠湾、万宁石梅湾、海口西海岸、琼海博鳌镇等 39 家国际品牌酒店组建了酒店餐饮职教集团，完成了酒店资源从零散到集约的整合，为实施教学提供了协议支撑和机制保障。

3. 实施“企业东道主轮值制”

在上述区域各家酒店实习的国际学生，由轮值东道主酒店轮流接收并组织集中授课，为国际学生学习不同的酒店文化与标准巧设通道。

4. 导入国际酒店全球培训课程资源

从万豪酒店集团近千门课程资源中优选组成“起航者专项培训”“卓越员工专项培训”等进阶式课程包，实施线上线下授课。充分利用企业课程和学校专门制作的在线课程，开展录播直播。

5.打造“双籍双师”结构教师队伍

国际品牌酒店外籍主管承担国际标准课程授课，中国籍主管提供岗位实习指导，学校专业教师负责专业基础课、中文课教学和日常管理，来自酒店集团全球选派的管培生作为助教和“班组学长”，各自承担相应教学与管理任务。这一举措不仅适应了国际学生的英语母语特点，还反向提升了中国籍酒店员工的外语水平，深受酒店和员工欢迎。

三、项目过程

围绕案例实践，团队成员申报了4项省级课题，发表了10篇学术论文（其中北大核心期刊3篇），深化了理论与实践认知。

（一）深化了对职业教育改革与外部环境关系的认识

本案例的重要认识是：只在教学行动层面创新，无法取得成效，整合资源需求、破除政策障碍是更重要的工作。职业教育的改革发展需将产业结构、政策制度、社会环境等外部关系纳入理论分析视野的观点，以“大职业教育主义”拆解现代职业教育的发展命题。

（二）实证了职业教育实践与政策的互动路径

学校在国内学者教育政策理论研究的基础上，进一步实证了教育实践与教育政策的互动关系。职业教育政策变革不会仅凭三言两语发生，需以实践经验推动政府上升为新的制度案例。

（三）提出了境内外产业与教育“落差”及合作动力的观点

本案例认为，产业与教育环境“落差”是我国与“一带一路”共建国家开展职业教育合作的动力所在。学情分析显示，来自尼泊尔等多个国家的学生的核心需求直指产业优势。由于我国实施严格的境外劳工管制，我国职业教育文凭在劳动力市场的“兑现能力”有限，因此在职业教育国际合作中，产业优势高于教育优势。

（四）总结了一套“以产业优势为动力、以政策创新为张力、以留学海南为吸引力”的国际教育合作方案

条件不充分是职业学校办学实践的常态。在破解职业教育国际合作难题过程中，学校形成了依托当地产业优势吸引国际学生留学的思路，总结了以政策支持、资源整合、人才培养上中下“三个层次”为架构的职业教育国际合作方案，可为产能向外能力不足、“校随企行”机遇未至的省市兄弟院校提供参考。

（五）创造了“以情代管”的国际学生管理模式

国际学生管理是敏感工作，涉及安全稳定、文化融合、手续合法等多个方面。千百名国际学生涌入校园又分散在全岛各地，对学校及政府部门管理是巨大挑战。学校通过引导各国学生融入校园生活，参与各项活动，例如与海南电视台、三沙卫视策划拍摄《从喜马拉雅到大海之南》《追梦吧少年》专题纪录片等多项举措，以柔性管理方式激发了国际学生与同学、老师、学校、海南、中国之间的真挚友情。大部分国际学生回国后仍然与老师保持密切联系。

四、合作成效

（一）创造了“留学海南”的生动范例

尼泊尔学生“留学海南”案例成为2018年海南省全省教育工作会议典型案例和2020年世界职业教育大会国际合作优秀案例，为海南“国际教育创新岛”建设贡献了新方案。学校成功向哈萨克斯坦、孟加拉国、菲律宾、泰国、柬埔寨、老挝等6个国家推广复制。专业从酒店管理扩展到电子商务、烹饪、园艺。其中，老挝“电商谷”案例由海南职业技术学院、全国电商教指委与老挝巴巴萨技术学院合作，烹饪专业被列入教育部2020、2021年度“一带一路”教育援外合作案例。海南职业技术学院还与海南农信社联合开展了老挝琅勃拉邦省“农业小额信贷班”职业培训。“留学海南”在内容和形式上更加丰富充实。

（二）取得了良好的培养效果

国际学生毕业后回国高质量就业，主要分布在甘达基经济走廊（中尼合作）、加德满都等地的酒店、机场、餐馆等。例如，Sudip Baral、Kamal Raule 等多名毕业生分别在博克拉机场、香格里拉酒店等工作，或在阿联酋迪拜、卡塔尔多哈就业。部分学生赴中国、英国、澳大利亚、西班牙留学深造。

（三）开展了广泛的经验交流

学校在全省教育工作会议、中国职业技术教育学会 21 世纪海上丝绸之路职业教育研究会、中国教育国际交流协会职业技术教育分会等全国性、区域性会议上作专题报告、经验汇报、学术交流等合计 28 次。共接待广州番禺职业技术学院、深圳信息职业技术学院、广西职业技术学院、海南技师学院等省内外 50 余所院校近 300 人次来校考察交流。学术论文合计下载 899 次，引用 21 次，研究课题全部顺利结题。

（四）产生了强烈的社会反响

人民网、新浪网、南海网、海南日报、南国都市报、尼泊尔加德满都邮报、海南电视台、旅游卫视、三沙卫视等 20 多家国内外媒体对学校进行了多次宣传报道。其中，两部专题纪录片反响强烈，拍摄地从尼泊尔博克拉、加德满都到海南多地，由星级卫视在黄金时段向全国播出，被“学习强国”等多个平台推送。

（五）推动了政府的制度创新

学校推动了国际学生以实习模式入境纳入《海南自贸港外籍人才服务保障》系列政策，成为出入境管理局申报的制度创新案例。推动了省外事办开通“领事业务一网通办”，工作效率大幅提高。推动了海南省政府奖学金面向大专层次留学人员开放。推动了省教育厅、人社厅等将国际生培养纳入海南省“旺工淡学”旅游业人才培养案例。“留学海南”政策的开放度、包容度更高。

五、总结反思

1. 产业优势即职业教育优势

本案例利用尼泊尔甘达基省与海南省的旅游产业落差，弥补了自身产能和教育向外能力的不足。而职业教育国际合作强调“可流动能力”及“可交易性”。这一经验认识根植于海南自贸港战略所带来的理念创新。“留学海南”品牌出现在海南省的多个重要规划文件中，不仅包含了教育性质，还包含了“教育消费”“教育服务贸易”等含义。

2. 以实践行动破解政策障碍

由于职业教育要求国际学生走进企业，这与境外劳务输入在政策上很容易造成误解。苦口婆心解决不了问题，要先干起来。为此，学校寻求了外交使节来访、政府友好往来支持，在省教育厅等部门大力支持和推动下，将经过实践检验的做法上升为政府的政策创新案例，拓展了“留学海南”品牌的政策包容度，提升了教育服务贸易的“流动能力”。

3. 放大国际学生管理中的情感要素

国际学生留学管理是职业院校的新命题。由于国际学生与中国学生在文化、行为上有很大差异，且分散在全岛各地酒店，国际学生管理压力很大。学校紧紧抓住情感这一要素，采取一视同仁的做法，组织学生一起参与文艺汇演、技能大赛、社区志愿服务、迎新接新等一系列活动，增进情感认同。尼泊尔学生作为“老生”接待国内新生的情景一度传为校园佳话。

笃行致远

职业教育国际合作稳步推进

——聚焦重庆工程职业技术学院国际化人才培养 CEC 模式

摘　要　在这个时代，职业教育如何积极作为，更好地培养具有全球化视野的技术技能人才，成为摆在职业院校面前的重要课题。重庆工程职业技术学院作为国家示范性高职院校、国家优质高职院校和“双高计划”建设院校，近年来，立足重庆，胸怀全域，在推动职业教育事业高质量发展的同时，全面融入新发展格局，积极投身国家战略，充分发挥特色优势，加强国际教育合作，构建新理念、新平台、新标准、新评价，开辟了一条经济全球化背景下的高素质技能型国际化人才培养之路。

一、合作背景

2012 年，重庆工程职业技术学院开始实施教育部中外合作办学项目。2013 年，“一带一路”倡议对国际化人才培养提出了新要求；2015 年，国务院印发《关于推进国际产能和装备制造合作的指导意见》，指出深入开展国际产能合作是“一带一路”建设走深走实、行稳致远的关键。加快培养面向国际产能合作的技术技能人才是职业院校的重要使命。

重庆工程职业技术学院是一所具有 70 年办学历史的国家示范性高职院校、国家优质高职院校和“双高计划”建设院校，在推进国家合作和服务“一带一路”建设中，勇于开辟新领域，善于开辟新路径，致力于打造全国职业教育国际合作标杆学校。近年来，学校秉持“文明互鉴、三方共建、多维双元培养”的国际合作人才培养理念，创构了高职 CEC 国际合作新范式，并先后在现代移动通信技术、机电一体化技术等专业群应用实践，发挥着引领示范作用。

重庆工程职业技术学院立足重庆，胸怀全域，在推动职业教育事业高质量发展的同时，全面加强国际教育合作，构建新理念、新平台、新标准、新评价，开辟了一条经济全球化背景下的高素质技能型国际化人才培养之路。

二、工作目标

CEC 是国际合作三方主体的简称，第一个“C”是以重庆工程职业技术学院为牵头单位的中方职业教育方，“E”是企业方，第二个“C”是国外职业教育方。

CEC 人才培养模式面向国际产能合作，坚持“文明互鉴、三方共建、多维双元培养”的理念，其总体思路为：一是构建 CEC 国际合作平台，实施三方协同合作机制，为国际产能急需技术技能人才培养提供支撑；二是开发 CEC 教育教学资源包，贯穿“课堂、教室、课程、教师”全过程，为国际产能急需技术技能人才培养提供资源供给；三是推行 CEC 人才培养方式，实施“引进来”和“走出去”相结合手段，为国际产能急需技术技能人才培养提供范式；四是构建 CEC 绩效评价指标，开展事前、事中和事后评价，为“国际合作平台、教育教学资源、人才培养”提供保障（图 31－1）。

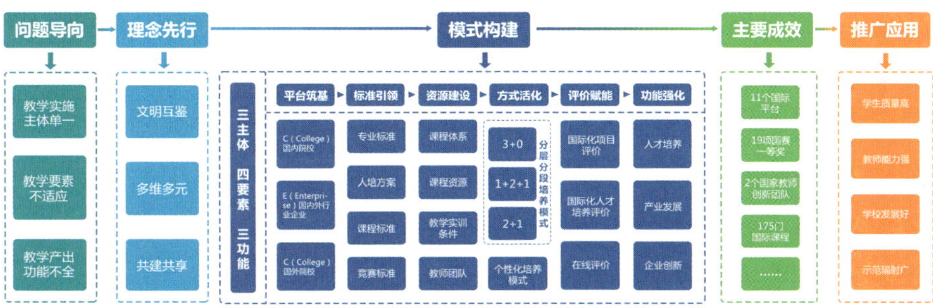

图 31－1　CEC 总体思路

三、项目过程

（一）“搭平台”——打通壁垒，理念创新多极发力

多年来，我国高等职业教育积极开展国际合作与交流，形成了多层次、

多形式、宽领域的交流格局。“一带一路”共建国家是职业教育和产业“携手出海”的重点,中资企业急需大量认同中方管理文化规范、技术基础厚实、操作技能高超的人才。这种供需落差要求中国职业教育配套“走出去”,实现海外本土化一线人才培养和企业需求的精准对接。

为解决现实问题,致力长远发展,2012 年以来,重庆工程职业技术学院以“引进来”和“走出去”为对外办学思路,全面加强推进国际开放与合作办学。一路走来,坚守初心,锚定目标,凝聚智慧,融会贯通,逐渐形成“文明互鉴、三方共建、多维双元培养:基于 CEC 平台构筑的高职国际化人才培养体系创新实践”成果。

CEC 开启了学院国际合作崭新的一页。学校联合国内院校(college)、国内外企业(enterprise)及外方院校(college)等多个主体,通过共建产业学院、鲁班工坊、创新中心和职教联盟等形式,共同建设国际化人才培养 CEC 平台。

“文明因多样而交流,因交流而互鉴,因互鉴而发展。”CEC 多要素和多功能的内涵,展现了国际合作的发展理念与务实行动。学院遵循国际化人才培养规律,优化人才培养标准(criterion)、评价体系(evaluation)和课程教学(curriculum)等要素组合,通过开发专业课程国际标准、在线评价系统、数字化课程资源等形式,形成了国际化人才培养 CEC 要素结构。学校以高质量国际化人才培养为价值取向,集成合作(cooperation)、教育(education)和创新(creative)等一体化功能,通过承担国家中非应用型人才培养项目、重庆市外国留学生奖学金丝路项目、中国国际“互联网+”大学生创新创业大赛等项目,充分发挥 CEC 平台育人功能。

CEC 日益彰显出政府部门与政府部门、民间与民间、政府部门与民间、教育与教育、产业与产业及教育与产业“多极发力”的合作机制和“多维融合”的合作效应。学校抓住核心要素,从国际教育合作“去哪里、干什么”破题,坚持“文明互鉴”理念,国内院校、国内外企业、外方院校三方联合搭建 CEC 国际合作平台,融合人才培养标准、课程教学和评价体系,实现合作、教育和创新三大功能。一是共建产业学院。学院与中兴通讯股份有限公司合作成立中兴通讯信息学院,共同培养通信技术类国际人才,入选教育部“人文交流经世项目”首批“经世国际学院”。二是共建鲁班工坊。学校与坦桑尼亚联合建设国际有限公司-坦桑尼亚达累斯萨拉姆大学孔子学院合作成立鲁班工坊，共同培养非洲建筑工程类中高级技术人才，该项目入选教育部“未来非洲-中非职教合作计划”。三是共建职教联盟。学院牵头成立中泰职业教育联盟，共同培养中泰国际人才和开展中泰人文交流，该项目入选教育部首批中国-东盟双百职校强强合作旗舰项目。

（二）“定标准”——需求导向，汇聚优势精准定位

随着经济发展，特别是信息技术的全球化，在乌兹别克斯坦等“一带一路”共建国家，我国通讯设备占比逐年攀升。这些国家需要大量本土化和国际化专业技术人员和技术专家。需求就是导向标。2015 年，重庆工程职业技术学院联合中兴通讯股份有限公司以及海外高校，成立中兴通讯信息学院，共同培养通信技术类国际人才。该学院入选了国家“人文交流经世项目”首批“人文交流经世国际学院”（图 31－2）和中国高等教育博览会“校企合作・双百计划”典型案例。

图 31－2　“人文交流经世项目”授牌仪式

很多留学生带着“学会中国的新一代移动通信技术，回国后成为国家

移动通信技术升级换代的主力军”的使命而来。截至目前，已有3届共400余名学生在中兴通讯信息学院学习。其中，有50余名来自乌兹别克斯坦、塔吉克斯坦、老挝、越南、泰国、孟加拉等国的留学生(图31－3)。

图31－3　非洲学生实训课现场

中国是坦桑尼亚的重要投资来源国和工程承包方。在处于行业领先的建筑领域，中国企业承包了坦桑尼亚大量工程。重庆工程职业技术学院在坦桑尼亚达累斯萨拉姆大学合作建立“鲁班工坊”，通过“国内＋国外”“线上＋线下”“理论＋实践”等多种形式，培养来自企业、政府部门和高校的中高级管理人才400余名。

基于中西思维模式和行为方式上的差异，国际合作办学在课程设置、课程建设、教学模式、教学组织实施、考核评价、科研水平、师资队伍建设等方面存在较大差异。作为“未来非洲－中非职教合作计划”中非应用型人才联合培养子项目课程建设工作组秘书处，学校围绕懂工程技术、懂汉语、懂当地语言的国际化技术技能人才培养目标，组织院内外课程专家及中外合作企业、行业组织的知名专家，开展人才需求调研，运用德尔菲咨询法，进行岗位能力分析，科学定位国际化人才培养目标，开发人才培养标准。

在实践中获取真知。学校通过深入调研、分析、论证、提炼，为国际教育合作提供了一份份匠心独运的方案标准。其中包括组织研制了建筑类、机械类专业标准3个和课程标准11个;与国内外企业联合开发现代移动通信技术等行业“走出去”企业人才培养标准,研制中亚现代移动通信技术、坦桑尼亚土木工程等9个人才培养方案;与重庆市教育评估院共同制定中泰职教联盟在线课程标准指南,组织建设核心课程标准102个、“中文+职业技能”专业职业汉语标准17个;与企业共同开发中泰国际技能大赛标准等。

(三)“育范式”——以生为本,整合资源共建共享

学院充分发挥平台优势,围绕中泰高铁建设等重大项目,加强交流与沟通,积极开展资源共建共享,推进教师交流学习,推动学生交换互访和留学生培养,为中泰双方企业提供高素质、国际化人才。2018年5月,在重庆市教育部门和泰国职业教育委员会的指导下,重庆工程职业技术学院和泰国孔敬大学孔子学院联合中泰两国院校和企业共同发起成立中泰职教联盟(图31-4)。联盟的成立拓展了中泰职业教育合作的深度及广度,提升了国际职教合作的质量和效益,为推进国际职教合作书写了工程范式;同时,正契合了泰国大力推进的4.0经济发展战略,促进泰国职业院校发展,创造繁荣经济和社会福祉。

图31-4　中泰职教联盟成立

按照协议，中泰职教联盟携手，在加强自身建设、促进中泰文化交流的同时，定期开展中泰双方青年学生互访交换，全面实施留学生培养工程，推动合作院校设立奖学金和勤工助学岗位，组织国内职业院校赴泰开展专场推荐会，全面实施师资队伍提升工程，合作办学推进计划，联合中泰双方优质和跨国企业，创新 CEC 国际合作办学模式。

值得一提的是，重庆工程职业技术学院已借助云平台，将多年办学积累的数字化教学资源与泰国联盟成员单位的师生分享，并且通过云平台让更多学校共享学校的数字化教学资源。

学校依托中泰职教联盟等平台，组织行业企业专家和职教专家，进行典型工作任务分析，建构学习领域，开发模块化课程，建设“基础平台＋方向模块”课程体系；组织 100 余个联盟成员单位开发多语种在线课程资源 102 个，其中 2 门被评为国家精品课程；建成国家教学资源库 2 个、国家智能制造虚拟仿真实训基地 1 个。

为让学生学得好、用得上，在创新实践中，校企联盟建构“中文＋职业技能”模块化课程资源，以生为本，探索分类分层分段个性化订制教学。通过按专业集群分类、语言水平分层、学习进程分段，制定个性化教学实施方案（图 31－5）。通信技术类实施“两年境内＋一年境外”专科培养，土木工程类实施“一年境外＋两年境内＋一年境外”本科培养，智能制造类实施三年境内“双文凭”培养。同时，建设“中外教师＋企业培训师”“双师型”国际混编师资团队，建成国家职业教育教师教学创新团队两个；依托重庆市智慧校园创新示范项目，推进课堂教学革命，探索“类上班制”实践教学改革。

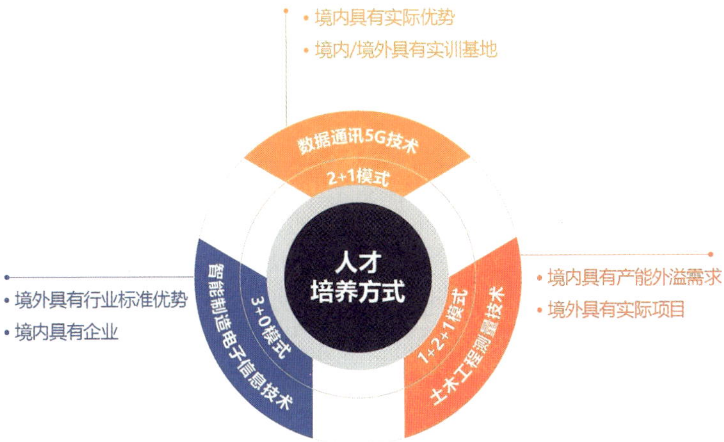

图 31－5　人才培养方式

截至目前，中泰职业教育联盟组织互访师生人数达 1000 余人次，促成了重庆水利电力职业技术学院等 7 所院校与泰国院校签署海外远程教学基地合作协议，创建了中泰高铁汉语人才培训营、中泰职业技能汉语人才培训营等学习营，推动了中泰双方教学资源的共建共享。联盟迄今已有 100 余所中泰院校和企业成员单位，共同开发中泰职教联盟在线课程共享标准、教学标准、评价标准、学分互认标准，已完成 102 门在线课程标准、题库资源、视频资源等建设任务。

（四）“扬文化”——党建引领，中国文化赋能国际化办学

职业教育首先要回答“培养什么人、怎样培养人、为谁培养人”这一根本性问题。推动国际合作高质量发展离不开党建引领，高校应对此承担重要责任。

对此，重庆工程职业技术学院旗帜鲜明，立场坚定，抓住“牛鼻子”，扭住关键点，切实加强党对国际合作人才培养的领导，坚定正确的政治方向。

学校建立了中外合作办学党委研究决策制度，在国际学院建立党支部，国际学院院长担任党支部书记；完善国际学院与二级学院协同实施国际化人才培养的机制，将主旋律贯穿国际人才培养全过程，确保国际化人

才培养保持正确的政治方向和国家立场。

学校将中国特色文化和时事教育同学生的专业背景进行合理整合，构建科学全面、体现时代特色的国际化人才培养方案，打造了文化育人新生态、课程文化新体系和网络文化新空间，促进学生国际理解能力提升（图31－6）。

在文化创新方面，弘扬社会主义核心价值观，借鉴海外合作院校先进文化理念，创新"开拓、务实、奋斗、奉献"的学校"乌金"文化，形成跨界、开放、融合、共生的文化育人新生态。

图 31－6　国际学生运动会展示演出

在课程文化创新方面，传承中华优秀传统文化，吸收国际先进技术文化，引入行业企业工匠文化，熔铸、嵌入课程与课堂，创建了"中文＋职业技能"的课程内容新体系。

在网络文化创新方面，适应国际化人才未来可持续发展需求，采用微信公众号、抖音等学生喜闻乐见的新媒体形式，打造适应未来国际化人才数字化生存的青年文化创意空间。

2019 年，学校作为中国南非教育项目实施院校，接收了来自南非土木工程领域的 21 名大三学生（图 31－7）。依据南非建筑培训署 CETA 的要求，学院精心设置了汉语、中国文化、建筑施工、建筑 BIM、建筑机械、建筑安全、测量工程、跨境电商等课程。培训期间，来到中国的非洲学生对每堂课都非常感兴趣。不仅是专业课，茶艺、剪纸、书法、陶艺等中国文化课程也深受留学生欢迎。一部分留学生希望把在中国学习深造所获得的经验与技术带回去，服务家乡发展；还有一部分留学生学成后留在中国继续深造，磨炼技艺，提升自我。

图 31－7　南非学生毕业典礼

（五）“见实效”——增值评价，全面发力提质促优

学校建构国际化人才培养质量及工作绩效评价指标体系，建成了评价信息管理分析平台。该平台借助学校教学云平台大数据分析、云计算等数字技术，开发了集数据采集、分析、评价、反馈多功能于一体的数据应用模式，实施基于大数据的即时、动态、泛在、精准的人才培养评价，并指导 20 余所学校开展国际化人才培养评价工作。

四、合作成效

（一）促进了人才培养质量大幅提升

学校培养了来自坦桑尼亚、泰国等 17 个国家的万余名师生，为国内外

70个企业提供社会培训服务20000余人次。试点专业毕业生对口岗位总数量是当年毕业生数量6倍以上，国际学生服务“一带一路”企业占比93.9%，学生持有企业证书率100%。

2021年，学生获得技能大赛市级一等奖以上19项，相比2020年增幅46%，全国技能大赛一等奖获奖数量位居全国第一；获中国国际“互联网+”大学生创新创业大赛市级银奖以上34项，相比2020年增幅278%，获奖数量位居全国第一。

（二）促进了教师能力大幅提升

学校获国家职教教师教学创新团队2个，教师获得全国教学能力大赛一等奖2项；教师支部入选全国党建工作样板支部；中泰职教联盟出品的2门课程被评为国家精品在线开放课程；建成国家级教学资源库2个、虚仿实训基地1个；引入外籍教师61人次，派出109名教师赴海外开展3个月以上研修，完成40余门课程的双语教学。

（三）促进了学校国际教学水平大幅提升

学校目前已建成12个高品质国际合作平台，包括教育部—中兴通讯ICT行业创新基地、中泰职业教育联盟、坦桑尼亚“鲁班工坊”（全国有条件运营项目）泰国远程教育基地等。与乌兹别克斯坦等20多个国家的70余所院校、企业、机构建立了稳定的国际合作关系。

学校入选世界职业院校与技术大学联盟卓越奖；入选“未来非洲—中非职业教育合作计划”首批项目试点院校，并担任中非应用型人才联合培养子项目课程建设组秘书处；入选首批“中国-东盟高职院校特色合作项目”学校；入选“高端技能型、应用型人才联合培养百千万交流计划”（百千万计划）项目院校；入选“首批中国-东盟双百职校强强合作旗舰计划”项目学校；入选教育部中外人文交流中心首批“经世国际学院”项目，获得国际影响力50强等荣誉。

（四）在国内外发挥了广泛的示范辐射作用

中泰职教联盟连续4年写入重庆市教育发展重点工作，得到重庆市教育委员会国际处的广泛推广。课程建设经验在东盟教育部长会议上分享，全球5万余名观众观看。坦桑尼亚境外合作办学项目连续5年获批重庆市政府外国留学生市长奖学金丝路项目。学校担任中非应用型人才联合培养子项目课程建设组秘书处，组织全国首批14个试点院校研制教育部中非项目专业和课程标准。

学校CEC成果经验被贵州职业技术学院、泰国东方技术学院等100所国内外院校借鉴，成果分享至20余个国家；在国内外主办、承办国际会议11次，共有25个国家1100余人次参与讨论分享；受邀在国际会议主题发言20次，共有50余个国家300余所单位1500余人次听取相关报告。2019年，来自22个非洲国家的驻华使节团一行来访我院，专题交流“一带一路”职业教育成果，并盛赞CEC国际合作模式（图31-8）。鲁班工坊的成功实践得到中国教育国际交流协会高度认可，实践成果被中国教育电视台、新华社、人民日报、中国教育报等20余家国内主流媒体报道。此外，坦桑尼亚DailyNews、The Guardian、泰国星暹日报等国外媒体也专题报道本成果。

图31-8　非洲驻华使节团来校访问

五、总结反思

总结重庆工程职业技术学院的国际化人才培养经验：一是构建 CEC 国际合作平台，实施三方协同合作机制；二是开发 CEC 教育教学资源包，贯穿“课堂、教室、课程、教师”全过程；三是推行 CEC 人才培养方式，实施“引进来”和“走出去”；四是完善了党建引领的高职国际化人才培养、协同创新的组织保障机制；五是建构 CEC 绩效评价指标，开展事前、事中和事后评价。

对照新时代新形势新要求，学校将持续开展专业和课程标准建设、推进智能制造国际学院建设、打造世界技能大赛和“未来技能国际训练”基地等。到 2025 年，拟将学校建设成全国职业教育国际合作样板学校，为世界各国提供可借鉴可推广的中国方案、中国智慧。

打造“五维一体”国际化发展模式 服务“一带一路”教育行动计划

——重庆城市管理职业学院国际化发展案例

摘　要　“一带一路”倡议是国家扩大对外开放的重要战略部署。重庆城市管理职业学院围绕“一带一路”推进职业教育国际化，创新以“平台建设、资源开发、师资国际化、双向育人、多元办学”为着力点的“五维一体”国际化发展模式，牵头搭建3个国际化合作平台，组织国际化研讨会10余场，发布课题54项；专门成立中外合作教育资源研发中心，投资部署国际教育云平台，打造“中文＋职业技能＋人文交流”(CVP)“三位一体”的线上线下国际化职业教育资源库，实现大批职业教育标准与资源“走出去”；创新建设3个海外教师工作站，牵头组织成渝高职院校师资进行“团队集中学习＋分散影子研修”方式培训，协同提升区域职业师资国际化水平；“引进来”“走出去”同时发力，举办2个中外合作办学项目，招收长短期留学生1671人；立足职业教育国际化产教融合特征、创新合作模式，布局建设28个境外合作机构，形成以“CVP”为内涵的“313N”国际化产教融合模式，大力推广“中文＋职业技能”项目，培训境外本土化技术技能人才10000余名。学校国际化工作在国内外深受好评，获得20余项荣誉，接受境外媒体报道20余次，服务“一带一路”教育行动计划成效明显，有力助推职业教育人类命运共同体构建。

一、合作背景

教随产出，产教同行。重庆城市管理职业学院深入贯彻《关于做好新时期教育对外开放工作的若干意见》《推进共建“一带一路”教育行动》等一系列重大教育对外开放政策。针对现阶段我国到“一带一路”共建国家投资的中资企业在生产经营中经常面临的本土化技术技能人才短缺、文化交流沟通不畅等问题，重庆城市管理职业学院不断加强与“一带一路”共建国家职业教育的合作力度，依托国家示范性骨干高职院校和国家“双高计划”建设等项目平台，积极创新国际化发展思路，兼顾国外优质资源“引进来”和中国特色职业教育“走出去”，探索形成以“平台建设、资源开发、师资国际化、双向育人、多元办学”为着力点的“五维一体”国际化发展模式，服务中国教育对外开放战略，助力打造中国职业教育全球软实力和话语权，服务中国企业、中国产品、中国技术和中国文化“走出去”，取得系列职业教育国际化丰硕成果。

二、工作目标

学校以打造全国一流、世界知名职业教育国际化品牌学校的目标，全面提升自身国际化水平，为共建“一带一路”职业教育命运共同体贡献中国智慧、中国方案、中国力量。

（一）服务国家对外开放战略，形成职教国际化特色品牌

围绕“一带一路”共建国家开展职业教育国际合作与交流，学校通过建设国际化平台，培养师资队伍，开发职教资源等举措，充分发挥在国际合作与交流方面的辐射带动作用，形成国内外职教领域合作、共建、共赢、共享格局，产生大批标志性国际化职教成果。

（二）增强国际化服务能力，培育境内外国际化职业人才

创新职业教育国际化校企合作、产教融合模式，面向国内外政府、行业、企业对国际化人才的需求，通过招收留学生、联合培养本土化人才等方式深度开展国际化人才培养合作，培养大批助力国家发展的境内外国际化人才。

（三）开展中外人文交流，讲好中国故事，传播好中国声音

充分发挥中外人文交流的基础性、先导性功能，围绕“一带一路”做好中外人文交流课题研究，传播中华文化，加强“一带一路”共建国家技术技能人员的相互交流，团结知华友华爱华的国际朋友。

三、项目过程

（一）搭建合作平台，发挥职教国际化引领协同作用

学校注重发挥国际合作与交流工作的辐射引领作用，组织区域、全国乃至境外教育机构和外向型企业形成合作团队，共同开展职业教育国际合作与研究，共同促进职业教育“引进来”和“走出去”。

为发挥人文交流理念在深度服务“一带一路”职业教育合作中的基础性、先导性和持久性作用，学校于2019年9月与教育部中外人文交流中心共建全国首个“一带一路”职业教育发展人文交流研究院。研究院成立以来，先后组织了“一带一路”职业教育发展人文交流研究院理事会成立暨发展咨询会、中非（南）职业教育合作联盟年会暨产教融合研讨会、职业教育服务西部陆海贸易新通道学术会议等学术会议共8场；联合教育部中外人文交流中心等面向全国60余家理事单位发布并立项54个；参与省部级人文社科等53项课题研究；承担“中文＋物流职业技能”国际学生技能大赛和教师赛各2项。

为服务国家成渝地区双城经济圈建设规划、深化澜湄区域对外开放合作、提高区域职业教育国际化水平，2022年1月学校作为理事长单位在重庆市教委与四川省教育厅签署成渝地区双城经济圈建设教育协同发展框架协议背景下协同成立了成渝地区双城经济圈-澜湄区域职业教育合作联盟，联盟共有来自成渝地区以及其他澜湄5国的职业院校、外向型企业、国际合作机构等80余个成员，其中国外会员18家（图32－1）。

图 32－1　成渝地区双城经济圈-澜湄区域职业教育合作联盟授牌仪式

两年以来，联盟成员团结合作，面向“一带一路”共建国家成立国际化合作基地 10 余个，组织国际化会议 9 场；根据泰国职业学院需求，联合宜宾职业技术学院、重庆商务职业学院、重庆三峡职业学院、重庆工程职业技术学院、重庆电讯职业学院等打造 30 余个“中文＋物流职业技能”师资培训工作坊，面向泰国 12 所学校的 60 余名物流管理专业师资分别开展国内国外 2 期培训。（图 32－2）

图 32－2　学校举行“泰国职教师资“中文＋物流职业技能”线下培训项目

（二）建设优质资源，促进中国特色职业教育“走出去”

为有效破解我国“走出去”企业本土化技能人才语言不畅、文化不通等问题，学校专门成立中外合作教育资源研发中心，投资近300万元部署了国际教育云平台，组织教师团队打造国际化职业教育资源，让中国特色职业教育专业标准、岗位标准、课程标准以及中国优秀传统文化等“走出去”。近年来学校共开发了21个国际化专业教学标准，其中有19个专业教学标准被国（境）外采用；开发国际化课程标准100余个，其中被国（境）外采用的课程标准有54个；建成全外文及双语课程43门；打造了“中文＋智慧物流”“中文＋老年社工”等国际化培训模块课程400余个；形成了“中文＋职业技能＋人文交流”（CVP）“三位一体”的线上线下国际化职业教育资源库，为面向“一带一路”共建国家开展职业教育合作、传播中国职业教育标准与方案以及推广中国职教经验奠定了基础。2022年学校“中文＋职业技能”项目案例被世界职业技术教育发展大会遴选为典型案例并在中国教育电视台播放。

（三）加强教师培养，提升师资队伍国际化职教能力

师资队伍国际化是职业教育国际化的先导，国际化师资队伍是面向“一带一路”共建国家开展国际产能合作和实施本土国际化人才培养的主体。学校高度重视国际化师资队伍建设，近年来组织教师进行国际化研修近800人次。

2018年学校在新加坡设立海外教师工作站，并依托海外教师工作站平台牵头组织重庆高职院校教师赴国外进行“团队集中学习＋分散影子研修”，深入参与当地职业教育，大幅提升区域高职教师国际化职教能力。2022年学校与新加坡南洋理工大学国立教育学院联合成功申报了以“大数据时代背景下的职业教育教学创新变革”为题的科技部2022年线上出国（境）培训试点项目。在该项目中，学校充分发挥示范引领作用，面向成渝地区双城经济圈—澜湄区域职业教育合作联盟的20余所高职院校遴选了60名学员，免费参加项目培训，受到成渝高职院校广泛好评。另外，为

保障师资队伍来源的国际化，学校先后引进了11名境外专家；与境外中资企业以及教育机构合作聘用了59名境外企业技术技能专家，构建开展境外本土人员培养的兼职师资库。国际化师资队伍建设为学校国际化发展提供了强劲动力，并涌现出了以获得2022年世界技能大赛美容项目中国首金的王佩老师为代表的大批国际化教师。

（四）做好双向育人，培养高素质国际化技术技能人才

大力实施“中文＋职业技能”项目培育国际化技术技能人才，是满足“一带一路”共建国家对高水平复合型人才需求和增进中外民心相通的重要举措。学校于2011年开始招收留学生，到目前为止已经招收长、短期留学生1671人。

服务行业企业发展是高职教育的神圣职责，服务国际产能合作和“走出去”中资企业是高职国际化的必然要求。学校积极对接埃塞俄比亚东方工业园等“走出去”企业对企业本土人才技术技能的需求，创新国际化产教融合模式，与国内产业链高端企业、境外产业链低端企业以及境外教育机构形成三方（3）共建一个合作平台（1）、三方共同运营（3）、多（N）方受益的、以“中文＋职业技能＋人文交流”（CVP）为内涵的“313N”国际化产教融合模式（图32－3），合作共建基地，为“走出去”企业和当地行业开展“中文＋智慧物流”“中文＋制造业工人职业技能”等技术技能培训（图32－4、图32－5）。

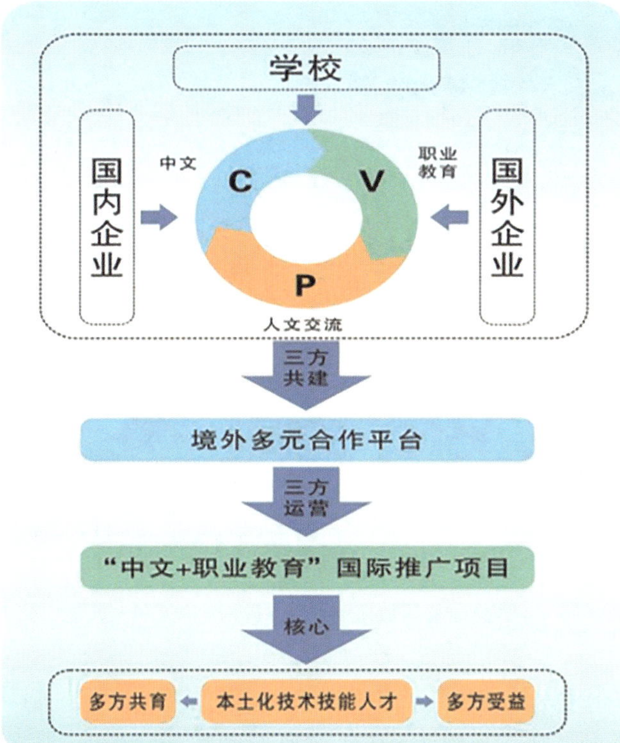

图 32－3　以“CVP”为内涵的“313N”国际化产教融合模式

图 32－4　学校在老挝开展“中文＋智慧物流”培训

图 32-5　学校在马达加斯加开展“中文＋物流职业技能”培训

为提高国内学生参与“一带一路”建设的积极性，学校与柬埔寨经济管理大学、马达加斯加 FAST RIDER 等境外院校和企业共建了 8 个学生志愿者服务中心和“走出去”企业实习基地，开发学生出国出境实习和志愿者服务项目 20 余个，组织学生参加国际化研修和志愿服务 400 余人次，开拓了学生的国际化视野，提升了学生的国际理解能力。

（五）创新多元办学，布局中国职教境外人才培养基地

学校注重“走出去、引进来”，多元合作，双管齐下，形成国际合作良性循环。依托“313N”国际化产教融合模式，学校在柬埔寨、马达加斯加、埃塞俄比亚等国参与共建了鲁班工坊、熊猫学院等 28 个境外机构。

学校 2014 年在柬埔寨经济管理大学设立职业教育中心并资助建设信息技术实训中心，每年向柬埔寨经济管理大学派遣 2 名教师轮换进行中文、中国文化和计算机专业教学；每年派遣 2 批次学生赴该中心进行志愿者服务，合计培养培训 1300 余名本土人才。2022 年双方举行合作十周年庆并共建“网络中文课堂”为 89 名柬埔寨学生开展线上国际中文教学，合

作迈入新阶段。2017 年学校与埃塞俄比亚温格特将军职业技术学院签订合作协议共建“鲁班工作坊”。2020 年学校携手重庆索尚商贸有限公司和长安民生物流有限公司与非洲 Golden Eagle Company 合作在科特迪瓦设立鲁班工坊，合作申报 2020—2021 年度重庆市人民政府来华留学市长奖学金丝路项目，并面向来自科特迪瓦、布基纳布、喀麦隆、几内亚等国家的 34 名物流公司中高级管理人员开展中非国家物流与供应链管理专业培训。2022 年学校与老中教育培训联盟合作共建国际职业技能培训基地，联合开展“中文＋智慧物流”线上国际化培训；与埃塞俄比亚东方工业园共建“走出去”企业实习基地，联合开展“中文＋制造业工人职业技能”线上国际化培训(图 32－6)；与马达加斯加 FASTRIDER 公司合作共建国际技术技能服务站，联合开展“中文＋物流职业技能”国际化培训。另外学校还与老挝文旅集团、埃及开罗大学、曼苏尔大学、智利圣托马斯大学、泰国清迈职业技术学院等共建海外老年照护实习基地、“一带一路”师资培训基地等 20 余个海外机构。学校积极组织“中文＋职业技能”培训和招收留学生，畅通了中外人文交流渠道，服务了国际产能合作，讲好中国故事，传播好中国声音。

图 32－6　学校在埃塞俄比亚东方工业园开展“中文＋制造业工人技能”国际化培训

四、合作成效

在积极拥抱开放办学的发展背景下，学校被遴选为国家示范性骨干高职院校、国家优质专科高职院校、中国特色高水平专业群（A 档）建设单位、全国文明校园单位，国际化工作也取得跨越式发展，国际美誉度不断提升，国际化影响力不断增强。

在国内，学校在 2014 年至 2016 年连续 3 年获得重庆市属公办高校教育国际化综合奖补。2016、2017、2018 年作为重庆市唯一连续三年荣获《中国高等职业教育质量年度报告》“国际影响力 50 强”荣誉的高职院校。2017 年至今成功申请 4 项重庆市政府外国留学生丝路奖学金项目。2017 年作为重庆高职院校唯一代表获得重庆市高校留管干部技能大赛决赛三等奖。2019 年学校被亚洲教育论坛评选为“2019 亚太职业院校影响力 50 强”，2020 年入选“2020 中国职业院校世界竞争力 50 强”。2021 年“中文＋职业技能”国际推广平台建设项目获重庆市国际化特色项目立项，2022 年成功入选“中国—东盟高职院校特色合作项目”。2023 年学校荣获“中国-东盟职业教育卓越合作伙伴院校”荣誉（图 32－7）。学校受邀在 2022 年国际中文大会等会议上做经验报告 20 余次，国际化工作被中国教育报、科技日报等媒体报道近 100 次。

图 32－7　2022 年学校入选“中国-东盟高职院校特色合作项目”院校

在国外，学校 2019 年、2020 年连续被泰国教育部职业教育委员会授予“中泰职业教育国际合作突出贡献奖”。学校在“一带一路”共建国家开展的“中文＋职业技能”项目受到沿线国家政府官员高度评价，共收到境外合作单位感谢信 15 封，被境外媒体报道 20 余次。学校“中非国家物流与供应链管理人才研修班”项目在科特迪瓦结束后，科特迪瓦国家工商部主任、交通部主任及科特迪瓦中国投资开发贸易促进中心会长高度肯定了培训价值。在埃塞俄比亚“中文＋制造业工人职业技能”国际化培训开班仪式上，埃塞俄比亚奥罗米亚州时任教育部副部长认为培训将对埃塞俄比亚的人才培养与经济发展大有裨益。中埃老年社工与老年护理培训项目结束后，开罗大学、曼苏尔大学专门向学校致感谢信。参加学校老挝“中文＋智慧物流”培训项目的学员代表对老挝《万象时报》说，“培训项目对我们进行汉语、中国文化和中国智慧物流职业技能进行培训，提高我们的能力。我期望将来能够有更多机会获得更多更先进的技能。”(图 32－8)

12 | Monday October 24, 2022 Vientiane Times

“Chinese + Intelligent logistics” International Training Graduation Award Ceremony

On October 14th, the online international training of "Chinese + Intelligent Logistics" jointly trained by Chongqing City Management College(CQCMC) and the Laos-China Education and Training Promotion Alliance for students from National University of Laos was successfully completed. Mr Li Bin, Director of International Cooperation and Exchange Department of Chongqing Municipal Education Commission, Mr Mo Kun, Vice President of CQCMC, Ms Phavongsouk SOUNABANDITH, Head of Management Department and Personnel Developement, Ministry of Public Works and Transport, Laos, Mr Anousone Outhailatsady, Director of Transportation and Logistics Faculty, Mr Yang Donghun, Chief Representative of the Representative Office of LNCCI-CQ attended the graduation ceremony.

At the beginning, Vice President Mo Kun extended a warm welcome to the guests, teachers and students. He said that this training is a successful case of In-depth cooperation between Chongqing City Management College and National University of Laos, Lao China Education Training Promotion Alliance, which is of great significance in promote CQCMC to serve the training of overseas localised technical and skilled talents, carry out Sino-foreign cultural exchange activities, build an international industry-education integration model, and enhance the breadth and depth of international cooperation in school education.

Director Anousone Outhailatsady, fully affirmed the industry leadership, theoretical comprehensiveness and practicality of the training. He said that this training provided the participants with a valuable learning experience of modern logistics basic theory, and he hoped to further strengthen cooperation with CQCMC to carry out more forms of training and exchanges in the future.

Alanya, the representative of the trainees, said that this training allowed them to learn Chinese, Chinese culture and Chinese intelligent logistics vocational skills, improve their ability. She hopes there will be more learning opportunities in the future to acquire more and more advanced skills.

At the base co-construction ceremony, Vice President Mo Kun, Director Ms Phavongsouk SOUNABANDITH and representatives of teachers and students from NUOL jointly unveiled the Lao International Technical Skills Service Station.

Subsequently, Mr Yang Donghun (LNCCI-CQ) expressed warm congratulations to the students on the successful completion of the course, and said that LNCCI will continue to provide assistance and support for cooperation and exchanges between China and Laos.

Finally, Director Li Bin delivered a speech, saying that the successful conclusion of the training program is not only a summary of the previous project, but also a new beginning for deepening cooperation between Chinese and Laos schools and enterprises. He hoped that the school, as the chairman unit of the Chengdu-Chongqing Economic Circle-The Lancang-Mekong Vocational Education Alliance, will closely connect with the needs of industries and enterprises in Laos, cooperate to jointly cultivate international talents of the alliance, and form a "going global" brand of vocational education in Chengdu-Chongqing region.

图 32－8　老挝当地媒体报道学校“中文＋智慧物流”国际化培训

五、保障机制

（一）全面落实党管外事工作责任

学校全面加强党对外事工作的集中统一领导，始终把党的工作贯穿外事工作全过程，落实主体责任，完善学校国际化顶层设计，优化外事工作领导机制，定期召开外事工作会议，全面推进国际化发展。

（二）形成全方位国际合作联动机制

在校内各单位设立外事专管员，进行常态化工作协同，齐心协力推动国际化项目落地落实。在校外搭建上下左右、纵横协调的合作平台，发挥协同作用，形成合作合力，共促国际化发展。

（三）规范国际合作制度体系

没有规矩，不成方圆。学校重视国际合作制度建设，完善国际化绩效考核、外籍教师管理、中外合作办学管理、留学生管理等制度体系，做到国际化工作在制度上有“法”可依，在管理中有“理”可寻，全面落实规范化管理。

六、总结反思

（一）新时代背景下职业教育国际化大有可为

面对新时代职业教育全面开放的新格局，学校将矢志不移的推进国际化办学战略，积极响应“一带一路”倡议，努力服务国际产能合作，大力开展中外人文交流，讲好中国故事，传播好中国声音，使中国职业教育与构建人类命运共同体同向发力！

（二）践行“五维一体”国际化发展模式面临的挑战

职业教育随企业出海，服务国际产业链构建，需要进一步加大国家政策法规层面支持力度，做好“一带一路”共建国家职业教育与产业政策国别研究，提升“走出去”行业企业参与国际化产教融合的积极性，营造安全稳定的职业教育国际合作与交流环境。

聚焦非洲，整合多方资源 彰显中国职教魅力

——成都航空职业技术学院服务“一带一路”职业教育合作纪实

摘　要　当前，非洲是参与“一带一路”合作最重要的方向之一，中非职业教育合作是“一带一路”职业教育合作的重要内容，具有现实必要性和深远历史意义。成都航空职业技术学院积极服务“一带一路”建设和国际产能合作，坚持“共育非洲技术技能人才、助力非洲工业化发展”的宗旨，聚焦人才培养、技术互通、民心相通，多模式、多举措、多维度构建中非职业教育合作的新特点与新内涵，受到加蓬、塞内加尔、坦桑尼亚等多国政府主管部门与合作院校的认可，获得了官方媒体报道点赞，为“一带一路”职业教育国际合作提供了重要参考与示范。

一、合作背景

共建“一带一路”是习近平主席提出的一项重大国际合作倡议，是推动构建人类命运共同体的重要实践平台。《关于做好新时期教育对外开放工作的若干意见》《推进共建“一带一路”教育行动》《关于加快和扩大新时代教育对外开放的意见》《关于推动现代职业教育高质量发展的意见》等政策强调，推动职业教育走出去是职业教育服务“一带一路”倡议的使命与担当，也是职业教育实现高质量发展的内在需求。自“一带一路”倡议提出以来，非洲已成为参与“一带一路”合作最重要的方向之一。在“一带一路”倡议下，中非职业教育合作彰显着开放包容与共赢的重要合作精神，具有现实必要性和深远历史意义。

一直以来，成都航空职业技术学院坚持内涵式发展蓄力，外向型服务发力，聚焦“职业性”资格与能力的流通认可和对国家“走出去”战略的服务

支撑，以“一横一纵一点”的战略布局为纲领，横向上巩固拓展与亚洲国家的交流网络，纵向上深化与先进职教机构的合作内涵，重点聚焦服务“一带一路”共建国家合作建设，践行优质资源引进－融合创生能力提升－海外职教培训输出“三要素循环”可持续发展路径，形成了国际化建设“引得进、用得上、出得去”的良好局面（图 33－1），荣获“世界职教院校联盟卓越奖”“亚太职业院校影响力 50 强”。

图 33－1　成都航院“三要素循环”可持续发展路径

二、工作目标

教育部在“教育这十年”“1＋1”系列发布会上，指出“面向未来，要坚持以高质量发展为主题，以绘制‘工笔画’为主线，以高标准、可持续、惠民生为目标，努力将‘一带一路’建设成为我国的全球教育伙伴集聚区、国内国际教育循环示范区、中国教育国际影响力辐射区，为我国建设高质量教育体系提供发展新空间。”

基于此，学校对非合作建立了“五个一”的工作目标：培养一批高素质本土技术技能人才，邀请共建国家师生来华交流学习，持续落实就业渠道、推进国际职业资质互认，促进青年就业和经济社会发展；建成一批高质量国际化教育资源，持续开发优质的数字化教学资源、共研以当地企业需求为导向的专业教学标准，助力共建国家职业技术教育与培训体系建设；打造一个校企协同职教合作蓝本，提供中国职教方案，有效服务国际产能合作与“一带一路”建设，提升中国职业教育国际影响；搭建一个中非职教合作平台，整合职业教育上下游资源、区域内其他学校专业资源，打造特色亮点；讲好一个“投资于人、援助于人、惠及于人，校企携手共助‘一带一路’建设”的中国故事，传播中国文化和工匠精神，促进“一带一路”人文交流合作。

三、项目过程

（一）校企协同，共商共建加蓬鲁班工坊

1. 顶层规划，执行有力

应加蓬总理府就业、公职、劳动和职业培训部邀请、受中航国际推荐，学校与中航国际成套设备有限公司（以下简称“中航国际”）、加蓬恩考克国际职业教育和培训中心（以下简称“恩考克”）确立了平等互利、长期稳定、共建共享的战略合作关系，搭建起“校＋企＋校”顶层合作模式（图 33－2），建立了“高层沟通、中层对接、基层落实”三层贯通的工作机制，明确了三方职责边界，形成了上传下达、前线与后方紧密协调的联动工作保障。

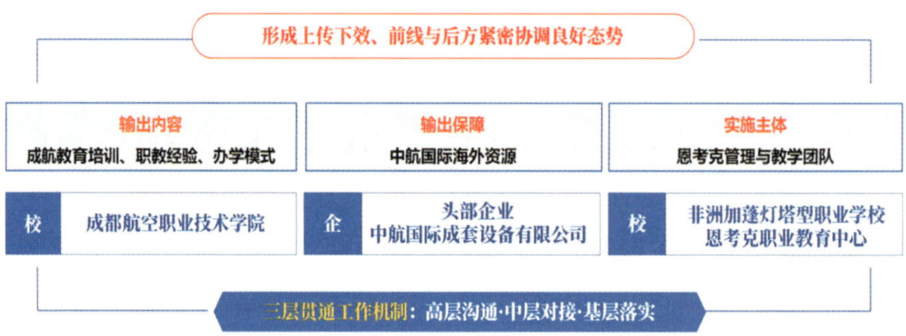

图 33－2　成都航院校企校海外合作模式

2. 深入调研，办学有序

三方团队对加蓬产业结构、职教环境以及恩考克办学现状进行深刻调研，确立了项目建设的“三阶计划”：第一阶段针对加蓬急需产业领域实施师资培训、专业建设，耕耘本土化人才培育沃土；第二阶段实施辅助运营管

理，构建学校治理体系与技术服务体制机制，孕育办学内生动力；第三阶段适时建成加蓬“鲁班工坊”，拓展合作内容，提升育人质量，形成中非职业教育高质量发展的典范，科学谋划了项目初创建设与战略发展的方向。2023年1月，学校一行5人远赴加蓬，与中航国际、恩考克签署了加蓬鲁班工坊三方共建协议（图33-3），合力探索建成具有加蓬特色和杰出育人成效的鲁班工坊。

图33-3　2023年1月，成都航空职业技术学院与中航国际、恩考克三方签署加蓬鲁班工坊共建协议

3. 因地制宜，精准有度

三方立足恩考克办学现状，以问题为导向，梳理出组织架构、核心能力、专业建设三大发展需求（图33-4），形成一体化建设服务方案。在具体工作执行中，三方协同共进，不断磨合，将尊重差异、和而不同的工作理念贯穿于项目始终，遵循“凡事依逻辑而行，循章法而动”的工作思路。

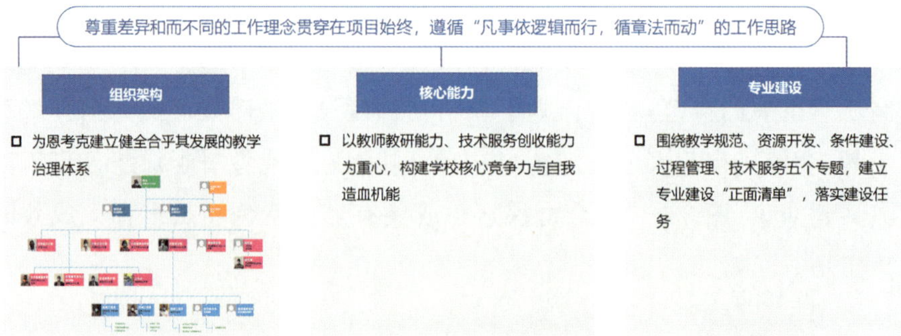

图 33-4　恩考克发展需求表

（二）育人为本，一体构建鲁班工坊模式

加蓬鲁班工坊是在当地一所新建院校内建设而成，非方院校急需的不仅是丰富的教学资源与先进的专业建设，还包括高质量的办学治理体系和能力。由此，学校与中航国际、加蓬恩考克共商共创，明确构建师资培训、办学治理、专业建设的一体化建设服务模式，全面推进中国职教范式在非的本地应用(图 33-5)。

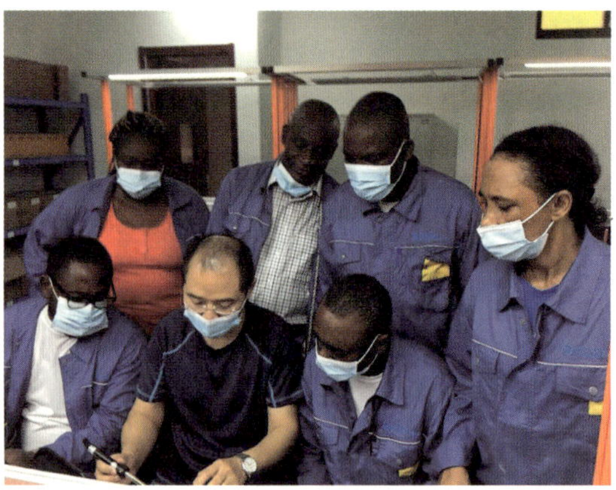

图 33-5　成都航院教师为加蓬本土教师示范技能操作教学

1. 立足师资，做优培训

在师资培训方面，学校坚持优质优先原则，聚焦机械加工、焊接工程、电气与电子工程、汽车维修、航空服务五个专业开展知识技能、实训操作培

训课程；以因地制宜为原则，围绕教师团队课程教研能力、技术服务创收能力两项核心能力建设，构建“教学方法＋职业技能”的培训内容。截至目前，学校已派出 6 名骨干教师，在加蓬实地培训恩考克教师 29 名，海外培训量超 5400 人次。

2. 协同治理，辅助运营

在办学治理方面，学校先后派出 6 名中层管理干部赴加蓬协助恩考克办学治理（图 33－6），共同梳理明确各职能部门协同关系、岗位职责，共同编制《加蓬利伯维尔职业技术学校运营方案》，围绕学校运营目标体系、运营内容体系、运营管理体系、运营保障体系、运营评价体系、运营实施六个方面内容明确辅助运营的主体功能定位、业务体系架构、拟实施的事务性工作举措及拟达成的阶段性目标任务，协助恩考克建立完善的学校治理体系，完善新生入学后勤保障条件，实现新生入学“吃好第一顿饭、上好第一堂课”。

图 33－6　成都航院中层干部在加蓬辅助运营工作剪影

3. 专业引领，标准共建

一是共同制定专业建设路线图，路线图涵盖教学基本规范、教学资源采集与开发、实践教学条件建设、教学过程管理、对外项目合作与技术服务五大内容，为专业建设提供了指引；二是联合建设实训室，三方联合建立教学运行管控规制，完善优化实训场地布局，策划“实训基地开放日”活动，主动推介恩考克先进的教学设备和学生的优越学习条件，为新生树立专业技术学习和未来职业发展信心；三是联合开发教学标准与教学资源，学校派出的骨干教师是教学资源建设的重要桥梁，负责及时将前方的建设情况与需求反馈到国内教研团队，再联络驻地企业专家与加蓬教师修订（图 33 - 7）。现已按加蓬方认可的标准范式完成包括“机械加工”等 3 个专业的教学标准共建共享和“机械制图”等 10 门课程标准的共建共享。

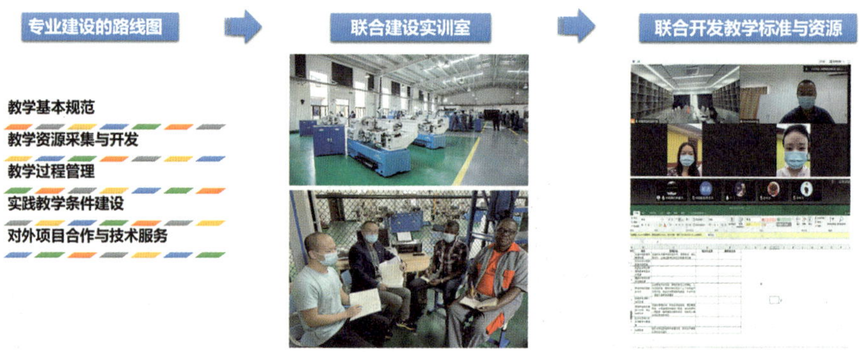

图 33 - 7　加蓬鲁班工坊专业建设内容

（三）立足优势，高质量支撑重点项目

1. 院校结对，深度融合

成都航空职业技术学院深入参与教育部“未来非洲—中非职业教育合作计划”，作为中非职业教育联合会发起单位之一，积极承担执行秘书处工作，同时与非洲塞内加尔圣路易理工学院结对，实施电气自动化专业人才联合培养项目（图 33 - 8）。一是突出优势资源，共建与服务结合。学校发挥在机械、电子类“国家示范”、“国家双高”专业优势，聚焦标准打造，将课

程标准共建与提供教育服务相结合，与圣路易理工学院联合开发《机械工程材料》等课程标准，并开展国际职业教育认证标准的研究与对接。二是强调共育要素，技能与人文结合。学校围绕“中文＋技能＋证书”三位一体人才培养目标，定制塞内加尔国际班人才培养方案和专业教学标准，以1＋2＋1的模式中塞联合培养国际化电气工程师技术技能人才，促进中塞青年人文交流互动。三是重视能力建设，理念与方法结合。学校为圣路易理工学院开展管理人员和骨干教师专题培训，将教育理念与方法相结合，以互动研讨、案例分享的形式，凝聚职业教育共识。

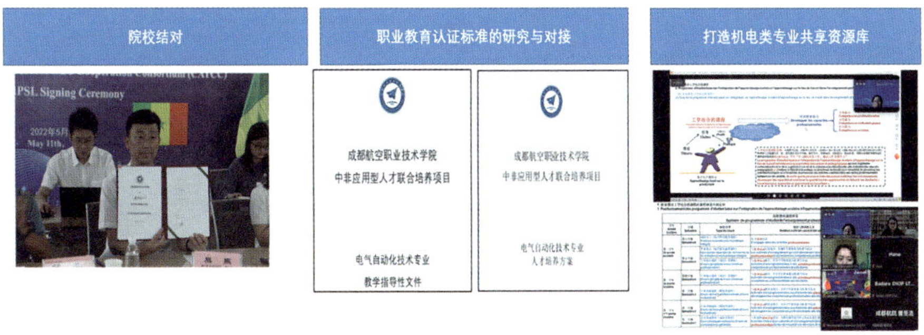

图33－8 “中非应用型人才联合培养”子项目工作剪影

2. 标准导向，质量为要

职业标准共建共享是职业教育国际化的新内容与新挑战。学校依据坦桑尼亚行业岗位职业需求，组织国家职业标准编制专家和国际化专家成立标准编制专班，认真研究坦方职业标准框架与编制规范，确立以坦方产业需求为导向、融合中国职业教育经验的职业能力标准开发与修订思路，高标准完成了坦桑尼亚“航空电子维修工程技术员职业标准6级”“汽车工程技术员职业标准6级”的国家标准修订和配套人才培养方案的开发（图33－9）。上述两项标准已通过坦桑尼亚国家职教委审核，正式纳入坦桑尼亚国家职业教育体系。中新网（四川）以“成都航空职业技术学院：独立修订坦桑尼亚国家职业标准获得认证”为题作专题报道，中非日报、非洲时报、西非在线、南非华侨新闻网等多家非洲媒体相继转载报道，学校海外影响力进一步增强。

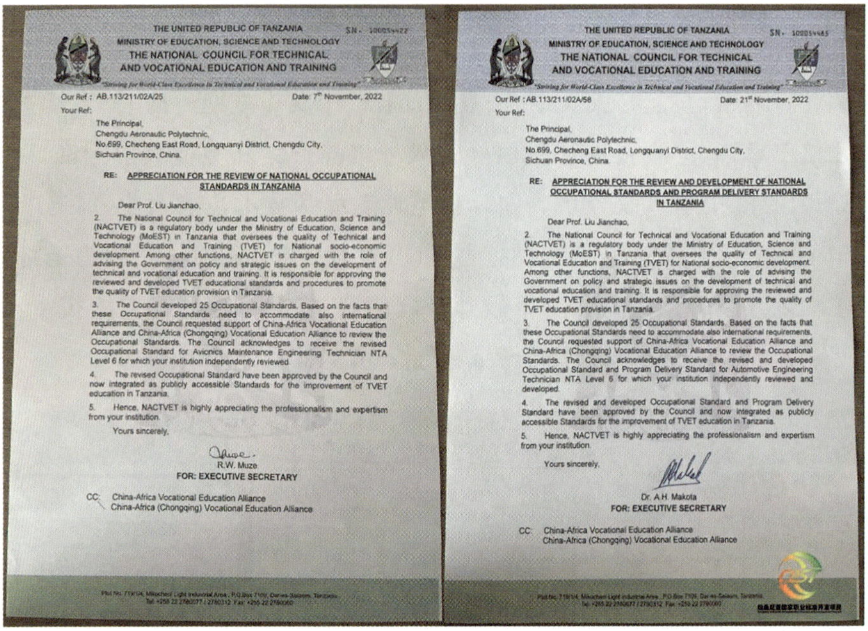

THE UNITED REPUBLIC OF TANZANIA
MINISTRY OF EDUCATION, SCIENCE AND TECHNOLOGY
THE NATIONAL COUNCIL FOR TECHNICAL AND VOCATIONAL EDUCATION AND TRAINING
"Striving for World-Class Excellence in Technical and Vocational Education and Training"

Our Ref : AB.113/211/02A/25　　Date: 7th November, 2022
Your Ref:

The Principal,
Chengdu Aeronautic Polytechnic,
No.699, Checheng East Road, Longquanyi District, Chengdu City,
Sichuan Province, China.

RE: APPRECIATION FOR THE REVIEW OF NATIONAL OCCUPATIONAL STANDARDS IN TANZANIA

Dear Prof. Liu Jianchao,

2. The National Council for Technical and Vocational Education and Training (NACTVET) is a regulatory body under the Ministry of Education, Science and Technology (MoEST) in Tanzania that oversees the quality of Technical and Vocational Education and Training (TVET) for National socio-economic development. Among other functions, NACTVET is charged with the role of advising the Government on policy and strategic issues on the development of technical and vocational education and training. It is responsible for approving the reviewed and developed TVET educational standards and procedures to promote the quality of TVET education provision in Tanzania.

3. The Council developed 25 Occupational Standards. Based on the facts that these Occupational Standards need to accommodate also international requirements, the Council requested support of China-Africa Vocational Education Alliance and China-Africa (Chongqing) Vocational Education Alliance to review the Occupational Standards. The Council acknowledges to receive the revised Occupational Standard for Avionics Maintenance Engineering Technician NTA Level 6 for which your institution independently reviewed.

4. The revised Occupational Standard have been approved by the Council and now integrated as publicly accessible Standards for the improvement of TVET education in Tanzania.

5. Hence, NACTVET is highly appreciating the professionalism and expertism from your institution.

Yours sincerely,

R.W. Muze
FOR: EXECUTIVE SECRETARY

CC: China-Africa Vocational Education Alliance
China-Africa (Chongqing) Vocational Education Alliance

THE UNITED REPUBLIC OF TANZANIA
MINISTRY OF EDUCATION, SCIENCE AND TECHNOLOGY
THE NATIONAL COUNCIL FOR TECHNICAL AND VOCATIONAL EDUCATION AND TRAINING
"Striving for World-Class Excellence in Technical and Vocational Education and Training"

Our Ref : AB.113/211/02A/58　　Date: 21st November, 2022
Your Ref:

The Principal,
Chengdu Aeronautic Polytechnic,
No.699, Checheng East Road, Longquanyi District, Chengdu City,
Sichuan Province, China.

RE: APPRECIATION FOR THE REVIEW AND DEVELOPMENT OF NATIONAL OCCUPATIONAL STANDARDS AND PROGRAM DELIVERY STANDARDS IN TANZANIA

Dear Prof. Liu Jianchao,

2. The National Council for Technical and Vocational Education and Training (NACTVET) is a regulatory body under the Ministry of Education, Science and Technology (MoEST) in Tanzania that oversees the quality of Technical and Vocational Education and Training (TVET) for National socio-economic development. Among other functions, NACTVET is charged with the role of advising the Government on policy and strategic issues on the development of technical and vocational education and training. It is responsible for approving the reviewed and developed TVET educational standards and procedures to promote the quality of TVET education provision in Tanzania.

3. The Council developed 25 Occupational Standards. Based on the facts that these Occupational Standards need to accommodate also international requirements, the Council requested support of China-Africa Vocational Education Alliance and China-Africa (Chongqing) Vocational Education Alliance to review the Occupational Standards. The Council acknowledges to receive the revised and developed Occupational Standard and Program Delivery Standard for Automotive Engineering Technician NTA Level 6 for which your institution independently reviewed and developed.

4. The revised and developed Occupational Standard and Program Delivery Standard have been approved by the Council and now integrated as publicly accessible Standards for the improvement of TVET education in Tanzania.

5. Hence, NACTVET is highly appreciating the professionalism and expertism from your institution.

Yours sincerely,

Dr. A.H. Makota
FOR: EXECUTIVE SECRETARY

CC: China-Africa Vocational Education Alliance
China-Africa (Chongqing) Vocational Education Alliance

图 33－9　航空电子维修工程技术员 6 级、汽车工程技术员 6 级成功进入坦桑尼亚国家标准体系

四、合作成效

（一）授人以渔，加蓬鲁班工坊生根结果

经过近四年的建设，依托三方协作，学校一体化援助建立了恩考克国际职业技术与培训中心。该中心于 2021 年 4 月开门办学，务实合作推动了 2021 年 12 月成都航空职业技术学院加蓬分校正式落成、2022 年 8 月成功获批首批鲁班工坊建设运营项目，持续发力促成了 2023 年 1 月“校企校”三方签署鲁班工坊深化共建协议。同时还形成了航空服务、信息技术应用人才培养方案 2 份，客舱服务、信息图形设计等专业课程教材 16 本，机械加工、电子电工、汽车维修专业标准 3 个，机械制图等课程标准 10 门，以及教学和管理文件 40 余份。加蓬鲁班工坊成为加蓬技术技能人才的培育沃土。

（二）民心认可，共识与影响力持续提升

通过加蓬鲁班工坊共建三方的精诚合作，工坊得到了加蓬政府的高度认可，加蓬总统、总理、外长等多位加方领导和两任中国驻加蓬大使均亲临项目考察，加蓬职教部长亲切接见学校代表团并听取鲁班工坊建设汇报（图 33－10），加蓬国家电视台多次做专题报道。“未来非洲计划”中塞人才联合培养，实现了教育资源的跨区域流动，提升了中非院校师资能力建设和互信互认，也促进了中塞人文交流和民心相通。有项目学生表示对有机会成为首批中塞国际化电气工程师联合培养对象感到骄傲，他会珍惜这个难得的机会，学成后积极投身塞内加尔国家建设。在坦桑尼亚国家职业标准的修订和配套专业标准的开发中，成都航空职业技术学院展现出的专业能力以及对行业与职业教育的深刻认识，受到坦桑尼亚技术与职业教育委员会的认可与赞许，学校国际影响力持续提升。

图 33－10　中国驻加蓬大使听取鲁班工坊建设汇报

五、保障机制

（一）协同推进机制

全校上下统一思想，深入贯彻构建“人类命运共同体”理念和服务“一

带一路”倡议，建立健全校国际合作协同机制，因地制宜、因国施策开展双、多边合作。成立专项工作领导小组，牵头项目顶层设计，统筹规划实施路径。

（二）项目管理机制

坚持合作共赢理念，根据项目所在国以及我国的情况，合理构建国际项目发展格局，项目一旦确定，首先制订并完善项目计划，由专人专班跟进，建立项目风险管理、沟通机制、质量评估及预警制度，最大程度保障项目顺利实施。

（三）多元投入机制

围绕职业教育国际合作目标，丰富合作内涵，联合政府、企业、社会机构、民间团体开展形式多样的互利合作，构建多主体、全方位、跨领域的互利合作平台，促进多方力量的协调与包容发展，凝聚发展共识、形成互动合力，在专业师资配备、团队打造、经费支持、资源建设等方面完善体制机制保障。

（四）改革发展环境

从外部环境看，立足新发展阶段，面对严峻复杂的国际形势要厘清边界、守住底线、维护国家文化主权。从内部环境来看，要重视财务风险、管理风险和政治风险管控。优化财务管理结构，建立专账，规范预决算制度和流程，实现有效内控和监督。

五、总结与思考

（一）整体规划定基础

一方面，学校将服务“一带一路”倡议作为国际化工作的重要内容，将中非合作项目作为重要抓手，纳入学校十四五发展规划统筹考虑；另一方面，学校将充分调研论证，对外做好共建国家和院校国际化背景分析，对内做好自身国际化水平能力和需求评估，在此基础上形成操作性强、灵活度高的整体规划方案。

（二）多方联动聚合力

职业院校要积极将自身办学资源与优势产业资源对接，充分利用政府搭台，建立多方联动的长效协同机制，优势互补，解决职业院校“走出去”所面临的机制、资金、安全等诸多难点。

（三）需求导向立根本

习近平主席指出过去几年共建“一带一路”完成了总体布局，绘就了一幅“大写意”，今后要聚焦重点、精雕细琢，共同绘制好精谨细腻的“工笔画”。要绘制好这幅“工笔画”，就要立足共建国家的实际情况，深刻分析其发展需求，因地制宜提供优质职教产品与服务，从“授鱼”到“授渔”，形成其经济社会发展的内生动力，共同寻求教育发展最佳契合点和教育合作最大公约数。

（四）和而不同是关键

“一带一路”共建国家覆盖众多，面对差异，要彼此尊重、相互包容，依逻辑而行，循章法而动，务本与布新相结合，通过柔性分享传播中国特色职业教育成功经验与案例，助推“一带一路”职教合作高质量持续发展。

中国-东盟职业教育合作的“贵阳职教名片”

——贵阳职业技术学院助力中老铁路“走出去”纪实

摘 要 贵阳职业技术学院自2011年开展国际化办学以来，探索形成了标准引领下的“三机制、三平台、三特色”，构建起跨境交流常态机制、产教协同长效机制和内涵提升倒逼机制三大机制，通过中外合作办学（加拿大荷兰学院）、“中国-东盟轨道交通教育培训联盟”和教育部外交部“澜沧江—湄公河基金项目”三大平台，形成了“国际培训”“高铁名片”“海外办学”三大特色，实现了“对接国际标准—优化本土标准—输出中国标准”的有机融通。

为助力“一带一路”铁路建设发展需求，深化产教融合，贵阳职业技术学院于2019年联合中国铁路昆明局集团有限公司（以下简称昆明局）共建中老铁路铁道机车专业技能人才储备班（以下简称储备班），实现了新开通国际铁路三年制学历本土化培养零的突破。本文以中老铁路人才“储备班”为载体，为“一带一路”铁路技术技能人才培养提供了新的思路。

一、合作背景

（一）中老铁路概况

在“一带一路”的框架下，铁路迎来了新的飞跃式发展，以中老铁路、中泰铁路、匈塞铁路、雅万高铁等为例的区际、洲际铁路网络合作项目建设总公里数达2294 km。其中中老铁路是我国“一带一路”倡议与老挝“变陆锁国为陆联国”战略对接的重要项目，也是“一带一路”倡议提出后，首条以中方为主投资建设、全线采用中国技术标准、使用中国设备并与中国铁路网直接连通的国际铁路，2021 年 12 月 3 日中老铁路在中老两国国家领导人的共同见证下全线通车。开通初期，按照国家铁路集团有限公司新建铁路定员标准计算，该线铁道机车驾驶与检修技术技能人才需求近 500 人，远景需求约 1500 人。

（二）学院国际化办学优势

学校积极响应“一带一路”倡议，连续承办 10 届中国—东盟教育交流周—轨道交通版块活动，联合北京交通大学、南京铁道职业技术学院成立轨道交通职教联盟，2016 年、2017 年连续两年位居全国高职高专“国际影响力 50 强”。成立国际教育学院后，学校国际影响力不断扩大，近三年招收来自老挝、印度、新加坡、柬埔寨等 27 国的留学生 538 名；与 50 余所国（境）外教育机构建立战略合作关系，年均派出学生出国（境）交流学习 30 人。2015 年至今连续五年开展了新加坡教育学院西区学院“中—新轨道交通技能培训与交流”活动。2018 年 10 月，学校受老挝教育部教育研究所邀请，组队赴老挝万象开展“澜湄国家轨道交通技能培训”，2019 年学校“澜湄沿岸国家轨道交通技能人才培训”项目入选国家级对外交流澜湄合作基金项目。2022 年 5 月，学校在老挝挂牌了第二个海外办学点“老挝巴巴萨职业技术学院海外技能培训站”。

（三）铁道机车专业优势

学校铁道机车专业前身是 1988 年原铁道部成都铁路局贵阳铁路司机学校电力机车专业，是中国国家铁路集团有限公司在贵州唯一的电力机车司机培训基地，贵州省唯一培养高速动车组、普速铁路、城市轨道电动列车驾驶与检修技术技能人才的专业。办学三十年来，为西南铁路、城市轨道交通企业培养了数以万计的电力机车和电动列车驾驶人员与检修人员，被业内誉为西南地区“火车司机的摇篮”。学校的铁道机车专业是贵州省唯一获教育部、交通部等五部委认可的全国铁道运输类专业示范点、2018 年教育部《高等职业教育创新发展行动计划（2015—2018年）》项目认定的骨干专业、2019年贵州省职业教育人才培养质量提升工程评定的省级优秀骨干专业，专业教学团队是贵州省职教名师引领的省级优秀教学团队，同时也是省级重点专业群——轨道交通专业群的核心专业。

2019年，国铁集团将中老铁路运营与管理权限授于昆明局，昆明局为适应中老铁路开通运营需要，需提前培养、储备一批既掌握铁路专业技术技能，又能够运用老挝语履行铁路岗位职责的复合型技能人才。2019年3月27日，中国铁路昆明局集团有限公司与学校就组建昆明局中老铁路人才储备班签订《“中老铁路”技能人才储备协议》。2019年4月，昆明局在学校2018级学生中进行学员选拔。2019年5月，2018级中老铁路铁道机车专业技能人才储备班正式组班。

二、工作目标

为了响应“一带一路”倡议和服务铁路企业“走出去”战略的顺利实施，昆明局在我院试点铁道机车储备班三年制高素质技术技能人才培养，实现了新开通国际铁路从短期技能培训到三年学历制人才系统培养的跨越，创新了国际铁路人才培养模式，对服务“一带一路”职业院校的技术技能人才培养具有重要借鉴意义。以服务一带一路为主旨，结合未来昆明局国际铁路铁道机车专业技术技能人才实际需求，以学校2018级储备班为载体，探索产教深度融合下铁路人才培养模式，建立“模块化＋双语”课程体系，开发国际铁路人才培养教学资源，培育适应国际铁路人才培养的教学团队。

三、项目过程

（一）指导思想

坚持习近平新时代中国特色社会主义思想，以《国家职业教育改革实施方案》为指引，紧贴国铁集团《职业技能提升行动计划（2019－2021年）》，以服务铁路“交通强国、铁路先行、推动铁路高质量发展”为己任，坚持“三全育人”的教育教学要求，整合校企资源，深化产教融合，以专业对接产业、课程标准对接岗位标准为路径，以省级优秀教学团队、省级骨干专业为基础，以培养适应国际铁路工作环境技术技能人才为目标，更好地服务国家“一带一路”建设。

（二）实施方法和步骤

为保证人才培养的高质量与高水平，深化产教融合，打造校企命运共同体，强化与昆明局同频共振，学校采取了以下多种措施。

1.产教深度融合，保障人才培养

(1)校企签订《“中老铁路”人才储备培养协议书》。

当前，从高职院校毕业走进铁路企业的毕业生存在的主要问题集中在安全意识不强、知识技能不到位、违章作业占比高、工作责任心差等方面。要满足企业的需求，提高人才培养质量，产教融合是唯一之路。想要形成教育与产业的互相支撑、深度融合，达到院校与企业同向同行之局面，就必须完善现有体制机制，本着教育与产业之间互利的原则，明确合作目标、组织，实现教育与产业之间的双向整合，在制度层面上解决关键节点问题，对部分权责予以明确。为此，学校与昆明局签订《“中老铁路”人才储备培养协议书》，成立了由昆明局领导和我院领导为组长，昆明局职工培训部、人事部、劳卫部、昆明机务段职教科、劳人科和我院教务处、招就处、轨道交通分院相关人员为组员的组织机构，明确了校企双方在人才培养过程中的职责与分工，为储备班的学生选拔、学生日常管理、职业素养养成、人才培养方案制订、课程开发、教材编制、师资队伍建设、教学实施等教育教学活动提供组织和制度保障(图 34-1)。

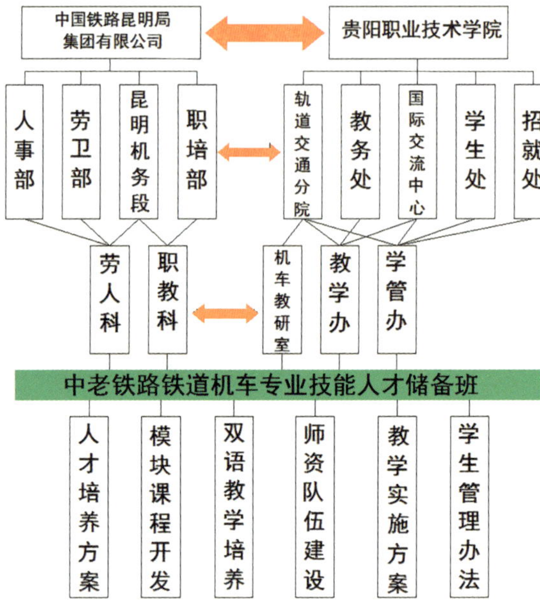

图 34－1　组织架构示意图

(2)校企共同制定《中老铁路储备班管理办法》。

成立由昆明局职工培训部、人事部、劳卫部、昆明机务段职教科、劳人科和我院招就处、轨道交通分院等部门的相关人员组成的选聘工作组，确定了基于职业素养、岗位需求、工作环境等要求的人才选拔标准，面向全院2018级学生开展选拔。2019年5月，2018级中老铁路铁道机车专业技能人才储备班正式组班，学院与昆明局高度重视储备班的日常管理，实行双班主任管理机制，由我院铁道机车教研室主任担任校内班主任，昆明局昆明机务段职工教育科科长担任企业班主任，建立信息互通机制，以周报、月报等形式进行日常管理，将企业文化融入学生日常学习生活，通过宣传铁路企业文化、老挝文化、定时开展中老铁路知识竞赛、技术比武等形式，促进学生铁路职业素养的养成和铁路工匠精神的培育，使学生德智体美劳全面发展。三年来储备班共培养了4名预备党员、32名优秀团员，2019年该班级团支部被学院授予“优秀团支部”称号，班级中13名学生获得优秀列车员称号，得到铁路企业和广大旅客的高度评价。

2. 前置岗前培训，创新“双元+双语”培养模式

高职毕业生转变为合格铁路企业职工需要经历三个阶段：一是学历教育阶段，二是新入职阶段，三是在岗培训阶段。基于高职生入职铁路的成长路径，学院与昆明局结合国铁集团《职业技能提升行动计划(2019—2021年)》重要任务之切实提高技能人员源头培养质量要求，根据中老铁路实际需求，认真分析学历教育阶段、新入职阶段、在岗培训阶段培养培训目标与内容，对标岗位技能需求及标准，认真梳理学院现有课程与企业培训模块，以服务学生就业、服务企业需求为目标，创新人才培养模式——“高职学历教育＋岗前资格培训”的“双元＋双语”主体培养模式。为适应中老铁路双语交流的需要，培养模式将老挝语教学贯穿储备班全过程，岗前理论资格培训课程纳入学生三年级上学期、新入职阶段的入路教育培训，劳动安全培训及岗前培训阶段的专业安全培训、实作技能培训等纳入三年级下学期，并组织开展跟岗实习培训，实现储备班三年制大专生毕业即上岗的入职目标。

3. 对标企业需求，精准构建课程体系

结合昆明局储备班技术技能人才培养实际需求，对标铁道机车驾驶与检修岗位技能需求及标准，为切实提升铁路技术技能人才培养质量，团队深挖学校现有课程与企业培训课程的内在联系，完成校企课程的深度融合，实现了专业课程模块化教学的全覆盖，构建了“公共课程平台化、专业课程模块化，双语培养全程化”的课程体系。2019 年 6 月，学校与昆明局共同完成人才培养方案的制订。

(1)落实立德树人，强化课程思政。

落实立德树人的根本任务，坚持“德育为先，以人为本”，加强课程思政建设，弘扬国内优良的传统文化，坚持以德立身、以德立学、以德施教，在开设思想教育课程的基础上，结合专业育人标准推行课程思政，提炼专业知识体系中蕴含的思想价值与精神内涵，把思想政治教育贯穿人才培养体系，增强学生爱国信念，弘扬传承工匠精神，树立学生正确的世界观、人生

观和价值观。与此同时，组织学生参加各类社会实践、志愿活动，使学生深入了解铁路运输重要性的同时，开阔自身视野，实现知识传授、价值塑造和职业技术技能培养的多元化统一，多形式多角度地提升学生综合素质。

(2)双语教培养全程化。

为了更好地服务“一带一路”，学生既要有良好的国际视野和国际交流能力，又需符合中老铁路岗位技能需求，因此学校开设了《专业老挝语》必修课程，使学生在掌握老挝日常用语的基础上，熟悉铁路设备、基本业务、作业标准等老挝语译文，使学生真正成为适应中老铁路需求的技术技能型人才，也为学生未来服务“一带一路”共建国家培训本土人才奠定了坚实基础(图 34－2)。

图 34－2　服务中老铁路 培养“一带一路”国际人才

课程采用口译课、用老挝语讲中国故事等方式，在文化自信的基础上，将异国文化融入本国的职业教育当中。同时采取“老挝留学生进课堂”、“中老学生结对子”等形式，使留学生融入集体，以文化相融助力民心相通(图 34－3)。

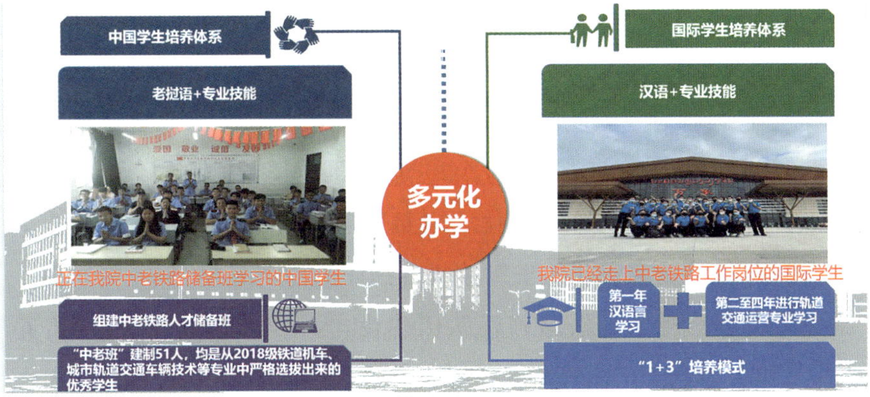

图 34－3　精心打造“语言＋技能”多元化国际人才培养体系

(3)专业课程模块化。

为了使学生具有较高的专业技术技能水平，对标铁路驾驶与检修岗位技术标准以及职业技能标准，学院专业教学团队与昆明局劳卫部、昆明局机务段等单位的企业技术骨干、培训师组成专业课程开发团队，将企业岗位培训模块与学院现有专业课程有机融合成不同的教学模块，根据中老铁路实际运用机型，主要设置了 SS3B 固定重联机车总体、机车制动机 DK－1、HXD3C 机车总体、HXD3C 机车电机电器、HXD3C 机车电路、CR200J 机车总体、CR200J 机车电路、机车制动机 CCBⅡ、HXD1C 机车总体等共计 25 个专业模块课程，并结合企业现场工艺、标准、技术、装备进行培训，保证专业知识培养的时效性，以实际应用的角度全面提升学生职业技能素养。专业学生低压电工证取证率 100％，企业岗前理论培训综合验收考核通过率 100％，国家奖学金获得者 1 人、国家励志奖学金 1 人，在 2019 年第三届全国职业院校铁道机车学生技能竞赛《列车牵引》赛项获全国三等奖。

4. 名师工匠引领，打造“双师”教学创新团队

以省级职教名师、行业工匠为引领，打造“名师工匠引领、专兼职一体”的“学院教师＋企业培训师——双师型”教学创新团队，搭建师资共享平台，建立专兼职师资资源库，实时动态优化，引进昆明局机务段业务骨干到学院，完成 9 个模块化教学。同时围绕中老铁路，定期开展校企师资交流

会，不仅提高了企业专家的教学能力，又提升了校内教师的技术技能水平。学校在2019年10月贵州省交通厅等四部委举办的“中国技能大赛第十一届全国交通运输行业职业技能大赛一轨道交通服务员竞赛教师组车辆技术”项目中获贵州省赛区一等奖，2020年12月执裁“中华人民共和国第一届职业技能大赛——轨道车辆技术项目”，2020年7月获“第五届全国高校青年教师教学竞赛贵州省省级选拔赛高职高专工科组”三等奖。

学院高度重视中老铁路师资队伍建设，为保障储备班的人才培养质量，特派两名毕业于广西民族大学老挝语（国家基地班）专业的教师加入团队。两名教师曾多次负责国际东盟交流周老挝语翻译工作，具有深厚的专业素养，在完成专业老挝语教学任务的同时，还定期组织团队开展老挝语培训，大大提升了团队的双语教学能力。

5. 打造优质教学资源，提升国际化教学水平

（1）教材资源开发。

由于现有老挝语教材无法满足中老储备班培养要求，团队立足岗位需求，围绕铁路行业基础知识、铁路运营、机车车辆及控制等内容编撰了《轨道交通常用老挝语》教材，教材入选澜湄沿岸国家轨道交通技能人才培训教材。结合“一带一路”铁路技术技能人才培训需求，我们又陆续开发了澜湄沿岸国家轨道交通技能人才培训教材《轨道交通设备及其维护》（英文版）以及铁道机车专业群平台课程“铁道概论”“轨道交通职业素养”“电工电子基础”“工程制图及CAD基础”“机械基础”等五门课程的校本教材。

（2）实训系统开发。

根据中老铁路主力机型应用需求，为提升学生电力机车驾驶与检修岗位的技术技能水平，学校陆续建设了HXD1型电力机车总体实训室系统、HXD1型电力机车制动实训室实训系统、HXD1C型电力机车总体仿真教学软件，还原了现场真实生产操作场景，实现专业标准对标岗位标准，更好地实现与岗位零距离对接，同时完成多学科专业试题库建设，模拟企业岗位专业技能鉴定考试形式，利用在线考试软件，对学生进行专业技能理论知识的巩固与考核，全方位提升学生职业素养与岗位适应能力。

(3)线上资源建设(共享型教学资源)。

团队遵循线上教育教学和学生自主学习规律,运用信息化手段提升教学质量,以贵州省大数据、云空间等网络信息技术作为课程资源支撑,充分发挥在线教育的公共服务效能,实现现代信息化技术与课程教学的深度融合,开发了“电力机车电器检修与维护”“电力机车电机”“电力机车总体”等课程的线上资源。

6.科学评价,实现校企共育人才

以《贵阳职业技术学院学生管理办法》为基础,结合昆明局员工职业素养标准、机务驾驶与检修人员岗位标准以及对中老铁路铁道机车专业技术技能人才需求标准,特别强化以下三个方面的评价。

(1)职业素养评价。

加强储备班学生树立“学生即员工”的养成教育,提高学生职业素养,对标昆明员工的标准,制定《中老铁路储备班日常管理办法》,通过开展“铁路知识竞赛”“中国-东盟教育交流周”等活动,树立学生“安全正点、令行禁止、团队协作、淡化假期”铁路职业素质的培养。同时建立校企信息互通互联机制,将每周、每月、每学期对学生的综合素质评价以周报、月报、年报的形式反馈至昆明局相关管理部门,实现校企共同管理。

(2)教学评价。

对照中老铁路铁道机车专业驾驶和检修岗位技能要求,采取课程模块化考核,实现全过程考核;同时以周考、月考、期末考的方式全方位考核学生综合能力,并将周考、月考、期末考的结果抄报昆明局相关部门备案。

(3)企业评价。

企业评价是对培养质量第三方评价的重要手段。建班初期,昆明局明确录用的标准将采取企业验收考核方式,“对于专业知识成绩不合格或职业综合素养不达标的学生实行一票否决”,验收采取“三标准”,即对标昆明局员工定职考试要求,采用岗位职业资格证书特有工种职业技能鉴定作为验收考核标准之一;采用第三方对学生老挝语日常交流、专业老挝语译文等考核评价作为验收考核标准之二;采用昆明局单独出卷、监考、评价的岗位理论培训综合考试作为验收考核标准之三。

四、合作成效

（一）服务“一带一路”建设有新贡献

贵阳职业技术学院充分利用中国-东盟教育交流周平台，发挥轨道交通办学特色优势，积极探索多元国际化办学，推动教师国际合作，优化教师发展路径，拓展学生双向交流，扩大国际视野，提升跨文化交际能力与水平，通过合作办学、本土化标准开发、跨境人才培养等工作，逐步构建了优质资源和多元文化交互、融合、创新的国际办学特色，配合硬件建设，学院国际化水平整体提升并实现跨越式发展，系统展示中国教育理念、教学内容和教学标准，讲好“中国方案”“贵阳故事”，不断增强与“一带一路”共建国家友好关系，不断夯实“一带一路”建设社会基础。如 2014 年在柬埔寨马德望省设立了“汉语言文化教育中心”，2018 年 10 月到老挝开展轨道交通技能培训，2022 年 5 月通过云平台挂牌成立“老挝巴巴萨海外技能人才培训站”，持续不断输出专业课程和教学标准，培训规模超上万人次，为一带一路共建国家职业教育发展提供支持和指导(图 34－4)。

图 34－4　学校承办 2022 中国-东盟教育交流周“2022 澜沧江-湄公河沿岸国家轨道交通技能人才培训”并在老挝挂牌成立“海外技能培训站”

（二）培养“一带一路”人才有新突破

学校为“走出去”的中国企业在当地培养了大量熟悉中国技术、产品、工艺的本土技能人才，也为当地带来了就业与发展新机遇。前后培养的5届国际学生，基本实现了生源国本土中资企业对口高质量就业，接受过汉语培训的学生也能通过在校（在线）学习，获得90%以上HSK通过率而实现高质量就业，大批学生在老挝南方电网公司、中国建筑柬埔寨分公司等中资企业就业。2021年12月开通的中老铁路首批运营的员工（图34－5），老挝籍留学生唐蒲明、灵芳等9名毕业生成为骨干员工，与昆明铁路局共同培养的中老铁路订单班50余名中国学生一同工作在互联互通的中老铁路上。

图34－5　老挝籍留学生唐蒲明、灵芳等8名学生成为中老铁路正式员工

（三）共享“贵职方案”有新成效

学校为加强目的地国人才培养，协助推进就业，与海外高校深化合作，取得了中外互利共赢的效果，搭建了良好的中外人文交流平台。依托“澜沧江湄公河沿岸轨道交通技能人才培训项目”，定期为东盟国家举行培训，举办“一带一路”国际美食节，深入推进各国文化交流融合，取得了丰硕的

成果(图 34 - 6)。

图 34 - 6　2018 年 10 月在老挝教育部职业教育研究院举办“轨道交通技能培训”

五、保障机制

（一）建立项目协同推进机制

一是成立外事领导工作领导小组。强化顶层设计，由学院党委书记、院长担任组长，其他院领导担任副组长，成员由各部门、分院（系、部）主要负责人担任。二是改建国际交流与合作处、组建国际教育学负责项目建设的整体规划、组织、资源配置和检查评估等工作。三是实行项目联席会议制度。建立学院、分院（系、部）、项目负责人联动工作机制，定期召开联席会议，通报项目实施进度，协调解决项目实施过程中存在的问题。

（二）建立项目实施管理机制

一是建立项目建设管理制度。制定《贵阳职业技术学院中国特色高水平高职学校和专业建设项目管理办法》《贵阳职业技术学院中国特色高水平高职学校和专业建设项目绩效考核办法》《贵阳职业技术学院中国特色高水平高职学校和专业建设项目资金使用管理办法》等制度。二是实行项目责任制度。实行层级目标管理责任制，项目负责人对项目的实施承担全面责任。学院层面组织不定期、年度、中期和终期检查验收，将检查、验收结果纳入部门年度目标考核。

（三）建立项目多元投入机制

贵阳职业技术学院是贵阳市人民政府主办的高职院校，为市财政全额拨款单位，办学经费充足。项目建设中将以财政拨款、学院自筹和行业企业支持等多元化投入机制筹措资金，确保资金落实到位。制订并严格执行《贵阳职业技术学院中国特色高水平高职学校和专业建设项目资金使用管理办法》，强化资金使用监管，确保资金使用效益。

（四）建立完善项目建设环境

为确保项目建设顺利推进，实现预期目标和成效，还应该在项目建设环境上予以保障。包括项目建设人员安排，项目建设人员激励办法，项目建设工作环境设计安排等一系列以人为本的措施和办法，保证建设人员持续健康开心地建设项目，以保证项目高效高质量地完成。

六、总结反思

通过多年实践与探索，无论是储备班中国学生，还是老挝籍学历生，在理论与实践技能的储备和职业素养上都得到了企业的肯定。相对于其他铁道机车专业的普通班级，中老铁路铁道机车专业技能人才储备班人才培养以服务企业需求为基础、服务学生就业为导向，不断深化校企合作、创新人才培养模式、精准构架课程体系、动态优化校企师资资源，使学生更加符合中国一老挝铁路的发展需求。针对“一带一路”建设发展，中老铁路铁道机车专业技能人才储备班人才培养模式、课程建设、资源建设等措施与手段，对服务“一带一路”职业院校的技术技能人才培养具有借鉴意义。

（一）着力叠加专业品牌效应，深耕国际交流平台建设

专业建设是国际化办学的核心基础。贵阳职业技术学院能够探索出

一套适合自身发展实际的国际化办学模式，其根基立足贵州省重点专业群铁道机车运用与维护的品牌效应和影响力发挥了重要的支撑作用。通过连续10年主、承办以“轨道交通”为主题的中国-东盟教育交流周各项活动，不断强化轨道交通技能人才培养培训品牌的叠加效应，精心打造“1个联盟、1套资源库、1系列课程”，即牵头组建“中国-东盟轨道交通教育培训联盟”，建立“澜湄轨道交通技能人才培训资源库”，打造一系列“中文＋轨道技能”课程，其中“东盟留学生实用汉语入门”“走进中国高铁”入选了首届贵州省留学生品牌课程建设项目。此外，学校主编澜沧江-湄公河沿岸轨道交通技能培训用国际化教材5本，其中1本入选国家“一带一路”教材库，目前已输出到印度等国家使用，锤炼出一批能用英文教授轨道交通技术的国际化师资，大大提升了学院的办学水平。贵阳职业技术学院在国际化办学实践中，始终注重借助中国-东盟教育交流周这一国际平台，不断展示自己的良好形象，为贵州的职业教育扩大开放办学提供了坚实的载体。

（二）优质资源带动发展，优势专业辐射东盟

国际化办学的主要途径是引入优质教育资源和输出优质教育资源，其中引入优质教育资源包括引进国际职业标准、国际课程标准、国际人才培养标准等，用开放倒逼内涵建设，引入28批次29名外国（境外）专家、外教开展语言和专业教学，各专业院系接纳国际学生就读学历教育，要求修订各专业国际学生人才培养方案，进一步促进了各院系国际化师资团队的建设，提升了各教学单位的人才培养水平。输出优质教育资源方面，充分结合学院的办学实际，选择轨道交通、装备制造优势专业，定位东南亚辐射于东盟，采用“中文＋职业技能”模式，向东盟分享先进职教理念和办学模式，助力当地培养应用型技术人才；分享优质教育资源包括专业教学标准和课程标准等。学校结合且身的发展，优化人才培养模式、课程内容和教学模式，积极开发融合企业和本土学校自身特色的国际化课程和专业标准，培养了来自27个“一带一路”共建国家的共计538名国际学生，短期培训上万人次。

（三）全方位多领域探索，省内国外“国际”示范

贵阳职业技术学院全方位多元化开展来华留学、聘请国（境）外优质师资、中外合作办学、海外办学、人才培养、人文交流和国际科研合作等，先行先试的国际化办学经验，为中国特色高水平高职院校建设提供了国际化办学的范例。近年来吸引了不少省内外单位前来实地考察调研，包括山东东营职业技术学院、南京铁道职业技术学院、金华职业技术学院、黎明职业技术大学、遵义职业技术学院、贵州轻工职业技术学院、贵阳护理职业学院（贵阳康养职业大学）、贵州理工学院、贵州商业学院、贵州农业职业学院等20余家单位和学校，均对学校给予了高度认同和积极评价。

创新中老职教合作品牌

——铜仁职业技术学院打造老挝技术技能人才培养高地的创新与实践

摘　要　国际学生人才培养是高职院校国际化办学的重要组成部分。铜仁职业技术学院积极响应国家教育对外开放政策倡议，以服务“一带一路”倡议和外交大局为导向，创新开放办学理念，确立了“立足东盟，面向亚洲，放眼世界”的国际化办学思路，将国际化办学作为提升办学竞争力的核心要素之一。围绕“世界水准、中国特色、铜仁标志”的一流高职院校建设目标，形成系统的国际化办学理念，努力开拓全方位、多层次、宽领域的国际交流与合作新局面。

2011年以来，学院已累计招收来自亚洲、欧洲、非洲和北美洲50个国家的国际学生1300余名，其中招收老挝学生1086名。学院与老挝教育体育部、老挝高职院校和在老中资企业持续开展了深入而广泛的交流与合作。学院于2016年、2017年、2018年连续三年荣获全国高职院校“国际影响力50强”。经过十多年来的探索实践，为老挝培养各类高素质技术技能人才500余名，为老挝社会经济发展提供了重要的智力支持。走出了一条西部欠发达地区高职院校来华留学生教育教学改革的新路子，为高职院校国际学生人才培养研究提供了个案参考，具有一定的借鉴意义。

一、合作背景

《推进共建“一带一路”教育行动》《职业教育提质培优行动计划（2020—2023年）》等文件明确指出：“加强职业学校与境外中资企业合作，支持职业学校到国（境）外办学，……推进‘中文＋职业技能’项目，助力中国职业教育走出去，提升国际影响力。”西部高职院校地处经济欠发达地区，开展国际交流合作受到诸多条件限制。如何响应国家政策倡导，精准定位，创新教育对外开放办学理念，走出一条有别于中东部高职院校国际化办学发展新路，成为当前西部高职院校打造品牌和促进高质量发展的重要实现路径。

2011年以来，铜仁职业技术学院面向老挝招收来华留学生1086名，与老挝教育体育部、高职院校和中资企业持续开展了广泛而深入的交流与合作，努力构建"全方位、多层次、宽领域"的教育对外开放新局面。学院与老挝教育体育部直属高校巴巴萨技术学院合作共建"海外分校"，与老挝同济医院合作共建境外职业技能培训中心，开展"中文＋职业技能"老挝本土化技术技能人才联合培养，服务老挝地方产业转型和升级，促进了中老国际产能合作。学院于2016年、2017年、2018年连续三年荣获全国高职院校"国际影响力50强"，示范引领了贵州省高职院校国际化办学快速发展。与老挝巴巴萨技术学院联合申报的"中老合作共建'海外分校'与技术技能人才联合培养项目"入选"中国-东盟高职院校特色合作项目"，为老挝培养高素质国际产能合作急需人才500余名，探索创建了"三能递进、四轮驱动、五位一体"的技术技能人才培养模式，为高职院校开展国际化技术技能人才培养提供了可借鉴、可复制的"贵州样板"。

二、工作目标

在国际学生人才培养过程中，普遍存在着文化背景差异大，人才培养精准度不高，汉语教学与专业技能培养脱节等突出问题。学院通过大力推进人才培养模式改革，创建了"三能递进、四轮驱动、五位一体"的国际学生人才培养创新模式，有效破解了上述难题。

（一）成为职业院校国际学生人才培养的改革探路人

依托学院获批的国家民委"一带一路"国别和区域研究中心——东盟职业教育研究中心，开展国际化技术技能人才培养专项研究，创建"三能递进、四轮驱动、五位一体"的国际学生人才培养模式，着力提升老挝本土化技术技能人才培养质量，成为职业院校国际学生人才培养的改革探路人。

（二）成为老挝本土技术技能人才的重要培养地

以推动“中文＋职业技能”复合型国际化技术技能人才培养模式创新为目标，在老挝巴巴萨技术学院和老挝同济医院建立海外职业技能培训中心2个、海外实践教学基地2个，开展“中文＋现代农业”等项目培训，校企共同开发职业教育课程，促进中老校企产教融合和国际产能合作。为老挝培养医药卫生、经贸、工程技术、信息技术、现代农技等各类紧缺型技术技能人才，形成老挝本土高素质技术技能人才培养的重要基地。

三、项目过程

（一）深化中老教育交流合作，开创职教国际合作新局面

一是通过与老挝教育体育部、琅南塔省教育厅、老挝职教研究院、巴巴萨技术学院、老挝同济医院等开展全方位务实交流，增进友谊，凝聚中老职业教育发展共识。二是公派教师赴老挝中小学开展汉语教学志愿者服务，共建汉语课程教学标准，促进中老人文交流，推动汉语国际推广。三是与老挝巴巴萨技术学院合作共建海外分校，招收并培养老挝籍国际学生，全面启动中老技术技能人才联合培养项目，实现了学院“走出去”开放办学的创新发展模式（图 35－1）。四是依托学院获批的国家民委“一带一路”国别和区域研究中心——东盟职业教育研究中心，为中老职业教育协同创新发展搭建高端科研和交流合作平台。通过承办中国-东盟职业教育论坛，开展理论政策研究，深化中老学术交流，进一步推动了中老职教合作和协同创新发展。

图 35-1　中老共建海外分校与技术技能人才联合培养项目

（二）打造来华留学教育基地，创新国际学生人才培养模式

一是借助中国-东盟教育交流周、留学中国教育展等平台，多措并举，加大国际招生宣传，稳步拓展招生规模，优化国际生源质量。二是设立国家汉语水平考试（HSK）考点，打造来华留学教育"教、学、考、服"一体化系统。三是以培养"会中文、懂技术、有情怀"的"知华、友华"复合型技术技能国际化人才为目标，构建"三能递进、四轮驱动、五位一体"的国际学生技术技能人才培养模式（图 35-2）。

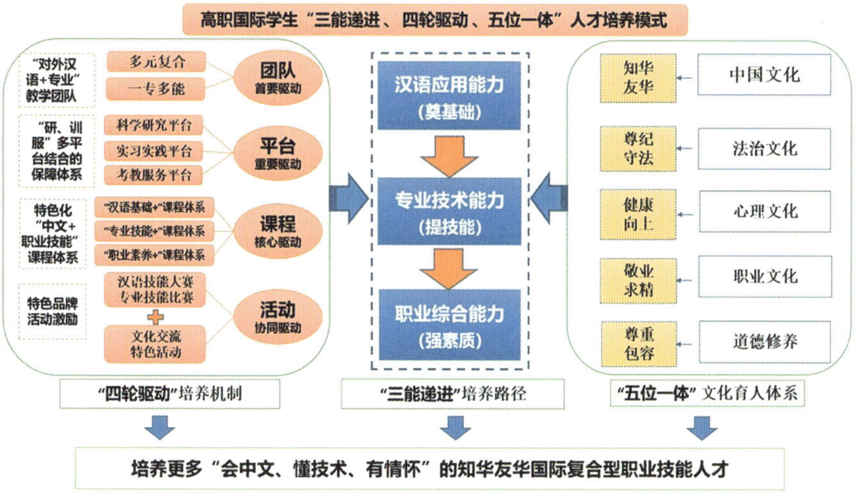

图 35-2　高职国际学生"三能递进、四轮驱动、五位一体"人才培养模式

1. 构建“三能递进”培养路径，增强培养针对性

一是根据国际学生实际实施分层、分类、分阶段培养，构建“汉语应用能力→专业技术能力→职业综合能力”逐级递进的职业能力提升路径。二是语言阶段实施“分级分段、情景模拟、实践体验”的汉语教学模式。通过开展“情境式-模块化”教学，按层次分班，制订模块化、阶梯化课程内容，实现个性培养。三是专业阶段实施“短周期、重实践、强技能”的项目式专业教学模式。“量身定制”专业人才培养方案，制订真实化项目教学任务，启发实践教学。专业实践阶段，精准对接国外校企实践基地，培养工匠精神，强化职业综合素养能力。四是开设“老挝临床医学班”，灵活设置专业课程，增强育人精准度。

2. 构建“四轮驱动”培养机制，提升核心竞争力

针对留学生汉语教学与专业技能培养脱节，学习动力不足等问题，创新“团队＋平台＋课程＋活动”的国际学生人才培养“四轮驱动”机制，不断提升核心竞争力。一是实施教师团队引领驱动。打破学科专业背景，组建不同学科和专业背景“对外汉语＋专业”教学团队，促进汉语与专业结合。二是实施教研平台创新驱动。创设“研、训、服”功能的东盟职业教育研究中心、老挝海外职业技能培训基地、HSK 考点等平台，推进语言教学、专业研究和实践融合发展。三是实施课程体系应用驱动。打通语言与专业衔接路径，构建以汉语课程为基础，以专业课程为核心，以特色课程为支撑的“中文＋职业技能”课程体系；开发“医学汉语”等职业汉语课程，辅助专业学习。四是实施特色活动品牌驱动。有效链接“校内＋校外”“课上＋课下”，打造“两赛一节”系列品牌活动，激发学习动力（图 35－3）。

图 35－3　国际文化艺术节

3. 构建“五位一体”文化育人体系，提高文化育人能力

针对国际学生文化适应性不强等问题，构建了“中国文化、法治文化、心理健康、职业文化、道德修养”为主要内容的“五位一体”国际学生文化育人体系，推动了文化育人的提质增效。一是以中国文化引导学生“知华、友华”。将中国优秀文化、黔东地域文化和职业文化内容贯穿课程体系，采用“课堂教学＋课下体验”方式，激发学生兴趣。二是以法治文化引导学生“遵规、守纪”。利用外国人服务站，采取形式多样、多方协同教育，增强学生法治意识。三是以心理文化引导学生“健康、向上”。开展中外学生交流会，开拓学生文化心理视野，保持良好心态。四是以职业文化引导学生“敬业、求精”。加强职业文化教育，实践精益求精、力求完美的“工匠精神”，树立正确职业观。五是以道德养成引导学生“尊重、包容”。

（三）服务中资企业“走出去”发展，打造校企融合育人国际化样板

一是充分发挥中老双方优势，深化与“走出去”中资企业校企合作，探索“共融、共享、共建、共产”的新时代中老职业教育校企融合育人实践模式（图 35－4）。二是深化与老挝同济医院校企合作，共建海外职业技能培训

中心和实践教学基地，共同培养临床医学、护理等紧缺型老挝本土化技术技能人才，解决老挝农业、卫生等行企业技能人才紧缺的问题。三是与老挝巴巴萨技术学院共建课程标准和教学资源，为老挝各类从业人员开展“中文＋农业”“中文＋护理”等课程培训，提升企业人员职业技能，服务老挝相关产业发展和转型升级，推动中老国际产能合作（图 35－5）。

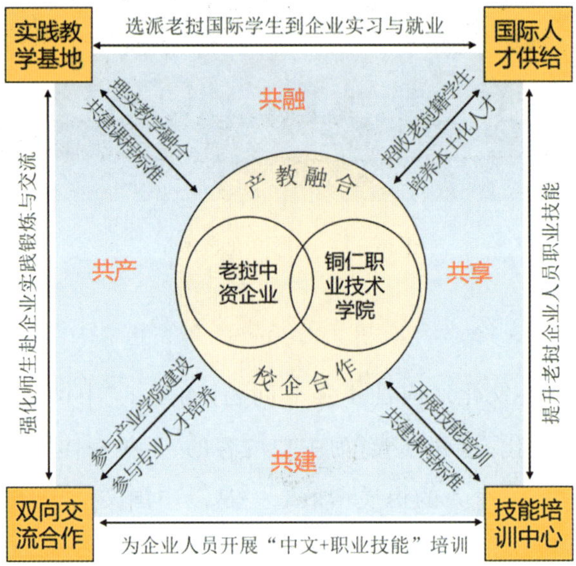

图 35－4　中老“共融、共享、共建、共产”校企融合育人实践模式

图 35－5　与老挝“海外分校”和老挝同济医院合作共建海外职业技能培训中心

四、合作成效

（一）国际学生人才培养质量高

2011 年以来，学院推动“中文＋职业技能”复合型国际化技术技能人才培养模式改革创新与实践，国际学生汉语应用能力、专业技术能力、职业综合能力培养效果明显，国际学生人才培养质量显著提高。一是国际学生 HSK（汉语水平考试）通过率高。2017 年以来，国际学生汉语水平考试 HSK3 级以上考试平均通过率由 77.98%提高到 98.02%。二是国际学生各类技能大赛成果丰硕（图 35－6）。先后获得省、部级各类比赛一、二、三等奖 62 人次，居全国同类院校前列。三是毕业生培养质量高。有近 30 人进入四川大学等国内知名高校攻读本硕学历，老挝回国毕业生就业率达 96.3%。共为老挝培养医药卫生、经贸、工程技术、信息技术、现代农技等各类紧缺型技术技能人才 500 余人，分别进入老挝各级政府机关、各级医院、各级各类学校、银行等重要机构部门，并成为技术骨干。

图 35－6　国际学生各类竞赛获奖证书

（二）国际化办学成效显著

经过 10 余年的实践探索，以提升国际化办学质量为抓手，瞄准国家“一带一路”建设急需的技术技能型人才培养，以培养“会中文、懂技术、有情怀”的国际复合型技术技能人才为目标，逐步形成了服务“一带一路”建设技术技能型人才培养高地。一是国际招生吸引力日益增强。生源国别数、在校人数和国际化办学规模明显增大，进一步引领带动了贵州高校来华留学教育的迅速发展。2011 年以来，学院共招收国际学生 1300 余名，在校国际学生人数和生源国别数持续位居贵州省首位。二是国际交流与合作深改项目获得重大突破。学院 2022 年 5 月申报的“改进高职院校国际交流合作改革评价”获得省级立项建设，成为全省唯一一个以国际交流合作改革单项试点立项的高校。三是学院“三能递进、四轮驱动、五位一体”的国际学生技术技能人才培养模式荣获 2021 年贵州省教学成果奖“特等奖”（图 35－7），并被推荐参评国家级教学成果奖。四是黎明职业大学等国内外 30 多所兄弟院校来校学习考察，“三能递进、四轮驱动、五位一体”的国际学生技术技能人才培养模式被老挝、泰国等国内外 20 余所兄弟高校借鉴采用，实践应用成效明显。

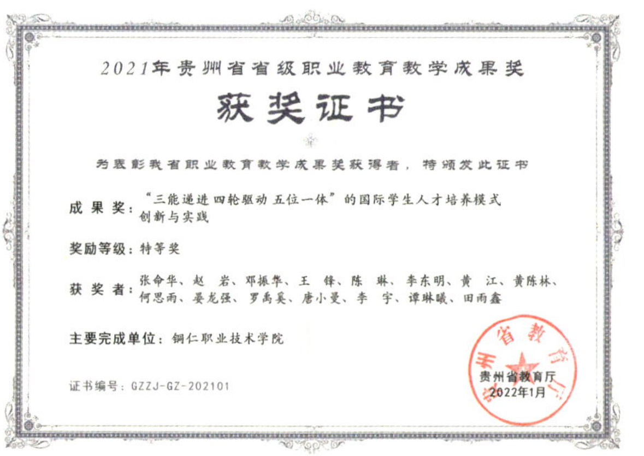
2021年贵州省省级职业教育教学成果奖

获奖证书

为表彰我省职业教育教学成果奖获得者，特颁发此证书

成果奖：“三能递进 四轮驱动 五位一体”的国际学生人才培养模式创新与实践

奖励等级：特等奖

获奖者：张命华、赵 岩、邓振华、王 锋、陈 琳、李东明、黄 江、黄陈林、何思雨、晏龙强、罗禹昊、唐小曼、李 宇、谭琳曦、田雨鑫

主要完成单位：铜仁职业技术学院

证书编号：GZZJ-GZ-202101

贵州省教育厅

2022年1月

图 35－7　2021 年贵州省教学成果奖“特等奖”证书

（三）国际影响力显著提升

通过加强中老技术技能人才联合培养，开展合作办学和技术技能培训，服务老挝地方产业转型和升级，为老挝培养具有国际视野、跨文化交流能力、扎实基础的创新型、发展型、复合型的国际人才。一是学院于 2016—2018 年连续三年荣获全国高职院校“国际影响力 50 强”，荣获全国第四批

“中国-东盟高职院校特色合作项目”。在中国-东盟交流周等高端论坛做主旨发言、研讨交流 20 余次；二是人民网、《中国职业技术教育》《老挝教育体育报》和老挝国家电视台等媒体报道学院国际化办学情况 40 余次（图 35－8）。

图 35－8　国际化办学影响力

五、总结反思

铜仁职院以国际学生人才培养质量提升作为国际化办学的核心目标，通过打造高水平师资团队，开展东盟(老挝)职业教育研究(图 35－9)，创新国际学生人才培养模式，全方位构建了国际学生人才培养体系。

图 35－9 东盟职教研究成果

(一)顶层设计是基础

学院围绕高校国际交流与合作特色创新要求，以坚持服务国家“一带一路”倡议为导向，根据区位特点，结合在校老挝留学生人数占比大(近 90%)的情况，以服务“走出去”中方企业与老挝农业、医药、卫生类等产业发展本土化技术技能人才需求为着力点，加强顶层规划，主动作为，精准定位，系统谋划，奠定了老挝本土化技术技能人才培养创新模式的实践基础。

(二)师资团队是关键

师资团队是学院国际化技术技能人才培养的首要驱动力。坚持“名师引领、团队驱动”，打破学科专业背景，整合校内外优质资源，着力打造“教学严谨、实力雄厚、引领改革、具有国际视野”的省级优秀对外汉语教学团队(图 35－10),4 名教师入选全国来华留学生质量认证(高职院校类)和“鲁班工坊”建设联盟首批专家库。

图 35－10　对外汉语教学团队荣获省级优秀教学团队

(三)人才培养是核心

学院坚持以“一带一路”建设国际化技术技能人才培养质量提升为出发点和落脚点,聚焦“走出去”在老中方企业和老挝本土技术技能型人才的现实需求,以培养“会中文、懂技术、有情怀”的知华、友华国际复合型技术技能人才为目标,探索创建了“三能递进、四轮驱动、五位一体”的技术技能人才培养模式,形成了“可复制、可推广、可借鉴”的国际学生职业技能培养和文化育人模式。

助力老挝铁路专业人才培养 促进我国职业教育“走出去”

——昆明铁道职业技术学院援老挝铁道职业技术学院实施经验介绍

摘　要　随着2021年12月3日中老铁路的开通，老挝人民在生产生活质量方面得到了全面提高，收益范围逐渐向周边国家、地区辐射。随着国际铁路转运的开通，可以预测中老铁路的影响力将得到进一步提升。随着铁路运营，老挝铁道类技术技能人才缺口激增。“援老挝铁道职业技术学院”是“一带一路”标志性工程——中老铁路配套项目，该项目由中国在老挝万象援建一所铁道职业学院，云南省建设投资控股集团有限公司负责基础建设，昆明铁道职业技术学院负责该项目的“教育能力建设及教育技术合作”部分。采用全新的“2＋5”模式，即“2年来华专业培训＋5年教学指导”，帮助老挝培养一批铁路专业教学团队，并初步建立老挝铁路职业教育体系、课程体系、教材体系、理论与实践教学管理体系。该项目将是解决人才缺口的重要途径。

一、合作背景

昆明铁道职业技术学院服务“一带一路”建设，跟随中国铁路“走出去”。2016年来，学院先后派遣3批教师赴肯尼亚、埃塞俄比亚为蒙内铁路和亚吉铁路培养火车司机和机车检修工180余名（图36－1）。先后承办或参与云南商务厅“东南亚铁路技术人才培养国际合作技术研修班”“2021澜湄合作中泰老高铁师资线上培训班”“发展中国家铁路基础设施建设投融资与管理研修班”，累计培训100余名铁路专业和技术管理人才。

图 36－1　学校教师为肯尼亚蒙内铁路培训机车司机

“援老挝铁道职业技术学院”是“一带一路”标志性工程——中老铁路配套项目，2019 年由国家国际发展合作署立项，2020 年由商务部委托云南省商务厅组织实施，通过基础设施建设及师资培养两个方面，援助老挝建设一所铁道类高等职业院校。该项目由云南省建设投资控股集团有限公司负责校园基础建设，昆明铁道职业技术学院负责该项目的“教育能力建设及教育技术合作”部分。

（一）项目的特点

(1)该项目是“职业院校跟随企业走出去”的典范，企业和职业院校共同研究、共同配合、共同推进。

(2)该项目是“中文＋职业技能”融合的典范，政、校、行、企等协同配合推进共享中国标准、中国技术。

(3)该项目是援外培训和技术援助有机结合的典范，采用全新的“2＋5”模式(前 2 年老挝教育部选派 40 名全国首批铁道师资和管理人员到中国学习，学院再派专家团队到老挝进行 5 年的教学指导)，将中国的铁路技术标准和铁路技术技能人才培养标准融入老挝铁路人才培养。

(4)该项目是集“成套项目、人力资源开发合作和技术合作”为一体的综合类项目典范。

（二）项目目的

项目旨在通过全新的“2＋5”模式，协助老挝建设老挝高等铁道职业技术教育教学管理师资队伍，初步建立老挝铁路职业教育体系、课程体系、教材体系、理论与实践教学管理体系，提升教师的教学能力、专业实践能力、科研能力和自我发展能力。项目帮助老挝培养一批具有国际视野的、掌握涵盖铁路全专业技术技能的教学团队，以满足即将建成的老挝铁道职业技术学院的师资需求。从而加强和深化中老教育领域合作与交流，奠定老挝铁路人才培养基础，为实现中老设施联通和中老铁路运营培养人才。

二、工作目标

(1)学员通过汉语培训，取得 HSK3 级以上汉语水平证书，为后续专业学习奠定基础。同时，通过中文学习和开展各类活动，使学员了解中国文化和中国发展。

(2)通过 1 年的专业理论学习及设施设备操作技能训练，学员在理论上掌握必须的专业知识，在操作技能上能正确使用工具、仪器与设备，按照岗位作业规范和流程，完成相关的技术操作。

(3)根据学员的工作经历、水平、能力及老挝职业教育发展现状，结合中国职业教育特色，组织职业教育教学理论的学习，使学员初步具备教学的理论基础。

(4) 通过 5 年的教育技术合作，确保老挝铁道职业技术学院教育教学团队具备专业理论、实践教学、课程建设、教材建设、教学管理等方面的能力，培养出符合中老铁路主要岗位需要的技术技能人才。

(5)根据老挝教育体育部发布的《国家职业教育课程标准》和《职业技术教育课程开发手册》，以我国铁道职业教育教学指导委员会 2019 年发布的各铁路专业建设指导标准为主要参照，结合中国铁路相关工种的岗位职业标准，融入中老铁路技术标准和规范，编制老挝铁道职业技术学院即将开办的 6 个专业的教学标准。同时结合援建项目的教学设施设备条件编写一批中老双语教材，支持专业办学。

三、项目过程

援老挝铁道职业技术学院项目将帮助老挝建设一所规模约为 3.3 万平方米，包含教室、实训中心、图书馆、风雨操场、行政办公用房、宿舍及其他配套设施的全日制高等职业专科院校。

由学校承担的教育能力建设及教育技术合作项目主要分为两个阶段，第一阶段实施为期 2 年的教育能力建设，以"中文＋技能"模式开展包括汉语、专业基础和铁道运输、铁道机车、铁道工程等 6 个铁路专业的理论培养和专业技能训练，为老挝铁道职业技术学院培养一批铁路专业教师（图 36－2）；第二阶段开展为期 5 年的教育长效技术合作，其中第 1—3 年派遣 16 名，第 4—5 年派遣 8 名教育专家常驻老挝铁道职业技术学院，以中国职业教育模式为基础，指导支持其运行管理、教育教学全面顺利开展，通过随堂听课、现场技术指导、公开课、示范课、专业理论学习指导、教学交流研讨、操作示范、教学业务集中培训等方式，开展教育教学合作，指导老挝铁道职业技术学院的专业教学顺利开展，使老挝铁道职业技术学院的教育教学水平达到老挝铁路技术人才培养的需求。同时以中老命运共同体为载体，向老挝分享中国铁路技术标准、中华职业教育运行模式、中华优秀传统文化。

图 36－2　老挝籍学员在学习铁路基础知识

四、合作成效

2021 年 11 月底学院启动线上教学，首先开展了汉语教学。为了按时高质量完成教学任务，40 名老挝籍教师分别于 2022 年 3 月 22 日和 2022 年 7 月 27 日进入昆明学习。为确保项目建设目标的完成和老挝专业教师培养的质量，学院根据教学和学员实际，采取了一系列措施。

（一）科学合理设置课程、精心准备教学

由于中老铁路建成以前，老挝仅有一段 10 余千米的铁路且基本没有运营，造成老挝语中基本没有铁路专业词汇，同时国内也缺乏对铁路专业有一定了解的老挝语翻译，翻译难度极大。在此背景下，学院除了安排近一年的汉语学习外，还开设了“铁道概论”课程，介绍铁路基础知识和概念。教学中配置了老挝语翻译，提供中老双语课件和讲义，同时使用双语讲课，为学员理解铁路基础知识创造了较好条件。上午完成“铁道概论”课程后，下午安排汉语教师讲授“专业汉语”，学习内容与上午的“铁道概论”课程相对应，即在上午理解专业概念的基础上，下午学习这些专业概念的中文表

达。通过关联课程的学习，大部分学员对铁路基础概念有了初步的认识，为后续专业课程学习奠定了一定基础(图 36 - 3)。

图 36 - 3　老挝学员在客车上开展现场学习

(二) 适时安排教学指导

由于第二批学员进校时间与第一批学员相差 3 个月，为确保第二批学员能够基本跟上前期学员的学习进度，除基础汉语单独开课外，从 2022 年 8 月底开始，利用周一、三、五下午 16—18 时，由汉语教师补习基础汉语，其间根据学员情况利用周六安排云南师范大学汉语教师进行 4 次汉语学习及 HSK 取证考试专项指导。此外利用周六安排“铁道概论”补课共计 6 次，尽量减小两批学员的学习进度差异。

(三) 理实结合开展专业学习

在专业基础和专业课程学习阶段，任课教师充分利用校内的实训场所，使用电工电子实训台、钳工车间及高铁技术虚拟仿真实训基地的各种实训设施设备，采用“先做后讲、边做边讲、讲练结合”等方式，将实践和讲授有机结合，确保了课堂教学的效果和质量(图 36 - 4、图 36 - 5)。

图 36－4　老挝学员在进行钳工训练

图 36－5　学员在高速铁路工程实训中心进行线路认知学习

（四）开展研学活动

通过开展“最美中国风 花开彩云南”等系列研学活动，带领老挝学员用眼睛看、用心感悟中国地理历史文化（图 36－6）。

图 36-6　学习之余体验云南民族文化

全体学员于 2023 年 7 月底结束全部培训教学工作，8 月返回老挝万象。昆明铁道职业技术学院选派的第一批 16 名专业教学及其管理专家团队，与老挝学员一同前往万象，支持老挝铁道职业技术学院的第一批学生的教学工作，工作由教育能力建设转入中老两所铁路高职院校的教育技术合作阶段。

五、总结反思

项目以中老铁路的顺利开通为契机，以服务国家“一带一路”建设为使命，以云南省地缘优势、学科优势为基础，依托昆明铁道职业技术学院丰富的铁道类技术技能人才培养经验及成熟的实习实训条件，依据中国现代职业教育理念，通过全新的“2＋5”模式，广泛采用“中文＋技能”人才培养手段，充分发挥中国文化底蕴优势、中国职业教育产教融合优势，致力于将铁道相关先进技术与中华优秀传统文化相融合，对外分享中国职业教育成功经验，探索一条职业教育走出去的全新发展道路。

1.紧紧围绕国家及地方对外发展要求

项目紧紧围绕中老命运共同体及云南“面向南亚东南亚辐射中心”新定位要求，抢抓国际职业技能人才需求契机，发挥自身优势，服务国家、地方政策。

2.高度依托国家重点对外项目配套人才需求

项目高度依托“一带一路”重点项目“中老铁路”所带来的人才缺口需求，结合合作国家特点，有针对性地分析研判项目实施方向，为老挝这一内陆国家铁路发展制订符合其发展需求及我国职业教育特点的援助项目方案。

3.充分运用“中文+技能”人才培养手段

积极推广“中文＋技能”培训手段，将中国语言、中国文化与中国技术、中国标准紧密结合。提高国际技术技能人才培养质量并进一步发挥各地方地缘优势、学科优势，深化国际人文交流沟通，服务地方经济发展。

4.大胆创新“2+5”模式运用

通过“2＋5”培训，探索“来华培训”和“长效合作”相结合的全新模式，将来华培训成果进一步夯实，影响周期进一步延长，为后续国内职业教育院校开展“鲁班工坊”等境外办学项目提供可借鉴、可复制的过渡模式。

5.全面响应国家产教融合职业教育改革

以国内高校与企业签订的校企合作为依据，充分服务国家职业教育改革校企合作、产教融合要求，主动邀请企业参与。一方面通过“校内授课”与“企业实践”相结合的方式开展项目学员的理论和实践培训，通过“双导师制”（校内导师和企业师傅）对培训学员进行点对点答疑解惑；另一方面积极配合中国企业和产品技术“走出去”，将我国教育教学所需的实习实训设施设备推广到合作交流的国家，技术技能携手产业产品一起“走出去”，共同培养当地熟悉中国技术、产品、标准的符合当地用人需求的技术技能人才。

为干旱半干旱地区现代农业发展提供中国技术解决方案

——杨凌职业技术学院全方位积极参与上海合作组织农业技术交流培训示范基地建设

摘　要　杨凌职业技术学院是一所以农业为特色的综合性省属公办全日制高等职业技术学校，具有89年的办学历史，是国家首批示范校、全国优质专科高职院校、中国特色高水平高职学校建设单位（双高校）。近年来，学校响应国家“一带一路”倡议，突出办学特色，全方位参与上海合作组织农业技术交流培训示范基地建设，通过开展海外分校项目建设和对外技术服务，全面提升学校教学的国际化办学水平，取得了阶段性的“一带一路”项目建设成果。

一、合作背景

上海合作组织简称上合组织（SCO），是由中华人民共和国、哈萨克斯坦共和国、吉尔吉斯共和国、俄罗斯联邦、塔吉克斯坦共和国、乌兹别克斯坦共和国等国家于2001年6月15日在中国上海宣布成立的永久性政府间国际组织。

2020年10月，经上合组织成员国一致同意，上海合作组织农业技术交流培训示范基地在陕西杨凌农业示范区挂牌成立，依托杨凌示范区农业特色优势，推进上海合作组织农业技术交流培训示范基地（以下简称上合组织农业基地）有效发挥“科技合作、人才培育、技术推广、经贸促进”功能，精准服务上合组织国家农业现代化、产业化和可持续发展。

二、工作目标

学校高度重视对外交流与合作，积极响应国家“一带一路”倡议，突出办学特色，发挥专业优势，全方位参与上海合作组织农业技术交流培训示范基地建设，通过开展海外分校项目建设和对外技术服务，推动中国技术标准和课程标准在“一带一路”共建国家和上合组织国家的推广和应用，全面提升学校办学的国际化水平。

按照上合组织农业基地建设的总体目标和要求，学校确定了在上合组织国家开展海外分校项目建设，建立农业实用技术培训基地，为“上合组织农业基地中乌现代农业科技园区”提供技术服务（图 37 - 1），旨在通过与上合组织国家有关教育机构开展涉农专业教育合作，分享现代农业技术成果及对发展中国家技术官员进行涉农技术培训，将中国技术标准和涉农专业课程教学标准嵌入国际教育合作项目建设及对外培训的过程之中，为干旱及半干旱地区上合组织国家现代农业技术发展提供中国技术标准和技术方案，为上合组织农业基地建设做出贡献。

图 37 - 1　杨凌职业技术学院-古利斯坦国立大学现代农业学院学生在上合组织农业基地中乌现代农业科技园区

三、项目过程

（一）高度重视，做好项目的顶层设计

学校一贯高度重视国际合作与交流工作，针对上合农业培训基地建设，学校及时成立了“杨凌职业技术学院上合组织国家农业实用技术培训建设领导小组”，党政主要领导担任小组组长，指导学校相关教学资源的调动与分配。同时，学校主动对接杨凌示范区外事部门，明确工作目标与任务，并就上合组织农业培训基地建设工作开展调研和开会专题研究，最终形成了具有学校办学特色，又能进行广泛推广实施的杨凌职业技术学院“中国-乌兹别克斯坦农业专业教育合作项目”即“杨凌职业技术学院-古利斯坦国立大学现代农业学院”建设方案，为后期顺利开展上合组织农业基地建设奠定了坚实的基础。

鉴于学校“杨凌职业技术学院-古利斯坦国立大学现代农业学院”建设对于上合组织农业培训基地的积极影响，上合组织农业培训基地办公室将该项目列入上合组织农业培训基地建设的年度重要任务，项目建设工作也在陕西省政府召开的上合组织农业培训基地建设工作会议中受到了充分的肯定。另外，科学技术部也就进一步做好“杨凌职业技术学院-古利斯坦国立大学现代农业学院”课程国际化建设予以立项，为分校课程标准与教学标准国际化提升提供政策及资金支持。

（二）建章立制，确保项目的顺利实施

“杨凌职业技术学院-古利斯坦国立大学现代农业学院”是一项内容涉及专业领域、又具有高度政治意义的国际教育合作项目。作为上合组织农业基地建设年度重点任务，该项目的建设情况，将会直接影响上合组织农业基地建设的工作的成效。

为全面做好“杨凌职业技术学院-古利斯坦国立大学现代农业学院”建设，学校在召开项目专题会议，明确相关部门的任务与责任的同时，专门制

定了《杨凌职业技术学院海外分校建设管理办法》，通过制度建设，进一步指导和规范学校海外分校建设工作，避免因为分校建设中可能出现的问题对上合组织农业基地建设造成负面影响。

"杨凌职业技术学院-古利斯坦国立大学现代农业学院"项目建设开展以来，学校各个相关部门，按照《杨凌职业技术学院海外分校建设管理办法》，对标项目目标，落实工作任务，相互协助，保障了项目建设的顺利进行，为项目建设阶段性成果的取得起到了关键的政策指导作用。

（三）协力合作，保证项目的高效运行

对标"杨凌职业技术学院-古利斯坦国立大学现代农业学院"项目建设目标，学校已完成合作专业"相关教学标准"、理论教学"课堂指引"及实验实训"实践教学指引"等教学资源的开发和文件编撰，并及时与乌方合作方进行了资源共享。目前，分校建设已生成50余份项目建设实施文件，内容涉及项目学生注册、专业课程教学安排、专业课程本土化培训、项目学生实习实训、项目学生在校管理等各个方面，确保了分校项目建设的有效实施并取得积极进展。

另外，在对上合组织农业基地中乌现代农业科技园区技术培训中，学校与负责该园区建设的杨凌现代农业国际合作有限公司签订了"杨凌职业技术学院与杨凌现代农业国际合作有限公司联合开展境外技术培训合作协议"，进一步明确了相关技术培训的方式、内容及相关责任，保证了学校在参与上合组织农业基地中乌现代农业科技园区培训过程中对中国技术标准的推广和应用。

按照《杨凌职业技术学院海外分校建设管理办法》要求，在"杨凌职业技术学院上合组织国家农业实用技术培训建设领导小组"的指导下，在上合组织农业基地建设中，学校相关部门协力合作，相互支持，学校上合组织农业培训各项项目建设进展顺利，各项工作正按照预定计划实施进行。

四、合作成效

（一）成立上合组织国家现代农业学院

乌兹别克斯坦现代农业科技园区是上合组织农业培训基地确定的上合组织农业培训海外基地，该基地承担着上合组织在干旱及半干旱地区开展现代农业技术推广的重要任务，对干旱及半干旱地区上合组织国家的现代农业发展具有示范引领作用。

学校在全面了解上合组织农业基地中乌现代农业科技园区建设目标与任务的基础上，对乌兹别克斯坦的农业发展历史及现状，以及该国的地缘政治情况进行认真研究，结合学校办学特色与专业优势，与承担上合组织乌兹别克斯坦现代农业园区建设具体工作的杨凌现代农业国际合作有限公司开展合作研讨，积极与上合组织农业培训基地办公室进行政策性对接，提出了在上合组织成员国乌兹别克斯坦开展农业专业教育合作项目："杨凌职业技术学院现代农业学院"建设的构想。学校在陕西省教育厅主管业务部门的指导下，结合教育部中国高教学会《高等学校境外办学指南》，形成了"以专业课程教学为核心、以国际教育合作为平台、以分享教学成果为目标、以服务我国海外企业为任务"的杨凌职业技术学院海外分校建设方案，为在上合组织国家培养具有熟悉和掌握中国技术与课程标准的海外本土人才确定了方向。

2021 年 11 月 29 日，由杨凌职业技术学院、乌兹别克斯坦古利斯坦国立大学、杨凌现代农业国际合作有限公司三方共同合作的"中国-乌兹别克斯坦农业专业教育合作项目"建设合作协议签约仪式在线上举行，"杨凌职业技术学院-古利斯坦国立大学现代农业学院"正式成立。陕西省外事办公室及杨凌示范区管委会有关领导出席在学校的线上签约仪式，中国高职高专网等国内外多家媒体予以了广泛的新闻报道（图 37－2）。

图 37－2 “杨凌职业技术学院-古利斯坦国立大学现代农业学院”
教育合作项目签约及揭牌仪式

按照“杨凌职业技术学院-古利斯坦国立大学现代农业学院”建设内容，杨凌职业技术学院负责向乌兹别克斯坦古利斯坦国立大学提供园艺技术专业的相关教学标准及7门专业核心课程标准和中文课程教学内容，并完成对相关专业课程的本土化教学培训；乌兹别克斯坦古利斯坦国立大学3年内招收100名乌方合作项目课程学生，并按照杨凌职业技术学院提供的课程标准和教学标准对项目学生开展专业教学，完成相关专业人才培养方案确定的教学任务，达到专业标准确定的要求。另外，上合组织农业基地中乌现代农业科技园区为该项目学生提供相关合作专业的实习岗位（图37－3），以便使该项目学生达到相关专业的技术标准要求，同时推荐达到项目课程要求的毕业学生在乌兹别克斯坦或其他中亚国家的中国涉农企业工作。

图 37－3 “杨凌职业技术学院-古利斯坦国立大学现代农业学院”
学生理论学习及实训实习情况

“杨凌职业技术学院-古利斯坦国立大学现代农业学院成立”以来，学校已向乌方提供了由学校确定的园艺技术专业相关教学标准、专业课程课堂指引及实践教学指导(图 37 - 4)，完成对乌方 7 名专业教师的相关专业课程本土化转化培训。目前乌方在册合作专业项目学生 100 名，基本完成对 2021 级项目 50 名学生的专业课程教学与实训任务，生成项目实施过程性文件 50 余份。另外，乌方学校已对该校的相关合作专业课程进行了部分修订，整个专业的人才培养方案修订工作将在项目合作期间完成。

图 37 - 4 “杨凌职业技术学院-古利斯坦国立大学现代农业学院”教育合作协议及教学标准和课程标准

“杨凌职业技术学院-古利斯坦国立大学现代农业学院”项目建设，分享了中乌两国在高等教育农业领域相关专业发展中取得的成果，促进了两国之间的教育交流与合作，也为在中亚国家的中资涉农企业及其他相关涉农企业的科技发展，提供了可以持续的技术及人才支持。

（二）为上合组织农业基地海外科技园区提供技术服务

1. 开展学校在上合组织国家农业培训基地建设

在积极做好“杨凌职业技术学院-古利斯坦国立大学现代农业学院”项目建设的同时，学校还发挥现代农业技术科研优势，在上合组织农业基地中乌现代农业科技园区开展具有中国技术标准的现代农业技术推广，为干旱及半干旱地区现代农业发展提供技术方案，不断推动干旱及半干旱地区上合组织国家现代农业的技术进步，全方位参与上合组织农业基地海外园区建设。

2021 年 10 月，学校在乌兹别克斯坦锡尔河州成立了“中国杨凌职业技术学院乌兹别克斯坦现代农业技术创新示范基地”，全力配合上合组织农业基地中乌现代农业科技园区建设。学校根据该园区的技术需求，以该创新示范基地为平台，持续为上合组织农业基地中乌现代农业科技园区提供技术服务和人才支持。2022 年 3 月学校与负责该示范园区建设的杨凌现代农业国际合作有限公司签订了“联合海外技术培训合作协议”，学校根据上合组织农业基地中乌现代农业科技园区的技术培训需求，为园区提供由学校制订的技术培训和技术服务，助力园区所在国家或地区相关行业的技术提升，园区按照学校提供的技术标准及技术规范，对园区科技员工进行技术培训，促进中国相关技术标准及技术规范在该园区的应用，从而促进中国相关技术标准及技术规范在中亚国家相关产业领域的推广（图 37 - 5）。

图 37 - 5　学校开展对上合组织农业基地中乌现代农业科技园区技术培训

学校已向上合组织农业基地中乌现代农业科技园区提供了 7 期的现代农业技术推广培训，内容包括葡萄春季管理、喷灌工程技术应用、无花果绿色生产技术、观赏植物组培技术应用等多个现代农业技术领域，及时解决了园区建设中出现的相关技术问题，培训获得了乌方农业技术人员的高度评价。

2.承担商务部对发展中国家援外技术培训任务

学校积极响应“一带一路”倡议，从2015年开始便参与商务部对发展中国家援外技术培训项目，在对外技术培训方面积累了的丰富经验(图37－6)。学校先后参加并承担的商务部对外技术培训项目包括“发展中国家绵羊与山羊高效养殖培训”“发展中国家肉牛奶牛生产综合技术培训”“发展中国家公共基础设施项目融资、开发、管理研修”及“发展中国家公路、房建设施管理研修”等多个培训项目，包括“一带一路”共建国家和上合组织国家的数百名技术官员参加了以上项目的技术培训并来校进行实训实践。

承担商务部对发展中国家援外技术培训，加强了学校师生与“一带一路”共建国家和上合组织国家技术官员的专业技术交流，对中国技术标准和课程标准的国际应用进行了积极推广。

图37－6　学校承担商务部对发展中国家技术援助培训

五、总结反思

近年来，学校积极响应“一带一路”倡议，发挥专业优势，突出办学特色，主动参与上合组织农业基地建设，初步形成了具有学校办学特色的对外教育合作与交流模式，特别是在上合组织农业基地海外分校建设进程和对外技术培训过程中，进一步凸显了学校的专业与区域优势，在“一带一路”建设过程中取得了阶段性的对外合作项目建设成果。

(一)探索创新，创立职业教育海外分校建设新模式

“杨凌职业技术学院-古利斯坦国立大学现代农业学院(中国-乌兹别

克斯坦农业专业课程教育合作项目）”，是学校按照国家对外教育交流政策、根据国际形势发展变化、结合教学工作实际、经过多方调研和论证，创新思路提出的职业院校海外分校建设的新模式。该模式通过专业核心课程教学实践，完成对中国职业课程标准的本土化转化，实现将中国教学标准嵌入海外合作院校的专业课程建设，推动中国教学标准在海外长期应用，为中国在上合组织国家涉农企业发展持续提供当地的技术人才资源，保障中国技术标准的广泛推广。

（二）发挥优势，促进中国技术标准在海外广泛应用

“杨凌职业技术学院-古利斯坦国立大学现代农业学院”建设以来，经过不断的项目内容完善，现已实现了专业课程标准分享、国际学生教育、服务中国海外企业发展“三位一体”的可复制、能推广、易见效的对外职业教育合作模式。该分校建设模式在“2022 年全国高职教育研究论坛”《中国特色高水平高等职业教育：理念到行动——基于“双高计划”中期评价的思考与展望》中作为成功的办学案例得到了专家的肯定和推介。另外，学校也按照同样的模式在非洲成立了“杨凌职业技术学院-几内亚水利工程学院”，并取得了实质性的合作成果。目前，学校的两所海外分校建设正按照既定目标有序推进。

（三）突出特色，开创学校国际合作工作新高度

全方面参与上合组织农业基地建设，是学校突出农业办学特色、结合区位优势、发挥职业教育特点、积极响应“一带一路”倡议的又一个重要的对外教育合作内容。学校通过在上合组织国家建设海外分校、对上合组织海外农业基地进行技术培训，为干旱、半干旱地区上合组织国家现代农业发展提供中国技术解决方案，用中国技术标准引领干旱、半干旱地区现代农业的发展，进一步凸显学校的办学特色，扩大学校的国际影响，开创出学校职业教育国际合作的新高度。

学校将在后期海外分校项目建设中，进一步加强对分校项目建设的过

程管理，开展教学督查，就其中可能存在的问题与外方一同研究，提出解决方案，保证项目教学质量。在海外园区的技术培训中，学校将根据外方园区建设的技术需要，在继续做好技术理论培训的基础上，安排有关技术人员适时赴海外农业园区开展现场技术指导，通过实践性技术指导，不断推动中国技术标准在海外园区的推广和应用。

中国铁路技术的海外传播者

——陕西铁路工程职业技术学院助力中国铁路“走出去”纪实

摘　要　进入21世纪以来，中国铁路尤其是高速铁路建设取得了举世瞩目的成绩。截至2021年底，全国铁路营业里程突破15万千米，其中高速铁路超4万千米。中国铁路“走出去”企业先后在“一带一路”共建国家建成亚吉铁路、蒙内铁路、中老铁路、匈赛铁路等工程，为世界铁路建设做出了卓越贡献。

一、合作背景

近年来，中国铁路“走出去”步伐不断加快，中国铁路“走出去”企业已经建成了蒙内铁路、亚吉铁路、中老铁路、匈赛铁路等国外铁路，足迹遍布亚洲、欧洲、非洲和北美洲，成为“一带一路”建设和国际产能合作的一张亮丽名片，为全球铁路发展贡献了中国力量。当前，雅万高铁、中泰铁路、马来西亚东海岸铁路等一批采用中国铁路标准的铁路正在建设过程中。当前，中国铁路企业“走出去”过程中面临的主要问题是所在国本土化铁路技术技能人才匮乏，这是中国铁路“走出去”过程中急需解决的问题。与此同时，随着“一带一路”建设的持续高质量推进，共建国家对技术技能人才的需求也极为迫切，需要大批高素质人才参与建设与运营。针对“一带一路”建设中的人才需求，陕西铁路工程职业技术学院（下文简称“陕铁院”）发挥国家“双高”校建设单位铁路技术技能人才培养高地优势，主动担当中国铁路技术和中国职业教育标准的传播者使命，积极服务中国铁路“走出去”。学校按照“建合作机制、制教学标准，育本土人才，树陕铁品牌”的总思路，构建校企校合作共赢长效机制，在肯尼亚、菲律宾建设2个海外铁路培训中心（图38-1），为“一带一路”共建国家培养本土化技术技能人才869名，受到《中国教育报》《肯尼亚旗帜报》等40余家中外权威媒体的广泛赞誉，打造了高职海外办学“陕铁品牌”。陕铁院获批全国首批“鲁班工坊运营项目”,2次荣获全国高职院校“国际影响力”50强,成为全国高职院校教育对外开放的排头兵。

图 38-1 陕铁院教师与肯尼亚学生合影

二、工作目标

学校聚焦中国铁路职业教育标准分享,面向“一带一路”建设培养掌握中国铁路技术的本土化技术技能人才,服务中国铁路“走出去”,不断提升学校国际化水平。

(一)做中国铁路技术的传播者

以服务中国铁路“走出去”,解决蒙内铁路、亚吉铁路等海外铁路工程建设与运营期间本土化技术技能人才匮乏问题为目标,学校与中国铁路“走出去”企业、外方高校共建陕铁院海外培训中心,传播中国铁路技术,为共建国家培养高素质技术技能人才。

(二)做中国职教标准的推广者

发挥学校国家“双高”计划人才培养高地优势,牵头开发具有中国特色的铁路技能人才培养标准，在“一带一路”共建国家推广应用，分享中国职教标准和教学资源，增强中国职业教育在“一带一路”共建国家的适应性、影响力和国际传播力。

三、项目过程

（一）制度赋能，构建合作共赢长效机制

为破解中国铁路“走出去”过程中面临的“一带一路”共建国家铁路建设人才匮乏、技术标准差异大的难题，学校探索建立了具有陕铁院特色的海外“鲁班工坊”建设模式。2018 年，联合中国铁路“走出去”企业，学校与肯尼亚、卢旺达、菲律宾等“一带一路”共建国家相关高校达成共识，校企校三方签署《合作培养本土化人才协议》，制订《陕铁院海外铁路培训中心建设与运行管理办法》，明确了三方的责权利。中国铁路“走出去”企业提出岗位需求，提供培养经费，接纳合格毕业生。外方院校根据岗位需求计划招收、管理学生，提供教学场地，共享中国一流水平的专业标准、课程标准及教学资源，获取管理收入。陕铁院负责制订培养方案，开发教学资源，开展人才培养，获得教学收入，提升学校国际影响力。

三方合作构建了校企校合作共赢长效机制，形成了校企校命运共同体（图 38 - 2）。陕铁院与中国路桥工程有限责任公司、中铁一局集团有限公司等企业合作，先后在肯尼亚、卢旺达、菲律宾等国家建设“陕铁院海外铁路培训中心”。学校按照国内专业建设标准改建智慧教室、新建铁路工程实训室和校外实习基地，为所在国培养铁路技术技能人才，实现了海外办学的实体化运行，为中国高职院校建设“鲁班工坊”提供了“陕铁方案”。“陕铁院肯尼亚铁路培训中心”获批成为全国首批“鲁班工坊运营项目”（图 38 - 3）。

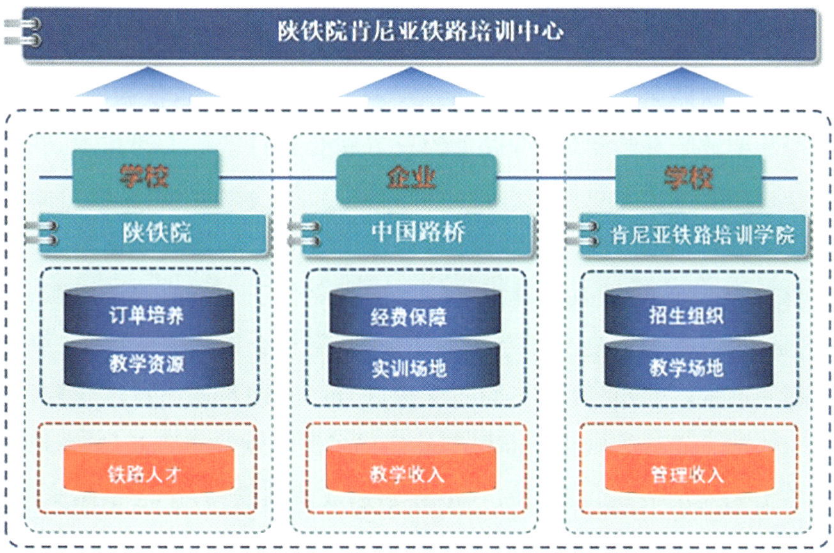

图 38－2　校企校合作共赢长效机制

图 38－3　陕铁院-肯尼亚铁路培训学院签署合作协议

（二）标准引领，制订铁路国际教学标准

从中国铁路企业“走出去”本土化人才岗位需求出发，依据中国铁路技术标准和职业教育教学标准，校企校三方联合制订铁道工程技术、铁道信号自动控制等4个专业教学标准，铁路桥梁施工与维护、铁路轨道施工与维护等22门核心课程标准，线路工、通信工等8个岗位教学标准，逐渐形成了集教学标准、培训教材、教学资源、中国文化于一体的双语资源包，通过全国铁道行指委铁道工程专指委认证，获得校企校三方认可，在海外铁路培训中心推广使用(图38－4)。学校联合西安铁路职业技术学院、昆明铁道职业技术学院等铁路类高职院校完成了蒙内铁路线路工、机车司机等岗位本土化人才培养。开发的双语资源包被蒙内铁路、中老铁路采用，实现了向“一带一路”共建国家共享中国职业教育标准的目标。学校制订和共享教学标准案例入选《2021年中国职业教育质量年度报告》。

图38－4　双语教师在蒙内铁路现场教学

（三）模式创新，培养本土技术技能人才

2020年前，陕铁院海外铁路培训中心人才培养采用以教师“走出去”为主、学生“请进来”为辅的方式。2020—2022年依托学校主持建设的6

个国家、省级教学资源库和国家级"全真实体＋虚拟仿真"铁路智慧建造虚拟仿真实训基地，创新形成了"三方联动，五双实施"的高职海外办学教学实施模式(图 38－5)。

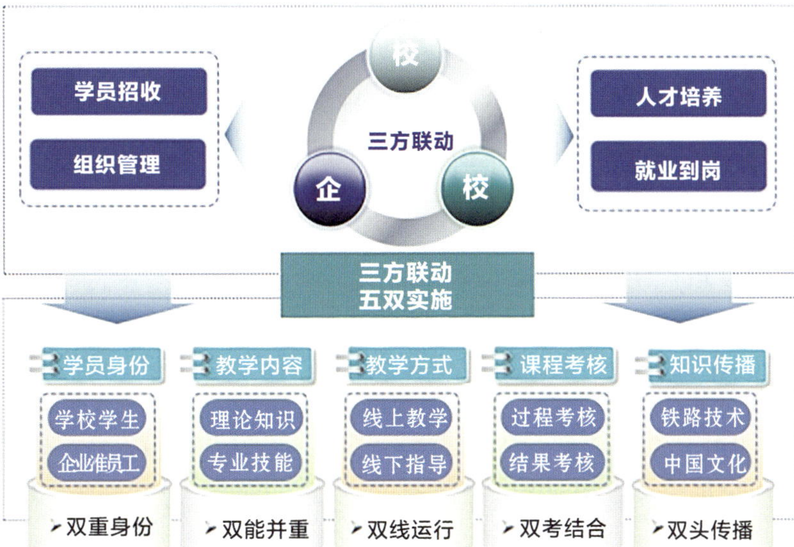

图 38－5　"三方联动，五双实施"教学模式

"三方联动"指校企校在招生、教学、管理、就业等全过程密切配合，通力协作推进本土化铁路技术技能人才培养。"五双实施"是指学生具有学生和准员工"双重身份"，教学内容坚持理论知识与专业技能"双能并重"；教学方式坚持线上教学和线下指导"双线运行"；课程考核坚持过程考核与结果考核"双考结合"；知识传播坚持铁路技术和中国文化"双头传播"。利用现代信息手段，通过线上授课、线下指导、实训基地演练等方式提供 24 小时不间断教学服务，保证海外办学教学不停、标准不降、质量不减。

四、合作成效

（一）培养一流技术技能人才

基于"三方联动，五双实施"的教学模式，学校开拓本土化人才培养项目6个，共培养铁路技能人才869名，全部被中国“走出去”企业聘用，10%的毕业生走上管理岗位。合作企业高度赞扬海外办学人才培养质量，为海外办学提供了650余万元的培养经费，达成了在“一带一路”共建国家继续合作的意向。肯尼亚铁路培训学院等外方院校对任课教师的工作态度和教学方法赞不绝口：“感谢陕铁院提供了一流的技术，培养了卓越的铁路技术技能人才。”毕业生TITUS向学校老师汇报说：“我已经被提拔为工电部部长助理，感谢你们的培养，使我熟练掌握了世界一流的铁路技术，有机会我一定到中国进一步学习。”

（二）推广中国职业教育标准

校企校三方制订的8个中英双语资源包在本项目实践后逐步完善，通过了全国铁道行指委铁道工程专指委认定，在老挝、肯尼亚、卢旺达等“一带一路”共建国家推广。学校“国(境)外采用的教学标准稳中有升”案例入选《2021年中国职业教育质量年度报告》。

（三）擦亮海外办学陕铁品牌

陕铁院海外办学事迹先后被《中国教育报》《肯尼亚民族日报》等40余家中外媒体报道，入选“锻造大国工匠 奠基中国制造——新中国70年职业教育改革发展历程”案例，学校2次入选全国高职“国际影响力”50强，擦亮了海外办学“陕铁品牌”。

五、保障机制

通过海外办学实践，逐渐形成了规范的保障机制。

（一）组织和制度保障

基于校企校合作共赢长效机制，校企校联合成立了海外铁路培训中心管理委员会，制订了《陕铁院海外铁路培训中心教学管理规定》《陕铁院海外铁路培训中心学生管理规定》《陕铁院海外铁路培训中心实习安全规定》《陕铁院海外铁路培训中心线上教学规定》等制度，确保了海外办学规范运行。

（二）经费投入保障

校企校三方拨付专项资金用于陕铁院海外铁路培训中心建设与运行。中国“走出去”企业从职工培训经费中划拨专项经费用于本土化员工培训。陕铁院将海外铁路培训中心建设与运营纳入年度预算，确保资源建设、教师培训和设备更新。境外高校承担外方教师及场地运行等费用。

（三）师资保障

陕铁院负责双语师资队伍建设与外方高校教师培训。学校已经建成了50余人组成的双语教师队伍，通过线上线下两种途径为外方院校培养专业教师。

六、总结反思

陕铁院在海外办学过程中坚持“合作共赢”的思想理念，积极与中国铁路“走出去”企业和国外高校沟通、交流，不断了解“走出去”企业和“一带一路”共建国家对人才的需求。发挥陕铁院铁路建设人才培养高地优势，以“一带一路”共建国家铁路建设人才需求为导向，以培养本土化技术技能人才为目标，创新“三方联动，五双实施”教学模式，校企校共建教学标准、课程标准和教学资源，共同开展本土化技术技能人才培养，成效显著。通过7年实践，形成了海外办学“陕铁方案”，为中国职业教育“走出去”提供了样板。

合作共建中赞职院，服务国际产能合作

——陕西工业职业技术学院赞比亚分院建设探索

摘　要　在国家实施"一带一路"建设倡议、国际产能合作的大框架内，中国有色矿业集团等一批优秀企业先后走出国门，在亚非拉等国家投资建设项目，开展了全方位、多领域、多层次的国际合作，取得显著成绩。但从企业"走出去"实践来看，企业普遍面临当地员工能力素养偏低、无法满足企业用人需要的问题，严重影响企业经营发展，迫切需要国内职业教育"走出去"，培养一批理解认同中国企业文化、掌握中国装备技术标准的技术技能人才，为"走出去"企业的长远发展提供人力资源支撑，为"一带一路"提供合格建设者。2016年，教育部启动职业教育"走出去"境外办学试点，探索与中国企业和产品"走出去"相匹配的职业教育发展模式，提升我国产业国际竞争力和职业教育国际影响力，服务"一带一路"建设和国际产能合作。陕西工业职业技术学院作为试点单位之一，携手企业和兄弟院校，以建设中国-赞比亚职业技术学院为目标，开展了富有成效的探索性工作，积累了成功经验。

一、合作背景

随着"一带一路"倡议的稳步推进，国际化技术技能人才的缺失成为我国企业"走出去"参与国际产能合作的最大瓶颈。2015年习近平主席在中非合作论坛约翰内斯堡峰会上提出中非"十大合作计划"，其中的中非工业化合作计划中，明确指出"设立一批区域职业教育中心和若干能力建设学院，为非洲培训20万名职业技术人才，提供4万个来华培训名额"的目标。在此背景下，非洲各国积极响应共建"一带一路"倡议，中非双方在职业教育领域的交流互访也更加频繁顺畅。

2015年底，为了解决赞比亚劳动力低下、技术短缺等问题，促进当地中国企业进一步发展，在中国有色金属工业协会的积极倡导和教育部的大力支持下，陕西工业职业技术学院（简称：陕西工院）参与了中国职业教育第一个“走出去”试点项目——中国-赞比亚职业技术学院（简称：中赞职院）的合作共建（图39-1）。陕西工院作为首批试点的八所院校之一，按照教育部试点工作“开放包容、务求实效、稳步推进”的方针，紧扣中赞职院建设和企业员工培训两项重要任务，携手企业和兄弟院校，以国际通用教学标准和资源开发为重点，以培养熟悉中国标准的赞比亚本土技术技能人才为目标，成功参与了中赞职院的合作共建。2019年，赞比亚职业教育与培训管理局正式批复了中赞职院的办学申请，在赞比亚卢安夏市正式揭牌成立并举办开学典礼，并为“中国-赞比亚职业技术学院机械制造与自动化分院、陕西工业职业技术学院赞比亚分院”授牌。这也是陕西高职院校在海外设立的第一所开展学历教育的高等职业院校。

图39-1　陕西工院参与建成中赞职院

二、工作目标

项目的总目标是在赞比亚建设一所服务赞比亚地方经济发展、辐射中南部非洲的高水平职业技术学院。

(1)与赞方深度融合，建立适应我国技术装备标准的职业教育标准，服务中南部非洲国家经济社会发展，打造赞比亚在中南部非洲国家职业教育的优势地位。

(2)学院毕业生将具备基本汉语交流能力、熟悉中方装备技术标准，成为理解中国企业文化的技术技能人才。

(3)为我国职业教育走出去探索路径、打造模式、建立标准，促进交流，提升我国职业教育开放水平，促进我国职业教育改革。

(4)探索国(境)外办学，为周边国家培养熟悉中华传统文化和当地经济发展急需的技术技能人才。

(5)推进学校开放办学，助力学校建设世界一流高职院校。

三、项目过程

多年来，陕西工院瞄准国际化技术技能人才培养目标，坚持“开放办学、开门办学”的工作思路，积极融入世界职教发展体系，传播中国高职特色经验，打造了“中国特色，世界一流”的高职教育品牌，稳步推进职业教育走出去。在建设中赞职院的过程中，陕西工院力争打造集团化海外办学样本，为“一带一路”倡议下的教育国际合作提供了新的发展范式。

（一）五方聚力，夯实科学管理运营机制

1.政行企校研通力合作

中赞职院建立政、行、企、校、研五方聚力，产业、行业、企业、职业、专业五业联动办学新机制(图 39－2)。教育部职成司是项目的指导单位。中国有色金属工业协会是项目的综合协调机构，协调企业和学校的关系，促进项目的开展。中国有色矿业集团驻赞企业提供办学场地、员工培训需求和岗位标准，落实培训员工人数和工种，为学校赴赞比亚开展能力培训的教师提供后勤保障等。陕西工院等试点院校是项目实施的主体单位，承担选派培训教师，制订培训方案，开发课程和专业教学标准，提供实训设备和

仪器，开展教学保障、风险评估与预防等工作。陕西工院西部职业教育研究院、西部产教融合研究院围绕产教协同“走出去”开展系列课题研究，在办学机制、师资培养、课程开发等方面开展理论探索，提供理论支撑。

图 39－2　政、行、企、校、研五方聚力境外办学

按照一所试点院校负责办一个二级学院的思路，中赞职院各二级学院即为各试点院校赞比亚分院。学校到目前共设立了矿业工程、装备制造、自动化与信息技术、机械制造与自动化、机电工程、建筑工程、冶金七个分院。学校层面负责政府关系、校企合作、招生就业、安全管理、后勤保障等工作；二级学院负责招聘培养师资、组织日常教学、开展员工培训等。

陕西工业职业技术学院赞比亚分院是中赞职院的二级学院，由陕西工院独立负责建设。赞比亚分院开设三年制机械制造与自动化专科专业，面向赞比亚全国高中毕业生招生，按照由陕西工院制订并经赞比亚教育行政部门批准的专业标准实施相关教学工作。赞比亚分院由陕西工院教师、赞籍教师和驻赞企业技术人员共同开展教学工作。

2. 董事会议的运行机制

中赞职院实行校企海外混合所有制办学模式，采取学校董事会领导下的校长负责制。董事会由中国有色矿业集团、中国有色金属工业协会、陕西工业职业技术学院等单位组成。董事会是中赞职院的领导核心，履行董事会章程规定的各项职责，把握中赞职院发展方向，决定重大问题，监督重大决议执行，支持校长依法独立负责地行使职权，保证以人才培养为中心的各项任务完成。

为进一步助推我国职业教育"走出去"探索路径、打造模式、建立标准，学校出台了《中赞职院董事会章程》《中赞职院章程》《中赞职院教学组织与管理规范》等管理制度，对我国职业院校"走出去"境外办学具有很强的参考价值。

（二）双优驱动，深化产教融合育人模式

中赞职院以行业优质企业中国有色矿业集团和参建院校优势专业为支撑，校企双优驱动培养当地技术技能人才。陕西工院结合赞比亚当地经济社会需求，重点做好优势专业、优势资源援建，从国内运输32套普通机床和数控机床等机械类实训设备，建成赞比亚第一个数控机床实训室（图39－3）；针对企业在生产经营中遇到的人才稀缺难题，校企联合开展专题调研、谋划对策，将教学目标与企业需求相结合，以企业需求为导向设计人才培养方案。

图39－3　教育部职成司二级巡视员郁洁、孔子学院总部亚非处处长邵旭波参观陕西工院参与建成的中赞职院数控实训室

1. 开展学历教育

中赞职院机械制造与自动化学院招收赞比亚优秀高中毕业生，培养技术人才。学生修满专业学分并达到汉语六级后可参加赞比亚国家统一考试，考试合格后取得中赞职院毕业证书。中国有色矿业集团驻赞企业择优录取毕业生进入企业工作，形成人才培养和输送的良性循环。

2. 开展企业员工培训

陕西工院赞比亚分院还面向中国有色矿业集团驻赞企业员工开展职业技能培训，建立职业技能鉴定体系，举办职业技能比赛，从而提高学员技能，满足企业和社会需求，帮助赞比亚发展生产力。自 2016 年被教育部确定为有色金属行业开展职业教育“走出去”项目试点院校以来，陕西工院先后选派了 8 名骨干教师赴赞比亚为谦比希铜冶炼有限公司、中色非洲矿业有限公司和谦比希湿法冶炼公司 3 家企业培训机电、电气技术方面的外籍员工 647 人次(图 39－4)。培训取得了良好的效果，受到了企业的热烈欢迎，有效解决了企业对技能型人才的迫切需求。同时，开发了《生产与运作管理》等 6 本“双语”活页教材和“电焊工”等 15 门“双语”核心在线课程，初步建成了“双语”在线教学资库。

图 39－4　陕西工院教师赴赞比亚培训当地员工

3.与赞比亚国民教育体系深度融合,建立适应中国技术装备标准的人才培养标准

陕西工院充分发挥专业优势,紧贴当地产业,以学校特色标准、资源共享为主,融合现代学徒制试点经验,同时纳入国际新技术、新工艺、新规范,推动教学标准“走出去”。学校开发的机械制造与自动化专业教学标准获批成为赞比亚国家教学标准,实现了我国职业教育教学标准首次进入主权国家国民教育体系。依据中国教育理念和教学模式,结合赞比亚教学实际研发制订的教学标准,为打造赞比亚在中南部非洲国家职业教育的优势地位起到了积极作用。

4.面向中国与赞比亚职业教育改革发展需要进行学术研究

围绕职业教育“走出去”,陕西工院面向海外本土人才培养的海外学院建设、人才培养体系建设、课程建设、教材编写、工业汉语教学、留学生培养、海外本土员工技能培训、专业质量体系建设等方面开展了近40项课题研究,形成了一批理论成果,为我国职业教育“走出去”提供了理论和经验指导。

5.推广汉语教学,传播中华文化

陕西工院非常注重传播中华优秀文化,促进中赞两国民心相通。学院面向驻赞企业员工和赞比亚社会开展工业汉语推广教学,为企业培养具备较高汉语水平、较强技术能力、熟悉中国企业文化的技术技能人才。中赞职院设有孔子课堂,它以汉语言文化和工业汉语教学为特色,开展“汉语+职业技能”的新型教学模式,是我国首家由职业院校举办的独立孔子课堂。

四、合作成效

在各方和各合作院校的积极推动和共同努力下,中赞职院项目在校舍改造、教学设备设施购置、教师派遣及专业认证、课程开发、标准设计、教学资源库建设等方面取得了积极进展和标志性成果。中赞职院由于办学质量高、学生就业好,成为当地青年报考的热门学校,被《人民日报》等媒体报道200余次,入选教育部《习近平新时代中国特色社会主义思想学生读

本》，被认定为全国“鲁班工坊”有条件运营项目。

（一）探索形成了校企合作境外办学模式

中赞职院建设较好地结合了“走出去”企业的岗位需求和院校的专业优势、办学特色，把人才培养、资源共享、技术服务等作为深化产教融合的重要抓手，校企形成良性互动和协同发展，促进教育链、人才链和产业链有机衔接，为我国职业教育探索形成了产教融合、校企合作“走出去”境外办学模式。

（二）创新了职业教育中外人文交流模式

中赞职院建设以我国职业教育优质课程和专业本土化为抓手，实施“中文＋职业技能”教学项目，推进优质职业教育资源伴随企业“走出去”，推进我国技术装备标准与赞比亚职业岗位标准、教学标准相互衔接、互相融通，提升了我国职业教育的国际影响力，创新了“一带一路”中外人文交流模式。

（三）创新了职业教育教学改革路径

通过实施人员能力培训和教学标准“走出去”，锻炼和提升教师的教育教学能力和国际化能力，提升了学校的教育援外能力和国际化水平，促进教育教学改革和高质量、内涵式发展，促进了国际化技术技能人才的培养。

（四）提供了职业教育境外办学理论参考

在办学过程中，陕西工院围绕职业教育“走出去”境外办学、人才培养体系建设、课程建设、教材编写、工业汉语教学、留学生培养、海外本土员工技能培训、专业质量体系建设等方面开展课题研究，并形成理论成果，其中“中赞鲁班学堂职业技术创新人才培养项目”获批 2018 年度教育部援外项目，为我国职业教育“走出去”提供了理论和经验指导。

五、总结反思

（一）要加强国际化创新性师资团队建设

组建一支既通晓外语又业务精湛的专业教师队伍是做好境外办学工作的关键。学校要加强对境外办学师资队伍跨文化交际能力，特别是外语能力的培训。通过引进与培养相结合，完善教师的培养、储备长效机制，建设境外办学的精干团队。同时，要建立激励机制，给予参与境外办学教师相关待遇，鼓励优秀教师积极参与境外办学项目。

（二）要形成行业及社会力量参与的多元投入机制

参与校企协同海外办学的主体除了企业与学校，还有行业组织和其他社会力量。由于境外办学涉及的范围广，校企协同海外办学模式又是一种全新的职业教育"走出去"形式，需要全面统筹、沟通与策划，因此必须发挥行业组织的引导与服务作用，协调企业、学校、政府部门之间的关系，策划整体工作，统筹安排具体工作任务。在职业教育"走出去"的首个试点项目中，中国有色金属工业协会、有色金属工业人才中心及有色行业教学指导委员会等协调开展工作，形成了多主体"联络汇报，定向沟通"的工作机制。行业组织力量的参与，确保了沟通的实效性，有效把控了项目的实施情况，为中赞职院的建设提供了保障。

（三）要开发国际通用教学标准体系和国际化教学资源

结合"走出去"企业岗位需求和所在国实际情况，发挥院校优势专业和特色，开发一批国际通用教学标准和国际化教学资源是做好境外办学的重点。学校要借鉴"双元制"等模式，总结现代学徒制和企业新型学徒制试点经验，校企共同研制职业教育国际化通用的人才培养方案，将国际化的新技术、新工艺、新规范纳入教学标准和教学内容。依托境外办学平台，开发国际通用的专业标准和课程体系，推出一批具有国际影响的高质量专业标准、课程标准、教学资源，打造中国职业教育国际品牌。

作为我国高职院校协同企业“走出去”在海外独立举办的第一所开展学历教育的高等职业技术学院及“十三五”期间我国职业教育对外开放的亮点工程，中赞职院成为中南部非洲优质职业技术学院，取得了良好的社会效果，为“一带一路”倡议下的教育国际合作提供了新的发展范式。

陕西工业职业技术学院赞比亚分院在建设和办学过程中积极开展学历教育和企业员工培训，促进机械制造与自动化专业教学标准进入赞比亚国民教育体系，为“走出去”企业培养“懂汉语、通文化、精技能”的海外本土高技能人才，也为中国职业教育创新服务贡献了陕工方案、陕工样板。

建设海外职业技术培训中心 助力“走出去”企业国际产能合作

——兰州资源环境职业技术大学建设塔中职业技术培训中心纪实

摘　要　兰州资源环境职业技术大学积极响应国家“一带一路”倡议，利用甘肃融入“一带一路”建设、打造国家向西开放的职教高地，整合学校职业教育资源优势，根据塔吉克斯坦本土技术技能人才需求，在有色金属工业人才中心指导下，与塔中矿业有限公司、塔吉克斯坦矿业冶金学院、塔吉克斯坦矿业冶金学院孔子学院联合建设塔中职业技术培训中心。通过实践“中文＋职业技能”项目，在“走出去”企业开展本土员工技能培训、学徒制留学生联合培养等方面为塔吉克斯坦冶金、地质、宝玉石加工等领域培养紧缺型高素质技术技能人才，降低了“走出去”企业人力资源成本，促进了“走出去”企业国际产能合作进程。同时，通过培养塔吉克斯坦本土教师、开发课程资源、编写培训教材、建设专业实训室，有效保障了塔中职业技术培训中心建设项目的顺利实施，也使丝绸之路上两座千年古城兰州和苦盏因职业教育而结缘。

一、合作背景

塔吉克斯坦是古丝绸之路上的“明珠”，是“一带一路”倡议的重要参与者与建设者。塔吉克斯坦矿产资源丰富，具备较大的工业发展潜能，但工业基础相对比较薄弱。自 2013 年以来，塔吉克斯坦吸引了不少中方企业来塔投资建厂。但是，对本土职业技能型人才的培养始终是中资企业在塔发展面临的最大问题。

随着“一带一路”建设的深入推进，国家先后出台了多个加快发展职业教育的相关文件，其中对职业教育国际合作与交流工作也做出了具体要求。《关于加快发展现代职业教育的决定》提出要推动与中国企业和产品“走出去”相配套的职业教育发展模式，注重培养符合中国企业海外生产经营需求的本土化人才；《职业教育提质培优行动计划（2020—2023年）》提出实施职业教育服务国际产能合作行动，加快培养国际产能合作急需人才；《关于推动现代职业教育高质量发展的意见》指出要服务国际产能合作，推动职业学校跟随中国企业“走出去”。这些政策文件共同把培养中国企业海外生产经营需要的人才、服务国际产能合作作为我国职业教育合作的重要内容。

在此背景下，兰州资源环境职业技术大学主动适应新常态，适时调整国际合作与交流策略，率先在塔吉克斯坦启动塔中职业技术培训中心建设工作，为职业教育伴随中资企业“走出去”，推进“中文＋职业技能”项目在国外落地探索一条切实可行的路径。

二、工作目标

塔中职业技术培训中心是学校联合境外高校、“走出去”企业在塔吉克斯坦注册的具有法人资质的教育培训机构。培训中心主要开展以下工作：一是针对“走出去”企业本土员工或当地人员开展技术技能培训；二是针对塔国紧缺的有色冶金、珠宝加工等专业开展“1＋1＋1”和“2＋2”模式的学历教育；三是通过选派学生来华留学、参加短期培训等培养一批知华、友华的海外本土人才，促进中塔民心相通。

三、项目过程

（一）建设历程

兰州资源环境职业技术大学先后被教育部列入职业教育“走出去”试点院校，被选举为“鲁班工坊”建设联盟理事会副理事长单位。2021年4月，学校与塔中矿业有限公司、塔吉克斯坦矿业冶金学院孔子学院三家签署了塔吉克斯坦本土员工培训协议，联合开展“走出去”企业本土员工培训；2021 年 6 月，学校与塔吉克斯坦矿业冶金学院签署了合作备忘录，在学科专业建设、联合培养本土人才、师资队伍建设、科研合作、社会服务等方面开展了全方位合作与交流；2021 年 9 月 17 日，学校与塔吉克斯坦共和国工业与新技术部、塔中矿业有限公司在塔吉克斯坦首都杜尚别举行了《合作共建塔中职业技术培训中心框架协议》签约仪式；2022 年 2 月 4 日，学校联合塔吉克斯坦矿业冶金学院、塔中矿业有限公司以独立法人身份在塔吉克斯坦注册成立了塔中职业技术培训中心（鲁班工坊），正式取得法人登记证书和税务识别号，并先后获得外事审批权和办学许可。

目前，培训中心已完成了机构组建、专业教师选派、办公设备配备、财务人员聘用、运行经费注入。中心实训室建设、课程资源开发、塔籍教师培训、企业本土员工技能培训等各项工作已全面展开。

（二）建设内容

1. 建设现代化实训中心

塔吉克斯坦矿业冶金学院为培训中心提供了 2 层楼，共计 24 个房间，2000 平方米的场地用于办公、教学及建设实训室，目前已全部完成了办公及教学场地的装修工作，水、电、网络等配套设施齐全，能够满足教学及实训的需求。由学校出资建设的 2 个多媒体智慧教室和宝玉石鉴定、宝石磨制、首饰制作 3 个实训室，已完成设备采购，安装调试后于 2023 年上半年投入运行。

2. 培养国际化师资队伍

师资培训是培训中心建设的重要基础性工作。学校先后组织 13 名老师考取了国际中文教师证书，储备了丰富的对外汉语教学师资；组织 10 名珠宝、冶金类专业教师参加了“中德双元制精英师资提升项目”，建设了一支具有国际化教学经验的专业教师队伍。同时，为了实施本地化教学，对塔吉克斯坦矿业冶金学院的专业教师和塔中矿业有限公司的实训指导教师进行了师资培训（图 40－1）。截至目前，已为塔方培训珠宝首饰设计与工艺专业教师 8 名、有色金属智能冶金技术专业教师 6 名，保证了建设初期专业课教学和员工技能培训的师资需求。

图 40－1 学校援外教师在和矿业冶金学院教师交流专业知识

3. 开发多语种教学资源

学校十分重视培训中心教学资源开发。根据合作专业人才培养需求，先后组织人员编写出版了针对“走出去”企业本土员工培训的《矿山安全生产与管理》《铝冶金工艺与安全》《环境监测与治理技术》3 本中俄双语工业汉语教材（图 40－2）；学校和塔中矿业有限公司联合建设了“世界冶金史”等 5 门中、英、俄三语国际化网络课程，有效解决了企业本土员工培训问题；为了更好地培训矿业冶金学院珠宝加工类专业教师，专门开发了“晶体与矿物认识”“贵金属加工”“首饰镶嵌工艺”“珠宝加工”4 门课程的教学资源库，大大提高了受训教师的学习效率。

图 40－2 中俄双语工业汉语教材

4.培养技能型本土人才

自培训中心建设以来，学校联合孔子学院先后为塔中矿业有限公司冶炼厂培训了300多名本土员工（图40－3），为紫金矿业30名矿业冶金学院毕业生进行了岗前适应性培训（图40－4）；联合塔中矿业有限公司招收了10名有色冶金专业“1＋1＋1”学徒制留学生，已完成学信网注册工作，目前在孔子学院学习汉语课程（图40－5）。通过为“走出去”企业培养技术技能型本土人才，降低了企业的人力资源成本，加快了企业国际产能合作的进程。

图40－3　塔中矿业有限公司员工培训

图40－4　紫金矿业培训班开班典礼

图 40－5 “1＋1＋1”学徒制留学生开学典礼

5. 共享国际化职业标准

学校与塔吉克斯坦冶金学院联合制订了“2＋2”珠宝首饰设计与工艺专业人才培养方案，获塔国教育部批准，该人才培养方案将汉语课程纳入塔吉克斯坦珠宝类专业本科国民教育体系中。2022 年已招收 9 名学生，目前在培训中心学习汉语和专业基础课程。学校为塔吉克斯坦矿业冶金学院提供了“首饰制作工艺”等 11 门课程的课程标准，已被塔吉克斯坦矿业冶金学院采用；参考我国职业培训技术标准，结合塔中矿业有限公司实际需求，为塔中矿业有限公司制订了有色冶炼工等 11 个工种的培训标准，将中国最新的技术标准带到了塔吉克斯坦。

四、合作成效

塔中职业技术培训中心自建设以来，在塔籍教师培养、“走出去”企业本土员工培训、多语种教学资源开发、职业教育标准传播、中外人文交流等方面取得了显著的成效。

（一）有效解决了“走出去”企业本土员工培训

学校组织人员编写的针对“走出去”企业本土员工培训的《铝冶金工

艺与安全》等3个专业的中俄双语工业汉语教材是目前国内首批中俄双语工业汉语教材；和塔中矿业有限公司联合建设的“铅冶金工艺”等5门中、英、俄三语的国际化网络课程有效解决了“走出去”企业本土员工培训问题。

（二）多种形式的交流活动促进了中塔人文交流

培训中心秉持“职业技能＋人文交流”的理念，以提高培养人员综合文化素养和专业综合技能为主导，开展了一系列富有成效的人交流培训活动。通过“汉语桥”项目，中塔双方学生相互展示工艺品，互鉴非遗物质文化遗产；通过开展学术交流、举办专题讲座等活动，推动中国文化和中国优质职业教育成果走出国门并与塔国分享，有力地推进了中塔人文交流。

（三）为塔国培养了紧缺型技术技能人才

联合开设的珠宝首饰设计与工艺专业，为塔吉克斯坦珠宝加工产业培养了急需的紧缺人才，在解决塔国年轻人就业问题的同时，服务了地方区域经济发展。另外通过各类人才的培养和“走出去”企业员工的培训，为“走出去”企业培养了大批本土人才，降低了企业的人力资源成本，加快了“走出去”企业国际产能合作的进程。

（四）学校国际化办学水平得到显著提升

学校在建设培训中心的同时，储备了一批国际中文教师。通过编写中俄双语教材，建设中、英、俄三语国际化网络课程，培训塔籍教师等工作，提升了教师的双语教学能力、沟通与表达能力。随着项目的持续推进，学校的国际化办学水平也得到了显著的提升。新华社、中国新闻社、中国教育在线、中国高职高专网、新甘肃等多家媒体对学校国际化办学进行了宣传报道。

五、总结反思

1. 通过“孔子学院+培训中心”的合作方式，探索了“中文+职业技能”项目的实施路径

在培训中心合作方中引入孔子学院。职业技能培训由培训中心来完成，汉语教学由孔子学院来完成，既解决了培训学员和接受学历教育学生的专业技能和汉语学习问题，又为孔子学院转型发展提供了一条重要途径，同时为“中文＋职业技能”项目在国外落地探索了一条切实可行的路径。

2. 通过“校校企院”的合作模式，实践了多主体、多类型、多层次联合办学

培训中心是在塔国工业部指导下，由中方院校、外方院校、“走出去”企业、孔子学院四家共同来运行的。本地政府的支持为中心将来的可持续发展提供了保障。同时培训中心既有“2＋2”“1＋1＋1”的学历教育，也有中短期的员工技能培训，还有面向社会的汉语培训，这种多主体、多层次、多类型的联合办学模式，为我国职业教育走出去境外办学探索了合作模式。

3. 通过校企合作，探索了现代学徒制留学生培养模式

培训中心招收的留学生，全部来自“走出去”企业的员工或员工的子女，培养过程中校企共同制订人才培养方案，企业在培养过程中深度参与。这种模式充分体现了留学生培养的职业教育特性，为我国职业院校学徒制留学生培养提供了一条可复制的经验。

青海卫生职业教育“走出去”

——青海卫生职业技术学院为国际职教发展贡献“青海力量”纪实

摘　要　青海卫生职业技术学院作为青海历史悠久的卫生职业教育高职院校，通过世界职业技术教育发展联盟、“一带一路”高校发展联盟，中非职教合作联盟的平台参与“一带一路”共建国家国际交流与合作。通过康复专业群核心课程国际课程标准共享，探索在条件成熟的“一带一路”共建国家创办“扁鹊工作室”，采取学历教育和“中文＋职业教育”培训的方式，积极与“一带一路”共建国家开展职业教育合作。

一、合作背景

“一带一路”建设是实现人类命运共同体的重要途径，主动融入“一带一路”建设，积极传播中华医药传统文化“走出去”是目前职业教育在新时期应承担的历史责任。职业教育作为教育领域的重要组成部分，也应积极主动推动教育对外开放，扩大高职院校国际合作的广度和深度，推动教育对外开放高质量内涵式发展，为构建全球教育共同体贡献中国力量。2020年，教育部等九部门印发的《职业教育提质培优行动计划（2020—2023年）》明确提出，职业教育要服务国际产能合作行动，要加强职业学校与境外中资企业合作。2021年，中共中央办公厅、国务院办公厅印发《关于推动现代职业教育高质量发展的意见》等相关国家政策为职业教育“走出去”提供了制度保障。

二、工作目标

为进一步提升学院国际交流与合作的水平和层次，促进学院发展并更好地服务青海卫生职业教育，学校加强与欧洲、美洲、大洋洲、非洲等地的高校合作，重点与“一带一路”共建国家进行职业教育交流，发展国际友好院校关系，签署合作协议，打造高水平的国际交流与合作平台。积极参与世界职业技术教育发展联盟、“一带一路”高校发展联盟，中非职教合作联盟等各项交流活动，积极探索在条件成熟的“一带一路”共建国家创办“扁鹊工作室”，并采取学历教育和“中文＋职业教育”培训的方式，积极与“一带一路”共建国家开展职业教育合作。

三、项目过程

（一）制度建设

制定了《青海卫生职业技术学院中外合作办学项目实施办法》《青海卫生职业技术学院外籍教师管理办法》《青海卫生职业技术学院中外合作办学财务制度》《青海卫生职业技术学院中外合作办学项目学生及留学生管理办法》等文件。

（二）项目建设

1. 积极搭建国际合作平台，扩大国际朋友圈，提升学院国际知名度和影响力

构建合作网络，一是学院为青海国际教育交流协会副理事长单位，并于 2021 年 7 月协助省国际教育交流协会举办了中国国际教育交流年会。二是 2022 年 6 月入选中非职业教育合作联盟首批培养单位，并于 6 月 24 日参加中非职教合作联盟启动仪式暨论坛。三是 2022 年 7 月 13 日，中国教育国际教育交流协会审核并公示，青海卫生职业技术学院入选成为世界职业技术教育发展联盟首批成员单位，是青海省唯一入选该联盟的高职院校。

2. 拓展学生境外留学渠道

新加坡亚洲护理医科奖学金项目（Asian Nursing Scholarship Program 简称 ANS 项目）是中国与新加坡两国政府自 1993 年开始开展的合作项目。新加坡卫生部每年向我国提供一定的护理医科全额奖学金名额，接受护理专业新生赴新加坡南洋理工学院和义安理工学院学习护理专科课程，除学费全免外，学习期间另提供每月约 3600 元生活补助津贴。学生毕业后以注册护士身份在新加坡带薪工作六年，待遇与新加坡本土护士一致。

学院作为 ANS 项目的全国 11 所项目院校之一，自 2022 年起开始承担该项目的待招工作。2022 年，学院开展了该项目院内宣传和奖学金候选生的选拔工作。目前，该项目已在我院取得了初步成绩，拓宽了院校学生境外学习成才之路。经过选拔，最终学院临床系 1 名同学表现优秀，成功获得该项目奖学金资格。

3. 助力课程国际标准建设

学院积极探索开展“一带一路”教育合作项目建设，聚沙成塔，为我国与周边国家的双边、多边关系贡献一份力量，增加学院教育国际化影响。学院正积极开展线上“运动治疗技术”“儿童康复”课程国际教育信息化课程建设。

四、合作成效

通过“引进来”的方式使相关专业在教学理念和教学方法上有了新的突破，同时也完善了专业的人才培养方案，基于学院国际化办学能力的逐步提升，学院积极谋划如何在国家“一带一路”建设发挥青海卫生职业教育力量，并在筹划在“一带一路”共建国家中开展人才培养、来华留学、中外合作办学、教师流动、合作科研等人文交流活动，促进中外高职教育交流与合作，将讲好中国故事、弘扬中华优秀传统医药文化，作为我院国际交流工作中的重点。同时，学院党委把境外办学纳入学院中长期发展规划，统筹国内外两方面资源，发挥特色专业优势，积极组建领导小组，在对人才需求和学院现有培养能力及专业设置和经济社会发展需求等方面做出科学评估的基础上，做到因地制宜、量力而行，保证教育教学质量。

五、保障机制

通过近年来国际交流方面的工作，学院不仅设立了专门的国际交流部门还逐渐形成了规范的保障机制。

（一）组织和制度保障

为进一步推动国际交流与合作，学院成立外事工作领导小组并制定了《青海卫生职业技术学院中外合作办学项目实施办法》《青海卫生职业技术学院外籍教师管理办法》《青海卫生职业技术学院中外合作办学财务制度》《青海卫生职业技术学院中外合作办学项目学生及留学生管理办法》《青海卫生职业技术学院外国留学生管理规定》《青海卫生职业技术学院外国留学生校长奖学金管理办法》《青海卫生职业技术学院外国留学生公寓管理办法》等文件。

（二）经费投入报障

学院每年划拨国际教育与交流专项资金用于国际交流与合作、国际课程标准制订及教师培训等。

六、总结反思

（一）国际化师资队伍建设有待加强

无论是对外培训，还是开发课程资源发挥特色专业优势，学院国际交流与合作工作的最终落脚点始终是在国际化师资队伍上。目前学院国际化师资队伍水平还存在一定差距：一是缺乏大批国际认可的可以从事双语教学的专业教师；二是教师中具有国际专业机构认可的职业资格证书的专任教师数量较少；三是专业教师参与国际学术交流、开展国际科研合作的能力还需进一步加强。

（二）国际化资源的应用和推广有待提升

学院目前开发了中英泰三语的两门课程资源，但只是在小范围内推广和使用，没有得到大面积的推广，课程资源的效应未能得到充分的发挥。

（三）国际交流联动机制有待进一步完善

学院国际交流与合作的管理网络和运行机制还在逐步完善。

服务“一带一路”共建国家的践行者

——宁夏职业技术学院深化合作办学服务“一带一路”共建国家纪实

摘　要　宁夏职业技术学院积极响应“一带一路”倡议，主动服务共建国家（地区）“走出去”企业技术技能人才需求，发挥自身优势与特色，坚持“引进来”和“走出去”双向并举原则，与阿曼万方有限责任公司合作，以服务阿曼杜库姆经济特区产业园的“走出去”中资企业为宗旨，通过构建校企合作共赢的长效机制，以搭建国际合作交流平台为载体，积极在创新人才培养模式、推进职业教育标准共享、加强国际化师资队伍、培养来华留学生等方面发挥职业教育优势，“质量＋标准”与“语言＋技能”双轮驱动，为“一带一路”共建国家的发展培养本土化技术技能型人才，提高当地人才支撑与技能支持的水平和质量。

一、合作背景

随着“一带一路”倡议的深入推进，教育国际化将在服务我国走近世界舞台中央、促进人类命运共同体建设中发挥越来越重要的作用。职业教育是我国教育走向世界舞台、彰显职业教育中国品牌的重要组成部分，是我国教育国际化发展的重要力量。作为自治区内唯一入选国家首批“双高计划”建设单位的院校，宁夏职业技术学院秉承对外开放的办学理念，建成一套完善的国际化办学体系，教育教学同国际接轨，促进学校国际化办学实现高质量发展。服务国家教育对外开放和“一带一路”倡议，培养大批具有国际视野的高素质技术技能人才，服务产业转型升级，让中国职业教育优秀成果带动中国技术和产品“走出去”，为中国与其他国家合作提供支撑，提升我校的国际合作影响力和教育竞争力，为自治区内乃至国内其他高职院校开展国际化教学提供宁职方案。

二、工作目标

以习近平新时代中国特色社会主义思想为指导，全面落实国家、自治区关于“一带一路”、教育对外开放工作的总体要求，坚持“内外统筹、提质增效、主动引领、有序开放”的原则，秉承“开放、交流、共赢、发展”的办学理念，以提高人才培养质量为导向，扩容、增量、提质、增效并重，不断深入推进教育对外开放高质量、内涵式发展，切实增强学校核心竞争力和综合办学实力。

探索和实践符合高职教育发展要求和学校发展实际的教育对外开放模式，坚持内涵式发展，深化教育对外开放办学理念，建成一套完善的对外开放办学体制机制，提升职业教育产教融合国际化发展水平，构建现代职业教育体系。力争在“十四五”末，学校与其他“双高计划”建设院校教育对外开放的差距明显缩小，对外合作交流影响力各项指标均达到国内一流水平，在“一带一路”共建国家影响力不断提升，学校教育对外开放成为自治区内高职院校的范例。

发挥自身区位优势及学校品牌专业和特色课程优势，着力提高教育对外开放水平；积极拓展与“一带一路”共建国家、企业、院校的教育交流合作；搭建海外学习服务平台，开展境外联合办学项目建设，筹建“鲁班工坊”，扩大学校的国际知名度和影响力。

三、项目过程

（一）开展来华留学生培养

为积极服务国家“一带一路”建设，2015 年中国和阿曼苏丹国签订了阿曼苏丹国杜库姆经济特区产业园的合作框架协议，由宁夏回族自治区政府牵头实施，按照协议要求，“中国产业园”由阿曼万方有限责任公司牵头组织实施并开展园区招商和基础建设，由宁夏职业技术学院代表中方承担阿曼籍员工学历和培训教育任务，2016 年学校成为全自治区首个获批留学生招生资质的职业院校。

学校根据阿曼中国产业园入驻企业对员工的实际需求，积极响应国家“一带一路”倡议，通过实地调研考察，调研吸纳其他兄弟院校对外教育教学经验的基础，组建具有海外留学背景的教学和管理团队，为阿曼留学生制订了培养方案，双语授课，订单式培养，致力于为“走出去”的中国企业培养既有专业技术，又能进行汉语交流的高素质技术技能员工。

2017—2019 年 66 名阿曼留学生顺利完成学业(图 42－1)。

图 42－1　留学生毕业合影

(二)创新国际化课程建设

学校立足阿曼留学生项目，组建双语教师团队，围绕产业园技术需求，在人才培养方案、课程标准建设、课程教案设计等方面进行深入交流，开发石油化工和经济管理两个专业及汉语和中国传统文化等共计 28 门国际化标准课程，构建适用于海外技术技能人才培养的双语课程标准和双语课程体系。一是修订双语课程建设标准，结合“走出去”企业和当地经济社会发展需求，对授课内容进行个性化研发，确立“技能培养、知识传授、文化传播”三位一体的课程目标，并结合课程教学内容，明确“技能＋语言”的教学方法、载体途径及课程评价成效。二是编写双语教案和课件，在技术技能提升上下功夫，重视实操和互动环节的设置，充分考虑阿曼当地学生学习的特点，有针对性地设计课程教学内容，利用多种手段，营造轻松、活泼、充实的课堂学习氛围，寓教于乐。三是设计双语教育进度，立足外籍学员教学实际，以线上教学为手段，制订合理的教学进度计划，帮助学生在掌握知识的同时，深入了解中国、了解中国文化。

（三）创新人才培养模式

在与阿曼万方有限公司合作留学生培养项目的基础上，扩大合作范围，与中阿万方投资有限公司签订合作共建“海外培训中心、远程学习中心及来华培训实习平台”框架协议，在阿曼杜库姆中国产业园建设“2中心1平台”。根据产业园企业岗位需求和当地经济发展需要，校企联合制订了六套“人才培养方案”，整合学校的优质教育资源，开展阿曼杜库姆中国产业园外籍员工的学历教育及技术技能培养。

1.建设“海外培训中心、远程学习中心”

调研园区中资企业技能岗位对技能人才的需求，充分发挥我校开放大学远程教学的经验和优势，开展短期技术技能型人才培训，推动中国技能走出国门、走向世界，打造“语言＋专业”“语言＋技能”等特色国际职业教育品牌项目，形成教育领域的“国际＋国内”双循环的良好模式，培养具有国际视野、专业技能精湛和综合素质优良的国际化高质量人才，为“走出去”企业提供本土化人才支撑。

2.开展“线上”师生交流活动

通过线上视频座谈会、研讨会和讲座的形式，邀请行业和企业的专家，针对教学中出现的问题开展交流和研讨，提升职业教育和培训的质量（图42－2）。基于此，扩大合作“朋友圈”，与更多中资企业和教育机构、海外院校开展职业教育领域的交流与合作。

图 42－2　海外培训中心首期远程培训课堂

（四）开展线上资源建设

探索开展职业教育领域合作的新途径，不断提升国际交流与合作的质量，搭建以培养工匠精神和技能型人才为主的学习服务平台，开发线上资源建设，进一步方便海外学员的学习和交流。

（1）在我校国际化标准课程建设项目的基础上，整合我校国际化专业核心课、汉语及中国传统文化等双语课程，开展远程国际化课程建设。

（2）培养具有国际视野的杰出技术技能人才，结合“一带一路”共建国家的地区经济、社会发展及中资企业需要，选取符合实际需求的课程内容，打造适合职业教育国际化发展的专业核心课程。

（3）弘扬中华传统文化，传播中华优秀品德，把优秀传统文化教育融入专业课和汉语课，培养知华、友华的外籍员工。

（4）弘扬大国工匠精神，教育引导海外学生深刻理解并自觉实践各行业的职业精神和职业规范，增强职业责任感。

（五）优化双语师资队伍

组建以海外留学人员为主的教师团队，开展基于语言能力提升和技术技能提升的“双提升”计划，打造一支高水平的具备双语教学能力的师资团队，为国际化课程的建设和开展技能人才培养提供人才支撑。同时借助阿曼中资企业和教育机构的力量，开展线上培训，培养本土化的师资力量，为学员进行现场答疑解惑，有效提升远程学习的质量和水平。

四、合作成效

（一）服务引领打造新品牌

对标“双高校”提升国际化发展水平建设任务，通过在“一带一路”共建国家建设“海外培训中心”“远程学习中心”和“来华培训实习平台”，发挥职业教育优势，利用技能人才培养输送、专业技能提升培训和校企合作项目研发等方式，打造服务“一带一路”共建国家和地区的品牌项目（图 42-3）。通过对当地相关产业的发展现状分析，总结出如何以服务区域产业经济发展为目标来构建人才培养体系和专业技能培训标准，同时促进职业院校国际化人才培养模式创新。服务国家“一带一路”建设，推进职业教育国际化进程，为“走出去”企业培养具有良好人文素养和人文交流能力的本地化高水平技术技能人才。

图 42-3 “海外培训中心”揭牌仪式

(二)技能培训拓展新路径

在阿曼留学生培养项目的基础上,扩大合作范围,以服务“走出去”中资企业为宗旨,在“一带一路”共建国家(地区)建立“海外培训中心”“远程学习中心”和“来华培训实习平台”,以“质量+标准”与“语言+技能”为模式,提高人才支撑的水平和质量。通过国际化标准课程的建设和线上课程资源的建设,整合多专业、多技能的资源优势,保障“2 中心 1 平台”技能培训的有效性,为区域经济发展提供本土化技术技能型人才贡献宁职力量(图 42-4)。

图 42-4　技能培训

(三)平台建设探索新模式

为提升我校教育对外开放水平和能力,拓宽国际合作交流领域,提高学校的国际知名度和美誉度,从零散的课程、标准、师资等国际化办学资源引进走向专业层面的合作办学,开展宁夏职业技术学院海外远程学习实训平台项目建设,以深度对接的合作办学项目来聚集国际化的优质教学资源,进而积极探索包括学历教育、短期培训、远程培训、学分积累、文化传播等架构的平台建设,营造整体、浓厚的教育国际化氛围,提升国际化人才系统培养的平台支持能力。

五、保障机制

作为国家示范性高等职业技术学院、国家优质高职院校、宁夏首个获批教育部“现代学徒制”试点单位职业院校和国家首批重点建设的56所“中国特色高水平高职学校”立项建设单位，近年来，学校在国际合作交流方面积累了一定的工作基础和经验，成立了教育对外开放领导小组，设置职能部门专人负责外事及国际化办学工作，制定了相关制度和措施，并且安排专项经费支持，无论从人力、物力还是财力方面，都为本项目的实施提供了基础保障。

同时，学校地处宁夏回族自治区，作为“一带一路”的重要节点省份和中阿博览会的主办省份，宁夏在“一带一路”建设中具有良好的地理优势和人文环境优势，有利于支持学校开展针对“一带一路”共建国家的合作交流工作。

此外，依托教育部“双高计划”建设提升国际化水平项目和“职教本科”建设的政策、资源等保障和优势，学校将举全校之力，协同推进项目实施管理，从组织架构、经费保障及支撑条件等方面创造良好的国际化办学环境，能够确保项目顺利实施。

六、总结反思

作为西部欠发达地区的高职院校，开展国际合作交流不仅起步较晚，而且资源匮乏，但是作为国家“双高校”，开展国际合作交流又是学校的一项重要任务，为此，我们积极利用国家“一带一路”节点地区的优势，抢抓国家大力发展职业教育的机遇，近年来，学校紧扣教育部“双高计划”建设关于提升国际化发展水平的建设标准和要求，积极探索和实践符合职业教育实际的对外开放办学理念和路径，推动国际合作交流从“单向引进借鉴”走向“双向共建共享”，服务国家“一带一路”倡议，服务国际产能合作和中国企业“走出去”，逐步形成具有宁职特色的职业教育国际化发展模式。

通过在阿曼杜库姆中国产业园联合共建“海外远程学习中心”，开展基于线上的技能人才培养,打造服务“一带一路”共建国家和地区的品牌项目。立足学校优势专业,调研“走出去”企业发展需求,定制学习培训方案,通过短期培训,帮助企业员工提升技能和素养,为中资企业节省人力资源成本。联合阿曼万方公司和阿曼密纳培训学校共同完成认证,提升学校职业教育标准在海外的认可度。加快教育对外开放步伐,服务国家“一带一路”建设,为“走出去”企业培养一批具有良好人文素养和汉语交流能力的外籍技术技能人才。

今后,我们将在提升中外合作办学水平、拓展中外合作交流平台、推动职业教育走出去三个方面下功夫、出实招,用好用足国家教育对外开放政策,服务“一带一路”建设,为国家加快和扩大新时代教育对外开放作出“双高校”应有的贡献。

新疆农业职业技术学院助力现代农业走向中亚纪实

摘　要　新疆农业职业技术学院主动服务"一带一路"建设，积极发挥新疆区位优势和学院现代农牧类专业优势，通过搭建国际合作交流平台、建设农业示范基地、开发国际化专业标准和课程资源，构建"产业带动、教育跟进"的农业技术国际化传播的新模式。学院牵头成立"丝绸之路亚欧院校(职教)联盟"，中亚各国和俄罗斯、巴基斯坦20多家院校和企业参与，并在哈萨克斯坦、吉尔吉斯斯坦建立现代农业技术培训基地。学院建设国际化专业标准4个，国际化课程15门，面向哈萨克斯坦、吉尔吉斯斯坦开展农业技术培训500多人次。

一、合作背景

2023年5月召开的中国-中亚峰会上，国家主席习近平发表了题为《携手建设守望相助、共同发展、普遍安全、世代友好的中国—中亚命运共同体》的主旨讲话。习近平主席指出世界需要稳定、繁荣、和谐、联通的中亚；建设中国-中亚命运共同体，要坚持守望相助、共同发展、普遍安全、世代友好；加强机制建设、拓展经贸关系、深化互联互通、扩大能源合作、推进绿色创新、提升发展能力、加强文明对话、维护地区和平。新疆是面向中亚国家交流合作的桥头堡，新疆的气候条件和农业资源与周边国家高度相似，使新疆在农牧业产业方面与周边国家的合作交流显得尤为重要。新疆农业职业技术学院是新疆以农业类专业为主的高职院校，在新疆较早开展了国际合作交流，自2005年至今开展留学生和交换生培养681人次。学院积极投身"一带一路"建设，为中亚各国开展农业产业技术人才培养，提供农业产业技术支持。

二、工作目标

服务国家“一带一路”倡议、国家外交大局和中亚及沿边国家农业合作项目，充分发挥丝绸之路经济带建设区位、现代农业技术和农业职业教育办学优势，积极探索我国以“教随产出、与企同行”为主要特征的职业教育国际合作和高质量、规范化、可持续发展的“走出去”开放办学新路径。服务“走出去”企业对本土化“中文＋职业技能”人才的急切需求，与“走出去”企业和国外高校开展教育合作，按照中国职教方案和中国技术标准开展国际化人才培养，培养一批适应“走出去”企业国际业务需求的技术技能人才和深化人文交流、促进民心相通的“亲华、知华、友华人士”。

（一）做农业职教标准的推广者

发挥“丝绸之路亚欧院校（职教）联盟”平台作用，利用学院现代农业专业优势，牵头制订国际化专业标准、课程标准，开发俄语教学资源，在周边国家农业类院校推广使用，并不断完善，使其更加适应当地生产实际需求，做到国际标准本土化。

（二）做国际化农业技术的传播者

与中国农业科学院西部研究中心、昌吉国家农业科技园区、九盛禾种业股份有限公司等农业技术领先机构密切合作，依托现代农业群专业优势、“亚欧现代农业发展中心”创新服务平台组建“亚欧现代农业示范培训基地”。承接政府援外项目和“走出去”企业境内外员工教育培训，与中亚合作院校或园区合作建立境外现代农业培训基地，承接境外农业类从业人员职业技能培训。

三、项目过程

以中亚国家的教育合作为基础，以产学合作为载体，探索出了“产业带动、教育跟进”的国际合作交流新模式。在新疆玉米、小麦、番茄、棉花生产加工的国际化企业在与中亚国家合作共赢的基础上，教育合作持续跟进，与中亚国家高校合作开展人才培养、专业标准建设、课程资源辐射共享。提高中亚国家农业生产技术人员专业技术水平，推动中亚农业职业教育的建设和发展。

（一）搭建国际合作交流平台

通过发展职业教育提升产业发展动力，破解发展难题，逐渐成为世界各国的共识。新疆农业职业技术学院为更好推动“一带一路”政策沟通、设施联通、贸易畅通、资金融通和民心相通，通过学生培养、教师培训、技术推广等方式，有效提升了国际影响力。2018 年 9 月，学院牵头成立了“丝绸之路亚欧院校（职教）联盟”（图 43－1）。联盟由俄罗斯阿尔泰国立技术大学、哈萨克斯坦斋桑工艺学院等多家国外院校，重庆工程职业技术学院、北京信息职业技术学院国内知名高职院校和吉尔吉斯饲粮有限公司、特变电工股份有限公司、微软（中国）有限公司跨国企业及新疆外贸商会等 41 个国内外的院校和企业组成。

图 43－1　召开丝绸之路亚欧院校（职教）联盟会议

（二）拓展国际合作交流网络

构建国际化办学建设目标与评价体系，完善国际化办学规章制度，完善优化国际交流工作流程、服务指南和数字化建设。面向中亚和周边国家，推动国际化开放办学成为学院优势专业的自觉行动。畜牧兽医、种子加工、园艺技术、新商科等优势专业，遴选一批有较好合作基础的国际院校作为合作伙伴，推进全方位交流合作，建立更加稳固、可持续的互动合作机制。学院面向中亚和周边国家，与吉尔吉斯斯坦贾拉拉巴德国立大学、乌兹别克斯坦塔什干国立农业大学、哈萨克斯坦斋桑技术学院、俄罗斯戈滨海区国立农业技术大学、巴基斯坦木尔坦 MNS 农业大学等国外高校签署长期合作协议(图 43-2)，在双方师资培养、专业建设和实用技术推广与培训方面开展深入合作交流。学院同时与国际化企业创建校企合作模式，并在奶牛养殖技术方面开展深入合作。

图 43-2　学院与哈萨克斯坦斋桑技术学院签署合作协议

(三)研究推广现代农业技术

一是创新技术。新疆农业职业技术学院充分发挥国内现代农业产业技术优势，紧紧把握周边国家的农业产业技术走向，将先进的农业生产技术推广到中亚各国。学院与中国农业科学院西部研究中心召开"中国—中亚农业科技创新与合作国际研讨会"30 余名外国专家和中国工程院院士、国际欧亚科学院院士等 200 余位专家学者参会，研讨现代农牧业生产新技术(图 43-3)。学院与九圣禾种业股份有限公司成立"中亚农作物种质改良推广科技创新院"，由中亚 5 国、25 家国内外机构/单位、100 名专家教授参与建设，主要围绕小麦、玉米、棉花、瓜菜等农作物，在资源创新、品种培育、试验示范、新技术研究推广、科技人才培训等方面开展研究推广，向中亚国家推介中国的农业科技成果、产品、标准、服务和人才，助力中亚邻邦农业增产增效、贸易双赢。

图 43－3　召开中国-中亚农业科技创新与合作国际研讨会

二是技术推广。学院与昌吉国家农业科技园区等单位共同成立了亚欧现代农业示范中心，并在吉尔吉斯斯坦、哈萨克斯坦、巴基斯坦等地建立技术示范培训基地(图 43－4)，将国内的新品种和新技术直观展现给当地高校和企业。学院派出蔬菜生产技术专家团队和种子生产技术团队，分别赴哈萨克斯坦、吉尔吉斯斯坦开展技术研讨和展示，与当地生产企业、科研院所和高校深入细致交流，让当地人民深刻感受到中国现代农业技术的先进性和实用性。吉尔吉斯斯坦国家电视台对学院送技术上门的做法给予了大力宣传。

图 43-4　建立哈萨克斯坦蔬菜育苗示范基地

（四）结伴“走出去”农业企业培养本土化人才

学院积极服务“走出去”农牧类企业本土化人才需求，根据企业需求标准开展本土化人才培养。近年来培训中亚及周边 20 多个国家的农牧技术人员 500 多人次、院校教师 50 多人次。学院积极承担农业农村部发展中国家农业和畜牧类专业技术人才培训工作（图 43-5），召开“发展中国家现代畜牧养殖与加工技术培训班”和“全球发展倡议下气候变化与农业可持续发展研修班”培训工作，培训来自中亚及萨摩亚等 16 个国家的学员 40 多名。

图 43-5　承接农业农村部发展中国家技术人才培训

学院集中举办“走出去”企业专业技术人员培训班，为以农牧业企业为主的40多家企业培训国外经济发展概况、商务流程、政策法规等，受到参训企业的一致好评。学院与新疆新康农业发展在限公司在哈萨克斯坦阿拉木图举办了番茄加工技术培训班，培训当地富余劳动力42名。培训结束后有29名学员被当地番茄生产企业优先录用，有效缓解了“走出去”企业在当地人才紧缺的问题，得到了企业的高度赞扬。学院与九圣禾种业股份有限公司在吉尔吉斯斯坦楚河州莫斯科区联合举办了两期农作物高产栽培技术培训班，来自莫斯科区农技部门的技术人员、职业学校学生及部分农业合作社、农场主等参加了培训。参训人员对玉米、小麦高产栽培和农作物病虫害防治新技术有了初步了解和掌握（图43-6），也对新疆的现代化农业发展成果和高产精细化田间管理产生了浓厚的兴趣。

学院结伴“走出去”企业开展实用技术培训的做法得到了周边国家相关企业的广泛赞誉，巴基斯坦荷莉丝坦奶牛厂、费萨拉巴德农业大学社会培训学院等机构相继给学院发来培训邀请函，希望学院为其开展实用技术培训。

图43-6　在吉尔吉斯斯坦开展农作物病虫害防治技术培训

（五）教随产出，推广农业职业教育标准

学院立足种子生产技术专业群和畜牧兽医专业群，稳步推4个进国际

化专业标准和课程资源建设建设，其中畜牧兽医专业标准和园艺技术专业标准分别被巴基斯坦木尔坦 MNS 农业大学和俄罗斯滨海区国立农业技术大学认证使用。学院建设 15 门英文、俄文专业核心课课程资源，通过国际课程学习平台向中亚及周边国家推广，总选课人数约为 18 000 人(图 43 -7)。建设的 3 门高质量慕课出海印尼，有力推动了联盟优质教育资源的全球共享。学院承办“一带一路暨金砖国家技能发展与技术创新大赛”“金砖国家职业技能大赛”等国际职业技能大赛，学生在财务机器人、元宇宙等项目获奖 13 人次。

新疆农业职业技术学院国际课程运行数据（截至2023.7.23）

序	课程名称（英/俄）	课程名称（中文）	总选课人数	国际选课人数	中国选课人数	其他地区	学校选课人数	备注
1	International Business Management	国际商务管理	1	0	1	0	0	运行1轮次
2	Animal Parasitic Diseases	动物寄生虫病	1	0	1	0	0	运行1轮次
3	Animal nutrition and feeds	动物营养与饮料	2	0	2	0	0	运行1轮次
4	Prevention and Control of Equine Animal Diseases	马属动物疫病防治	1	0	1	0	0	运行1轮次
5	Технологии производства овощей	蔬菜生产技术	2102	1	77	0	2023	运行2轮次
6	Технология защиты растений	植物保护技术	2100	1	69	3	2027	运行2轮次
7	Производственная техника фруктовых деревьев	果树生产技术	2114	1	75	0	2038	运行2轮次
8	Технология семеноводства полевых культур	大田作物制种技术	2095	0	62	0	2033	运行2轮次
9	Intelligent Cattle Raising Technology	智能养生技术	2064	4	45	0	2015	运行2轮次
10	Animal diagnosis and treatment technology	动物诊疗技术	2055	0	34	0	2021	运行2轮次
11	Business English(Listening &Speaking)	商务英语听说	57	1	56	0	0	运行1轮次
12	Международное коммерческое управление	国际商务管理	1451	4	126	1321	0	运行5轮次
13	Технолигия по производству хлопки	棉花生产技术	572	3	144	425	0	运行5轮次
14	Практика международной торговли	国际贸易实务	3480	12	227	1200	2041	运行5轮次
15	Инфекционная болезнь домашнего скота и птицы	动物传染病	492	3	119	370	0	运行5轮次
	合计		18587	30	1039	3319	14198	

图 43 - 7　国际化课程运行数据统计表

（六）合作开展师生交流与培训

新疆农业职业技术学院先后与俄罗斯戈尔诺阿尔泰斯克国立大学、哈萨克斯坦斋桑技术学院、吉尔吉斯斯坦贾拉拉巴德国立大学、马来西亚史丹福学院等国外院校建立合作，互派教师、学生访问学习，并且进行相关专业的实习实训及科研领域的合作(图 43 - 8)。近年来，先后有超过 350 人次的中亚国家留学生来我院交流，学习汉语、中国文化或者开展农业专业实习，进一步增加了国外人员对新疆安定团结局面的印象，增进了双方的友谊和好感，也有效提升了学院的国际影响力。为促进双方友好交流合作，学院选派 47 名学生到周边国家交换学习，其中有多名交流学生毕业后被用人单位派往境外办事处工作，获得好评。

图 43-8　俄罗斯戈尔诺阿尔泰斯克国立大学学生无土栽培实习

学院组织农业专业的专家和教授，针对俄罗斯蔬菜生产技术短缺、人才紧缺的问题，开展了面向俄罗斯圣彼得堡国立农业大学种子生产与经营专业、植物保护专业交流生的线上培养，选取合适的品种类型，将品种和种植技术推广给俄罗斯师生，为解决俄罗斯人吃菜难问题贡献中国智慧（图 43-9）。学院食品专业教师团队，经过精心筹备，开展了巴基斯坦费萨拉巴德农业大学食品专业教师培训班，进行了食品加工的专业技能培训，培训内容包括果蔬罐头加工、果蔬汁加工、面包生产技术等多项技能，受到了对方院校教师的一致好评。

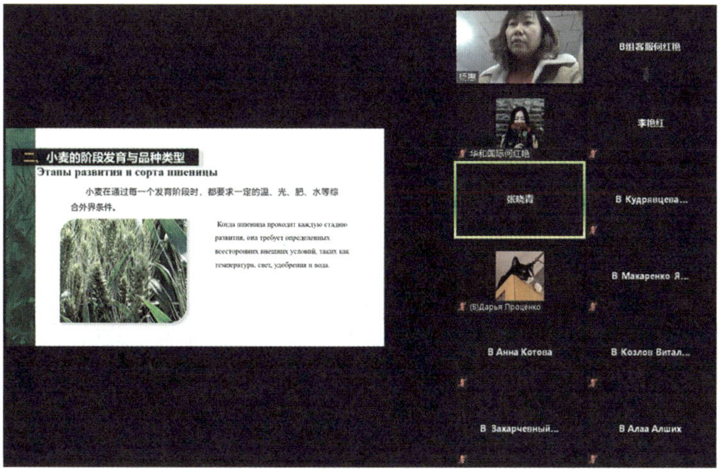

图 43 - 9　俄罗斯圣彼得堡国立农业大学交流生线上培训

（七）做好对外援助服务

新疆农业职业技术学院积极配合自治区外事办公室、自治区农业农村厅、自治区外贸商会等部门对中亚及其他周边国家的对外援助工作，在项目实施过程中积极参与。在推动中亚国家职业教育、推进中亚国家农业技术等方面，分别组织中国-中亚国家职业教育座谈会、中国-中亚国家农业技术合作校企座谈会等重要会议，国内外 20 多家企业参加。学校协助昌吉州援助哈萨克斯坦江布尔州的项目，并在乌鲁木齐市与中亚国家的商务洽谈中，承担了俄罗斯企业农机采购对接会等重要会务的组织和服务（图 43 - 10）。通过积极服务对外援助项目，推动新疆与中亚及周边国家在农业专业人才培养、农产品国际贸易、农业技术推广、农业新品种科研等方面的深入合作。

图 43 - 10　学院专家协助组织俄罗斯企业农机采购对接会

四、合作成效

（一）联盟影响力不断提升

学院牵头建立“丝绸之路亚欧院校（职教）联盟”，在新疆中华职业教育社的指导下，80 多家国内外院校和企业加入联盟，共同服务国内外院校沟通交流和“走出去”企业人才培养。吉林工程职业学院、斋桑技术学院等国内外院校依托联盟平台建立合作，开展国际化办学。

（二）面向中亚培养本土化实用技术人才

学院紧贴中亚及周边国家现代农业发展实际，携农牧业优势专业资源与国际化企业结伴“走出去”，为中亚国家培养实用技术人才 500 多人次，将国内先进的农业技术和养殖技术推广到中亚国家，使其现代化种植技术和养殖水平不断提高。吉尔吉斯斯坦第 28 职业技术学校校长恰咖拉巴夫. 萨利姆别克表示，希望今后多举办此类培训班，这对提高吉尔吉斯农业科技水平、促进农业产业化发展、提高农民收入具有重要意义。哈萨克斯坦阿拉木图番茄加工技术培训班的42名学员在培训结束后，29名学员被当地食品加工企业录用，培训后就业率达到69%。

（三）面向中亚制定农业职业教育标准

中亚各国及新疆周边国家都是以农牧业为主要产业的国家。新疆农业职业技术学院在充分调研的基础上，与国外院校和“走出去”企业共同制订了畜牧兽医、园艺技术、种子生产与加工、商务管理4个国际化专业教学标准。其中，畜牧兽医专业标准和园艺技术专业标准被国外院校认证和推广使用。“大田作物制种技术”“蔬菜生产技术”“棉花生产技术”“畜禽传染病”等15门外语课程资源包供中亚国家院校推广使用。

五、保障机制

在多年国际化合作交流的工作中，学院逐步形成了规范的保障机制。

（一）组织和制度保障

学院成立了外事工作领导小组，由学院党委委员任组长，外事处为国际合作交流专门办事机构。严格规范留学生和交换生培养，制定了《留学生学业成绩管理办法》《留学生行为规范》等系列管理制度，确保留学生和交换生的培养质量。在“丝绸之路亚欧院校（职教）联盟”运行过程中，制定了联盟章程，明确了联盟职责和工作规范，以及各国际成员的责任和义务，制定了《加强联盟沿线国家高职院校、科研院所和企业人才培养和科研技术合作实施方案》，进一步促进联盟成员在教学、科研和人才培养方面的紧密合作。

（二）经费保障

新疆农业职业技术学院国际合作交流费用纳入学院年度预算，划拨专项经费，并制定专项经费管理办法，为国际化专业标准和课程资源建设、留学生和交换生培养、师资培养提供支持。

（三）人员保障

新疆农业职业技术学院是外事处和国际合作学院负责国际合作交流，有专职人员35人，其中80%以上是双语教师。学院校企合作共同组建现代农牧业技术专家团队，为国际化培训提供坚实的技术支撑。

六、总结反思

（一）发挥地缘优势，坚持面向中亚

随着“一带一路”深入建设，世界各国与中国的交流合作更加深入。新疆特殊的地理位置、自然条件与中亚国家具有高度相似性，中亚国家与新疆的经贸往来必将更加密切。坚持面向中亚国家的交流合作，是新疆农业职业技术学院立足新疆实际、服务中亚国家的切实之举。坚持教育为本，培养具有国际化视野的专业技术人才，是国际化发展和交流合作的核心，坚持适合中亚国家的农业类国际化专业教学标准的研究与推广、国际化教学资源的建设和应用，是做好与中亚国家相关院校交流的关键基础，是帮助中亚国家相关院校农业类专业发展进步的重要举措。

（二）发挥专业优势，坚守农业职教

中亚各国耕地和草原资源丰富，农牧业从业人口众多，农业发展具有良好的前景，与中国在农牧业方面的合作具有巨大的潜力。农牧类专业是新疆农业职业技术学院优势专业，具有悠久的专业历史的雄厚的师资力量。多年来，学院坚持产教融合发展，联合新疆现代化农业龙头企业，产业带动、教育跟进、校企合作，共同共同致力于推动中亚国家农业生产技术水平。

附　录

走向世界的中国职业教育(第一辑)

省市	学校名称	案例名
北京市	北京信息职业技术学院	面向"一带一路",走出国门,打造海外分校的成功范例——北京信息职业技术学院埃及分校成长纪实
北京市	北京交通运输职业学院	中泰智慧城市轨道交通技术发展的推进者——北京交通运输职业学院"一带一路"交流合作案例
北京市	北京工业职业技术学院	校企合作共育心心相印的"一带一路"建设者——北京工业职业技术学院海外办学纪实
天津市	天津中德应用技术大学	打造服务澜湄国家技能驿站　助力提升中国职业教育国际影响力——天津中德应用技术大学建设澜湄职业教育培训中心暨柬埔寨鲁班工坊建设纪实
天津市	天津职业技术师范大学	传承黄炎培职教思想,推进职教理论创新　鲁班工坊新时代中国职业教育服务"一带一路"的实践探索
天津市	天津轻工职业技术学院	职教出海培育当地技能人才——天津轻工职业技术学院埃及鲁班工坊建设纪实
河北省	河北工业职业技术大学	建设"燕赵丝路学院",打造高水平职业教育国际化品牌——河北工业职业技术大学境外办学项目探索与实践
河北省	河北软件职业技术学院	教随产出协同共建　产教融合聚力共赢——河北软件职业技术学院中泰合作共建祖冲之学院纪实

续表

省市	学校名称	案例名
山西省	山西机电职业技术学院	教随产出、双轮驱动、育海外工匠："一带一路"技能人才培养探索与实践——山西机电职业技术学院"走出去"纪实
内蒙古自治区	呼和浩特职业学院	多元合作、协同育人　打造人才培养高地——呼和浩特职业学院中外合作办学助力"一带一路"建设
辽宁省	辽宁省交通高等专科学校	服务"一带一路"　实施职业教育"走出去"国际化合作——高等职业教育国际化的实践与探索
吉林省	长春汽车工业高等专科学校	厚植"一带一路"沃土　创建汽车国际化人才培养"汽专模式"——长汽高专"一带一路"十年职业教育合作成果案例
黑龙江省	黑龙江旅游职业技术学院	特色培训建立沟通桥梁——黑龙江旅游职业技术学院案例
上海市	上海市建筑工程学校	以服务为"榫"，以共享为"卯"　搭建"一带一路"共赢大道——上海市建筑工程学校助力"一带一路"基础设施建设人才培养工作纪实
江苏省	南京工业职业技术大学	创新驱动引领高质量发展　为"一带一路"共建国家职教发展贡献中国智慧——南京工业职业技术大学国际传播能力建设的探索与实践
江苏省	无锡商业职业技术学院	中国职业教育股份制海外办学模式的开拓者——无锡商业职业技术学院校企协同海外办学 共育"一带一路"人才纪实
江苏省	无锡职业技术学院	聚焦"四能"，强化"四力"——无锡职业技术学院助力"一带一路"国际产能合作
浙江省	金华职业技术学院	政校企协同 推动中卢职教合作走深走实——金华职业技术学院卢旺达穆桑泽国际学院建设纪实
浙江省	宁波职业技术学院	多元协同赋能提质 国际合作创新培优——宁波职业技术学院服务"一带一路"建设探索与实践

续表

省市	学校名称	案例名
浙江省	浙江金融职业学院	特色培育国际化人才 精准服务“一带一路”建设——浙江金融职业学院国际化人才培养体系创新与实践
安徽省	安徽国际商务职业学院	服务援外树品牌，加强合作促发展——安徽国际商务职业学院国际交流合作工作纪实
福建省	厦门城市职业学院	国际视域下创新“三共双赢”产教融合模式，助力中国飞机维修技术标准走向世界——厦门城市职业学院“1＋X”国际人才培养模式示例
江西省	九江职业技术学院	熔铸江西职教共享新模式 培树赣鄱援外帮扶新标杆——九江职业技术学院助力中国职教资源“走出去”典型案例
山东省	莱芜职业技术学院	产教同频、双轮驱动、师资互融　大力推动职业教育内涵式发展积极服务“一带一路”建设——莱芜职业技术学院国际合作跨越式发展纪实
河南省	黄河水利职业技术学院	大禹学院　连接黄河与赞比西河的人才培养驿站
湖北省	武汉铁路职业技术学院	响应“一带一路”倡议　培养“中文＋职业技能”复合型人才——武汉铁路职业技术学院助力“一带一路”共建国家培养本土化高铁技术技能人才
湖南省	湖南汽车工程职业学院	中国汽车智能技术的传扬者——湖南汽车工程职业学院助力中国汽车“引进来”“走出去”纪实
广东省	深圳职业技术学院	积极响应“一带一路”倡议，推动职业教育“走出去”——深圳职业技术学院与普罗夫迪夫大学共同设立职业教育培训中心的探索与实践
广西壮族自治区	广西工业职业技术学院	产教融合助力“一带一路”甜蜜事业——广西工业职业技术学院“双轮驱动”助推中国制糖国际产能“走出去”

续表

省市	学校名称	案例名
海南省	海南职业技术学院	“一带一路”国家学生“留学海南”国际教育合作实践——海南职业技术学院利用海南产业优势开辟教育“走出去”新路子
重庆市	重庆工程职业技术学院	笃行致远 职业教育国际合作稳步推进——聚焦重庆工程职业技术学院国际化人才培养 CEC 模式
重庆市	重庆城市管理职业学院	打造“五维一体”国际化发展模式 服务“一带一路”教育行动计划——重庆城市管理职业学院国际化发展案例
四川省	成都航空职业技术学院	聚焦非洲，整合多方资源 彰显中国职教魅力——成都航空职业技术学院服务“一带一路”职业教育合作纪实
贵州省	贵阳职业技术学院	中国一东盟职业教育合作的“贵阳职教名片”——贵阳职业技术学院助力中老铁路“走出去”纪实
贵州省	铜仁职业技术学院	创新中老职教合作品牌——铜仁职业技术学院打造老挝技术技能人才培养高地的创新与实践
云南省	昆明铁道职业技术学院	助力老挝铁路专业人才培养促进我国职业教育“走出去”——昆明铁道职业技术学院援老挝铁道职业技术学院实施经验介绍
陕西省	杨凌职业技术学院	为干旱半干旱地区现代农业发展提供中国技术解决方案——杨凌职业技术学院全方位积极参与上海合作组织农业技术交流培训示范基地建设
陕西省	陕西铁路工程职业技术学院	中国铁路技术的海外传播者——陕西铁路工程职业技术学院助力中国铁路“走出去”纪实
陕西省	陕西工业职业技术学院	合作共建中赞职院，服务国际产能合作——陕西工业职业技术学院赞比亚分院建设探索

续表

省市	学校名称	案例名
甘肃省	兰州资源环境职业技术大学	建设海外职业技术培训中心 助力“走出去”企业国际产能合作——兰州资源环境职业技术大学建设塔中职业技术培训中心纪实
青海省	青海卫生职业技术学院	青海卫生职业教育“走出去”——青海卫生职业技术学院为国际职教发展贡献“青海力量”纪实
宁夏回族自治区	宁夏职业技术学院	服务“一带一路”共建国家的践行者——宁夏职业技术学院深化合作办学服务“一带一路”共建国家纪实
新疆维吾尔自治区	新疆农业职业技术学院	新疆农业职业技术学院助力现代农业走向中亚纪实

走向世界的中国职业教育(第二辑)

省市	学校名称	案例名
北京市	北京电子科技职业学院	服务“一带一路”共建　打造中非职教合作办学新亮点——北京电子科技职业学院海外技术技能培训基地建设纪实
天津市	天津铁道职业技术学院	和衷共济　和合共生——天津铁道职业技术学院落实中非合作八大行动，建成非洲第一家“鲁班工坊”
天津市	天津机电职业技术学院	服务“一带一路”共建，促进国际合作共赢发展——天津机电职业技术学院“茶与葡萄酒”的职教之约
天津市	天津交通职业学院	“鲁班工坊”，架起中埃职教合作交流的桥梁
天津市	天津市第一商业学校	物畅其流通天下——非洲“鲁班工坊”服务吉布提自贸区发展纪实
吉林省	长春职业技术学院	助力国际产能合作——长春职业技术学院走进赞比亚办学实践案例
江苏省	苏州市职业大学	助力“一带一路”共建，培育中巴友谊种子——以苏州市职业大学中巴经济走廊文化交流中心为例
江苏省	江苏航运职业技术学院	建设“郑和航海学院”，推进职业院校境外办学的合作与发展
江苏省	苏州农业职业技术学院	中国园林建设的时代工匠——苏州农业职业技术学院助力中国园林“走出去”札记
浙江省	浙江国际海运职业技术学院	提升海运软实力　服务海洋强国——以海外高级船员培训推动中国航海教育“走出去”纪实
浙江省	宁波外事学校	文化互通、教育相连——基于“一带一路”共建的宁波外事学校国际化办学实践
安徽省	芜湖职业技术学院	服务“走出去”本土企业　培养“订单班”国际人才——打造“留学芜职”职教国际品牌
福建省	黎明职业大学	侨校合作　平台共建　项目共推　人才共育——黎明海丝学院创新实践

续表

省市	学校名称	案例名
福建省	福建船政交通职业学院	校企携手　打造“一带一路”职教合作“船政模式”——福建船政交通职业学院探索人才培养新机制
江西省	江西外语外贸职业学院	写好援外培训“大文章”　彰显职业教育“国际范”——江西外语外贸职业学院“一带一路”共建培养工作纪实
山东省	威海职业学院	“一带一路”职业教育交流合作的使者——威海职业学院服务“一带一路”共建纪实
山东省	滨州职业学院	多方携手育工匠　职“援”海外谱华章——滨州职业学院服务“一带一路”共建纪实
山东省	烟台职业学院	打造智能制造技术技能人才　服务“一带一路”建设的烟职品牌——烟台职业学院提升国际化水平的探索与实践
湖北省	武汉船舶职业技术学院	随船远航　打造“海上丝绸之路”船院样本——武汉船舶职业技术学院服务海洋强国战略实践
广东省	广州铁路职业技术学院	推动轨道交通职业教育对外开放提质增效——广州铁路职业技术学院多元合作国际化办学实践
广东省	广东水利电力职业技术学院	“引进来”“走出去”双向并举　赋能“一带一路”水利电力职教发展
广西壮族自治区	广西交通职业技术学院	西鉴—中融—东输——广西交通职业技术学院面向东盟地区国际合作的“交通”之道
重庆市	重庆电子工程职业学院	开辟中-非职业教育发展新路径——重庆电子工程职业学院探索“联盟化、标准化、项目化”国际人才培养模式
四川省	四川建筑职业技术学院	服务建筑业国际产能合作　做中国建筑技术的海外传播者——四川建筑职业技术学院助力中国建筑“走出去”纪实
四川省	成都职业技术学院	“多方协同、全域联动”服务文化相通——记“中文＋职业教育”的“成职”模式

续表

省市	学校名称	案例名
贵州省	贵州交通职业技术学院	“共商、共建、共享” 打造交通职业教育“中国样板”——贵州交通职业技术学院服务“一带一路”共建教育交流实践
陕西省	陕西国防工业职业技术学院	创新理念 打造国际化办学品牌项目——以陕西国防工业职业技术学院泰国经世学堂项目为例
陕西省	咸阳职业技术学院	汉音秦韵传四海 技能匠心筑未来——咸阳职业技术学院主动服务“一带一路”共建高质量发展
甘肃省	兰州石化职业技术大学	大工业领域现代学徒制实践路径与难点突破——以兰州石化职业技术大学石油化工技术专业现代学徒制试点为例
新疆维吾尔自治区	乌鲁木齐职业大学	推进中外合作办学发展 提升教育对外开放水平——“一带一路”共建背景下乌鲁木齐职业大学国际交流与合作典型经验

走向世界的中国职业教育(第三辑)

省市	学校名称	案例名
北京市	北京市丰台区职业教育中心学校	建设“丝路学堂” 打造“一带一路”国际合作交流新样本
江苏省	苏州农业职业技术学院	争当国际农业人才共育的探路者——探索服务“一带一路”农业技术技能人才培养“苏农模式”
江苏省	江苏农牧科技职业学院	共同浇灌中国-印度尼西亚高职教育合作之花合作交流新样——江苏农牧科技职业学院国际合作典型案例
浙江省	温州华侨职业中等专业学校	中国味 世界能 国际范——基于“丝路课堂”的中职国际化技能人才培养创新实践
浙江省	杭州科技职业技术学院	坚持守正创新,共筑中南合作新样本——杭州科技职业技术学院中南职业教育合作纪实
安徽省	安徽商贸职业技术学院	助推中国电商技术走出去——中泰“丝路电商”人才联合培养项目
福建省	福建水利电力职业技术学院	中国电力工程技术的海外传播者——“一带一路”共建背景下中马能源电力人才培养模式探索与实践
福建省	泉州轻工职业学院	借鉴“鲁班工坊”育人模式 培育非洲“工匠之师”
山东省	山东畜牧兽医职业学院	聚焦“四点”,强化“四力”——山东畜牧兽医职业学院助力“一带一路”畜牧业国际产能合作
河南省	郑州电力高等专科学校	实施“行业平台型”模式 打造国际教育示范 推动电力职业教育国际化高质量发展
湖北省	武汉交通职业学院	教随产出 产教协同——“中文+交通职业技能”国际合作交流武交院模式
湖北省	武汉职业技术学院	促进民心相通 提供发展支撑——武汉职业技术学院创新“一带一路”共育合作新模式

续表

省市	学校名称	案例名
广东省	广州番禺职业技术学院	立足特色专业扬帆出海　塑造职业教育国际化品牌——广州番禺职业技术学院国际化办学创新实践
广东省	广东工贸职业技术学院	协企“出海”赋能职业教育国际化发展——广东工贸职业技术学院参与“一带一路”共建纪实
广西壮族自治区	柳州职业技术学院	校企协同出海，实现中国标准全球推广——柳州职业技术学院探索校企融合新模式
广西壮族自治区	广西金融职业技术学院	创“三维融合”新模式　育跨境电商新人才——广西金融职业技术学院助力中国-东盟跨境电商高质量发展
广西壮族自治区	三亚航空旅游职业学院	产教融合下的“中文＋职业技能”留学生培养模式案例——三亚航空旅游职业学院“一带一路”人才培养的探索
海南省	海南经贸职业技术学院	四个引领，打造中俄地方人文交流创新典范
海南省	重庆电子工程职业学院	中国信息技术的传播者——重庆电子工程职业学院“中国-老挝新一代信息技术中文工坊”助力中国信息产业“走出去”纪实
重庆市	重庆工业职业技术学院	校企合作新典范——重庆工业职业技术学院沙特阿拉伯海外人才培养项目纪实
重庆市	四川航天职业技术学院	突显制度与文化自信，创中新青年人才交流新模式——新加坡学生“中华文化之旅”典型案例
四川省	成都市技师学院	务实创新　推动实现跨越式发展，培养具备全球竞争力的大国工匠
四川省	四川城市职业学院	共同出海，逆风而行　打造海外职教平台——四川城市职业学院推进“一带一路”共建国家职业教育发展典型案例
四川省	贵州水利水电职业技术学院	培养水利电力国际人才　服务中资企业海外发展——贵州水利水电职业技术学院实践

续表

省市	学校名称	案例名
贵州省	贵州轻工职业技术学院	多元共育本土人才　服务共建“一带一路”
贵州省	云南交通职业技术学院	紧扣交通特色错位发展　职业院校携手“走出去”中资企业深耕国际市场创新与实践
云南省	云南技师学院	深化国际合作交流　服务“一带一路”技能人才培养——云南技师学院面向南亚东南亚国家积极开展职业技能交流
云南省	西安航空职业技术学院	航空为本　中文搭桥　借船出海　内外兼修——谱写新时代航空特色国际合作交流新篇章
陕西省	西安航空职业技术学院	航空为本　中文搭桥　借船出海　内外兼修——谱写新时代航空特色国际合作交流新篇章